言語研究の世界

の

世界

生成文法からの
アプローチ

大津由紀雄・今西典子・池内正幸・水光雅則［監修］
杉崎鉱司・稲田俊一郎・磯部美和［編集］
研究社

まえがき

　言語はずっと人間とともにあり、人間の思考を支え、思考の産物を他者と共有し、文化をつぎの世代に伝える際に重要な役割を果たしてきました。人間は言語自体の性質にも知的関心を覚え、その性質をさまざまな角度から、さまざまな方法で探ってきました。

　この本の主題である「生成文法」とは、言語の探求をとおして、人間と他の生物との本質的な相違を探ろうとする研究プロジェクトです。言語を知識と捉え、理論構築をとおしてさまざまな角度から言語の本質を科学的に探っていこうという試みです。1950年代中盤に言語学者ノーム・チョムスキーにより提唱され、その後、世界中の研究者を巻き込んだプロジェクトとなっています。70年に及ぶ生成文法研究は言語を足掛かりに、多くの研究分野にまたがり、それぞれの分野で新たな成果を数多く上げてきました。

　この本の監修者・編者・著者はこのような生成文法の躍動的な知的魅力に引き付けられ、研究活動を行ってきました。生成文法のすばらしさを一人でも多くの人たちに知ってもらいたい、実感してもらいたいという気持ちからこの本を企画しました。じつは、私たちの多くはこの本の前身で、同じ趣旨で作成された『言語研究入門──生成文法を学ぶ人のために』(研究社、2002年、以下「前著」)にかかわりを持っています。その本は幸い、たいへんに多くの読者を得ることができ、版を重ねてきましたが、出版から20年が経過したことを契機に、その後の成果を盛り込んだ「新版」を新たに書き下ろそうと企画しました。それを実現したものがこの本です。

　前著の「はしがき」に「入門書ですので、言語に関する一般的な知識を前提としないで勉強が始められるように心がけました。まず、この本では、こころの解明をめざす言語研究の基礎的な概念や考え方をできるかぎりわかりやすく述べることを重視しました」と書きました。その姿勢はそのままこの本でも受け継がれています。研究の最先端までを理解したうえで、その内容を咀嚼して平易に述べ、初心者でも多少の知的努力を惜しまなければ、生成文法がなにをめざして、どのようなことを解明しようとしてい

るのかを理解してもらえるように心を配ったつもりです。

　この本を言語学・英語学・日本語学の関連科目の教科書として使う場合は、扱う部分の取捨選択や補足、章末の「基本問題」・「発展問題」や「読書案内」の活用などによって、受講者のレベルに見合った使い方をしていただければと思います。

　また、認知心理学、計算機科学、脳科学、進化生物学、哲学、教育学など人間の知的活動の解明にかかわりを持つさまざまな分野の研究者や学生・院生の方々に読んでもらえると有益だと思います。関心の持ち方、思考法、研究の方法など、いろいろな点で共感していただけるのではないかと期待しています。

　さらに、言語に関心がある高校生にも読んでもらえればという密かな願いも抱いています。チョムスキーは「学問の進展を支えるのはいつも若い頭脳である」とよく話します。科学をすることの楽しさを少しでも味わってもらえたらと願っています。

　読者の便を考え、16 の章、6 つのコラム、2 つの事例研究については、そこで扱っている内容を深めるための読書案内を作成し、研究社ウェブサイト（http://www.kenkyusha.co.jp）に掲載しました。また、各章（3 章〜15章）の末尾にある「基本問題」・「発展問題」の解答例も、同所に掲載しました。適宜ご利用ください。なお、本文で太字表記にしてある語句は索引項目で、キーワードを含む重要な事柄です。

　ちょっとだけ内輪話をお許しください。この本には私たちの敬愛する先達である千葉修司さんの傘寿をお祝いしたいという気持ちが込められています。千葉修司さんは、編者にとっては「千葉修司先生」という存在ですが、監修者にも編者にも常日ごろ同じように接してくださるので、ここでは親しみを込めて「千葉さん」と呼びます。

　千葉さんは東京教育大学・同大学院で学ばれて以来、一貫して英語学の視点から生成文法の発展に寄与してきました。ことに、千葉さんの精緻な事実発掘と発掘された事実に基づく理論構築の姿勢からは学ぶことが多くあります。学会活動などにも精力的に取り組み、日本英語学会会長や市河賞選考委員などを歴任し、英語学・言語学の研究促進や研究成果の向上に寄与されました。さらに、千葉さんは英語の検定教科書や学習参考書の執筆にも関わられ、日本の英語教育の発展にも貢献されました。

　千葉さんは長らく勤務された津田塾大学を 2011 年に退職され、同大学

名誉教授の称号を得られました。その後も変わらず私たちをやさしく指導してくださっているだけでなく、ご自身の研究成果を『英語の仮定法——仮定法現在を中心に』(開拓社、2013 年)、『英語 tough 構文の研究』(開拓社、2019 年)、『学習英文法拡充ファイル』(開拓社、2021 年)を始めとする何冊ものご著書として世に問うていらっしゃいます。後に続く私たちもぜひ千葉さんの旺盛な研究意欲を見習いたいと思います。

　研究社の津田正さんは企画段階から本書の編集を担当くださり、多くの実質的な貢献をしてくださいました。また、柳美也子さんには情報の確認等の仕事を担当していただきました。心から感謝いたします。

　監修者と編者はこの出版企画の当初から緊密に連絡を取り合い、この本がよりよいものになるよう努めました。執筆・編集期間が新型コロナ感染拡大時期と重なり、リモートによる編集会議を余儀なくされましたが、結果として、そのことが濃密な議論と編集作業の効率化につながった部分もありました。

　この本は監修者、編者、著者、それに編集担当者が総力を挙げて奮闘し、結実したものです。この本が前著同様、多くの読者を得て、生成文法の楽しさと奥深さが広く理解されることを願ってやみません。

2021 年 12 月

監修者・編者

目　　次

執筆者一覧

第I部

生成文法を学ぶための基礎知識 I

第 1 章
はじめに: なぜ言語を研究するのか

《この章で考えること》
1. 「言語」はヒトだけが持つ知識であり、心的器官としての言語はこころ / 脳の営みであると捉えることができます。
2. 生成文法は、「言語」の示す個別性・多様性と普遍性は有機的に関連するものであると考え、相互に関連し合う、知識研究、獲得研究、運用研究、脳内基盤研究、起源・進化研究の研究成果を踏まえて、言語機能を解明する理論の構築を進めています。
3. 「言語」を研究するには、批判的思考の習慣を身につけることが重要です。

キーワード: 言語機能、種均一性、種固有性、生成文法、生物言語学、多様性、内在言語 / I-言語、批判的思考、普遍性、普遍文法

1. 「言語」とは

　本書を手に取ってくれたあなたが言語に関心を持っていることは間違いないでしょう。さらに、書名や目次のタイトルにある「言語研究」「こころ」「脳」「生成文法」という表現に興味をひかれた人も少なくないでしょう。この章では、生成文法と名づけられた言語研究がどうしてこころや脳の問題とかかわりを持つのか、そして、そもそも、「こころ」とはなにかといったことについて考えます。

　みなさんの多くは日本語を母語とする人(日本語話者)だと思います。日本語話者は、(1)を耳にしたり、目にしたりすると、「花子が太郎のことを追いかけている」情景を思い浮かべるでしょう。

　（１）　花子が太郎を追いかけている。

　(1)では、「花子」「が」「太郎」「を」「追いかけている」という 5 つの語

がその順に並んでいます。「追いかけている」はもっと細かく分解できると思った人もいるかもしれませんが、その問題はここで説明しようとすることとは直接関連しないので、便宜的に 1 つの語だと考えてください。(1)で使われているのと同じ語を使って並び方を少し変えると(2)ができます。

(2)では、「太郎が花子のことを追いかけている」情景が思い浮かびます。

(2)　太郎が花子を追いかけている。

さらに、同じ語の順序を変えて(3)のようにすると、だれがだれのことを追いかけているのか、わけがわからなくなります。こんな妙な言い方は日本語の表現としておかしいと感じます。

(3)　がを追いかけている太郎花子。

(1), (2), (3)と 3 つの言い方を見てきましたが、日本語話者はそれぞれについて今見たような判断を下すことができます。しかし、日本語を知らない人はそのような判断を下すことはできません。

なぜ、日本語話者ならそのような判断を下すことができるのに、日本語を知らない人はできないのでしょうか。ごく当たり前だと思われるかもしれませんが、実は、こうした疑問が本書の出発点になっています。

日本語の話者は脳に日本語の知識を内蔵していて、その知識をもとに上で述べた判断を下すことができるが、日本語を知らない人は日本語の知識を脳に内蔵していないので、そのような判断を下すことができないと考えると、この疑問に答えることができます。これは日本語だけに限ったことではありません。一般的に、L 語を母語とする L 語の話者は L 語の知識を脳に内蔵しており、その知識を使って L 語を理解したり、発話したり、L 語についていろいろ判断をすることができると考えられます。

なぜそのように考えるのでしょうか。人間は生物学的に言えばヒト(ホモ・サピエンス(homo sapiens))ですが、ここではとくに必要がない限り、「人間」とします。人間は脳に重度の障害をもって生まれてくるというようなことがなければ、生後一定期間、言語に触れていれば、4〜5 歳までにはその言語を「母語」として身につけます。言語はヒトという生物種に均一的に与えられているものなのです。このような人間の言語の特性は**種均一性**(species-uniformity)と呼ばれます。

言語を身につけ、それを使うということは人間だけに許されていること

であって、人間に近いチンパンジーやボノボであっても言語だけには歯が立ちません。例を挙げれば、オスのチンパンジーのニーム(Nim)にアメリカ手話(American Sign Language: ASL)を訓練して身につけさせようという試みが行われました(Terrace (1987, 2019), Terrace et al. (1979))。当初、テラスらはニームが ASL を身につけ、自ら創造的に文を作り出すことができるようになったと考えたのですが、撮影されたビデオを再分析すると、ニームの発話はそれに先立った訓練者の手話に誘導されたものであったり、同じサインの単なる繰り返しであることが判明しました。

　もちろん、人間より速く走ったり、泳いだりできる生物がいたり、そもそも人間にはできない空を飛ぶことができる生物がいたりするのと同様に、限られた範囲の情報、たとえば、餌の在りかとか敵の来襲とかを人間よりも効率よく伝達できる生物はいます。これから後続する章やコラムを読むと徐々に明らかになってきますが、言語というシステムを利用して、創造的に思考し、発話し、理解することができる生物は人間以外にはいません。言語はヒトという生物種に固有なものなのです。このような人間の言語の特性は、**種固有性**(species-specificity)と呼ばれます。

　また、言語はその基本的特性として離散的無限性(discrete infinity)を示します。ある体系が離散的記号からなっていて、無限の記号列を生成する(generate)とき、その体系は離散的無限性を持つと言います。たとえば、自然数の体系はこの離散的無限性という属性を持っています。同様に言語においても、離散的記号を組み合わせること(有限の手段の無限の使用(infinite use of finite means))によって無限の言語表現が生成されるので(第2章(14)や第12章3節の事例参照)、離散的無限性を持つと言えます。

　人間の成長と生命維持には環境(対話者とか、周りの状況とか)との相互作用が必須ですが、その相互作用を媒介する内的仕組みを**こころ**(mind)と呼びます。言語はこころの一部をなす重要な**心的器官**(mental organ)と位置づけることができます。身体的器官としての臓器(心臓とか、腎臓とか)と同様に、言語はこころを構成する他の部分とは区別されて独自の体系をなし、全体として独自の機能を担うと考えられます。

　すでに見たように種固有性と種均一性という特性を持つ言語は、まさに生物学的な対象物として人間の内部に存在し、人間を人間たらしめている心的器官です。では、心的器官としての言語は物理的にはどこに存在するのでしょうか。内的な情報処理器官と言えば、**脳**(brain)が第一の候補とし

て浮かび上がります。この可能性は脳に損傷が生じた症例を考えると十分に説得力を持ちえます。脳がなんらかの原因(たとえば、血管の梗塞)で損傷を受けた場合、その損傷の部位や程度によっては言語の運用にゆがみが生じます。言語理解にゆがみが生じる場合、発話にゆがみが生じる場合、その両方にゆがみが生じる場合など、さまざまな症状が見られます。これらを総称して**失語症**(aphasia)と呼びます。失語症は、言語および言語を運用する仕組みが脳に存在すると考えると自然な説明が与えられます。心的器官としての言語は**こころ／脳**(mind/brain)（こころ、すなわち、脳）の営みとして捉えられます。

　言語知識を**内在言語/I-言語**(I-language)と呼ぶことがあります。英語の「I」は「内在している」を表す *internal*, あるいは、「内蔵されている」を表す *internalized* の頭文字をとったもので、I-言語とは、「一人一人の脳に内在する／内蔵された言語」という意味です。実は、I-言語の「I」にはもう一つの意味が込められています。「I」は「内包的な」を意味する *intensional* の頭文字でもあります(*intentional* ではないことに注意してください)。「内包的な」ということをごく簡単に言えば、「該当するものを列挙(リスト)するのではなく、一般化した形で捉えた」という意味です。I-言語は当該 L 語の性質のリストではなく、L 語の性質を規則とか、原理とかによって一般化した形で捉えたものということになります。なぜそのように考えるのでしょうか。それはこの本を読み進めるうちに明らかになります(言語の基本特性として上述した離散的無限性も参照)。

2.　言語の多様性と普遍性

　日本語、英語、カクチケル語、日本手話といった一つ一つの言語を個別言語(a particular language)と呼びます。一つ一つの言語がそれぞれ**個別性**を持っていることは言うまでもありません。実際、日本語を母語としている人が英語を外国語として身につけようとすると、発音や語順が異なるので、学習が必要になります。

　個別性のあり様は多様です。現在、地球上で使われている言語はおよそ7000 とも言われています。研究者によって、その数は前後しますが、数千に及ぶということは間違いありません。この点に着目すれば、言語は**多様性**を持っているということになります。

　では、数千もある個別言語はそれぞれ共通するところなく、異なる体系

なのでしょうか。もちろん、論理的な可能性としてはあり得ますが、母語の獲得に関係する事実——どの言語であっても、人間は生後一定期間それに触れてさえいれば、母語として獲得することができること——を考えれば、言語はそれぞれ個別性を持ってはいるが、共通する原理によって構築されている体系であると考えるほうが妥当であると言えます。この「共通する原理」が捉えている性質を言語の**普遍性**と呼びます。

母語の獲得については第2章や第10章で詳しく説明しますが、①言語は種に固有である、②言語は種に均一であるという2点から、言語は先天的要因としての遺伝とかかわりを持つ生物学的なものであることは明らかです(Lenneberg (1967))。近年では、このような考えに基づいて行われる言語研究を**言語生物学**あるいは**生物言語学**(biolinguistics)と呼びます(Jenkins (2000))。また、言語に固有な遺伝的形質のことを**言語機能**(the language faculty/the faculty of language)と言います。

母語の獲得については、①と②に加えて、③母語となる個別言語は生後外界から取り込む情報(**経験**)によって決定される、④母語として獲得可能な言語は多数あるが、どの言語であっても、生後一定期間触れるという条件を満たしさえすれば、母語として獲得することができる、⑤母語の獲得は経験と**一般的知識獲得機構**のみによっては説明しきることができない、ということがこれまでさまざまな事実観察によって指摘されています。③~⑤について、以下でもう少し詳しく考えてみましょう。

日本語に触れて育てば日本語が、日本手話に触れて育てば日本手話がその人の母語になりますが、生後何語に触れて育つかで母語が何語になるかが決まるというこのような観察は、③の根拠となるもので、母語獲得においては遺伝的要因だけでなく、後天的要因である経験も重要な役割を果たし、そのいずれもが不可欠なものであることを示しています。

獲得可能な言語の数は、多数あるのか、あるいは無限にあるのかは意見が分かれるところですが、いずれにしても、④と⑤は言語獲得を考えるうえできわめて重要な意味を持っています。

⑤で言及されている一般的知識獲得機構とは、母語の獲得に専用ではない、汎用の知識を獲得する仕組みです。その仕組みの代表的な原理として、**類推**(analogy)があります。類推とは、類似するAとBという言語表現があるとして、Aにある操作を加えて得られる言語表現をA′、Bに同じ操作を加えて得られる言語表現をB′とすると、A′とB′においても、AとB

との類似性が保たれると予測する仕組みです。比例式で表すと A：B＝A′：B′ ということになります。まず、(4)と(5)について考えます。

（4）　A：John is eating sushi.　　B：John is reading a novel.
（5）　A′：John is eating.　　B′：John is reading.

　(4)ではAもBも典型的な他動詞文です。動詞の後の名詞句はその直接目的語で、意味としては動詞が表す行為の対象を表しています。(5)のA′はAから直接目的語を削除した文です。Aでは食べている(is eating)という行為の対象がなんであるか——食べているものは寿司(sushi)であること——が明示されていますが、A′ではその情報が削除されています。この場合、A′は、動詞の行為の対象が表現されていないので、なにか食べ物を食べているところだということになり、「ジョンは食事中です」という意味を表します。同じ操作をBに加えてできるB′でも、A′の場合と同じように、ジョンはなにかを読んでいるところだということになり、「ジョンは読書中です」という意味を表します。この事例では類推は成立します。

　すべての場合において類推が成立するのであれば、ことは簡単なのですが、実際にはそうはいきません。次に、(6)と(7)について考えます。

（6）　A：John is eating sushi.　　B：John is growing potatoes.
（7）　A′：John is eating.　　B′：John is growing.

(6)のBではgrowingの直接目的語がpotatoesなので、「ジョンはジャガイモを栽培しています」という意味になります。(7)のB′では直接目的語が削除されているので、類推は、(4)と(5)の例と同様に、「ジョンは農作物を栽培しています」という意味になると予測します。しかしこの予測に反して、(7)のB′は「ジョンは成長してどんどん大きくなっています」という意味しか持ちえません。このことは、類推だけでは言語獲得を説明しきれず、言語獲得に特化した専用の獲得原理を含む装置が人間に生得的に備わっている可能性を示唆します。

　④については、第2章2節で詳しく考えますが、人間の赤ちゃんがこの地球上の7000の異なる言語それぞれに対応した7000の異なる獲得装置を持って生まれてきて、生後の言語経験に照らして、その7000の獲得装置の中から、言語経験に合うものを選んで母語の獲得を進めて行くと考えることは論理的には可能です。しかし、ひとりの人間が母語として身につけ

る言語が一般的には 1 つないし 2 つときわめて少数であり、残りの生得的な装置がすべて無駄となるという可能性は、脳の容量を考えてみてもとうていありそうにもないことだと言えます。むしろ、人間の赤ちゃんは母語として獲得可能などの言語にも対応できる普遍的な基盤を持って生まれてきて、生後一定期間に取り込んだ経験に照らして、その基盤を母語に特化していくと考えるほうがはるかに妥当だと言えるのではないでしょうか。

　母語の獲得は経験と一般的知識獲得機構のみによっては説明しきることができないのにもかかわらず、母語の獲得ができるのはなぜなのかという問題は、言語に関する**プラトンの問題**(Plato's problem) と呼ばれます。この名称はプラトンの対話篇『メノン』に由来します。この中に、ソクラテスとメノンの召使いの少年との会話があります。召使いの少年は幾何学など習ったこともないのですが、ソクラテスの質問に導かれ、図形との単なる触れ合いだけでは説明しきれないような図形の性質についての豊かな知識を持っていることが明らかにされています。一体なぜそのようなことが可能なのでしょうか。「母語の獲得ができるのは一体なぜなのか」という問題は紛れもなくこれと同質の問題と見なされるので、言語に関するプラトンの問題と呼ばれるのです。なお、量的にも質的にも限られた経験から帰納的には得られないような知識に到達しうるという⑤のような状況は**刺激の貧困**(poverty of the stimulus) と呼ばれることもあります。

　プラトンの問題を言語研究の基盤に据え、母語として獲得可能などの言語にも対応できる普遍的な基盤が人間には言語機能として生得的に備わっていると考えて、内在言語に関する明示的な理論体系—**生成文法**(generative grammar) を構築することによってこの問題に迫ろうとする研究プロジェクトを**生成文法の企て**(Generative Enterprise) と呼び、普遍的基盤を理論として構築したものを**普遍文法**(Universal Grammar: UG) と言います。UG はもちろん言語という**領域に固有**(domain specific) なものです。生成文法理論は 1950 年代にノーム・チョムスキー(Noam Chomsky, 1928–)というアメリカの言語学者によって提唱され、現在まで 70 年にわたり(8)から(12)の研究課題に取り組んで言語機能の解明を行っています(Chomsky(1957, 1965/2015, 1975, 1981, 1982, 1986, 1995a/2015, 2005, 2006, 2010, 2013, 2015b, 2017b, 2020b), Chomsky et al.(2019), Berwick & Chomsky(2016), Chomsky & Halle(1968), Graff & van Urk (eds.) (2012)等参照)。

（ 8 ）　言語知識はどのような性質を持った知識なのか。（知識の課題）

（ 9 ）　言語知識は（個人の中で）どのように形成されるのか。（獲得の課題）

（10）　言語知識はどのように運用（使用）されるのか。（運用の課題）

（11）　脳において、言語知識はどのように形成され、内蔵されているのか。また、内蔵された言語知識はどのように運用に供されるのか。（脳内基盤の課題）

（12）　言語機能はなにをきっかけにヒトの脳に生じることになったのか。また、言語機能はどのようにして進化したのか。（起源と進化の課題）

　この 5 つの研究課題については第 2 章で詳しく述べるので、ここでは簡単に説明しておきます。1980 年代ごろまでの生成文法研究では、(8), (9), (10)の 3 つの研究課題について「こころ」のレベルでの研究が進められていましたが、20 世紀後半における脳科学研究の進展によって、第 14 章で詳しく見るように脳の高次機能に関する知見や脳の活動を探るさまざまな手法が利用可能となり、この 3 つの課題について「脳」のレベルでの研究基盤が整って、1990 年代には(11)と(12)の 2 つの研究課題も明確化して加えられました。この 5 つの研究課題は相互に関連するもので、各研究の成果は他に影響を与えてさらなる知見を明らかにしながら、こころ / 脳という立場からの生成文法研究の進展に寄与しています。現在、生成文法研究では、言語、こころ、脳について多くの興味深い発見や提案がなされており、後続の章やコラムを読み進めればその一端を知ることができます。

3.　生成文法理論の進展

　2 節で述べたように、生成文法研究では現在まで 70 年にわたり、「どの言語にも対応できる普遍的な基盤」である UG がどのような理論体系として捉えられ、その UG によって内在言語がどのように構築されて母語の獲得が達成されるのかを説明しうる理論の探求をし続けています。1980 年代ごろまでの生成文法研究では、個別言語の詳細な分析によって言語の普遍性をできるだけ多く抽出すると同時に、言語の多様性も説明できる普遍文法を構築する研究努力がなされました。1960～1970 年代では、UG は個別言語の多様性を記述する普遍的な規則の体系からなっていて、赤ちゃん

は経験に基づいて母語となる個別言語の規則の体系を構築していくと考えられていました(Chomsky(1957, 1965))。多くの個別言語の研究が進み多様な変異が明らかになった1980年代には、**普遍文法に対する原理とパラメータのアプローチ**(Principles and Parameters approach to UG: P & P)によって言語の多様性と刺激の貧困状況で達成される言語獲得に対する説明理論の構築をめざして、UGは人間の言語の多様な変異を抽象的に捉えるパラメータが組み込まれた普遍的原理からなっていて、赤ちゃんは経験に合致するパラメータの値を選んで固定し、UGを母語となる個別言語の体系に特化していくと考えるようになりました(Chomsky(1981, 1986))。P & Pについては、第2章や第13章で詳しく取り上げます。

1990年代になると、これまでの研究で抽出されてきた普遍性について、認知一般の性質に帰されるものがないか吟味して、真に言語に固有な属性のみを捉える体系としてのUGを構築する試みが新たに展開します。ただし、言語に固有な属性の理論としてのUGの内容が豊かであればあるほど、言語の起源・進化の観点から考えると、ヒトが言語を獲得する前と獲得した後の「段差」が著しくなり言語機能についての説明が難しくなります。この「段差」を事実による裏づけが可能な限り最小のものにしようとする研究努力がなされ、UGに関して、言語獲得と言語の多様性を説明できるという条件を満たしつつ、UGに帰される言語に固有な属性を最小限にとどめようとする**ミニマリスト・プログラム**(Minimalist Program: MP)研究が始まりました(Chomsky(1995a))。MPでは、従来想定されていた(13)と(14)に新たに(15)を加えて、3つの要因が言語獲得に関与すると考えます。

(13) 言語機能(Faculty of Language (FL): Genetic endowment specific to language)
(14) 経験(Experience)
(15) 第三要因(the third factor; Principles not specific to language)

これは、主として(13)によって説明されていた言語の属性を(15)に帰することによって(13)の内容をそぎ落として、言語の起源と進化を説明しやすくできるのではないかという試みです。第三要因に含まれるものとしては、言語機能に固有ではない原理(たとえば、仮説形成やデータ分析の原理)、効率的な計算のための原理、すべての生物体の(成熟(maturation)を含む)発達を統制する制約などが考えられます(Chomsky (2005))。

　本書は、生成文法の基本的な考え方と言語分析について学んで、内在言語について理解を深めることを目指した入門書です。本節で概括した UG に関する考え方の展開を背景知識として、第 2 章、第 3 章、第 5 章、第 6 章、第 7 章、第 8 章、第 15 章、終章の「言語研究の展開と今後の展望」で MP の考え方も学んでください。

4.　明示性の尊重と批判的思考の重要性

　これから言語研究の世界についていろいろ学んでいくことになりますが、みなさんがこの本を読み進めていくうえで留意してほしいことを 2 つ書いておきます。

　1 つ目は、分析や理論構築をする際には**明示性**(explicitness)を尊重することを心がけようという点です。「明示性」とは「言うべきことを言い残したり曖昧にしたりしないで、すべて明確な言葉で表現し尽している」(梶田 1977: 31)ということです。この性質は「あらかじめ決めた約束に従って解釈すれば、だれでも同じ結論に至る」と言い換えることもできます。たとえば、「2＋3」は足し算の約束に従って計算すれば、だれが計算しても答えは「5」になります。この意味で、足し算の仕組みは明示性を持つと言えます。分析や理論の明示性を高く保つということは、分析や理論の妥当ではないところがはっきりしやすくなる(**反証可能性**(falsifiability)が高くなる)ということです。

　初学者は自分の分析や理論が妥当性に欠けるものであることが明らかになることを避ける傾向があり、明示的であることを回避し、あいまいな部分を残しがちです。しかし、わたしたちが分析や理論構築を行うのは自分の分析や理論を後生大事に守ろうとするためではなく、真実に少しでも迫るためです。自分が提案した分析や理論が妥当でないとき、その明示性が高ければ高いほど、その分析や理論が妥当性に欠けている原因を特定しやすくなり、つぎの研究課題を明確に認識しやすくなります。つまり、研究の生産性を保つことができるのです。生成文法の理論展開にはこうした研究姿勢が貫かれています。

　もう 1 つは**批判的精神**(critical mind)の重要性です。「批判的」であるというのは「他人の主張していることを鵜呑みにせず、必ず自分のあたまでその妥当性について検討を加える」ということです。学ぶことに関してもっとも重要なことは、この批判的精神を身につけるということです。その分

野の「権威」と言われる人の主張は「あのかたが考えていることだから間違いないだろう」と思ってしまいがちですが、このような思考は科学的研究の進展を阻害します。

　本書に書かれていることももちろん批判的精神の対象になります。書かれていることをしゃにむに暗記するのではなく、書いてあることの意味をよく考え、理解できない点、納得できない点があったら、きちんとメモを取っておきましょう。一晩寝かせた後で、もう一度、考えてみる。それでもなお、理解できない、納得できないということであれば、友人や先生と話しあってみましょう。そうしたことが習慣化すれば、徐々に「批判的に考える」ということの意味が理解できるようになってくるはずです。

　本書がそうした習慣をつけるきっかけとなるよう願っています。

5.　本書の構成について

　最後に、本書の構成について説明しておきます。本書は、15の章と6つのコラムと終章「言語研究の展開と今後の展望」からなる主要部と「言語研究の楽しみ」と題されたエッセイと2つの事例研究「コーパスを使った言語研究」「日本語と英語における結果構文とその関連構文」を収めた「付録」からなっています。

　15の章と6つのコラムは3つの部に大別されています。第Ⅰ部は「生成文法を学ぶための基礎知識Ⅰ」と題されていて、生成文法とはどんな研究プロジェクトであるのか、生成文法を学ぶときにはどのような心構えが必要なのか、生成文法を学ぶことでどんなおもしろさが味わえるのかなどについて解説します。この部分で生成文法の考え方や研究方法についての基礎が学べるので、読み飛ばすことなく、丁寧に読んでほしいと思います。

　第Ⅱ部は「生成文法を学ぶための基礎知識Ⅱ」と題されていて、言語知識を構成している各部門について解説します。「部門」というのは、音の世界を扱う音声・音韻部門（第3章）、語の世界を扱う形態部門（第4章）、文などの言語表現の形式的世界を扱う統語部門（第5, 6章）、文や語などの言語表現の意味の世界を扱う意味部門（第7, 8, 9章）を指します。各部門の研究は該当する部門名に「〜論」をつけて、たとえば、「統語論」、「意味論」、「語用論」のように呼ばれます。

　一つ、注意しておきたいことがあります。これらの各部門は独立したモジュールであることは言うまでもありませんが、他の部門と無関係に存在

しているわけではなく、部門間には有機的な関係があります。例を1つ挙げれば、言語表現の形式的世界を扱う統語部門と意味の世界を扱う意味部門はそれぞれ独自の性質を持っていますが、両部門間には一定の関係があり、その関係のあり様を探ることも言語研究の重要な課題です。ということは、みなさんがたとえば統語部門に大いに魅力を感じたとしても、統語論を学ぶだけでよいということではなく、意味論・語用論についても、他の部門の研究についてもきちんと目配りをしておくことが必要だということです。コラム1からコラム3は、紙数の制約で第Ⅱ部の諸章で触れられなかったインターフェイスを介した各部門間の相互関係にかかわる興味深い言語事象を考察したものです。

　第Ⅲ部は「こころと脳を探る言語研究の展開」と題されています。第一言語（母語）獲得（第10章）、第二言語獲得（第11章）、言語運用（第12章）、言語変化（第13章）、言語の脳科学（第14章）、言語の起源と進化（第15章）の問題を取り上げます。いずれも、生成文法の進展によって大きな進歩を遂げた研究分野です。この部分を読むためには第Ⅱ部を先に読んでおくことが理解の助けとなるので、その順で読むことをお勧めします。コラム4からコラム6では、第Ⅲ部の諸章で扱いきれなかった問題を、幼児言語、手話言語、少数言語を取り上げて考察しています。

　終章の「言語研究の展開と今後の展望」には、最近の研究の成果と今後の展望が示されており、かなり高度な難しいことがらも含まれていますが、初学者の人もこれまでの章とコラムを丁寧に読んでいれば生成文法の研究の流れとその背後にある考え方を理解することができます。

　主要部の16の章の冒頭にはそれぞれ「この章で考えること」が3項目示されていて、その章の概要がわかるようになっています。第Ⅱ部と第Ⅲ部の章の末尾には「基本問題」と「発展問題」があり、その章をどの程度理解できたかを確かめることができるようになっています。また、主要部の16の章と6つのコラム、付録の2つの事例研究のはじめには10個程度の「キーワード」（本文では太字表記）が水先案内として置かれています。なお、引用・参考文献と索引は、この本をきっかけとしてみなさんに自主的な研究意欲を高めてほしいという意図から、可能な限り詳しいものにしてありますので、ぜひ活用してください。読書案内については「まえがき」に記してあるように、研究社のウェブサイトに掲載してありますので、適宜、利用してください。

第**2**章
言語知識の性質

《この章で考えること》
1. 生成文法研究はその主要な課題として「知識」「獲得・個体発生」「使用」「脳内基盤」「進化・系統発生」の5つを設定しています。
2. 言語の表現は「併合」と呼ばれる操作によって構築された階層的な構造を持ち、その階層的な構造が音声と意味との橋渡しを担っています。
3. 言語は回帰性や構造依存性といった普遍的特性を示し、そのような普遍性はヒトに生得的に備わっている母語獲得のための仕組みの反映であると考えられています。

キーワード：回帰性、階層構造、言語機能、言語使用、原理とパラメータのアプローチ、構造依存性、普遍文法、併合、母語獲得、母語知識、ミニマリスト・プログラム、モジュール性

1. 言語に関する5つの研究課題

　第1章で述べたように、**生成文法**と呼ばれる言語理論においては、言語は母語話者のこころ/脳に内蔵された母語に関する知識と考えられています。このように考えると、言語に関して以下のような研究課題が生じます。

（1） a. 知識の問題
　　　 b. 獲得・個体発生の問題
　　　 c. 使用の問題
　　　 d. 脳内基盤の問題
　　　 e. 進化・系統発生の問題

　「知識の問題」とは、母語話者がこころの一部として所有する**言語知識**がどのような性質を持っており、同じくこころの中に存在する他の知識(たと

えば、数字や計算に関する知識など)とどのように異なるのかという問題です。日本語の母語話者であれば、(2a)の文では「3 頭」がキリンの頭数を指すのに対し、(2b)の文では「3 頭」はライオンの頭数を指す(つまり、キリンの頭数を指すことができない)と判断することができます。

（2）　a.　ライオンがキリンを 3 頭追いかけた。
　　　　b.　ライオンがキリンの檻の前で 3 頭吠えていた。

そのような判断ができるのは、母語話者のこころの中に、なんらかの日本語の知識が存在しているためと考えられます。これは母語話者であっても意識することのできない、無意識の知識です。母語話者のこころの中にある無意識の知識(**文法**)に関して、さまざまな方法を用いてその性質を明らかにしようとするのが「知識の問題」に対する取り組みです。

　母語が何語の知識となるかは、子どもが生後の一定期間に何語の言語の情報に接したかによって決まります。では、まわりからこのような**言語経験**(linguistic experience)を与えられた子どもは、なぜ母語知識を獲得することが可能で、そしてどのようにして母語知識を獲得するのでしょうか。言いかえれば、言語経験を与えられた子どもに、なぜ・どのようにして日本語や英語といった個々の言語の知識が個体発生しうるのでしょうか。これが「獲得・個体発生の問題」です。

　母語話者は、母語知識を使用することで言語表現の**理解**(language comprehension)を行ったり、言語表現の**産出**(language production)を行ったり、(2)で示したように言語表現に対して**判断**(judgment)を与えたりすることができます。母語知識をもとに行われるこれらの言語活動は**言語使用**(language use)あるいは**言語運用**(linguistic performance)と呼ばれます。母語知識は、言語運用との対比において、**言語能力**(linguistic competence)と呼ばれることがあります。これらの言語使用には、母語知識に加えて、こころの中にある他のさまざまな仕組みが関与しています。たとえば、(3a)の文を埋め込んだ(3b)の文、そして(3b)の文を埋め込んだ(3c)の文を与えられた時の言語理解について考えてみましょう。

（3）　a.　その記者はあの大臣が会見を行うと予想した。
　　　　b.　この新聞は[その記者があの大臣が会見を行うと予想した]と
　　　　　　報じた。

  c. そのキャスターは［この新聞が［その記者があの大臣が会見を
   行うと予想した］と報じた］と述べた。

 (3a)の文は可能な日本語の文であり、(3b)の文はその文を「この新聞は
〜と報じた」という表現に埋め込んだだけなので、同じく可能な文になる
はずです。また、(3c)の文も同様に、(3b)の文を「そのキャスターは〜と
述べた」という表現に埋め込んでおり、可能な文であるはずです。しかし、
(3c)の文を提示されてその意味をすぐに理解できる日本語の話者はほとん
どいません。つまり、(3c)の文は、日本語の母語知識(文法)に照らすと文
法的な文であるにもかかわらず、非常に理解しにくく容認度が低い文であ
ると言えます。これは、文の中央に文を何重にも埋め込むことにより、**記
憶**の容量や、目や耳から取り込んだ文を処理して理解につなげる仕組みに
過度の負担がかかるためであると考えられています。このように、こころ
の中にある母語知識が、同じくこころの中にある**文理解**の仕組みや記憶の
容量などの他のさまざまな要因と相互作用することにより、実際の言語使
用が生じていると考えられます。**言語理解**や**言語産出**の過程において、母
語知識のどの部分がどのように運用されるのかという問いが「使用の問題」
です。

 こころの一部である母語知識は、物理的には脳の中に存在していると考
えられるので、これまで議論してきた「知識の問題」「獲得・個体発生の問
題」「使用の問題」は脳の一部に内蔵されている母語知識の問題としても解
明されなければなりません。脳において、言語知識が①どのように内蔵さ
れているのか、②どのように形成されていくのか、③どのように運用に供
されるのか、という問題が「脳内基盤の問題」です。

 人間の**進化**の過程のある時点において、脳内に母語知識を持たない状態
から母語知識を持つことができる状態へと変化したはずですが、いつ・何
が・どのように生じることによって人間にこの変化が起きたのでしょうか。
これが「進化・系統発生の問題」です。

 これら(1a)から(1e)の5つの研究課題はそれぞれと密接に関連していま
すが、実際の研究では、いずれかの問題に重点を置きながら研究が進めら
れています。本書の今後の章ではこれらの問いに関する研究成果の主要な
部分について紹介していきますので、読み進める際には、それぞれの章が
(1a)から(1e)の中のどの研究課題を中心的に取り扱っているのかを意識す

ることを心がけてください。

2.　言語の多様性・普遍性と言語機能

　(1b)の「獲得・個体発生の問題」についてもう少し考えてみましょう。

　現在地球上で使われている言語の数はおよそ 7000 程度ではないかと推測されています。これらに含まれる日本語、英語、エスキモー語、日本手話などの一つ一つの言語を**個別言語**と呼びます。表面的・表層的には、各個別言語は大きく異なっているため、言語が**多様性**を持っていることは疑いありません。たとえば、(4)に示すように、他動詞を含む日本語の文は主語—目的語—動詞という語順になりますが、相当する英語の文は主語—動詞—目的語という語順になります。また、日本語には「が」「を」のような格を示す助詞が存在しますが、英語にはそれらに対応する要素が存在しません。

（4）　a.　あのライオンがキリンを追いかけた。
　　　　b.　That lion chased a giraffe.

　「獲得・個体発生の問題」を考慮すると、多様で共通性など持たないように見える個別言語であっても、実はそれらの背後には共通する規則・原理、つまり普遍的な基盤が存在していると考えられます。

　第 1 章で見たように、母語知識には、他の生物種が持つコミュニケーション手段には存在しない性質が含まれているため、「言語はヒトという種に固有である」と述べることができます。また、母語知識は、ヒトとして生まれれば、特に教わったり練習したりする必要がなく、無意識のうちに自然に獲得することができるので、「言語はヒトという種に均一である」と述べることもできます。さらに、母語知識のこれらの特徴に加えて、**母語獲得**に関する以下の観察が重要です。

（5）　獲得された母語知識の中には、言語経験と**一般的知識獲得機構**のみから導かれたとは考えにくい属性が含まれている。つまり、母語知識の獲得は**刺激の貧困**という状況のもとで可能となっている。

（6）　母語として獲得可能な言語は 7000 程度というおびただしい数存在しているにもかかわらず、生後に一定期間触れることによって、ヒトはどの言語であっても母語として獲得することができる。

「言語の種固有性」「言語の種均一性」に対して説明を与え、さらに(5)で述べた「刺激の貧困」という状況があるにもかかわらずなぜ母語知識の獲得が可能なのかという問題(母語獲得における**プラトンの問題**)に答えるためには、ヒトの遺伝子の中に母語獲得専用の仕組みがなんらかの形で刻まれていると考える必要がありそうです。ヒトの遺伝子の中にあるということは、ヒトが生まれながらに持っているということですので、ヒトには母語獲得のための仕組みが**生得的**(innate)に備わっていると言いかえることができます。母語獲得のための仕組みがヒトの遺伝子に刻まれており、その遺伝子が発現することによってヒトならばすべてこの仕組みを持ち、結果としてヒトならば誰でも母語知識を獲得できるようになることから「言語の種均一性」が導かれます。さらに、この仕組みがヒトの遺伝子のみに刻まれており、結果としてヒトだけが母語知識を獲得できるようになることから「言語の種固有性」が導かれます。そして、この母語獲得の仕組みに含まれている情報が言語経験と獲得された母語知識との間に存在する質的な差を埋めていると考えることで、「プラトンの問題」に対して答えを与えることができます。

　では、(6)で述べた観察を説明するためには、母語獲得のための生得的な仕組みはどのような性質を持つと考えるべきでしょうか。2つの可能性が存在します。1つは、7000程度存在している獲得可能な言語は共通の基盤を持たない、異質でばらばらの体系であり、ヒトの赤ちゃんはそれぞれの言語に対応したおびただしい数の別個の仕組みを持って生まれてくるという可能性です。しかし、この可能性では、膨大な数の別個の仕組みがどのようにしてヒトの脳内に生じることになったのかという、起源に関する非常に困難な問題に直面します。また、これらの別個の仕組みのうち、実際に利用されるのは1つ(モノリンガルの場合)あるいは2つ(バイリンガルの場合)というきわめて少数であり、残りは使われないままということになります。脳に備わっているであろう生得的な母語獲得の仕組みがこのように無駄が多い設計となっており、かつその無駄が進化の過程において「淘汰」されることなく存在し続けているとは考えにくいため、1つ目の可能性は妥当ではないと考えたほうがよさそうです。

　2つ目の可能性は、7000程度存在している獲得可能な言語はすべて共通の基盤の上に成り立っており、母語獲得の生得的な仕組みにはこのすべての言語に共通の普遍的な基盤が組み込まれているという可能性です。ヒト

の赤ちゃんは生後に言語経験を取り込み、生まれ持った普遍的な基盤を当該言語用に個別化することによって自分の母語の体系を構築していくと考えると、(6)の事実に対しても自然な説明を与えることができます。

　これまでの議論を簡単にまとめると、「言語の種固有性」「言語の種均一性」および母語獲得に関する「プラトンの問題」から、ヒトには遺伝により生得的に母語獲得のための仕組みが備わっているという仮説が導かれます。そして、ヒトが多様な言語のいずれであっても母語として獲得できるという事実は、すべての言語が共通の基盤の上に成り立っており、その普遍的な基盤が母語獲得の仕組みに組み込まれているという可能性を支持します。ヒトに生得的に備わっている、すべての言語に共通の普遍的な基盤を含んだ母語獲得のための仕組みのことを**言語機能**(the faculty of language: FL)と呼びます。このような言語機能の存在を仮定すると、「獲得・個体発生の問題」に対する取り組みは、どの言語にも対応できる普遍的な基盤および言語経験がそれぞれどのような性質を持ち、それらがどのように相互作用することによって個別の言語の知識が構築されるのかを明らかにする取り組みと言いかえることができます。「獲得・個体発生の問題」および(1)に挙げた言語に関する他の研究課題に取り組む中で、研究者が言語機能に関して構築した理論のことを**普遍文法**(Universal Grammar: UG)と呼びます。普遍文法とは、生得性と結びついた普遍性に関する理論を指します。

3.　知識の構成とその基本的操作

　前節では(1b)の「獲得・個体発生の問題」に焦点を当てましたが、この節では(1a)の「知識の問題」について議論しましょう。

　言語機能およびそれに基づいて獲得される母語知識は、意味と音声(手話の場合には手の動き)を対応させる働きを担っています。母語知識がどのようにして両者をつないでいるのかを理解するために、(7)の文について考えてみましょう。

（ 7 ）　2 人の大臣と知事が記者会見を行っている。

下線部分は、「2 人」「の」「大臣」「と」「知事」という語が順番に並べられて、/futari-no-daijin-to-chiji/ という音連鎖を形成しています。この部分は、単一の音連鎖・語連鎖であるにもかかわらず、「大臣 2 人と知事 2 人」

と「大臣2人と（人数の指定されていない）知事」という2通りの解釈が可能です。なぜ単一の音の連鎖・語の連鎖が2通りの意味を表せるのでしょうか。

　(7)に見られる**あいまい性**(ambiguity)を説明するためには、言語表現が単に語を並べたものではなく、語と語が密接に結びついて**句**(phrase)を作り、その句がさらに他の語や句と結びついてより大きな句を作っていると考える必要があります。具体的には、(7)の下線部はおよそ(8)に示されるような2種類のまとまり方を持つと考えられます。説明の便宜上、「と」はその直前にある「大臣」に付随していると考えます。

（8）　a.　　　　　　　　　　　　　　　　　b.

　　　　2人の　　大臣と　　知事　　2人の　　大臣と　　　知事

(8a)からは、まず「大臣と」と「知事」が句を作り、その句に「2人」が結びついているので、「大臣と知事のどちらも2人」という解釈が得られます。一方、(8b)では、「2人」は「大臣と」とまず結びつき、その句が「知事」という語と結びついているので、「大臣2人と（人数の指定されていない）知事」という解釈が生じます。(8)の図では、語と語が結びついて句を作り、それが他の語や句とさらに結びついて階層をなしていますので、これを**階層構造**(hierarchical structure)と呼びます。

　(7)に含まれる「2人の大臣と知事」という言語表現は、単一の音の連鎖・語の連鎖であるにもかかわらず、2通りのまとまり方が可能で、それぞれの階層構造から異なる意味が生じるため、2通りの解釈を持つのです。単一の音連鎖の背後に2種類の構造があり、それぞれに異なった解釈が結びついている言語表現が存在することから、階層構造が**音声**と**意味**との橋渡しを行っていることがわかります。このように、言語機能およびそれに基づいて獲得される母語知識の中では、単語、正確には**語彙項目**(lexical item)を組み合わせて階層構造が構築され、その階層構造が意味と音声あるいは手の動きという本来は無関係のものを結びつけていると考えられます。

　生成文法研究では、言語機能およびその個別化によって生じる母語知識の基本的デザインを(9)のように考えています。母語知識の中には語彙項目の知識に関わる部門と階層構造を構築する部門が存在し、前者は**語彙シ**

ステム（あるいは「語彙部門」）、後者は**統語演算システム**（computational system）（あるいは**統語部門**）と呼ばれます。意味に関わる部門は**概念意図システム**（conceptual-intentional system）（あるいは**意味部門**）、音声に関わる部門は**感覚運動システム**（sensory-motor system）（あるいは**音声・音韻部門**）と呼ばれています。それぞれの部門が接する部分は**インターフェイス**（interface）と呼ばれ、統語演算システムと概念意図システムとの間のインターフェイスは **C-I インターフェイス**、統語演算システムと感覚運動システムとの間のインターフェイスは **S-M インターフェイス**と呼ばれています。なお、(9)の統語演算システムのみを指して**狭義の言語機能**（the faculty of language in the narrow sense: FLN）、それとの対比において(9)全体を**広義の言語機能**（the faculty of language in the broad sense: FLB）と呼ぶことがあります。

（9）　言語機能・母語知識の基本的デザイン

$$\boxed{語彙システム}$$
$$\downarrow$$
$$\boxed{概念意図システム} \leftarrow \boxed{統語演算システム} \rightarrow \boxed{感覚運動システム}$$

　(9)で示されるように、母語知識は複数の独立したシステムが有機的に働き合うことによって成り立つ体系となっています。このように、ある体系が全体として 1 つのまとまりとなって機能しつつも、その内部には独自の機能や特性を持つ複数の下位体系が存在し、それらが密接に連携して相互作用している時、その体系は**モジュール性**（modularity）を持つと言い、個々の下位体系を**モジュール**（module）と呼びます。つまり、母語知識はモジュール性を持つと考えられています。

　階層構造が音声と意味との橋渡しを行っていると述べましたが、統語演算システムにおいて階層構造はどのような仕組みで構築されるのでしょうか。(10)のような**併合**（Merge）という単純な操作で構築されると考えられています。

（10）　併合
　　　　2 つの要素（語彙項目あるいはすでに形成されたまとまり）を持ってきて、それらからなるまとまりを形成せよ。

　併合による階層構造の構築の具体例として、(11)から(13)を見てみま

しょう。語彙システムから「キリン(を)」と「追いかけた」を持ってきて、併合によってひとまとめにすると、(11a)のようになります。(11)では説明の便宜上、「追いかける」は1語であり、その過去形も語彙システムに記載されていると考えます。このまとまりは全体が動詞を中心とする動詞的な要素(**動詞句**)なので、それを示すために(11b)のように「動詞」という**ラベル**が付けられていると仮定します。この操作を**ラベル付け**(Labeling)と呼びます。

(11)　a.　{ キリン(を), 追いかけた }
　　　b.　{ 動詞 { キリン(を), 追いかけた }}

(11b)をさらに「ライオン(が)」と併合して文を構築するとおよそ(12)のようになります。(10)は**集合**を形成する操作であり、(12)は語彙および句からなる集合に関する情報のみを示していますが、それに加えてそれらの語彙項目や句の間の順序(語順)に関する情報を付け加えて示したのが(13)です(文が持つより正確な構造については第5章参照)。

(12)　{ 文 { ライオンが { 動詞 { キリン(を), 追いかけた }}}}
(13)

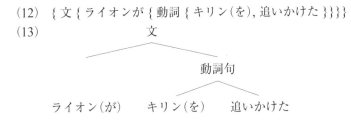

併合によって構築された(11b)に対してさらに併合を適用して(12)を構築できることからわかるように、併合という操作は、それ自身の出力をさらにそれ自身の入力として繰り返し適用できる操作です。併合が持つこのような性質を**回帰性**(recursion)と呼び、回帰性を持つ操作を**回帰的操作**と呼びます。併合により(3)((14)として再掲)のような文の埋め込みを繰り返した文も構築することができます。

(14)　a.　その記者はあの大臣が会見を行うと予想した。
　　　b.　この新聞は[その記者があの大臣が会見を行うと予想した]と報じた。
　　　c.　そのキャスターは[この新聞が[その記者があの大臣が会見を

行うと予想した]と報じた]と述べた。

　この節の議論を簡単にまとめましょう。(広い意味での)言語機能および
それに基づいて獲得される母語知識は、語彙システムと統語演算システム、
後者と接している概念意図システムと感覚運動システム、そしてそれらの
システムの間にあるインターフェイスから成り立っています。母語知識は、
統語演算システムに含まれる併合操作を回帰的に適用することで階層構造
を構築し、その構造を概念意図システム・感覚運動システムに送り、階層
構造を介して意味と音声とを結びつけています。

4.　知識の基本的特性: 構造依存性

　併合操作によって構築される階層構造が意味と音声とを結びつけている
ならば、さまざまな言語現象およびその背後で働く規則や操作は並んでい
る語の順番や左右関係などではなく、階層構造に依存するという**構造依存
性**(structure dependence)を示すはずです。前節では、(7)の言語表現があ
いまいであるという現象に対して、その背後に複数の階層構造が存在する
と考えることによって説明を与えました。本節では、規則や操作が構造依
存性を示すという証拠を日本語と英語の事例を用いて説明します。

　日本語からの具体例として、「2 人」のような**数量詞**(quantifier)を含む文
について考えてみましょう。(7)の例の下線部である「2 人の大臣と知事」
は、(15)に再掲した 2 つの階層構造を持つことを見ました。(15)では、句
などの**ラベル**は省略しています。

(15)　a.　　　　　　　　　　　　　　　b.

　　　2 人の　　大臣と　　知事　　　　2 人の　　大臣と　　　知事

(15a)からは、「大臣と知事のどちらも 2 人」という解釈が生じ、(15b)か
らは「大臣 2 人と(人数の指定されていない)知事」という解釈が生じるの
で、数量詞表現「2 人」は、(15)の枠内の表現、つまりそれが直接的に結
びついた句や語を修飾すると考えられます。これに基づいて、(16)と(17)
の例を分析してみましょう。* は非文法的であることを示す表記です。

(16)　a.　　2 人の大臣が記者会見に応じた。
　　　b.　　大臣が 2 人記者会見に応じた。

（17）　a.　テレビで<u>2人の大臣の記者会見が</u>放送された。
　　　　b.　*テレビで<u>大臣の記者会見が2人</u>放送された。

（16）と（17）の下線部は、それぞれ（18）と（19）に示した階層構造を持つと考えられます。

（18）　a.　　　　　　　　　b.

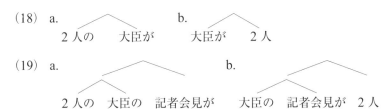

　　　　　2人の　　大臣が　　　大臣が　　2人

（19）　a.　　　　　　　　　　　　　b.

　　　　2人の　大臣の　記者会見が　　大臣の　記者会見が　2人

（18）および（19a）の構造では、いずれにおいても「2人」という数量詞が「大臣」と直接的に結びついているため、「2人」が「大臣」の数を表し、文法的な表現となっています。しかしながら、（19b）では、「2人」が直接的に結びついているのは「大臣の記者会見」というまとまりであり、「大臣」ではありません。「2人」は「大臣の記者会見」の数量を表すのに適した数量詞ではないため、（19b）の構造を含む（17b）は非文法的な文となります。

　（17a）と（17b）の**文法性**の違いに対するこの説明は、「数量詞が修飾できるのは、それが階層構造において直接的に結びついている語・句のみである」という構造に依存した規則に基づいています。では、語順のみに依存した規則で、（17a）と（17b）の文法性の違いを説明できるでしょうか。

　1つの可能性は、（17a）の下線部では、「2人」という数量詞と「大臣」が隣り合っているが、（17b）では、それらが「記者会見」という他の語によってさえぎられ、隣り合うことができないため、非文法的となっているという説明です。この語順に基づいた説明が正しければ、（20a）（＝(17b)）の語順を入れ替えて「2人」と「大臣」を隣接させた（20b）は可能な文となるはずですが、実際には非文法的な文のままです。

（20）　a.　*テレビで<u>大臣の記者会見が2人</u>放送された。
　　　　b.　*テレビで<u>2人、大臣の記者会見が</u>放送された。

　（20）の下線部はそれぞれ（21）のようになっていると考えられ、語順が変化しても**構造的な高さ**には変化がなく、いずれの場合でも「2人」が直接的に結びついているのは「大臣の記者会見」という句であり、その点にお

いて違いはないと考えられます。

（21）　a.　　　　　　　　　　　　　b.

　　　　大臣の　記者会見が　2人　　2人　大臣の　記者会見が

したがって、（20）の文の非文法性を説明するためには、語順に基づいた規則ではなく、構造に依存した規則が日本語の母語知識の中に存在していると考える必要があります。つまり、日本語の数量詞に対する規則は、母語知識に含まれる規則の構造依存性を示す証拠の 1 つであると言えます。

　次に、英語の具体例を検討することにしましょう。（22a）の**平叙文**に相当する **yes/no 疑問文**は（22b）ですが、ある位置に存在する要素を他の位置に移動することによってそれらを結びつける操作として、少なくとも（23）に述べた 4 種類の可能性が考えられます。

（22）　a.　Ken can swim well.
　　　　b.　Can Ken swim well?
（23）　a.　平叙文の 2 番目にある要素を文頭へ移動する。
　　　　b.　平叙文で最初に出てきた助動詞を文頭へ移動する。
　　　　c.　平叙文で最後に出てきた助動詞を文頭へ移動する。
　　　　d.　平叙文の主節にある助動詞を文頭へ移動する。

（23a）が誤った可能性であることは、（24）の例からすぐにわかります。

（24）　a.　　That boy can swim well.
　　　　b.　* Boy that ____ can swim well?
　　　　c.　　Can that boy ____ swim well?

もし（23a）の操作が正しければ、（24a）に相当する yes/no 疑問文は（24b）となるはずですが、英語の母語話者にとってこの文は非文法的であり、正しい yes/no 疑問文は（24c）です。

　一方、（23b）および（23c）の操作は、（22a）や（24a）から正しく（22b）や（24c）を導くことができます。しかし、（23b）の操作にとっては、（25）のような**関係節**を含む文が問題となります。

（25）　a.　　The boy [who can swim well] will appear here soon.

   b.　* Can the boy〔who ＿＿ swim well〕will appear here soon?

   c.　　Will the boy〔who can swim well〕＿＿ appear here soon?

（25a）の平叙文で最初に出てきた助動詞は can ですが、can を文頭に**移動**した（25b）は非文法的です。移動すべき will は、（25a）の平叙文においては最後の**助動詞**ですので、（23c）の操作であれば正しく（25a）から（25c）を導くことができます。しかしながら、（23c）の操作では、（26）のような文を説明することができません。

（26）　a.　　Ken will hire the boy〔who can swim well〕.

     b.　　Will Ken ＿＿ hire the boy〔who can swim well〕?

     c.　* Can Ken will hire the boy〔who ＿＿ swim well〕?

　（26a）の平叙文に対応する yes/no 疑問文は（26c）ではなく（26b）ですから、この場合は最初に出てきた助動詞を移動しているので、（23b）の操作ならば正しい yes/no 疑問文を導くことができます。しかし、先ほど見たように、（23b）の操作では、（25c）の yes/no 疑問文を生み出すことができません。結局、（23a）から（23c）のいずれの操作も、英語の平叙文とそれに対応する yes/no 疑問文を正しく結びつけることができないということになります。

　（25）と（26）において、文法的な文で移動しているのは**主節**（埋め込まれていない節）の助動詞であり、非文法的な文で移動しているのは主節に埋め込まれた関係節に含まれる助動詞です。したがって、（23d）の操作であれば、（22）および（24）から（26）のすべての例において、正しい yes/no 疑問文を導くことができます。ということは、英語の母語話者が持つ母語知識の中の統語演算システムにおいて適用されている操作は（23d）に相当する操作であると考えられます。（23a）から（23c）の誤った操作が、「2 番目」や「最初」あるいは「最後」といった文の中の要素の順番に言及しているのに対し、正しいと考えられる（23d）の操作は、「埋め込まれていない節の助動詞を移動させる」という、階層構造に基づいた操作です。このことから、英語において平叙文と yes/no 疑問文を対応させる操作は、日本語の数量詞に関する規則と同様に、構造に依存していることがわかります。

　本節で議論した構造依存性という特性は、階層構造を構築する併合が 2 節で言及した「ヒトに生得的に備わっている、すべての言語に共通の普遍

的な基盤」の一部をなしており、その操作によって構築された階層構造からの帰結として日本語や英語を含むすべての言語で観察されると考えられます。階層構造から生じる構造依存性やその源である併合は、言語における普遍性の存在を実証的に裏づけています。

5.　UG に対する原理とパラメータのアプローチからミニマリスト・プログラムへ

　前節では、すべての言語が示す基本的特性として、併合と(その操作によって構築される階層構造から生じる)構造依存性が存在することを述べました。2 節において、普遍的な基盤を含む言語機能に関する理論を UG と呼ぶと述べましたが、併合はすべての言語で具現している演算操作として、UG の一部をなしています。

　UG に対するひとつの考え方として、「UG には、このようなすべての言語で具現される特性(**原理**)に加えて、言語の可能な異なり方を定める可変部(**パラメータ**)が含まれている」という考え方があり、この考え方は **UG に対する原理とパラメータのアプローチ**(Principles and Parameters approach to UG)と呼ばれています。言語がどのように異なりうるかという点についても、(UG に含まれる)パラメータによって、生まれつきあらかじめ一定の範囲内に制限されているというのがこのアプローチの考え方です。

　パラメータの具体例について簡単に見ておきましょう。3 節において、併合が句を構築し、その句の中における中心的な要素が句のラベルを決定すると述べました。この句の中における中心的な要素は**主要部**(head)と呼ばれます。併合によって構築された句に順序(語順)が付与される際、(27)の下線部によって示されるように、英語と日本語では主要部の位置が異なります。

(27)　　英語　　　　　　　　日本語
　　a.　study linguistics　　言語学を学ぶ
　　b.　student of linguistics　言語学の学生
　　c.　afraid of dogs　　　犬がこわい
　　d.　at the park　　　　　公園で

主要部の位置に関する言語間の違いを捉えるために、**主要部先端**(head-initial)および**主要部末端**(head-final)という 2 つの値を伴った**主要部パラ**

メータ(head parameter)が UG に含まれているという提案がなされています(第5章も参照)。この提案のもとでは、英語が話されている環境で育つ子どもは言語経験に基づいて主要部先端の値を選択し、日本語が話されている環境で育つ子どもは言語経験に基づいて主要部末端の値を選択することになります。UG に対する原理とパラメータのアプローチにおいては、母語獲得の過程は言語経験に基づいてさまざまなパラメータの値を決定していく過程(parameter-setting)ととらえられています。

UG に対する原理とパラメータのアプローチは、多様な原理やパラメータがヒトに生得的に備わっていると仮定することによって、母語獲得に関するプラトンの問題に対して解答を提示することを可能にしました。また、原理やパラメータが実際の母語獲得過程においていつどのようにして機能し始めるのかという問いをもたらすことによって、母語獲得研究の活性化にも大きく貢献しました。しかし、複雑に相互作用する原理やパラメータは言語に固有であり、進化の過程においてまとまった状態で出現したと考える必要が生じてしまうため、その起源や進化について解明することが非常に困難な状況となっていました。このような考慮から、現在では、UG の中身はいかにわずかでよいのか、UG の中身として最低限何が必要かという視点に基づいて研究が進められています。この研究戦略はミニマリスト・プログラム(Minimalist Program: MP)と呼ばれており、第15章の議論からわかるように、言語の起源と進化に関する研究の大きな進展につながっています。

今後の章では、本章で簡単にしか(あるいはまったく)紹介できなかったさまざまな言語研究の領域について、より詳しい議論が展開されていきます。それらを読み進めることで、言語研究の深さと広さを感じ取っていただければと思います。

第 II 部

生成文法を学ぶための基礎知識 II

第3章
言語の音とは: 音声学・音韻論

《この章で考えること》
1. 「音の文法」である音韻論はどのような方法を用いて何を明らかにするのでしょうか。
2. 音声学と音韻論はどのような関係にあるのでしょうか。
3. 音韻論の現象の説明のため、どのように仮説を形成し、どのような観点からその妥当性を検証したらよいのでしょうか。

キーワード：エレメント理論、音素から音声へ、階層性、ダーウィンの問題、第三要因、内在化、プラトンの問題、併合、弁別素性理論、母音融合

1. 言語で異なる音の区分: 音声記号が必要なわけ

　動物は感覚器官を使って刺激を感知し、その行動(反応)の仕方を決めています。天敵や獲物の姿や鳴き声や匂いを感知したら、すばやく回避行動や捕食行動をとります。人間が音声を耳で聞き取り、それに対する発話の仕方を決めるというコミュニケーション行動をとるのも、その一例です。
　感覚器官は目・耳・鼻・口ですし、刺激は光・音・におい・味です。それらの刺激を物質の性質の観点から見れば、光と音は波動、臭いと味は化学物質です。どちらも連続体であり、強さや濃淡がまばらで雲をつかむような存在です。そこで人間は、そうした連続体に区分を与えることで知覚・認識をしやすくし、その区分に意味を与えることで行動の指針にできるようにします。そのように意味付けされた1つの区分を信号と言います。記号と言っても構いません。ここでこの節のタイトルと話がつながります。
　おもしろいのは、同じ連続体であっても文化や社会により異なる区分として知覚・認識されることです。そして、同じ区分であっても文化や社会により異なる意味付けがなされます。空に浮かぶ可視光線の連続体(405THz

～ 790THz）は、赤・橙・黄・緑・青・藍・紫の 7 色（日本）と認識されることもあれば、赤・橙・黄・緑・青の 5 色（ドイツ）や赤・黄・紫の 3 色（台湾のブヌン族）となる文化圏もあります。その共通する黄色ですが、一般には太陽のイメージから幸福・恵み・豊穣などの意味もあれば、キリスト教圏では裏切り者ユダの着ていた服の色から嫉妬・臆病・警告の意味にもなります。マッコウクジラの腸内結石が汚物にも龍涎香（香料）にもなり、蛇蝎の体液が猛毒にも医療薬にもなるのと同じです。

　音声も同じです。可聴音域は 20Hz（低い音）から 20kHz（高い音）と言われますが、その音声の連続体を意味のある成分として、言語ごとに必要なだけ区分して、コミュニケーション行動に役立てています。たとえば、日本語は /i, e, a, o, u/ の 5 母音体系だと言われますが、英語には /i, ɪ, e, ɛ, æ, ʌ, ə, ɑ, ɒ, ɔ, o, ʊ, u/ のように 13 種の**母音**（vowel; V）があり、**二重母音**はこれらの組合せです。このように日英語で母音の数が異なるのは、その区分の仕方に言語ごとの違いがあるからです（**子音**（consonant; C）については第 3章補足「音の記号」参照）。そして、なぜ母音が日英語においてこの数になるのかと言うと、その区分が語の意味区別に役立つからです。(1) の例を見てみましょう。

（ 1 ）　意味区別に役立つ母音
　　　a.　日本語
　　　　　ki「木」/ ke「毛」/ ka「蚊」/ ko「子」/ ku「苦」
　　　b.　英語
　　　　　pit [ɪ] / pet [ɛ] / pat [æ] / putt [ʌ] / pert [ə] / pot [ɒ] / put [ʊ]
　　　　　beat [i] / bate [e] / bought [ɔ] / boat [o] / boot [u]

日本語には単母音 (1a) のほかに長母音もありますが、それはこれらを長くしたものです。英語には (1b) 上段のような**弛緩母音**（lax vowel; 顎や舌の筋肉が緩んだやや短めの母音）と、(1b) 下段のような**緊張母音**（tense vowel; 張りが強くやや長めの母音）があります。ただし、最近では *bomb* [ɒ] が *balm* [ɑ] に合流して同じ発音になりつつあり、12 母音だという研究者もいます。

　このように、語全体の中で特定の音の部分だけが異なり他の部分が同じである関係を**最小対立**（minimal contrast）と言います。最小対立をなす音の区分は**音素**（phoneme）と言います。まったく同じ音声環境でも互いに生じ得るという意味で、音素は環境から予測ができず 1 つ 1 つ学習すべき音（**語**

彙部門に記載されるべき根源的な要素)だということになります。

　各母音の特徴付けや母音間の分類のため、**音声学**(phonetics)では舌体部の高低位置や前後位置に注目して、縦軸で**高母音**(high vowel)・**中母音**(mid vowel)・**低母音**(low vowel)に、横軸で**前舌母音**(front vowel)・**後舌母音**(back vowel)に分けます。一方、**音韻論**(phonology)ではこうした音声記述を**弁別素性**(distinctive feature)を用いて行います。(2)は日本語の5母音に関して、音声学用語による音声記述と弁別素性による音韻記述を比較したものです。

（2）　日本語の母音

a.　音声学用語(音声記述)

	前舌	後舌
高	i	u
中	e	o
低		a

b.　弁別素性(音韻記述)

	−back	+back
+high −low	i	u
−high −low	e	o
−high +low		a

同じ5つの区分を捉えるのに、音声学では各母音の特徴を捉えた記述用語を用い、音韻論では**二項対立**(binary opposition)の弁別素性を用いるなど、方法論が異なります。方法論が異なるのは、音声学と音韻論で目的が異なるからです。音声学は個別音の調音(発音)上の特徴を厳密に記述すること、音韻論は音配列や音変化の文法を記述することが目的です。

　では、音声学用語と弁別素性の機能の違いは何でしょうか。機能の違いは目的の違いを反映しますが、答えは弁別素性が**自然類**(natural class)を捉えられる点にあります。自然類とは音素の上位区分で、その区分によりある種の自然な音配列や音変化を説明できる点が重要です。音配列や音変化はグループでその対象になったり引き金になったりしますが、弁別素性はそのあり得るグループを正確に捉えるということです。たとえば、日本語では /i, u/ が無声子音に挟まれたとき *sita*「舌」、*suso*「裾」のように**無声化**(devoicing; [ ]で示される母音の声の震えを喪失)しますが、/e, o, a/ は *seki「咳」、*soko「底」、*sato「里」のようにしません。それは[+high]の母音のみ変化の対象となるからです。また、拗音 /y/ は *yu*「湯」、*yo*「世」、*ya*

「矢」のように同じ音節で /u, o, a/ と共起しますが、/i, e/ とは共起しませ
ん(*yi, *ye)。この音列が**外来語**で入ってきても、yeast「イースト(菌)」の
ように /y/ を削除(east「イースト」と同じ発音!)したり、yes「イエス」の
ように母音化したりします。これは /y/ と[−back]の配列を禁じる**共起制
限**(cooccurrence restriction)があるからです。同様に、wa「輪」のみ許し、
*wu, *wi, *we, *wo を許さないのは、/w/ と[−low]の配列を禁じる共起制
限があるからです。外来語でも wool「ウール」のような[w]の削除や、wink
「ウインク」、west「ウエスト」、walker「ウオーカー」のような母音化が見
られます。

　勘のいい読者は、音声学用語でも捉えられるのではないか、と言うでしょ
う。無声化は「高母音」が変化の対象となり、*/y/-[−back]の配列禁止は
/y/ と「前舌母音」との共起制限だと言えるからです。では、*/w/-[−low]
の共起制限はどうでしょうか。これは /w/ と「高母音・中母音」との配列
禁止と言うしかありませんが、それでは自然なグループとは言えません。
組合せに必然性がなく、何でもありになるからです。では、/w/ と「非低
母音」の配列禁止と言ってはどうでしょうか。これはあり得るかもしれま
せん。でもこれこそが、二項対立で音の特徴を捉える弁別素性の発想なの
です。

　しかしながら、やはり「非」は使えません。実は音声学用語と弁別素性
とでは経験的な予測(データ的な実証結果)が異なるからです。たとえば、
「非」を使えば「非中母音」として /i, u, a/ がグループを形成できますが、
/e, o/ を差し置いてこの 3 つだけが音配列や音変化に与することは、日本
語でも他の言語でもありません。つまり、グループについて、実証的観点
から誤った予測をするのです。一方、弁別素性では /i, u, a/ が自然類をな
さないことは明らかです。*[+high, +low]が相容れない素性値だからです
(舌を同時に高くかつ低くするのは、二枚舌でもない限りできません)。

　もっとも、「中母音」のない原始的な 3 母音体系の言語で、/i, u, a/ がグ
ループを形成すること(すべてアクセントを持つとか)はあります。その場
合は、3 母音ですから[±high]と[±back]しか必要なくて、そもそも「中母
音」の前提も[±low]もなくなるので注意してください。母音すべてのグ
ループなら、(音節核を形成できる)[+syllabic]で捉えることができます。

2. 音韻論と音声学の関係と役割分担

音韻論の課題は、このように弁別素性を使って「音変化」や「音配列」を捉え、根底にある音素から表面に現れる音声への**写像規則**(mapping rule)の総体としての文法を明らかにすることです。音配列の捉え方の一例として */y/-[−back]や*/w/-[−low]がありますが、1節で見た高母音無声化も弁別素性を使って(3b)のような音変化として定式化できます。

（３）　無声化規則
　　　　a.　/i,u/ → [i̥,u̥] / [p,t,k,s,h]＿[p,t,k,s,h]
　　　　b.　[+high] → [−voice] / [−voice]＿[−voice]

表記の決まりとして、スラッシュ「/」の前は矢印「→」で音素から**異音**(allophone; 規則により派生された音声)への変化を、後ろは下線部「＿」で音素が置かれた環境を示します。(3a)でもいいですが、弁別素性を使って記述するほうが簡潔ですし、そのグループの必然性を捉えられます。無声音は本来は**阻害音**(obstruent)しかないので(第3章補足「音の記号」1節参照)、環境記述は[−voice]だけで十分です。

音韻論は言語学の一部門(研究分野)の名称であるとともに、音に関する脳内文法(研究対象となる仕組み)の名称でもあります。では、同じく音に関する分野名である音声学と、どのように研究対象となる仕組みが違うのでしょうか。両者の関係と役割分担は(4)の通りです。

（４）　音韻知識から音声実行へ

音韻論(文法)	基底形 x	音素の目録
	↓	(頭の中の計算)
	表層形 y	線形化された音列
音声学	↓	(身体による実行)
	外在形 z	物理的実体

x→yの写像が音韻論の研究対象ですが、頭の中にある**線形化**(linearization)された音列を調音器官により実行する、つまりy→zの変換プロセスを扱うのが**調音音声学**、zの物理的性質を扱うのが**音響音声学**です。そして、z→yの音声知覚、つまり「物理的実体」を特定の意味を持つ「線形化された音列」として解析する理解のプロセスを扱うのが**知覚音声学**です。

　一般に、文法の中身を知るには、物理的な z に基づいた表層 y の正確な記述が不可欠です。統語論でも、許容される文とされない文の容認性判断が間違っていると、「文の文法」も間違ったものになるのと同様です。音声具現形の記述を間違えれば、正しい「音の文法」は構築できません。それゆえ、音韻論が**音素から音声への写像システム**である限り、音韻論にとって**音声学的基盤**(phonetic grounding)が重要なのは明らかでしょう。

　さて、音韻論の写像の例として「音変化」と「音配列」を挙げましたが、いずれも**階層構造**(hierarchical structure)に基づいて算出されます。つまり、音韻論(文法)の**演算**である x → y には、①音韻単位からなる階層構造を構築する演算、②階層構造に基づいて音列の変化を捉える演算、③階層構造に基づいて意味をなす音列の**線形順序**(linear order)を決める演算が含まれます。①は、音素を束ねた**音節**、長い音節 1 つまたは短い音節 2 つを束ねた**韻脚**(foot)、それより上の**音韻語**(phonological word)、**音韻句**(phonological phrase)、**音調句**(intonational phrase)、**発話**(utterance)などの音韻単位を形成し、(5)のような**韻律階層**(prosodic hierarchy)を構築します。

（ 5 ）　韻律階層

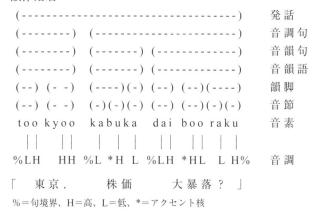

```
(----------------------------------)        発 話
(--------)   (----------------------)        音 調 句
(--------)   (-------) (-------------)        音 韻 句
(--------)   (-------) (-------------)        音 韻 語
(--) (- -)   (----)(-) (--) (--)(----)        韻 脚
(--) (- -)   (-)(-)(-) (--) (--)(-)(-)        音 節
too kyoo   kabuka  dai boo raku        音 素
 ||   ||    |  |  |   |  |  | |
%LH   HH  %L *H L  %LH  *HL  L H%        音 調
「　東京,　　株価　　大暴落？ 」
%＝句境界、H＝高、L＝低、*＝アクセント核
```

②は、それぞれの音韻単位を領域として適用される変化規則による演算を意味し、**分節音規則**(segmental rule; 音素の素性変化に関する規則)と**韻律規則**(prosodic rule; 音韻語以上の単位の領域内で**アクセント・リズム・イントネーション**を付与する規則)があります。たとえば、後者の例としては、日本語では音韻語の領域内でアクセント核 *H を軸として**音調**(tone; アクセント核

がなければすべて高音調 H、あればそれ以降は低音調 L)を付与したり、音韻句の左境界に低音調 %L を付与したり、音調句の右境界に疑問を意味するイントネーション H% を付与したりする規則があります。% は句の境界を意味します。これにより、「東京(は)、株価(が)大暴落？」という発話が、その構造に基づいてどのように高低実現されるかが決まります。

　③に関して、たとえば、英語で /æ, k, t/ の配列を決める場合、*cat* [kæt], *tack* [tæk], *act* [ækt]が許容され、**tca* [tkæ], **cta* [ktæ], **atc* [ætk]が排除されますが、なぜなのでしょうか。それは階層構造を考えてみるとわかります。

（6）　音節の階層構造(内部構造)

聞こえ連鎖の原理
・頭子音内で聞こえが上がる。
・ライム内で聞こえが下がる。
・尾子音内で聞こえが上がらない。

排除されるものは**聞こえ連鎖の原理**(sonority sequencing principle)や**音素配列の原理**(phonotactic principle)など、音節領域内で許される線形化の原理に従っていないからです(大津他(編)(2002)第 5 章参照)。「聞こえ」とは、開口度の高い母音から低い子音までを統括する階層を持つ概念で、よく鳴り響くものほど聞こえが高くなります((8b)や基本問題 1 の階層も参照のこと)。具体的には、3 つの音素には[æ] > [t, k]のような聞こえの階層がありますが、**tca* [tkæ]や **cta* [ktæ]は頭子音内で聞こえが上がっていないことから排除されます。一方、尾子音内では聞こえが上がらなければよいので、*act* [ækt]と **atc* [ætk]は許容されるはずですが、尾子音の閉鎖音連鎖では[p, t, k]のうち[t]だけが 2 番目に現れるという音素配列の原理のため、*act* [ækt]のみが許されます。*apt* [æpt]が許され **atp* [ætp]が禁じられるのも、同様な理由によります。

　ここで重要なのが**内在化**(internalization)です。内在化とは、意味ある 2 つの要素を**併合**(Merge)により組み合わせて、より大きな意味ある要素を創り出す頭の中の演算のことです。$(\alpha, \beta) \rightarrow \{\alpha, \beta\}$, $(\gamma, \{\alpha, \beta\}) \rightarrow \{\gamma, \{\alpha, \beta\}\}$(第 5 章参照)のように、2 回以上繰り返せば階層構造になります。

(5)や(6)もこの操作により形成され、すべての音韻単位は階層的な内部構造を持ちます。その階層構造のもとでしかるべき線形化(音配列)や音韻調整(音変化)が施されます。ここで、組み合わされた 2 つの要素(二項対立要素)のうち、一方が**主要部**(head)をなします。**音節**の場合、(6)の ライム 、 核母音 、 V 、 C の部分です。聞こえのもっとも高い核母音は義務的な要素で、二重母音・長母音も先行母音が核母音の主要部です。**頭子音**や**尾子音**は義務的な要素ではありませんが、内部で連鎖した時に聞こえの低いほう(外側)が主要部を形成します。英語の獲得過程でも、頭子音では $p(l)ay$, $b(r)eak$, $t(w)in$, $c(r)y$, $s(n)ack$, $s(m)all$ のように省略され、尾子音では $he(l)p$, $a(n)t$, $bi(r)d$, $de(s)k$, $thi(n)k$, $a(r)m$ のように省略される (Smith (1973, 2010))ことから、省略されずに残る聞こえの低いほうの子音が主要部だとわかります。

　このように、音素を束ねて各レベルの音韻単位を形成することで階層構造を作り、その階層構造をもとに線形化して分節音規則や韻律規則などによる調整を施すこと、そして(4)で見た「身体による音声実行」のためのこうした知識基盤(心内表示の写像 x → y のための演算機構)を構築することが、「音の文法」たる音韻論の役割と言えます。

3. 音韻文法の仮説の経験的検証：記述的妥当性を求めて

　前節では音韻論全体の仕組みを学びました。本節では分節音規則を例として、1 つの現象をどのように説明したらよいのか、実際に写像規則を定式化する際にどのようなことが問題になるのかを見ていきましょう。同時に、規則の定式化に関する仮説形成と経験的検証のおもしろさを体感します。具体的には、1 つの分節音現象をとっても、異なる規則による仮説形成が可能であり、いくつかの説明の仕方の中からよりよい(**記述的妥当性の** **ある**)**仮説**をどのように経験的に**検証**したらよいかを学びます。

　ここでは**母音連続**(hiatus; 異なる音節に属する連母音のこと)の事例を取り上げます。Casali(1996, 2011)による包括的な調査でも言われていますが、母音連続は発音労力がかかる(口を開いたまま何の遷移動作なしに次の母音に移るには音声実行上の無理がある)ので、世界中の諸言語で普遍的に嫌われています。その回避方法は言語ごとに違っており、日本語がどう回避するのかは研究者の関心を集めてきました。たとえば、(7)のデータからは、それを説明する回避の文法は「削除」か「融合」かに応じて、3 つの仮説

形成(8)が可能となります。

(7) 母音連続の回避

    a. mite-ageru / mitageru「見たげる」
        katte-ageru / kattageru「買ったげる」

    b. yatte-oku / yattoku「やっとく」
        kaite-oku / kaitoku「書いとく」

(8) 母音連続回避の文法:「削除」か「融合」か

    a. 仮説1: 連続する2つの母音のうち、先行母音を削除せよ。

    b. 仮説2: 連続する2つの母音のうち、聞こえに差があれば小さい母音を、差がなければ先行母音を削除せよ([a] > [e, o] > [i, u])。

    c. 仮説3: 連続する2つの母音のうち、先行母音の[high]の値と後続母音の[back, low]の値を合成して、1つの母音に融合せよ(窪薗(1999))。

ここで(8a, b)は自明ですが、(8c)も有望な仮説です。一見複雑に見えますが、(9)のように、(7)の母音連続の回避を融合と捉えて説明できるからです。

(9) 音韻素性から見た**母音融合**: V_1 の[high]値 + V_2 の[low, back]の値

V_1	+	V_2	→	$V_{1,2}$
e [−hi, −lo, −ba]		a [−hi, +lo, +ba]		a [−hi, +lo, +ba]
e [−hi, −lo, −ba]		o [−hi, −lo, +ba]		o [−hi, −lo, +ba]

今のところ3つの仮説は互角です。では、(10), (11)のデータからさらに検証を加えるとどうでしょう。(11a)は形容詞の終止形・連体形ですが、(11b)は連用形でもともと「痛く」「高く」などと /k/ を持ちますが、それが削除された後の変化です。後ろに「ございます」を付ければわかりやすいと思います。

(10) さらなるデータ1

    a. sitte-iru / sitteru「知ってる」   aruite-iru / aruiteru「歩いてる」

    b. turete-iku / tureteku「連れてく」

　　　　yotte-iku / yotteku「寄ってく」
（11）　さらなるデータ 2
　　a.　ita-i / ite:「痛てー」　　　　　taka-i / take:「高けー」
　　　　oso-i / ose:「遅せー」　　　　sugo-i / suge:「凄げー」
　　　　atsu-i / atʃi:「暑ちー」　　　　zuru-i / zuri:「狡りー」
　　b.　ita-(k)u / ito:「痛とー」　　　taka-(k)u / tako:「高こー」
　　　　oso-(k)u / oso:「遅そー」　　　sugo-(k)u / sugo:「凄ごー」
（12）　融合による派生

V_1	+	V_2	→	$V_{1,2}$
e [−hi, −lo, −ba]		i [+hi, −lo, −ba]		e [−hi, −lo, −ba]
a [−hi, +lo, +ba]		i [+hi, −lo, −ba]		e: [−hi, −lo, −ba]
o [−hi, −lo, +ba]		i [+hi, −lo, −ba]		e: [−hi, −lo, −ba]
u [+hi, −lo, +ba]		i [+hi, −lo, −ba]		i: [+hi, −lo, −ba]
a [−hi, +lo, +ba]		u [+hi, −lo, +ba]		o: [−hi, −lo, +ba]
o [−hi, −lo, +ba]		u [+hi, −lo, +ba]		o: [−hi, −lo, +ba]

　結論として、（10）のデータを考慮すれば、（8a）の仮説 1 は排除されること
がわかります。後続母音も削除され得るからです。また、表面的には無関
係に見える（11）のような現象を考慮に入れれば、（8b）の削除による仮説 2
では説明できず、逆に（8c）の融合による仮説 3 は（12）のようにすべて説明
でき、一般性のある規則であると裏づけられます。
　以上のことから、一連のデータを説明するには、（8a-c）のうち仮説 3 の
記述的妥当性がもっとも高く、一般性のある仮説であることがわかりまし
た。つまり、（7）も（10）も表面的には「削除」に見えますが、事象の本質
は（11）と同じく「融合」であったというわけです。

4.　音韻文法の仮説の理論的検証：説明的・進化的妥当性を求めて

　本節では、**母音融合現象**を例として記述的妥当性のある有望な仮説に対
して、さらに理論的検証を加えるおもしろさを体感します。具体的には、1
つの母音融合現象の捉え方をとっても、いくつかの異なる理論からのアプ
ローチが可能であり、その中からよりよいアプローチをどのように理論的
に検証したらよいかを学びます。その際、母音融合を捉える理論として**弁
別素性理論**（8c）と Backley（2011）による**エレメント理論**（Element Theory）

を取り上げ、のちに言及する**プラトンの問題**や**ダーウィンの問題**を考えながら、エレメント理論からのアプローチのほうが説明的妥当性・進化的妥当性があるという議論を展開します。やや抽象的で専門性の高い議論になりますが、本書の基盤をなす生成文法の思考法に則ったものです。

　まず、エレメント理論によれば、母音は |A|(開口性)、|I|(前舌性)、|U|(円唇性)という 3 つの**エレメント**(element)のうち 2 つが併合により組み合わさり、その組合せのタイプと主要部の指定(下線にて表示)により、音素の音価が決まります。原子 H と O から水の分子 H_2O ができるのと同様です。この場合、分子が母音の音素にあたるわけですね。このように、エレメントとは、音の根源となる元素(primitive feature)とでも言うべきもので、言語類型的にも 3 母音体系や 5 母音体系や 7 母音体系がすべて [a, i, u] を持つ(渡辺 1996)ことからも、3 つのエレメントが根源的であることが納得できます。ここで提案する日本語の母音音素は、Backley (2011: 43–46) が提案する英語の母音音素とは異なる主要部を持ちます。音素の数が違う(詳しくは第 3 章補足「音の記号」参照)ので当然です。

(13)　エレメント理論と弁別素性理論による母音の比較

　　　a.　エレメント理論　　　　　　b.　弁別素性理論

　　　i |I|　　　　ɯ |IU|　　u |U|

　　　　　e |AI|　　　　o |AU|

　　　　　　　　a |A|

	i	e	a	o	u	ɯ
high	+	−	−	−	+	+
low	−	−	+	−	−	−
back	−	−	+	+	+	+
round	−	−	−	+	+	−

　ここで注意すべき点が 3 つあります。まず第 1 に、日本語の後舌高母音「う」はやや前寄りで円唇性を失うので(Vance (1987))、音声記号として [ɯ] または [i] で表記され、エレメントは |IU| だと提案します。第 2 に、併合により組み合わさるので、エレメントは**主要部**と**依存部**の最大二項までです。線形順序は決められず、音声具現の過程で音素の音価が決定します。ここでは同じ要素は繰り返されないと仮定するので、|AA|, |II|, |UU| により規定される音素はない(それぞれ |A|, |I|, |U| と等価)とします。また、これがもっとも重要な点ですが、母音融合が起こる前には、前提として母音連続が二重母音化します。そして、二重母音は聞こえの高い先行母音が核母音を形成し、後続母音はその付属部です((6)参照)。エレメント理論で言え

ば、二重母音は主要部と依存部からなるということです。したがって、1
つの音節を形成する単母音はa |A|, i |I|, u |U| のように主要部だけになりま
すが、同じ母音が二重母音の後続要素になると、依存部なのでa |A|, i |I|, u
|U| のように主要部性を失います（下線なし）。ただし、二重依存部は許され
ないので、2つのエレメントからなるo |AU| がo |AU| にはなりません。

　こうした理論の前提があれば、融合規則を(14)のように定義できます。
母音融合の派生は(15)の通りです。いたって簡単に、(7), (10), (11)の融
合結果を導くことができます。

(14)　融合規則

　　a.　先行母音の主要部（下線部）と後続母音の依存部を組み合わせて
　　　　融合せよ。

　　b.　その際、先行母音の主要部が融合母音の主要部となる。

(15)　融合による派生：V₁の主要部 |X| + V₂の依存部 |X| の併合

	V₁	+	V₂	→	V₁,₂
(7)	e |AI|		a |A|		a |AA| → |A|
	e |AI|		o |AU|		o |AU|
(10)	e |AI|		i |I|		e |AI|
(11)	a |A|		i |I|		e |AI|
	o |AU|		i |I|		e |AI|
	ɯ |IU|		i |I|		i |II| → |I|
	a |A|		ɯ |IU|		o |AU|
	o |AU|		ɯ |IU|		o |AU|

なお、(7), (10) はもとの母音連続の長さ（母音2つ分の拍数）を保持せず、
(11)は保持するものとします。長さを保持しないからこそ、(7)と(10)は
削除に見えたわけですが、事象の本質は融合に違いありません。

　以上の分析から、エレメント理論の特徴について、次の3点が浮き彫り
になります。まず第1に、融合規則(8c)と(14)を比べると、(8c)では、な
ぜ融合が先行母音の[high]の値と後続母音の[back, low]の併合なのかにつ
いて、その必然性がない（恣意的である）ところが問題です。一方、(14)で
は、先行母音の主要部と後続母音の依存部との併合という説明には必然性
があります。なぜなら、融合の前提条件である二重母音の内部では、聞こ
えの高い先行母音が主要部であり、そこに後続母音の依存部が組み合わさ

る((6)参照)からです。ここでは主要部・依存部の概念が決定的に重要であり、それにより説明の恣意性が排除されることになります。

第2に、経験的な問題に関してもエレメント理論に軍配が上がります。1つの分かれ目として、**渡り音挿入**(glide insertion)があります。(11)の母音連続の線形順序が逆になると、(16)のように融合でなく渡り音挿入が適用されます。外来語でも *rosia → rosi(y)a*「ロシア」、*pistatio → pistati(y)o*「ピスタチオ」、*tsua: → tsu(w)a:*「ツアー」、*kuoria → ku(w)ori(y)a*「クオリア」などのように、渡り音挿入が可能です。

(16) 渡り音挿入(早口で適用)

    a. si-aku / si-(y)aku「私悪」(「公益」の逆の意)
        cf. si-yaku「試訳」
       ki-ou / ki-(y)ou「既往」   cf. ki-you「紀要」

    b. haku-a / haku-(w)a「白亜」   cf. haku-wa「白話」
       roku-on / roku-(w)on「録音」   cf. roku-won「6ウォン」

(17) 分析の比較

    a. 弁別素性理論

V_1	+	V_2	→	$V_{1,2}$
i [+hi, –lo, –ba]	a [–hi, +lo, +ba]			?? [+hi, +lo, +ba]
i [+hi, –lo, –ba]	o [–hi, –lo, +ba]			*u: [+hi, –lo, +ba]
u [+hi, –lo, +ba]	a [–hi, +lo, +ba]			?? [+hi, +lo, +ba]
u [+hi, –lo, +ba]	o [–hi, –lo, +ba]]			*u: [+hi, –lo, +ba]

    b. エレメント理論

V_1	+	V_2	→	$V_{1,2}$	融合不適用の理由
i |I|		a |A|		*|IA|	二重主要部となって二重母音
i |I|		o |AU|		*|IA|	を形成できないので、不適
ɯ |IU|		a |A|		*|IA|	用。ただし、母音連続回避の
ɯ |IU|		o |AU|		*|IA|	ため、渡り音挿入が共謀して
					適用。

しかし、弁別素性理論では(17a)のように、[+hi, +lo, +ba]という相容れない「高くて低い?」素性値(1節の最後から2番目の段落を参照)や、*[u:]という事実と異なる融合結果を導いてしまいます(前者については、あり得ない素性値だから融合不適用という説明も可能だが)。エレメント理論では

(17b)のように、自然な説明が可能です。(16)のような母音連続は聞こえが上がるため、同音節化して二重母音を形成し得ません（後続母音を依存部にできません）。両方の核母音（＝主要部）を併合することになるので二重主要部となり、融合が不適用となるからです。その代わりに、融合と同じく母音連続回避を目指して**共謀**(conspiracy)する、渡り音挿入が適用されます。1つ奇妙なのが(7a)の例です。母音連続の聞こえが上がっているのに、(16)と違って融合されるからです。その理由として、(7)や(10)は複合動詞ですが、「あげる」「おく」「いる」「いく」の部分が本来の意味を失って文法化し一種のアスペクトを示すために、依存部として働く（主要部性を持たない）からでしょう。(11)の母音連続も、**接尾辞**という機能的要素が依存部となっているのと同様です。

　第3に、生成文法でもっとも重要な説明的妥当性・進化的妥当性の観点からも、エレメント理論は優れています。(13)をもう一度よく見てください。まず**プラトンの問題**（言語獲得の論理的問題(logical problem of language acquisition)、個体発生の問題）という観点からは、第二要因である**経験**（学習部分）が最小であるほど妥当な理論と見なされます。**言語獲得**では一様性・早期性とともに、**刺激の貧困**がその特徴となるからです。エレメント理論では、エレメントの可能な組合せパターンのうち、音素として必要最小限のものだけが学習されるので、これに適っています。しかし、弁別素性理論では、音素ごとに素性の数だけの[+/−]の値をいちいち指定しなければならず、学習部分が多くなります。

　一方、**ダーウィンの問題**（言語進化の論理的問題、系統発生の問題）という観点からは、第一要因である**普遍文法**(Universal Grammar: UG)が最小であるほど妥当な理論となります(Fujita (2007, 2009))。言語進化においては他種からの**漸進性**(gradualness)、つまり連続性が不可欠であり、人間に固有の**遺伝情報の貧困**(poverty of the inheritance)が問題となるからです。プラトンの問題が言語理論に**説明的妥当性**(explanatory adequacy)を求めるなら、ダーウィンの問題は**進化的妥当性**(evolutionary adequacy)を求めるものと言えるでしょう。さて、6つの母音音素の区別のために必要な普遍要素は、(13a)のエレメント理論では3つのエレメントのみですが、(13b)の弁別素性理論では少なくとも4つの素性が必要です。子音についても、エレメント理論では調音位置は|A|(開口性)、|I|(前舌性)、|U|(円唇性)の3つにより、調音様式は|ʔ|(狭窄性)、|H|(声帯摩擦性)、|L|(鼻音共鳴性)の3つ

により区別されるので、合計 6 つのエレメントしか必要ありません。しかし、弁別素性理論では少なくとも 12 種の多様な素性が必要です。

弁別素性は人間に固有（UG に帰属するもの）と仮定されていますが、もしかしたら原始的なエレメントは（すべてではなくとも）発声学習をする他種とも共有され、第一要因の UG ではなく**第三要因**(third factor)に帰属する可能性もあります。たとえば、子音を構成する要素（閉鎖・破裂性、摩擦性、共鳴性）は、自然界に存在する「ぶつかり‘hits’」「擦れ軋み‘slides’」「鳴り響き‘rings’」といった物理現象を**自然模倣**または**環境利用**(harnessed)したものだとする説があります（Changizi (2011: 81–83)）。他種との漸進性・連続性の観点からは、人間固有な先験的な知識 =UG すらほとんどないと言ってよく、一方でプラトンの問題から学習部分も最小だとすれば、豊かなのは第三要因だけです。このような遺伝 / 経験(nature/nurture)の最小性によって動機づけられている**ミニマリスト・プログラム**の観点からは、第三要因に還元され得るエレメント理論（エレメントを組み合わせる併合のみが人間に固有）のほうが、従来の弁別性理論よりも高度に妥当性のある理論だと言えるでしょう。

ただし、これは音韻論の話です。言語理論一般においても、形式素性の観点から見れば、音韻・統語・意味の特徴を「+/−」の対立値により捉える**二項対立理論**(binary opposition theory)と、エレメントのように「−」の値がなく「+」のみの特徴により定義される（それゆえ「+」とはあえて明示しない）**負欠素性**(privative feature)を用いた**単価理論**(monovalent theory)の 2 つがあります。前者は相反する特徴の対立が、後者はある特徴の有無が、それぞれ問題になるというわけです。そして、言語理論一般にとってどちらの理論が妥当であるかは、統語論や意味論をも総合的に俯瞰した今後の研究に委ねられることでしょう（終章を参照）。

最後に、日本語の母音融合の分析も窪薗 (1999) から派生して、稲田 (2008)、小野 (2001)、Son (2009)、太田・氏平 (2014) などいろいろありますが、結局は弁別素性理論に基づいているので、同様の問題があります。上の 3 つの観点からはここでの分析が優れており、期待される現象説明もごく簡単に導けるでしょう。ぜひ比べてみてください。また、本稿の母音融合の分析について、さらなる詳細と背景を Tanaka (2022) に書いています。これもご参照ください。エレメント理論に関する最新の論文集 Bendjaballah et al. (eds.) (2021) も出ていますので、お見逃しなく！

基 本 問 題

1.　子音の聞こえの階層は、「渡り音［w, y］＞流音［r, l］＞鼻音［m, n, ŋ］＞摩擦音［f, v, s, z, θ, ð, ʃ, ʒ］＞閉鎖音［p, b, t, d, k, g］」である（この名称は「音の記号」参照）。この観点から、頭子音連鎖の *spit, step, sketch* や、尾子音連鎖の *lapse, blitz, tax* が、なぜ奇妙なのかを答えなさい。

2.　(8c) の仮説 3 は、*nasi-eru*「なし得る」/ *naseru*「なせる」、*kaki-eru*「書き得る」/ *kakeru*「書ける」、*kati-eru*「勝ち得る」/ *kateru*「勝てる」のような例で、母音連続回避の手立てとして誤った予測をする。どのように誤った予測になるかを、次の表を埋めながら説明しなさい。

V_1	+	V_2	→	$V_{1,2}$
i ［　, –lo, –ba］		e ［–hi,　　　　］		*i ［　　　　　　］

発 展 問 題

1.　英語の頭子音連鎖は、*pray, blue, twin, dwell, cream, glow* のように 2 つまでと決まっている。また、尾子音連鎖も、*pulp, hint, wolf, risk, realm, act, opt* のように単母音の後ろでは 2 つまでしか許されない。一方、長母音・二重母音の後ろでは *sheep, boat, cake* のように原則的に 1 つだが、*beast, paint, find, fault, cold* のように 2 つ出てくる例は、すべて調音位置が同じで「1 つ」として扱われる。つまり、CCVCC, CVVC が最大音節だということになる。そこで、もし 2 つが「1 つ」として扱われる条件が、調音位置が同じであること、あるいは sC または Cs（C = ［p, t, k］）であることだとすれば、*spring, string, screen, sp[y]ew, sq[w]uid* のような 3 つの頭子音連鎖や、*corpse, waltz, Marx, midst, next* のような 3 つの尾子音連鎖は、その聞こえと個数の奇妙さの問題をどのように解決できるかを答えなさい。

2.　基本問題 2 で述べた弁別素性理論の経験的問題が、エレメント理論によりどのように解決されるかを、｜　｜内のエレメントを埋めながら説明しなさい。その際、この母音連続では聞こえが上がる点に注目して、V_1 と V_2 の両方が主要部になる場合と、V_2 のみが主要部になる場合に分けて、主要部に下線を引いて説明せよ。

V_1	+	V_2	→	$V_{1,2}$
i｜　｜		e｜　｜		*｜　｜

a.　V_1 と V_2 の両方が主要部

V_1	+	V_2	→	$V_{1,2}$
i｜　｜		e｜　｜		e｜　｜

b.　V_2 のみが主要部

《第**3**章補足》
音の記号：言語で異なる音の区分と性質

キーワード：韻律的特徴、子音、鼻音同化、分節音的特徴、弁別的な有声性、母
音、有声同化、余剰的な有声性、ライマンの法則、連濁

---

1. 日英語の子音と母音

　第3章では**母音**の音声的特徴や分類を紹介しましたが、ここでは子音の
音声的特徴や分類を含めた全体像を概観します。**子音**の**弁別素性**や**エレメ
ント**の一覧は、それぞれ Fromkin et al.（2018）や Backley（2011）を参照し
てください。ここでは子音・母音の全体像と、特に日英語における同じ区
分の言語音の性質の違いに焦点を置きます。各音の具体的定義には、大津
他（編）（2002）の〈付録3：音の記号〉が役立ちます。

　一般的に子音と母音はそれぞれ独立して分類されがちですが、音の性質
として両者は連続的なので、表1のように統一的に分類できます。なぜな
ら、子音と母音の境界にある**渡り音**（glide; 半母音とも言う）/y, w/ と高母音
/i, u/ は、音節に現れる位置が違うだけで音声的特徴にさほど違いがなく、
両者は連続しているからです（/w/ が2箇所にあるのは唇も同時に使うため）。
なお、表1は英語の**音素**（/ʔ/ を除いて）ですが、日本語の音素は英語のそれ
の部分集合になります。たとえば、英語の /f, v, θ, ð, ʃ, ʒ/ は日本語にはあ
りませんが、日本語の子音音素で英語にないものはありません（あえて言え
ば、のちに述べる語末の /N/ のみです）。日本語では区分が広くて緩い（あ
まり区別をしない）ので、子音・母音の数が少なくなるというわけです。

　表1により、3つの特徴付けができます。第1に、舌体の**高低位置**（狭窄
度・開口度）と調音部位の**前後位置**という同じ座標軸により、子音も母音も
統一的に分類できます。第2に、開口度は第3章で見た「聞こえ」の階層
の音声的根拠となるので、母音（a > o, e > u, i）> 渡り音 > **流音**（liquid）> **鼻**

前後位置		前 ◀────────────▶ 後				喉頭
高低位置	**子音**	唇音	歯茎音	硬口蓋音	軟口蓋音	声門音
高　狭	閉鎖音	p/b	t/d		k/g	?
	破擦音		ts/dz	tʃ/dʒ		
	摩擦音	f/v	θ/ð/s/z	ʃ/ʒ		h
	鼻音	m	n	ɲ	ŋ	
	流音		l r			
	渡り音	w		y	w	
	高母音			i	u	
				ɪ	ʊ	
	中母音			e	o	
				ɛ ə ʌ		
	低母音			æ	ɒ ɔ	
低　広				ɑ		
開口度	**母音**			前舌母音　後舌母音		

表 1: 英語の母音と子音

音(nasal) > **摩擦音**(fricative) > **破擦音**(affricate) > **閉鎖音**(stop)という階層
は、「開口度が高いものほど聞こえが大きい」ことを意味します。第 3 は、
開口度と有声／無声の対立との関連性です。特に聞こえの大きい母音・渡
り音・流音・鼻音は**共鳴音**(sonorant)と呼ばれ、声の出る有声音しか持ち
ません。有声が自明で予測可能であるという意味で、**余剰的な有声性**(re-
dundant voice)と言えます。口を開けば声が出る(有声になる)のは必然だか
らです。逆に「開口度が低い(狭窄度が強い)ものほど聞こえが小さい」の
で、摩擦音・破擦音・閉鎖音の 3 つは**阻害音**と呼ばれる声の出にくい音と
してグループ化され(第 3 章 1 節参照)、有声／無声の対立、つまり**弁別的な
有声性**(distinctive voice)を持つのが特徴です。
　表 1 の分類は主に口の中で調節する**分節音的特徴**(segmental feature)に
基づきますが、音素には喉の奥で調節する重要な特徴があります(有声／無
声もその 1 つ)。たとえば、子音は 1 つの区分に固有の強さや高さを持ち
ますが、母音は口を大きく開けて声を出しながら**声帯**において気流や振動
を調節して、1 つの区分の中で強さや高さを変えることができます。母音
のみが**強さアクセント**(stress accent)や**高さアクセント**(pitch accent)を持ち
得るのはこのためで、日本語では *átukatta*「暑かった」/ *atúkatta*「厚かっ
た」のように、アクセント位置を高さのピークと解釈し、それ以降の母音

の高さを下げます。一方、*kita*「来た」/ *kitta*「切った」/ *kiita*「聞いた」のように、長さは子音でも母音でも調節できます。このように、強さ・高さ・長さなどの特徴を**韻律的特徴**(prosodic feature)と言います。

　以上は、子音から母音にわたる言語音の同じ連続体が、日英語で異なる区分になることの例証です。次に2節で、同じ区分に対して異なる(音韻論的)意味付けが与えられる事例を3つ紹介します。

2.　日英語の母音の性質: 音質か音量か

　英語の母音は、*live* [ɪ] / *leave* [i], *let* [ɛ] / *late* [e]のように、音声学的には弛緩と緊張により意味が区別されるので、**音質対立**(quality contrast; (1a))が重要です(3章(1b)参照)。長さ(音量)ではありません。これに対し、先ほどの *kita*「来た」/ *ki:ta*「聞いた」や *obasaN*「おばさん」/ *oba:saN*「お婆さん」(/N/ については後述)のように、日本語は**音量対立**(quantity contrast; (1b))の言語なので、英語の音質対立がわかりにくいようです。それでも、"Where do you live?"と聞かれて、"Sorry? Say that again?"と聞き返した後に、"Wheere do you liive?"と再度ゆっくり聞かれたときの[lɪːv]の弛緩母音は長くなります。一方で、"You know what? I'm gonna leave for Japan tomorrow!"と言われて、"Sorry? Where're you gonna leave for?"と聞き返したときの[liv]は、緊張母音ながらも短いです。このように、長い弛緩母音も短い緊張母音もあるので、意味区別に重要なのは長さでなく質なのです。

（1）　母音の対立
- a.　英語: 音質(音声的解釈)
   緊張母音[i, e, ɑ, ɔ, o, u] vs. 弛緩母音[ɪ, ɛ, æ, ʌ, ə, ɒ, ʊ]
- b.　日本語: 音量(音声的・音韻的解釈)
   長母音[i:, e:, a:, o:, u:] vs. 短母音[i, e, a, o, u]
- c.　英語: 音量(音韻的解釈)
   複母音[i:, eɪ, ɑ:, ɔ:, oʊ, u:] vs. 単母音[i, e, æ, ʌ, ə, ɔ, u]

　しかし、音韻論的に見れば、英語にとって実は音量も重要だという証拠があります。たとえば、1音節語の**開音節**(open syllable)CV では *see* [i], *say* [e], *spa* [ɑ], *law* [ɔ], *toe* [o], *boo* [u]のように緊張母音だけ生じるのに対し、調音位置が異なる子音2つの**閉音節**(closed syllable)CVCC では

risk [ɪ], *realm* [ɛ], *act* [æ], *lux* [ʌ], *opt* [ɒ], *wolf* [ʊ]のように弛緩母音し
か生じません。子音が 1 つの CVC の場合は、上の *live* [ɪ], *leave* [i], *let*
[ɛ], *late* [e]のようにいずれも可能です。そこで音韻的な長さの単位として
拍または**モーラ** (mora)を導入し、もし緊張母音が 2 拍、弛緩母音が 1 拍、
子音 1 つにつき 1 拍 (*fault* の[lt]のように同じ調音位置の子音は 2 つで 1 拍)だ
とすれば、英語の音節量は最低限でも 2 拍、最大限でも 3 拍となり、(1c)
のような音量対立の音韻的解釈が支持されます。この場合、音韻的な長さ
は一定で、「拍数」は 3 章(6)で見た「ライム内の要素数」として定義され、
冒頭で見た音声的な長さには左右されません。なお、[æ]は緊張を強いる
ように見えますが、開音節に生ずる語はなく、かつ *act* のように子音 2 つ
の閉音節をなしますので、音韻的には弛緩母音に位置づけられます。

3.　日英語の音節末・語末鼻音の性質: 継続音か閉鎖音か

　鼻音 /m, n, ŋ/ は**鼻性閉鎖音** (nasal stop)とも呼ばれ、口腔の狭窄は閉鎖
音 /b, d, g/ なみに強いけれども、**鼻腔**から気流を通すので声帯を振動させ
やすく聞こえが高くなります。これが音節末や語末にくると日英語で違い
が現れます。

(2)　音節末鼻音

a.　i[m]-possible, i[n]-tolerable, i[ŋ]-conclusive,
　　i[n]-elegant, i[n]-operative

b.　sam-po「三歩」、san-to「三都」、saŋ-ko「三個」、
　　saN-aku「三悪」、saN-eN「三円」

(2)のように、後ろに閉鎖音がくるとその調音位置に合わせて**鼻音同化**
(nasal assimilation)を両言語とも起こしますが、母音がきた場合には英語
では /n/ のまま、日本語では口腔内の閉めがなく「調音位置がない (place-
less)」と言われる鼻音 /N/ が現れます。これは後ろに**継続音** (continuant;
摩擦音・流音・渡り音・母音のように口腔気流のせき止めのない音)がきた場合
も同様で、*saN-sou*「三層」、*saN-fou*「三章」、*saN-ryou*「三両」、*saN-yaku*
「三役」、*saN-wari*「三割」のように鼻音が継続音化します。「円」のよう
に語末にはこの**鼻性継続音** /N/ (nasal continuant)しか出てきませんが、英
語では *sim, sin, sing* のようにしっかりと鼻性閉鎖音が現れます。

　これに関連しておもしろいのが、**貫入閉鎖音** (intrusive stop)の有無です。

映画『ジョーカー』(2019)の破滅的な主人公アーサー・フレックの台詞に、"I just hope my death makes more sense/cents than my life." (生きているより死んだほうが意味がある／金になると願いたい) というのがありますが、英語では *sen[t]se / cents, len[d]s / lends* のように音節末鼻音の後に摩擦音がくると鼻音に対応する閉鎖音が挿入され破擦音となるので、ダジャレになるのです。これは英語の鼻音はしっかり閉めて発音するので、摩擦音に至って開放するときに**同調音的** (homorganic) な閉鎖音を発音してしまうためです。しかし、日本語では閉めがないために、*seN-su*「センス」/ *sen-tsu*「センツ」のように [t] が入らず同じ発音にならないため、掛け言葉 (ダジャレ) が通じません。*saN-ʃou*「三章」と *san-tʃou*「三丁」、*saN-suu*「三数」と *san-tsuu*「三通」もしっかり区別されます。

4. 日英語の共鳴音の性質: 有声か無声か

冒頭の 1 節で、流音・渡り音・母音などの共鳴音は、「余剰的な有声性しか持たない」と言いました。これは音声的には有声だけれども、音韻的には無声であることを意味します。深層レベルでは予測可能な無駄な指定を行わず、有声性を持たないということです。この点をめぐって、日英語の**有声同化** (voicing assimilation) におもしろい違いが現れます。

たとえば、日英語の動詞の過去形は、(3) のように動詞語幹に [t/d]「-ed」または [ta/da]「-た(゛)」をつけることで形成します。

(3) 動詞過去形の有声同化

語幹末	接尾辞「-ed」: [t/d]		接尾辞「-た(゛)」: [ta/da]	
a. 有声阻害音	describe-[d]	hug-[d]	tob-[da]	kag-[da]
b. 共鳴音	score-[d]	borrow-[d]	tor-[ta]	kaw-[ta]
	tie-[d]	toe-[d]	oki-[ta]	ne-[ta]
c. /t, d/	want-i-[d]	hand-i-[d]	kat-[ta]	mat-[ta]
d. 無声阻害音	kick-[t]	kiss-[t]	kak-[ta]	kas-[ta]

(3a) は語幹末が有声阻害音、(3b) は共鳴音、(3c) は /t, d/、(3d) は無声阻害音の事例を示しています。日本語ではその後の**音便** (語中や語末における連音変化) により、*tob-da → tonda* (撥音便), *kag-da → kaida, kak-ta → kaita* (イ音便)、*tor-ta → totta* (促音便) などと変化します。(3a, d) より、両言語とも過去接尾辞が /t/ か /d/ のいずれになるかは、動詞の語幹末音素の有

声／無声に同化して決まることがわかります。

　さて、問題は(3b)です。英語の流音・渡り音・母音は有声扱いで接尾辞が[d]になっています。挿入母音のある(3c)も同様です。これに対し、日本語のそれは無声扱いで接尾辞が[t]になります。このことから、英語の同化は音声レベルの現象、日本語の同化は音韻レベル（予測可能な有声性が指定されていない深層レベルで、3 章(4)における基底形レベル）の現象だと言えそうです。

　では、鼻音は *sin-da*「死んだ」、*yom-da*「読んだ」となるので有声扱いかと言えば、そうではありません。これは *hum+kiru → huŋ-giru*「踏ん切る」に見られるような、**鼻音後有声化**(postnasal voicing)という別の規則によるものです。*hum-baru*「踏ん張る」、*hun-zibaru*「踏ん縛る」も同様の例です。

　日本語の鼻音が無声扱いだという事実は、**連濁**(sequential voicing)の観点からも証拠づけられます。連濁とは、*kane+kusi → kana-gusi* や *osi+susi → osi-zusi* のように、複合名詞において主要部初頭の無声阻害音が有声化される(4a)のような現象を言います。語が連なったら濁るということです。ただし、主要部に有声阻害音（いわゆる濁音）がもとから含まれていると、連濁の適用が(4b)のように阻止されます。この阻止効果は賀茂真淵や本居宣長の著作で指摘されていましたが、明治期に北海道開拓に携わった地質・鉱山学者のベンジャミン・S・ライマンによる系統的な英文論文(Lyman (1894); 趣味の言語学が高じて書いたもので、屋名池 (1991)による邦訳がある)が西洋で広まることとなり、今では**ライマンの法則**の名で知られています。

　（4）　連濁とライマンの法則
　　　　a.　主要部に無声阻害音が含まれる場合
　　　　　　kana-gusi「金串」　　osi-zusi「押し鮨」　　kawa-bata「川端」
　　　　b.　主要部に有声阻害音が含まれる場合
　　　　　　kara-kuzi「空くじ」　kubi-suzi「首筋」　　yawa-hada「柔肌」
　　　　c.　主要部に共鳴音が含まれる場合
　　　　　　yuki-guni「雪国」　　kutu-zumi「靴墨」　　osi-bana「押し花」
　　　　　　ama-guri「甘栗」　　nuki-zuri「抜刷り」uzi-gawa「宇治川」

問題は(4c)です。主要部に鼻音が含まれていても、*yuki-guni* や *kutu-zumi*

のように連濁が阻止されず（ライマンの法則に従わず）、あくまで無声扱いです。これは *ama-guri* や *uzi-gawa* の流音や渡り音も（それこそ母音も）同様で、鼻音が共鳴音として余剰有声性しか持たないことを意味します。

なお、鼻音後有声化のところで言及した**複合動詞**「踏ん切る」「踏ん張る」「踏ん縛る」は、*hum-i-kiru*「踏み切る」、*hum-i-haru*「踏み張る」、*hum-i-sibaru*「踏み縛る」のように、母音を挿入して複合化することも可能です。その際、**複合名詞**と違って連濁がかからないことに注意しましょう。このことからも、「死んだ」「読んだ」「踏ん切る」の有声化が、鼻音直後の特異な（連濁でなく鼻音後有声化による）ものであることがわかります。

最後に1つ、クイズです。*hun-zibaru*「踏ん縛る」は主要部に濁音を含むので、ライマンの法則を破って有声化していますね。なぜ許されるのでしょうか。あえて「連濁」でなく「有声化」と呼んだのがヒントです。答えは、ライマンの法則はあくまで連濁に対する条件だという点に関連します。原則として複合動詞に連濁は適用されませんし、この鼻音後有声化は鼻音の余剰有声性に由来して音声的な同化を引き起こす（その意味では(3b)の英語共鳴音と同様の）ものなので、音韻的なライマンの法則の埒外にあるというわけです。

第4章
語とは：形態論

《この章で考えること》
1. 形態素と語彙素はそれぞれどのような単位でしょうか。
2. 複合にはどのような言語間変異があるでしょうか。
3. 派生にはどういう問題があるでしょうか。

キーワード：形態素、形態素分析、語彙素、語形成、接辞、転換、派生、複合

1. 形態素と語彙素

　言語にはいくつかの基本単位がありますが、音が意味を担う最小の単位を**形態素**(morpheme)と言います。まず、日本語の五十音図のタ行を思い浮かべてください。タ行は「たちつてと」と平仮名で書くこともできるし、「タチツテト」と片仮名で書くこともできます。ローマ字や音声記号で書くこともできます。しかし、次のように書くことはふつうないでしょう。

（1）　田血津手戸
　　　　た　ち　つ　て　と

なぜタ行をこのように漢字で書くことはないかというと、タ行は5つの音を表していてその1つ1つに意味はありませんが、その音に漢字をあてて(1)のようにすると、1つ1つの音は同時に意味を担うようになるからです。たとえば、「田」と書かれる「た」では、[ta]という音が「たんぼ」という意味を担っています(本章3節参照)。このように音と意味をもつ、それ以上分解できない単位を形態素と言います。
　形態素には、それ自体で単語でもある**自由形態素**(free morpheme)と、単独では単語にならない**拘束形態素**(bound morpheme)があります。自由(free)か拘束(bound)かは、形態素ごとに決まっています。たとえば、「形

態論」と「morphology」という日英語の分野名を形態素に分解すると、(2)
のようになります。＝の右側がそれぞれを形態素に分解したもので、＋は
形態素の切れ目を表しています。

（2） a. 形態論＝形態＋論
　　　 b. morphology = morpho- + -logy

(2a, b)の**形態素分析**で、ハイフンがついているものが拘束形態素、ハイフ
ンがついていないものが自由形態素です。たとえば(2b)の morpho- はそれ
だけでは単語にならないので拘束形態素です。これは、意味的に対応する
(2a)の「形態」が、自由形態素であることと対照的です。後者は、たとえ
ば「脳の形態と機能」のように単独で単語として使えます。

　ところで筆者は、アメリカのとある大学の言語学科にいた時、歴史言語
学の教授が次のスローガンを印字した T シャツを着ているのを見かけたこ
とがあります。

（3） Free bound morphemes!（拘束形態素を解放せよ！）

事実、-logy については、*Oxford English Dictionary Online*(OED)に(4)
のような「解放」された例が見つかります。同教授のアピールに先んじて、
これはもう 19 世紀に解放されていたようです。

（4） The many Logies and Isms that have lately come into vogue
　　 （最近はやりはじめているたくさんの学問や主義）

おもしろいことに、OED には、(5)のように、同じ意味で ologies という
単語も見つかります。これも 19 世紀の英語です。

（5） She..was therefore supposed to understand Chemistry, Geology,
　　 Philology, and a hundred other ologies.
　　 （彼女は ... したがって、化学、地質学、文献学、その他多数の学問が
　　 わかると思われていた）

(4) では、接尾辞 -ism（～主義）も単語として使われています。このように、
なかには拘束形態素用法と自由形態素用法の両方をもつ形態素もあるので
す。

　形態素と並んで重要なのは、「辞書で単語を調べる」という時の「単語」

で、専門用語では**語彙素**(lexeme)と呼ばれるものです。語彙素は文字通り語彙の基本単位であり、①品詞、②意味・文法、③語形に関する情報をひとまとめにした抽象的な単位です。**語形**(word-form)とは、いわゆる活用形のことで、生起する環境に応じて決まる語の形のことです。たとえば、(3) の free の単語的特徴を挙げれば、①「動詞」であり、②目的語をとって「〜を自由にする」という意味を表し、③ 環境に応じて free, frees, freed, freeing という語形をとる、といったものです(語形を扱う**屈折**については、島村 (2002) 参照)。①〜③の情報を 1 つに束ねたのが語彙素なので、それを FREE のようにスモール・キャピタル体で書くことで、語形と区別することもあります。

　形態素と語彙素が違う単位であることは、(2)の例に戻るとよくわかります。「形態論」も「morphology」も辞書の見出し語であることからわかるように、どちらも 1 つの語彙素です。しかし、語彙素は、必ずしも 1 つの形態素からできているわけではなく、語彙素と形態素は必ずしも一致しません。(2a)で「形態論」は「形態」と「論」という 2 つの形態素に分解されました。ここで、形態素とは、音と意味の最小の組み合わせであることを思い出してください。すると、「形態論」は (2a) のように分解できるからこそ、それ全体では 1 つの形態素ではない、とわかります。同様に、「morphology」も、(2b) のように morpho- と -logy という 2 つの形態素に分けられるので、1 つの形態素ではありません。

　複数個の形態素からできた語彙素が 1 つのまとまりであることは、(6)のような 2 つの形容詞＋名詞の連鎖を比較するとわかります。

（ 6 ）　a.　a hót plate (ホットプレート、(オーブン内部の)天板)
　　　　b.　a hot pláte (熱い皿)

(6a)と(6b)では、まず意味が違います。次に、**主強勢**の位置が異なります。さらに、hot を比較級にすることができるか、hot と plate の間に別の形容詞を入れることができるか、plate の部分だけを代名詞の one にできるか、といった点で違いがあります。これらはいずれも (6b)でのみ可能で、そういう違いがあるのは、(6a)は語彙素で(6b)は句だからです。形容詞＋名詞が全体として 1 つの語彙素である場合には、そのまとまりを崩すことはできません。このような語彙素の特徴を、**語彙的緊密性**と言います。

　①ある言語にはどのような形態素があるか、②その言語の語彙はどのよ

うな語彙素で構成されているかを考えるのが**形態論**分野の主な研究課題です。本章では、このうち②に焦点をあて、規則性の高い語彙素形成法(**語形成**)として、**複合と派生**について学びます。複合とは、語彙素と語彙素を結合して新たな語彙素を作りだす操作で、そのようにしてできた語を**複合語**と言います。複合語は、複合される要素の品詞、それらの文法的関係、および**主要部**(複合語全体の特徴を決める中心要素)の有無によって分類されます(並木 (2002), Scalise & Bisetto (2009))。出来上がる複合語は、(2a)や(6a)のように「自由形態素＋自由形態素」という形をしていることが多いのですが、(2b)のように「拘束形態素＋拘束形態素」という形をしていることもあります((2b)のタイプについてはさらに 3 節参照)。

派生語は、1 つの語彙素を**基体**(base)とし、その品詞や意味を変えることで作られる語彙素です。形態的には、**接辞**という拘束形態素を使うタイプと接辞を使わないタイプがあります。たとえば、形容詞 free を基体とし、そこに接辞 -dom を付加することで、freedom という名詞を作ることができますが、このような派生を**接辞付加**と言います。接辞付加では、-dom のように基体の後につく接辞を**接尾辞**、unfree の un- のように基体の前につく接辞を**接頭辞**と言います。接辞はこのように基体に対して位置が決まっています。一方、(3)において free は動詞として使われていますが、形は形容詞の free と同じです。基体の形はそのままに、品詞だけが形容詞から動詞へと変換されています。このように接辞を使わずに品詞を変えるタイプの派生を**転換**と言います。

いずれにせよ、複合と派生は特定のパターンに従って行われるので、効率よく語形成を行うことができます。ここからは語彙素を単に「語」と呼ぶことにし、複合と派生についてさらに見ていくことにしましょう。

2. 動詞由来複合語の日英比較

本節では、**動詞由来複合語**(伊藤・杉岡 (2002))を取り上げて、日英間で比較します。接辞付加を伴う派生と伴わない派生の違いについても考えます。

動詞由来複合語とは、たとえば、動詞「たたく」を基体にして名詞「たたき」を派生し、そこにさらに別の名詞を結合したような複合語のことを言います。(7)がその例です。

(7) a. 蝿たたき

　　b.　もぐらたたき

　　c.　布団たたき

　　d.　肩たたき

おもしろいことに、動詞由来派生名詞の「たたき」ともう 1 つの名詞の関係は、派生の基体動詞「たたく」とその直接目的語という関係になっています。つまり、(7)の各複合名詞は、(8)の各動詞句と対をなしています。

（ 8 ）　a.　蠅<ruby>蠅<rt>はえ</rt></ruby>をたたく

　　b.　もぐらをたたく

　　c.　布団をたたく

　　d.　肩をたたく

　「○○たたき」全体の意味について考えてみると、ちょっとひっかかりませんか。そうです。(7)には**モノ**を表す例と**コト**を表す例があるのです。(7a)は蠅<ruby>蠅<rt>はえ</rt></ruby>をたたくための道具(モノ)であるのに対し、(7b)はもぐらをたたくゲーム(コト)を表しています。(7c, d)は、(8c, d)の動詞句が表す行為を表すことも、その行為の道具を表すこともできます。

　さらに、これとは別に、(7d)のコト読みには、(8d)の動詞句の能動態ではまれな「退職勧告」の読みもあります。このような特殊な意味を**語彙化**した解釈ということがありますが、語彙化は、「○○たたき」が 1 つの語になっていることのよい証拠です。

　英語でも、動詞由来複合語は(9), (10)のように「直接目的語＋動詞」という関係を基にして作られます。(9)の condition は動詞用法です。

（ 9 ）　a.　air conditioning（空気調節、空調）

　　b.　air conditioner（空調装置、エアコン）

（10）　a.　dishwashing（皿洗い）

　　b.　dishwasher（自動皿洗い機、皿洗い人）

ただ、(9), (10)には日本語の動詞由来複合語と決定的に違う点があって、それは、複合語全体の意味がコトになるか、モノになるかが、接辞によって形態的にマークされているという点です。語末にある接尾辞 -ing/-er は動詞を名詞に変える接尾辞で、(11)のように、-ing は行為を表す名詞を派生するのに対して、-er は人や道具を表す名詞を派生します。

58

（11）　a.　Seeing is believing.（百聞は一見にしかず）
　　　　b.　singer（歌手），learner（学習者），dryer（ドライヤー）

接尾辞の特性を**継承**して、英語では動詞由来複合語でも、-ing で終わるものは行為を表すのに対し、-er で終わるものは人や道具を表すのです。

　英語のこの事実を土台にすると、「○○たたき」がコトとモノの両方を表しうるのは、動詞に接尾辞がついていないからだと考えられます。「たたく」を「たたき」に変える過程には、（11）の名詞化の過程と違い、接尾辞が関与していないので転換です。日本語に限らず、転換による派生語の意味が、接尾辞を使う派生語より多義的、あるいは文脈依存的になることは一般的に見られることです。たとえば（3）の動詞 free は形容詞から接尾辞を使わずに作られた転換動詞ですが、英語でも、このような形の動詞は一般傾向として、接尾辞付加による動詞（たとえば、形容詞から接辞付加で派生される動詞であれば、soften や neutralize）に比べて多義的になります（詳しくは Nagano（2008）参照）。

　まとめると、日英語の動詞由来複合語は、それを構成する名詞と動詞が「直接目的語＋動詞」の関係にある点は共通していますが、派生接尾辞をもつかどうかという形態的な違いがあり、その結果として複合語全体がコトとモノの**多義性**を示すかどうかが違う、ということになります。

　ここまでの日英比較について、-er 動詞由来複合語には人と道具を表す読みがあるのに、「○○たたき」のモノ解釈には道具しかないのではという反論があるかもしれません。-er 複合語は（10b）のように道具だけでなく人を表すこともできるのに対して、（7）の「○○たたき」のモノ解釈は道具であって、人ではありません。確かに（7）だけを見るとそうですが、『日本国語大辞典』や『日本方言大辞典』で調べてみると、（12）のように、人を表す「○○たたき」も見つかります。

（12）　a.　かねたたき（鉦をたたいて仏を念ずること、また、その人）
　　　　b.　かべたたき（へたな大工）
　　　　c.　あごたたき（他人の行為に干渉すること；饒舌家、おしゃべり）

これらは古い例であるか、方言の例ですが、日本語の動詞由来複合語が英語のそれと同じ意味を表すことを明確に示していて、重要な例です。（12b, c）には、「かべをたたく人」や「あごをたたく人」にとどまらない**メタ**

ファー的な側面もありますが、それでも複合語の骨格をなす基本的な意味は、接尾辞 -er が表すのと同じ「〜をする人」です。

　(12b)の皮肉たっぷりな解釈での「かべたたき」は岐阜県飛騨で観察されていますが、福岡県久留米では「かべたたき」がサボテンの名前として観察されています。これは、軒下に植えたサボテンが、成長して壁をたたくほどになる様子を捉えたものです。

3.　2 種類の等位複合語

　本節では**等位複合語**(coordinate compound)を取り上げて、日英語にとどまらない、大陸を横断する言語研究の一端を見てみましょう。等位複合語とは、等位接続関係を基盤とする複合語で、①複合語を構成する要素が同じ品詞で、②複合語全体の意味を等位接続詞で言い換えることができる、という特徴をもちます。通言語的に、この種の複合語には Dvandva 型と同格型という 2 種類があることが知られていますが、この区別は ②のテストを日本語で行うと簡単に判定できます(長野・島田 (2017))。

　1 つ目の等位複合語は、(13)のように、日本語で等位接続詞「ト」でパラフレーズできる **Dvandva 型**等位複合語です。

　(13)　a.　Budapest ／ブダペスト
　　　　　　　「ブダとペスト(を合わせた地域)」
　　　　b.　親子、利害、姉妹、鳥獣、枝葉
　　　　　　　「親と子」、「利と害」、「姉と妹」、「鳥と獣」、「枝と葉」

カタカナで書くと「ドゥバンドゥバ」となる印象深い用語「Dvandva」は、サンスクリット文法に由来します。

　2 つ目の等位複合語は、日本語の等位接続詞「デ」でパラフレーズされる(14)のような**同格型**等位複合語です。

　(14)　singer-songwriter ／シンガーソングライター
　　　　　「歌手で作詞作曲家(である人)」

(14)を「歌手と作詞作曲家」と言い換えると、singer-songwriter や「シンガーソングライター」の表すものとは違う意味になることに注意してください。(13)も同様で、親子は「親と子」であって、「親で子(であるような人)」を指すわけではありません。

　このように、等位複合語自体が英語であろうと日本語であろうと、テスト②を日本語で行うことによって、「ト等位ならば Dvandva」、「デ等位ならば同格型」と簡単に判定できます。他方、英語では、ト等位であれデ等位であれ and を使うので、②を適用するには不便なのです。

　等位複合語の構成要素は 2 つに限られるわけではありません。日本語には(15)のように 3 つ以上の構成要素からなる Dvandva もあります。

（15）　市町村、上中下、松竹梅、都道府県、東西南北

また、英語の同格複合語にも、ジュリアス・シーザー（Julius Caesar）を形容する(16)のような例があり、4 つの構成要素でできています。

（16）　soldier-statesman-author-orator　　　　（Marchand（1969: 124））

　Dvandva と同格型の 2 種類には、まず意味的な違いがあります。Dvandva がいくつかの個体からなる 1 つのグループを名付けるのに対し、同格型は 1 つの個体が併せもついくつかの属性を束ねたものです。同格型の場合、つながれる語の関係は、たとえば a Canadian surgeon（「カナダ人で外科医の人」）における Canadian と surgeon の関係に近いと言えます。

　第 2 に、Dvandva は特定地域に見られると言われます。具体的には、日本語、中国語、ヒンディー語をはじめとする**アジアの言語**には豊富に例がありますが、それに比べると、英語やスペイン語やフランス語には少ないのです。**ヨーロッパの言語**には、(13a)のような固有名詞＋固有名詞の Dvandva はあっても、(13b)のように普通名詞＋普通名詞をグループ化した例はごく限られています。(13b)の概念を英語で表すには、［名詞 and 名詞］のような等位接続詞入りの形を使う必要があります。たとえば、「親子」なら parent and child となります。

　他方、同格型はアジアの言語にもヨーロッパの言語にも見られます。したがって、2 種類の等位複合語には、表 1 にまとめるような地理的な不均衡が見られることになります。

表 1：等位複合語

	同格型	Dvandva
アジアの言語	✓	✓
ヨーロッパの言語	✓	限定的

　これに対し、島田 (2016) は、第 1 にヨーロッパの言語でも現代ギリシャ語のように普通名詞ベースの Dvandva が豊富な言語もあること、第 2 に英語でも、古英語の時代にはそうした Dvandva が作られていたことを証拠にして、ここでの**言語間変異**の根幹は地理ではなく、その言語における形態素の拘束性にある、と主張しています。具体的には、1 節 (2b) で見た morpho- や -logy のそれぞれのように、語彙素の語幹になるような拘束形態素がその言語にどのくらい豊富であるかが重要である、としています。接辞ではないこの種の拘束形態素を**拘束語幹** (bound stem) と呼ぶことにすると、Dvandva は拘束語幹が豊富な言語に見られる複合語である、ということになります。

　確かに日本語には、漢字の音読みという拘束語幹が豊富にあります。(13b) や (15) の例を再度見てみると、「親子」の構成要素は「おやこ」と訓読みしますが、「姉妹」「鳥獣」は「しまい」「ちょうじゅう」と**音読み**します。これらを「あねいもうと」「とりけもの」というように一般には**訓読み**しません。(15) の例も音読みです。「枝葉」はふつう「えだは」と訓読みしますが、『日本国語大辞典』には「しよう」という音読みも書かれています。ここで大切なのは、漢字の訓読みとは自由形態素であるのに対し、音読みとは拘束形態素であることです。(1) に戻りましょう。「田」は、「た」と訓読みすればそれ自体で語になる自由形態素ですが、「でん」と音読みすると、それ自体で単語として使うことができなくなります。「田に稲を植える」とは言えますが、「田〔でん〕に稲を植える」とは言えないからです。それでは「田」はどういう時に使うかというと、「水田〔すいでん〕」のように語の内部で、拘束語幹として使うのです。ここまでの議論から予測される通り、拘束語幹は、現代ギリシャ語にも豊富に存在しています (Ralli (2013))。

　同格型等位複合語にも興味深い言語間変異があり、英語では (17) のように一番右側の構成語に複数接尾辞がつきます。

(17)　There are many {poet-translators, *poets-translator,
　　　*poets-translators} in this country.　　（長野 (2017: 80, fn.4)）

これは、「複合語や派生語では、もっとも右側の要素が語全体の主要部になる」という**右側主要部の規則**(Williams (1981)) からの予測通りです。しかし、スペイン語の同格複合語では、(18) のように、複数接尾辞はど・ち・ら・の構成語の末尾にも現れるのです。

（18） スペイン語の 'poet-painter'
　　　　単数形 poeta-pintor
　　　　複数形 poetas-pintores　　　　　　　　（長野（2017: 80, fn. 4））

以上、世界の言語に見られる等位複合語の2大タイプについて見ました。普通名詞ベースの Dvandva の**生産性**は、地理によるのでしょうか、語彙特徴によるのでしょうか。また、同格型の屈折法が英語とスペイン語で違うのはなぜでしょうか。Dvandva であれ同格型であれ、そもそも等位複合語に主要部はあると言えるのでしょうか（（17）は主要部の存在を示してはいますが）。これらはどれも、等位複合語の本質に迫る重要な研究課題です。

4.　派生の形態素分析

本節では、派生における**形態素分析**の問題点を考えます。1節で、形態素とは「音と意味の最小の組み合わせ」であると言いましたが、派生は、形態素分析をするのが困難なときがあります。

品詞を変える派生では、接辞付加のタイプがあると同時に、転換も盛んに使われることを見てきました。まずは、（19）に挙げる、英語の**形容詞由来派生動詞**（形容詞から派生された動詞）を見てください。

（19）　a.　free［動詞］
　　　　b.　soften
　　　　c.　neutralize

（19b, c）では、形容詞基体に -en や -ize という接尾辞が付加されています。そこで、（19a）にも実は接尾辞があるのだと考えれば、（20）のように、形容詞由来派生動詞に対して一貫した形態素分析を行うことができそうです。（20a）の Ø は音を持たない接尾辞で、**ゼロ接尾辞**と呼ばれます。

（20）　a.　free + Ø
　　　　b.　soft + -en
　　　　c.　neutral + -ize

ただ、（20a）の形態素分析には根本的な問題があって、ゼロ接尾辞は「音を持たない」ので、形態素は音と意味の組み合わせであるという定義に真っ向から反してしまいます。転換は、ゼロ接尾辞を立てなければ形態素分析

ができず、一方、ゼロ接尾辞を立てればそれが形態素の定義に矛盾すると
いう、パラドクス的な性格をもっていることがわかります。

　次に、派生接尾辞の意味ですが、これも一筋縄ではいきません。形態素
ベースの形態理論を推進した Hans Marchand からして、以下のように言っ
ています。

> 自由形態素とは異なり、接尾辞はそれ自体意味をもたない。接尾辞は、
> 派生の基体となる自由形態素と結合してはじめて意味をもつ。たとえば、
> steamboat における boat のような自由形態素と異なり、steamer におけ
> る -er のような接尾辞は、意味クラスを名づけるのではなく、ただそれ
> を含意するのみである。
>
> （Marchand (1969: 215); 筆者訳）

形態素という単位をたいへん重視する Marchand が、「接尾辞はそれ自体で
は意味をもたない(a suffix has no meaning in itself)」と言っているではあ
りませんか。これは一体、どういうことでしょうか。

　上で Marchand は、接尾辞 -er による**名詞由来派生名詞**の steamer を複
合語 steamboat と比較しています。これは、両語が「汽船」を指すからで
す。ただ、(21)を見てください。両語の間には意味の違いも見られます。

(21)　a.　複合語 steamboat　　b.　派生語 steamer
　　　　　　「汽船」　　　　　　　　「汽船」
　　　　　　　　　　　　　　　　　　「蒸気機関車」
　　　　　　　　　　　　　　　　　　「蒸し器・せいろ」
　　　　　　　　　　　　　　　　　　「ウェットスーツ」

(21b) steamer は、確かに (21a) steamboat と同義になることもあります
が、「汽船」という意味以外にも、蒸気機関車、蒸し器・せいろ、(サーフィ
ンの)ウェットスーツなども表すことができます。

　複合語と派生語のこのような違いを踏まえて、Marchand は「接尾辞は
それ自体意味をもたない。接尾辞は、派生の基体となる自由形態素と結合
してはじめて意味をもつ」と考えました。これを言い換えるなら、接尾辞
-er の意味は名詞 boat の意味に比べてずっと抽象的であり、基体に応じて
出力を変える一種の「関数」と見たほうが適切だ、ということになるでしょ
う。このことを以下、(21b) の例を使って見ていきます。

64

　最初に（21b）の**語義**（辞書に書かれている派生語の意味）の背後にある -er の意味を示しておきます。概略、（22）のようになるでしょう。

（22）　名詞につく接尾辞 -er は、「基体名詞が表すものを使ったり作ったりするもの（者・物）」を表す可算名詞を派生する。

この中の「～するもの（者・物）」とは、-er 名詞が「～する者」つまり人間の解釈にも、「～する物」つまり人間以外の解釈にもなることを捉えたものです。
　まず、steamer の派生にこれを適用すると、（23）のようになります。

（23）　名詞由来の steamer は、「蒸気（steam）を使ったり作ったりするもの（者・物）」を表す可算名詞である。

（21b）の steamer の各種の語義は、（23）から出てきます。（23）の「蒸気を使う物」から出てくるのが、「蒸気船」「蒸気機関車」という語義です。一方、「蒸気を作る物」から出てくるのが「ウェットスーツ」という語義です。「蒸し器」はどちらでもありえます。
　次に練習として、（24）の 3 つの -er 名詞の語義が（22）からどのように出てくるか、考えてみてください。footer には 2 つの語義を挙げます。

（24）　a.　hatter　　「帽子屋」
　　　　b.　cottager　「田舎家に住む人；避暑地の別荘客」
　　　　c.　footer　　「歩行者」
　　　　　　　　　　　「フッター：文書下部に書かれる日付や標題」

できましたか。答えは（25）の通りです。

（25）　a.　帽子（hat）を作る者 ⇒「帽子屋」
　　　　b.　田舎家や別荘（cottage）を使う者 ⇒「その住人や泊まり客」
　　　　c.　足（foot）を使う者 ⇒「歩行者」
　　　　　　文書下部（foot）を使う物 ⇒「そこに書かれる日付や標題」

このように、辞書に書かれている -er 語の語義は、基体の意味と（22）の意味が相関して出てくるのです。
　こうして便利な（22）ですが、ちょっと「ずれた」使い方をされることもあります。（26）の footer の語義を見てください。

　(26)　footer「〈英〉サッカー、ラグビー」

なぜ footer が、サッカーやラグビーのような競技を表せるのかというと、これらの競技はどれも、「足（foot）を使うもの」だからです。

　ただ、ここには(24c)で見た語義とは決定的に違うところがあって、それは、(22)に foot を入れてでてくる「foot を使うもの」の解釈に関わることです。表 2 にまとめたように、(24c) の footer の 2 つの語義は、「foot を使うもの」に関して、「もの」を「foot を使う」の主語としてとった場合の語義です。それに対して、(26) での「foot を使うもの」においては、「もの」は「foot を使う」の主語にはなりません。

表 2: footer について

語義		「foot を使うもの」の解釈
footer	「歩行者」	「もの」は「使う」の主語である
footer	「フッター」	
footer	「サッカー」	「もの」は「使う」の主語でない

　競技読みの footer では、「foot を使う」の主語は競技者です。したがって、この場合、サッカーやラグビーといった競技は、「foot を使う」の主語ではなく、むしろ、その対象を指しているということになります。要するに、(26)は、(22)を「人がそれに関して足を使うようなもの」のように適用して得られる語義なのです。

　まとめると、名詞に付加する接尾辞 -er の意味は、(22)のような抽象的なものであり、それが基体に作用することによって、辞書に書かれている語義が出てきます。さらに、(11b)で見たように、-er には動詞に付加して名詞を派生する用法もあります。今回見た steamer は名詞由来のものですが、動詞の to steam（蒸す）に -er が付いて作られる steamer（蒸す人）もあります。名詞由来か動詞由来かの区別は、実際には難しいものです。

　そうだとすると、冒頭に戻って、-er は 1 つの形態素だと言えるでしょうか。この問いに 'Yes' と答えるとしても、Marchand が論じたように、その時の接辞の「意味」というものは、とても抽象的なもので、boat のような語彙素の意味とは違うはずです。

5. おわりに

　この章では、形態論の基本単位である形態素と語彙素について学び、新しい語彙素を作る語形成操作である複合と派生について理解を深めました。こうして事例を見ていくと、形態素という単位は派生に関して問題を引き起こすことがわかってきます。事実、4 節で見た問題は、そもそも形態素という単位は本当に必要だろうか、という論争をもたらし、その結果、今日の形態理論には、形態素基盤の理論と語彙素基盤の理論という 2 大潮流があります。また、記述的にも、形態素分析がどの程度うまくいくかは、個別言語の形態的性格を決める重要な指標になると言えます。さらに学びたい人は、読書案内で挙げる本や、Bauer et al. (2013) という、Marchand (1969) に続く英語形態論の包括的記述書を読み進めるとよいでしょう。

基 本 問 題

1. （2a, b）は、日英語の例がまったく平行的になるように分析しているが、（2b）の内部の -o- は「連結母音」と呼ばれ、厳密には、これに対応する要素は（2a）にはない。-o- が morph- と -logy を連結する役割をする第 3 の要素であることは、本文にあるどのような現象からわかるだろうか。

2. 「○○たたき」には、「百たたき」という例もある。これは『時代劇用語指南』のウェブサイト（https://imidas.jp/jidaigeki.html）で、次のように解説されている語である。

　　8 代将軍・吉宗の時代に、指切や耳鼻そぎの刑の代わりにもうけられた刑。用いるのは棒ではなく、竹片 2 本を革などで包み、その上を紙縒（こより）で巻いた笞（むち）である。軽敲き（けいたたき）は 50 回、重敲き（じゅうたたき）は 100 回敲く。敲く場所は牢屋の門前で、見せしめの意味があった。（以下省略）

　この解説を参考にして、「百たたき」という複合語が、（7）とどういう点で異なるかを説明しなさい。

発 展 問 題

1. OED には次のような語が載っている。

(i)　zonkey（[名] zebra と donkey の交配種。zedonk の形もある）
(ii)　hangry（[形] hungry で angry である）
(iii)　guesstimate（[自動詞] guess して estimate する）

これらはカッコ内の 2 つの語彙素を合わせて作られた語だが、複合語とは呼ばれない。それはなぜだろうか。

2.　英語には普通名詞ベースの Dvandva は少ないが、以下のような表現は豊富に存在する。

(i)　man-wife team
(ii)　mother-child relationship
(iii)　cost-benefit analysis

こうした表現の中のハイフンでつながれた部分を 3 節で見た Dvandva と比較し、似ている点と異なる点を答えなさい。

コラム❶： 音と形態のインターフェイス

キーワード： アクセント、インターフェイス、過去の接辞、強勢、形態素、語形成、畳語、反復、複合語、連濁

　ある音素がある音声的環境でどのように発音されるのかは音韻論の研究対象ですが、ある意味を担う**形態素**や語がほかの形態素や語と合わさって形成される語がどのように発音されるのかは音韻論と形態論との**インターフェイス**の問題となります。ここでは屈折形態素と**複合語**の発音について取り上げます。

　まず、過去を表す英語の屈折接辞 -ed の発音について考えましょう。この接辞の発音は、語幹となる規則動詞の最後の音に応じて変わります。よく知られているように、動詞が[t]や[d]で終わる場合には[əd]、[t]以外の無声音で終わる場合には[t]、[d]以外の有声音で終わる場合は[d]と発音されます。

（1）　a.　[əd]　waited, traded
　　　　b.　[t]　jumped, laughed, earthed, kissed, washed, touched, walked
　　　　c.　[d]　rubbed, aimed, loved, bathed, surprised, opened, smiled, judged, considered, jogged, belonged, freed, echoed, wooed, stayed

このような**異形態**(allomorph)の分布は、基本となる**過去の接辞**は /d/ であるとしたうえで、①もし動詞が[t]や[d]で終わる場合には[ə]を過去の /d/ の前に挿入するという規則と、②過去の接辞の直前の音が無声音の場合には過去の /d/ を無声化して[t]に変えるという**同化**(assimilation)規則を、この順序で適用することで説明できます。たとえば、waited の場合には①により[ə]が /d/ の前に挿入され、その結果 /d/ の前の音が無声音ではなくなるので②は適用されず、[weɪtəd]と発音されることになります(Fromkin et al.(2018)参照)。

　Berko(1958) は、英語を母語とする子どもを対象に、**無意味語**(nonsense words)を使って形態素の獲得を調べる実験をしました。図１のように、「これは wug です」と言って生き物の絵を見せた後に、その生き物が２匹描かれた絵

THIS IS A WUG.

図1： Berko（1958: 154）より。

NOW THERE IS ANOTHER ONE.
THERE ARE TWO OF THEM.
THERE ARE TWO _____.

を見せ、それらが何であるかを聞きました。すると、多くの子どもが[wʌgz]という複数形を用いて答えたと報告しています。この実験のポイントは、子どもがそれまで一度も wugs という複数形を聞いたことがないにもかかわらず、自分で正しい複数形を生み出したということです。Berko は架空の動詞についても実験し、子どもたちが[t]や[d]を使った過去形を作ることができることを観察しました。子どもは、大人に教えられなくても、名詞や動詞に接辞を付加して複数形や過去形を作ることができ、さらに、接辞の発音も正しくできるようになります。このことは、人間の言語には形態素を組み合わせて語を作る規則があることや、形態素の音声的具現がその生じる環境に応じて決まることを、生得的な言語知識として子どもが持っていることを示していると言えます。

　次に、2つ以上の語が結合してできる複合語の発音を見てみましょう。一般に複合語は、それがひとまとまりの語であることを示すように発音され、それを構成する要素が単独で起こる場合とは区別されます。（2）の英語の複合語の例では、前部要素に第1強勢が置かれ、後部要素の**強勢**が弱められます。これは、形容詞が名詞を修飾して統語的に名詞句を作る場合とは異なります。

（2）　a.　[$_N$ bláckbòard]（黒板）；[$_{NP}$ a bláck bóard]（黒い板）
　　　　b.　[$_N$ gréenhòuse]（温室）；[$_{NP}$ a gréen hóuse]（緑色の家）

日本語は音の高低で**アクセント**を表す言語ですが、（3）のように複合語はひとまとまりのアクセント型を持ちます（窪薗（1995）参照）。

（3）　a.　めぐ ろ く（目黒区）；め ぐろ、 く
　　　　b.　ラ ーメンて いしょく（ラーメン定食）；ラ ーメン、て いしょく

　また、日本語の複合語では、後部要素の語頭の清音が濁音化される**連濁**と呼ばれる現象が起こることがあります（バンス他（2017）参照）。

（4） a. うた**ご**え（歌声）；うた＋**こ**え　　b. あお**ぞ**ら（青空）；あお＋**そ**ら
　　　 c. はな**ぢ**（鼻血）；はな＋**ち**　　　d. たき**び**（焚き火）；たき＋**ひ**

　最近聞かれる「映える（ばえる）」という新語は、「SNS」と「映える（はえる）」の語根とが複合する時に連濁が起こって「SNS映え（SNSばえ）」になり、後にその前部要素が省略されてできた「ばえ」と関係づけられます。語形成の過程で生じた音韻変化の名残りが語頭の濁音に現れている例だと言えます。

　連濁は、複合語の後部要素が漢語の場合（5a）や外来語の場合（5b）、前部要素と後部要素とが並列の意味関係にある場合（6a, b）には、起こりにくいことが知られています。また、連濁は後部要素に濁音が含まれている場合（7a, b）には起こらないことが観察されています（第3章補足「音の記号」の**ライマンの法則**を参照）。

（5） a. きまつ**し**けん/*きまつ**じ**けん（期末試験）
　　　 b. きょうつう**テ**スト/*きょうつう**デ**スト（共通テスト）
（6） a. よみ**か**き/*よみ**が**き（読み書き）　 b. しろ**く**ろ/*しろ**ぐ**ろ（白黒）
（7） a. なが**そ**で/*なが**ぞ**で（長袖）　 b. かみ**し**ばい/*かみ**じ**ばい（紙芝居）

　連濁は、同じ要素が重複してできる**畳語**と呼ばれる複合語の一種にも（8）や（9）のように起こります。

（8）　ひと**び**と（人々）、さむ**ざ**む（寒々）、ほれ**ぼ**れ（惚れ惚れ）
（9）　学生たちは代わる代わる顕微鏡を覗いた。

　（9）の「代わる代わる」は、「代わる」という動詞が繰り返された畳語です。ここでは連濁が起こっており、「か|わるが|わる」というひとまとまりの複合語のアクセント型を持ちます。**語形成**はしばしば品詞の変化を伴いますが、この畳語「かわるがわる」は副詞として働きます。

　対照的に、口語表現でよく見られる、動詞や形容詞や形容動詞が**反復**される構文的表現では、元の語の持つアクセント型が保持され、連濁も起こりません。反復される語の品詞が変わることはなく、3回繰り返される場合もあります。

（10）　A: ねえ、掃除当番、代わってくれる？　　 B: うん、代わる代わる。
（11）　欲しい欲しい、来た来た、だめだめ、痛い痛い痛い！

　語彙部門で扱われる畳語とは異なり、このような言語事象は**生産性**が高いので、統語部門で扱われるべきだと考えられます（詳しくはIshihara（2019）参照）。

第5章
文とは: 統語論1

《この章で考えること》
1. 文はどのような要素によって構成されているでしょうか。
2. 文を構成する諸要素は、どのように関係づけられているでしょうか。
3. 文の構造を特徴づける言語知識は、どのようなものでしょうか。

キーワード: 句構造、構成素、再構築、主要部パラメータ、束縛条件、転移、統
語的あいまい性、統語範疇、内心性、併合

---

1. 統語論とは

　同じ単語を組み合わせて文を作っても、その配列によって意味は大きく
変わります。たとえば(1)は、いずれも同じ単語を組み合わせたものです
が、副詞 finally が何を修飾するかについて、**解釈**の可能性が異なります。

（1） a. <u>Finally</u> Tom admitted that Jerry won.
　　　 b. Tom admitted that Jerry won <u>finally</u>.

(1a)では「Tom がついに認めた」としか解釈できませんが、(1b)では「Tom
がついに認めた」という解釈のほかに「Jerry がついに勝った」という解釈
もできます。1つの単語列が2つ(以上)の解釈を持ち得るという点で(1b)
は**あいまいな**(ambiguous)文です。
　(1a)と(1b)の違いは、文を構成する要素同士のまとまり方に注目すると
説明できます。たとえば、(1a)は**従属節**を含む複文ですが、その構造を(2)
のように捉えてみましょう。以下では、「まとまり」に注目する時には、
[　　　　　]で囲んで示します。

（2） [_主節 <u>Finally</u> Tom admitted [_従属節 that Jerry won]].

(2)では、that Jerry won が従属節として意味のあるまとまりをなし、その従属節を一部に含む全体の文も、主節として意味のあるまとまりをなしています。このとき副詞 finally は、従属節ではなく**主節**に含まれるので、主節を修飾するものと解釈されます。こうした「単語のまとまり」を**構成素**(constituent)あるいは**句**(phrase)と言い、構成素同士のまとまり方に関する情報を表示したものを**句構造**(phrase structure)と言います。

　同様に、(1b)のあいまい性を(3)のように考えてみましょう。

（ 3 ）　a.　[_主節 Tom admitted [_従属節 that Jerry won finally]].
　　　　　b.　[_主節 Tom admitted [_従属節 that Jerry won] finally].

(3)では、副詞 finally が従属節に含まれる場合と、主節に含まれる場合の両方が可能です。(1b)における複数の可能な解釈は、句構造の複数の可能性に由来すると考えられます。このように、句構造に基づいて説明されるあいまい性を**統語的あいまい性**(syntactic ambiguity)と言います。このような現象から、個々の言語表現には、それを構成する単語の抽象的なまとまり方に関する情報も含まれていることがわかります。

　統語論とは、単語より大きな単位である文の形式的な側面に注目し、その句構造の詳細と、それにかかわる法則性を追究する研究分野です。この章では、どのような要素同士が構成素をなして文を形成するのかを明らかにし、その過程で、目には見えない抽象的な構造の背後にある言語知識のあり方についても考えます。

2.　構成素と句構造

　ある単語列が構成素かどうかは、表面的な単語の並び方だけを見てもわかりません。病名の確定に医師が用いる診断基準があるように、構成素の同定にもいくつかの診断基準が知られています。たとえば、(A)**代用表現**による**置き換え**、(B)**省略**の可能性、(C)**等位接続**による並列、あるいは、(D)文中での**移動**、などです。

　具体的に診断基準(A)について、(4)の**代名詞**(pronoun)の置き換えで見てみましょう。

（ 4 ）　a.　　Asuka admitted her failure.
　　　　　b.　　The girl sitting over there admitted her failure.

    c.　　She admitted her failure.

    d.　 * The she sitting over there admitted her failure.

(4a)と(4b)の下線部分はいずれも(4c)のように代名詞で置き換えられ、**名詞句**(noun phrase: NP)と呼ばれる構成素を形成することがわかりますが、(4d)のように(4b)の一部分の girl だけを代名詞 she で置き換えることはできません。なお、例文の文頭の「*(アスタリスク)」は言語表現が形式的に適格でない、すなわち非文法的であることを示します。

　他の代用表現を用いて、(5)のような例も考えてみましょう。

（ 5 ）　a.　　Mari and Rei walk a dog, and Shinji does so, too.

      b.　 * Mari and Rei walk a dog, and Shinji does so a cat.

等位接続詞 and に後続する文中の代用表現 do so は、and に先行する下線部分への置き換えを意図したものです。(5a, b)の対比によって、walk a dog は**動詞句**(verb phrase: VP)をなすけれども、a dog を除いた walk だけでは句が成立しないことがわかります。動詞 walk を他動詞として「〜を散歩させる」の意味で用いる場合、その目的語は欠かせないからです。

　次に、(6)を考えてみましょう。(6)では、walk は「歩く」という意味の自動詞で、目的語の代わりに時の副詞表現 every morning が動詞に後続しています。

（ 6 ）　a.　　Mari and Rei walk every morning, and Shinji does so, too.

      b.　　Mari and Rei walk every morning, and Shinji does so every
          evening.

この場合、副詞は do so の置き換え対象に含まれることも含まれないことも可能で、walk だけでも VP をなします。「動詞(verb: V) 1 語では動詞句になれない」といった制限があるわけではないようです。

　(5b)と(6b)の違いはどこにあるのでしょうか。手がかりになるのは、every morning が副詞的な修飾表現なのに対して、a dog が動詞 V の目的語だという点です。この VP に何よりも欠かせない中心要素は V の walk です。句の中心要素は**主要部**(head)と呼ばれ、両者はこの主要部に対する形式的な関係で異なります。目的語は V に必須の要素ですが、修飾表現は、V に情報を付け加えてはいますが、これがなくても文の形式には問題は生

じません。

　このような VP の構造は**樹形図**（tree diagram）や**標示付き括弧**（labeled brackets）を用いて、（7）のように図示されます。なお、樹形図中の X と Y はそれ自体が内部構造をもちますが、以下では、その詳細に立ち入らない時には、△を用いて構成素の**枝分かれ構造**を省略して示します。

（7）　a.　樹形図：

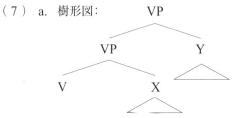

　　　　b.　標示付き括弧表示：$[_{VP} [_{VP} V [_{X} ...]] [_{Y} ...]]$

主要部 V は、自動詞のように単独で VP を形成することもありますが、他動詞のように V が要求する要素がある場合には、それを満たす何らかの要素 X とともに VP を形成します。このとき共通の**節点**（node）VP に直接支配される V と X とは**姉妹関係**（sisterhood relation）にあると言い、要素 X が占める構造的位置を主要部 V の**補部**（complement）と呼びます。従来の英文法では、V との意味関係において、たとえば John saw a teacher. では名詞句 a teacher を目的語、John became a teacher. では補語と呼んで、異なる要素と考えますが、動詞に必須だという点では目的語も補語も同じなので、生成文法では、この意味的な区別を棚上げにし、これらをひと括りに補部として扱います。

　この VP を修飾する表現 Y がある場合、修飾表現が動詞に必須ではないことを構造的に捉えると同時に、VP と Y とがより大きな VP を形成すると考え、この Y を**付加詞**（adjunct）と呼びます。（7）では、VP が繰り返される構造が形成されていますが、この構造に基づくと、（6a, b）の適格性は、2 つの VP 節点がそれぞれ do so の置き換え対象になるからだと説明できます。これに対して（5b）が不適格なのは、補部を除いた VP がないからだと説明できます。このように、補部と付加詞という区別で説明される現象は他にも多くあります（第 6 章を参照）。

　代用表現の例を通じて、構成素には NP や VP という**統語範疇**（syntactic categories）による分類があることを見ました。それぞれで用いられる代用

表現の違いが示す通り、その構成素の統語範疇を決めるのは中心要素としての主要部です。したがって、構成素の統語範疇はその主要部の統語範疇に由来すると一般化して(8)のように述べることができます。

（8）　**内心性**(endocentricity)の原理
　　　　あらゆる構成素には、その統語範疇を決める主要部がある。

この原理に従えば、任意の構成素 A は、その統語範疇を決める主要部 X をもつ句 XP と規定することができます。

3.　文を構成する諸要素の階層性 I：時制辞句（TP）

　構成素は順次まとまって句構造を形成するという考え方によれば、たとえば、他動詞文 Elsa won the race. では、主要部 V は補部に取る目的語 NP とまとまって構成素 VP を形成しますが、それに含まれない主語 NP は、この VP とまとまって、最終的な構成素の文(Sentence: S)を形成し、(9)のような階層構造になります。

（9）　Elsa won the race.

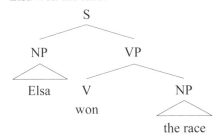

しかし、この(9)の構造では構成素 S には主要部がなく、内心性の原理(8)に合っていません。この節では、S も主要部をもつ構成素として捉え直すことができるか考えます。
　その足がかりとして、まずは、(10)の例を見てみましょう。

（10）　a.　[_S Elsa will (not) win the race].
　　　　b.　[_S Elsa did (not) win the race].
　　　　c.　[_S Elsa does (not) win the race].

S には、主語 NP と VP に加えて、下線を付した語も含まれます。これら

の語はいずれも時制に関する情報を担うことから、その統語範疇を**時制辞**
(tense: T) とします。T, 主語 NP, VP は、構造的にどういう関係にあるで
しょうか。構成素の診断基準を用いて考えてみましょう。

　まず、T は動詞との結びつきが強いようにも思えますが、診断基準 (B)
を用いて (11) を検討すると、VP には含まれないことがわかります。

　(11)　Elsa didn't [$_{VP}$ win the race], but Anna will.

接続詞 but に後続する文で、Anna の行為は will の後に表現されていない
にもかかわらず、「競走に勝つこと」と理解できます。これは、but に先行
する文から必要な情報として win the race という構成素 VP を後続文に補
うと、(12) のように文構造が完結するからです。

　(12)　... , but Anna will [$_{VP}$ win the race].

後続文に補充される構成素には、先行文の didn't は含まれないので、T は
構成素 VP の外側にあることになります。これを踏まえて、構成素の診断
基準 (C) を用いて (13) を考えましょう。T と VP はまとまりとして等位接
続詞 and による並列の対象になれるので、構成素をなすと言えます。

　(13)　Masako [will [$_{VP}$ take a day off]] and [can [$_{VP}$ help you]].

　この T と VP からなる構成素が TP だとすると、主語 NP は TP の外に
あることになります。しかし (14) に示すように、主語 NP は、T と人称や
数において一致を示すので、T と関係をもつ要素として TP の中にあると
考えるほうが妥当です。

　(14)　a.　[$_{NP}$ Tim] does [$_{VP}$ (always) criticize Bill].
　　　　b.　[$_{NP}$ Tim and Steve] do [$_{VP}$ (always) criticize Bill].

主要部 T に対して主語 NP は明らかに補部ではありません。また、それが
なくても文が成立する付加詞かと言うと、それも違います。主語 NP がそ
れでも TP に含まれるとするには、主要部と関係をもつ要素の位置が、補
部以外にもあると考える必要があります。そこで、(15) のような句構造を
考えることにしましょう。この構造において、T は主要部として VP を補
部に取って構成素をなしますが、句としては未完成です。この中間的な構
成素を T′ と名づけます。この T′ が主語 NP とまとまると TP が完成しま

す。

(15)

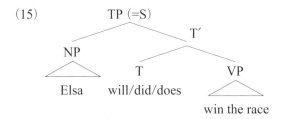

こうして得られた TP は、(9)の S に置き換わる文の構造になります。主語 NP の構造的位置は補部ではないものの、主要部との関係がある点で付加詞とも異なるので、**指定部**(specifier)と呼んで区別します。このように階層構造を精密化することで、一見したところ主要部がなさそうに思えた S も、内心性の原理(8)に従うように捉え直すことができます。

　TP の分析を通じて、句の内部構造について新たな仮定を導入しました。これがその場限りでないならば、他のあらゆる統語範疇についても同じことが成り立つはずで、(16)のような原理として述べることができます。

(16)　**X′ の原理**

　　　任意の主要部 X は、構成素 X′ を形成したあとで句 XP を形成する。このとき X と姉妹関係にある補部と、X′ と姉妹関係にある指定部にはそれぞれ任意の句 YP, WP を置くことができる。

TP の分析で見た通り、X′ は X や XP と同じタイプの統語範疇の構成素ですが、X よりも大きく XP よりも小さい中間的なまとまりを指します。このような二階建て句構造の観点から名詞句や動詞句の構造の見直しがなされています。

4.　文を構成する諸要素の階層性 II：補文標識句(CP)

　文構造についての検討はこれだけでは十分ではありません。複文構造で主節の動詞の補部となる(**選択**される)従属節を**補文**と呼びます。補文には、主節と従属節を結合する「のりしろ」にあたる要素として that や if などの**補文標識**(complementizer: C)が現れます。どのような語が C として現れるかは、(17a-c)の対比が示すように、主節の動詞が補文に求める意味によります。

(17) a. Tom thought [that [$_{TP}$ Jerry won the race]].
      b. Tom thought [∅ [$_{TP}$ Jerry won the race]].
      c. Tom asked [if [$_{TP}$ Jerry won the race]].

(17a)では主節の think が補文として**平叙文**を選択するので、C は that です。従来の英文法では、接続詞 that は「省略できる」と習ったかもしれませんが、ここでは(17b)のように、発音されない補文標識(∅)を仮定しておきます。(17c)では ask が**疑問文**を選択するので、C は if です。このように、C は節の**文タイプ**を表す要素です。

　文タイプが平叙文か疑問文か、というのは、主節でも必要になる情報です。主節の場合について、(18a, b)の対比で考えてみましょう。

(18) a. [$_{TP}$ Jerry [$_{T'}$ will win the race]].
      b. Will [$_{TP}$ Jerry win the race]?

(18a)が平叙文で(18b)が疑問文であることは、従属節で that や if が現れる位置に、(18b)では助動詞 will が置かれることで示されています。

　主節においても従属節においても、TP を補部に取る統語範疇 C を導入すれば文タイプを同じように示すことができます。この C を主要部とする句の構造は、X′ の原理(16)によって、(19)のように予測されます。このとき CP 内部の指定部は、疑問詞を用いた wh 疑問文の例(20)などを分析する際に、効力を発揮します。

(19)

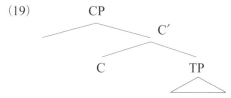

(20) a. [$_{wh句}$ Who] will [$_{TP}$ Masako criticize]?
      b. [$_{wh句}$ Whose father] will [$_{TP}$ Masako criticize]?

疑問詞を要素に含む **wh 句**は、CP 指定部に位置して C と関連づけられることで、その疑問文が問う内容を示します。

5.　主要部パラメータ

　これまでに得られた文の構造を整理しましょう。(21)では、従属節については、標示付き括弧を用いて示します。

(21)　Donald said [$_{CP}$ that [$_{TP}$ Daisy would [$_{VP}$ eat [$_{NP}$ cookies]]]].

それぞれの句の主要部に下線を付けましたが、どの主要部も補部に対して左側にあり、これが語順に反映する英語の特徴です。日本語の語順はこれとはちょうど対称的です。(22)に示すように、VP で V の「食べ」が、TP で T の「た」が、CP で C の「と」が、それぞれ補部に対していずれも右側にあります。

(22)　ドナルドが[$_{CP}$ [$_{TP}$ デイジーが[$_{VP}$ [$_{NP}$ クッキーを]食べ]た]と]言った。

この日本語と英語の対比は、他の統語範疇でも同様に見られます。

(23)　a.　[$_{NP}$ teachers of English]　　b. [$_{NP}$ 英語の先生]
(24)　a.　[$_{PP}$ at the park]　　b. [$_{PP}$ 公園で]

(23)では、NP 内の主要部の位置は補部に対して、英語では左、日本語では右です。(24)は、英語では前置詞句(prepositional phrase: PP)、日本語では後置詞句(postpositional phrase: PP)と呼ばれる構成素で、補部である名詞句の文中での役割を示す主要部 P が英語では補部の左に、日本語では補部の右にあります。

　句の主要部の位置が英語と日本語では異なるという観察から、英語は主要部先端型、日本語は主要部末端型の言語と言えます。世界の言語は、主要部先端型か末端型に分かれることが知られています。このような言語間変異は、第 2 章で説明されているように、句の主要部が先端にあるか末端にあるかを規定する主要部パラメータの働きによっていると考えられます。文構造に基づいて複数の言語を比較し、言語間変異を端的に特徴づけられるのは、文の階層性を明確にした成果のひとつです。

　なお 3 節で見た X′ の原理(16)は、主要部が先端の言語であっても末端の言語であっても、句の階層構造は共通していることを捉えたものです。この原理では、順序を示さない { } を用いて X′ は {X,YP}、XP は {X′,WP} と表示できます(8 節を参照)。単一の個別言語内でどの統語範疇の X′, すな

わち {X,YP} でも、主要部 X がその補部 YP に対して同じ語順になること
は、主要部パラメータの設定によって説明されます。

6. 転　移

　英語の wh 疑問文についてもう少し考えるために、(25)の例を見てみま
しょう。

(25)　a.　　What can you buy?
　　　b.　　I can buy this book.
　　　c.　　You can buy what?
　　　d.　* What can you buy the book?

4 節で、wh 句は CP の指定部にあると分析しました。しかし、たとえば
(25a)の場合、what は動詞 buy の目的語でもあります。そのため答として
(25b)のような文が予測できたり、特定の文脈では(25c)のような**問い返し
疑問**(echo question)が使われたりもします。目的語としての意味は常に V
の補部にあることで保証されるとすれば、(25a)でも、buy の補部に目的
語の情報があると考えられます。なぜなら、(25d)のように、この wh 句
とは異なる NP が目的語の位置にある文は容認できなくなるからです。what
が V の目的語であることを保証する何かが、補部の位置にあると考えられ
るのです。

　このことは、生成文法では移動という**統語演算**の操作で捉えられてきま
した。wh 句は、まず目的語として V の補部位置に導入され、そこから文
頭の CP 指定部の位置まで移動します。この過程を(26)で具体的に見てみ
ましょう。なお、矢印と取り消し線は構成素が移動したことを示します。

(26)　a.　$[_{TP}$ you can $[_{VP}$ buy [what]]]
　　　b.　$[_{C'}$ can $[_{TP}$ you ~~can~~ $[_{VP}$ buy [what]]]]
　　　c.　$[_{CP}$ [what] $[_{C'}$ can $[_{TP}$ you ~~can~~ buy ~~[what]~~]]]

目的語位置に wh 句がある (26a)の構造から、2 種類の移動によって、最
終的な wh 疑問文の構造が得られます。まず(26b)のように、T 主要部の助
動詞 can が、疑問の文タイプを示すために C 主要部に移動し(**T から C へ**

の移動：T-to-C movement)、次に(26c)のように、wh 句が CP の指定部に
移動します(**wh 移動**：wh-movement)。このように 2 つの移動によって句
構造(26a)から句構造(26c)が**派生**されます。このような派生を経て、複数
の離れた構造的位置の意味を単一の要素が担うことになります。これを**意
味の二重性**(duality of semantics)と言い、それに伴って、句構造に最初に
導入される位置と移動後に占める位置との間にズレが生じることを**転移**
(displacement)と言います。移動は、それらを説明する統語演算の操作で
すが、8 節では、新しい理論的枠組みのもとで、どのように扱われるかを
紹介します。

7.　再帰代名詞の束縛条件

　複数の構造的位置を関連づける現象として、転移のほかに**束縛**(binding)
が挙げられます。たとえば**再帰代名詞**(reflexive pronoun)は、文中にある
他の要素(**先行詞**)に依存してその意味(**指示対象**)が定まります。このよう
な依存関係のことを**束縛関係**と言い、このとき先行詞は再帰代名詞を束縛
すると言いますが、束縛は構造的な条件を満たさなければ成立しません。
日本語の再帰代名詞「自分自身」が束縛される統語環境について、(27)の
対比に基づいて具体的に考えてみましょう。

(27)　a.　　ユウが自分自身を批判した。
　　　 b.　 *自分自身がユウを批判した。
　　　 c.　　ユウの弟が自分自身を批判した。

(27a)では「ユウ」が「自分自身」の先行詞となりますが、(27b)ではその
ように解釈できず、そもそも文として容認されません。この対比だけでは
束縛には先行詞が再帰代名詞に先行するという左右関係が重要に思えます
が、(27c)を見ると、「(ユウの)弟」は先行詞になれるのに、「ユウ」は再
帰代名詞に先行していても先行詞になれないことがわかります。このこと
は、束縛が成立する条件が左右関係では捉えられないことを示します。

　そこで注目されるのが階層構造における NP 同士の構造的な「高さ」関
係です。この「高さ」関係は、(28)に定義する **c 統御**(c-command)で捉え
られます。

(28)　　ある節点 A が c 統御するのは、節点 A と姉妹関係にある他の節点

Bと、その節点Bが表す構成素に含まれる節点すべてである。

(28)に基づいて、(27a, b)におけるNP同士の「高さ」関係を考えてみましょう。(29a)ではNP「ユウが」は、姉妹関係にあるT′が含む「自分自身を」をc統御しているので先行詞となります。一方(29b)では、NP「ユウを」はVP内部にあり、主語NP「自分自身が」をc統御しないので、先行詞になれません。以下で、太い矢印は束縛関係を示しています。

(29)

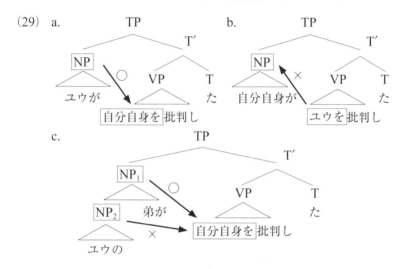

同じ対比は、(29c)でも見られます。先行詞になれないNP₂「ユウの」は、NP₁「ユウの弟が」の一部に含まれるので、その姉妹関係はNP₁内部に限られ「自分自身を」をc統御しません。これに対して、NP₁「ユウの弟が」全体が先行詞の場合、その姉妹にあたるT′が「自分自身を」を含むので、NP₁はこれをc統御します。これらのことから、束縛関係の成立に必要な構造的条件は(30)のように規定できます。

(30)　再帰代名詞の**束縛条件**:
　　　再帰代名詞は、その先行詞にc統御されなくてはならない。

日本語は基本語順が「主語・目的語・動詞」ですが、語順の自由度が高く、(31)のような「目的語・主語・動詞」の**かきまぜ**(scrambling)語順も容認されます。興味深いのは、(31b)で目的語に再帰代名詞が含まれる場

合でも束縛関係が成立することです。

(31)　a.　ジョーをユウが批判した。
　　　b.　自分自身をユウが批判した。

このことは、かきまぜ語順が移動で導かれたと考えると説明できます。
(31a, b)はそれぞれ(32a, b)の構造をもつと考えられます。

(32)　a.　[[_{NP} ジョーを] [_{TP} ユウが [_{VP} [_{NP} ジョーを] 批判した]]]
　　　b.　[[_{NP} 自分自身を] [_{TP} ユウが [_{VP} [_{NP} 自分自身を] 批判した]]]

もともと VP 内に導入された目的語 NP の「自分自身を」は、かきまぜで
より高い位置に移動しますが、移動は元位置にも**コピー**(網掛けで示す要素)
を残します。この元位置のコピーが束縛条件を満たすことで、「自分自身」
は先行詞「ユウが」に束縛されることができます。この現象は、移動した
構成素が元位置に戻るように見えることから、**再構築**(reconstruction)現象
とも呼ばれます。

8.　階層構造を生み出すことばの仕組み

　これまでこの章では、文の成り立ちにおいて階層構造が重要な役割を果
たすことを見てきました。この階層構造を生み出すこころ／脳の仕組みは
どのようなものでしょうか。**ミニマリスト・プログラム**(Minimalist Pro-
gram: MP)という生成文法の新しい考え方では、人間の言語の**起源・進化**
や脳内基盤についての理解が深まってきたことを踏まえて、**普遍文法**(Uni-
versal Grammar: UG)がごくわずかな単純な演算の仕組みからなると考え、
UG の中身を最小限に抑えようとする試みが展開されています(第2章、第
14章、第15章も参照)。

　2つの要素をまとめて集合を形成する**併合**(Merge)はそのような UG の
演算操作の一つであると考えられています。併合は、たとえば(33a)のよ
うに、ある2つの要素 A と B を構成素 C としてまとめます。この操作の
出力 C は、再び併合の対象となって他の要素 D とまとまり、(33c)のよう
な構成素 E が形成されます。この構造を、これまで用いてきた樹形図で示
すと(33d)に対応します。

(33)　a.　A, B　　　　　　　→A と B を併合して C を形成

b.　C = {A,B}　　→ C を他の要素 D と併合して E を形成
c.　E = {D, C} = {D, {A,B}}
d.

E
　　　　C
D
　　A　　　　　B

このような併合の繰り返し適用によって、多数の構成素が**回帰的**（recursive）に組み合わされた複雑な階層構造が得られます。

　転移現象も、併合から導くことができます。(33c, d) の B が移動した構造である (34) を見てみましょう。(34a) では、単一の B が複数のコピーとして現れており、そのうち 1 つは A と併合して C を形成し、もう 1 つは E と併合して、F を形成しています。先ほどと違うのは、併合される要素同士の間に包含関係があるかどうかです。この階層構造を集合形成として示した (34b) を見ると、集合 E の要素として E に含まれる B が、改めて E 自体と併合されてともに集合 F の要素をなしています。

(34)　a.

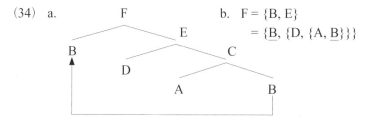

b.　F = {B, E}
　　　= {B, {D, {A, B}}}

併合される要素間に包含関係がない (33) のような演算の適用を**外的併合**（External Merge: EM）、要素間に包含関係がある (34) のような演算の適用を**内的併合**（Internal Merge: IM）と区別して呼びますが、**EM** も **IM** も、2 つの要素をまとめるという同じ併合操作です。

　併合という、構造構築に関わるきわめて単純な操作を仮定することによって、移動という、構造構築とは異なる操作によって説明されていた転移現象が、構造構築の一部として統一的に説明することが可能となります。この併合は、**統語演算システム**に対して重要な帰結をもたらします。集合の基本的な特徴は、{A, B}={B, A} のように、その要素間には左右関係がないことです。併合は、この左右関係を問わない集合の性質を反映した抽象

的な構造構築の操作として、UG に組み込まれています。転移や束縛による統語関係は、要素間の左右関係ではなく階層関係によって成立しますが、このことは集合形成操作である併合から導かれることになります(第 2 章 4 節の「構造依存性」も参照)。なお、統語演算システムをこのように考えると、5 節で見た語順の言語間変異に関わる主要部パラメータについては検討が必要となります。

　統語論の研究では、一見単純に見える文の背後に、複雑で抽象的な階層構造が明らかになることがあります。他方、複雑な統語現象が、非常に単純で簡潔な統語演算の結果として捉えられることがあります。このように、単純さと複雑さを行き来しながら、言語知識の本質に迫るのが生成文法の醍醐味です。

基 本 問 題

1.　英語の(21)と日本語の(22)の例文について、従属節部分の構造を樹形図に書き表して、英語と日本語の語順の相違が、どのように反映されるか確かめてみなさい。
2.　再帰代名詞の束縛条件(30)が英語でも成立するか、i)の例を分析しながら考えてみなさい。
　　i)　Which picture of himself did Joe take?

発 展 問 題

1.　構造的あいまい性の具体例を、日本語で考えてみなさい。また、その文の句構造を実際に分析してみなさい。
2.　内心性の原理(8)と X′の原理(16)に基づいて、名詞句と動詞句の内部構造を分析してみなさい。その際にどのような問題が生じるかを明確にして、可能であれば、解決方法も探ってみなさい。

第6章
統語現象を考える：統語論2

《この章で考えること》
1. 移動にはどのような性質があるでしょうか。
2. 移動にはどのような普遍性と多様性があるでしょうか。
3. 移動が不可能になる場合があるのはなぜでしょうか。

キーワード：かきまぜ、再構築、長距離移動、比較統語論、非顕在的な移動、フェ
イズ、付加詞条件、連続循環性、話題化、wh 疑問文

1. 比較統語論とは：wh 疑問文を出発点に

　(1)の2つの文を比べてみましょう。どちらも **wh 疑問文**としての意味
は同じですが、日本語と英語ではその作り方に違いがあるので、外国語学
習の際に戸惑った人もいるのではないかと思います。これは、同じ意味内
容であっても、文として表現される際に、言語によって異なる方法が用い
られることがあるからです。

(1) a. What did Mary say John ate?
　　 b. メアリーはジョンが何を食べたと言ったの？

同時に、どちらも wh 疑問文なのだから、言語間でまったく違うとも考え
られません。そこで、どの部分が**普遍的**であり、どの部分が**多様性**を生み
出しているのかを探る**比較統語論** (comparative syntax)が重要になります。
　まず、英語を例に考えてみましょう。(2)では(1a)とほぼ同じ単語が使
われていますが、全体は**平叙文**です。さらに、**wh 句**を先頭とする**補文**が、
Mary の発した疑問の内容を表す wh 疑問文となっています。(1a)と(2)で
特に異なるのは wh 句の位置なので、これが2つの文の違いの原因だと考
えられます。wh 句の位置と**文タイプ**との間には一定の関係があります。

（2）　Mary said what John ate.

(1a)の wh 句は主節をその効力の及ぶ範囲 (**作用域**：scope)としており、(2)
の wh 句は補文を作用域としています (第 8 章も参照)。

　wh 句の作用域の違いは、**wh 移動**の着地点の違いとして分析できます。
第 5 章の最後で、**ミニマリスト・プログラム** (MP)では移動は**併合**の一種
として捉え直されることを見ましたが、ここでは移動という用語を使って
考えていきます。(1a)と(2)の wh 句はいずれも動詞の目的語として解釈さ
れるため、その位置にまず現れ、そこから wh 句が移動して、(3a)のよう
に補文の C と結びつくか、(3b)のように主節の C と結びつくか、その違
いが作用域の違いになります。なお、以下では、移動する構成素が最初に
現れる位置を元位置と呼び、下線で示します(動詞の形態は第 13 章参照)。

（3）　a.　Mary said [$_{CP}$ what C [$_{TP}$ John ate ____]].
　　　 b.　[$_{CP}$ What C [$_{TP}$ Mary said [$_{CP}$ John ate ____]]]?

次節では、(3b)のように節の境界を超える**長距離移動** (long-distance move-
ment)について、その性質を英語の例に基づいて考えます。

2.　長距離移動の性質

　長距離移動では、(4)のように **CP 指定部へ**の移動がまず補文内で起こ
り、さらに上位の CP 指定部へと移動が起こります。節ごとに移動が適用
されるので、このような性質を**連続循環性** (successive cyclicity)と呼びま
す。以下では、取り消し線はその構成素が移動したことを示します。

（4）　[$_{CP}$ what C [$_{TP}$ Mary said [$_{CP}$ ~~what~~ C [$_{TP}$ John ate ~~what~~]]]]

　連続循環性の根拠の一つには、構成素が移動前の位置で解釈される**再構
築** (reconstruction)現象に基づくものがあります。第 5 章で、再帰代名詞は
その**先行詞**に **c 統御** (c-command)されなければならないという**束縛条件**を
見ました。ここで(5a)を見てみると、英語の**再帰代名詞** himself は Bill と
John のどちらも先行詞とすることが可能です。しかし、(5b)の樹形図が示
すように、主節の CP 指定部にある wh 句内の himself は、C′ に含まれる
Bill にも John にも c 統御されていません。

（5） a. ［Which picture of himself］does Bill think ［John saw ＿＿＿］?

b.

（構造図）

CP から分岐し、右側に C'。

which picture of himself　does Bill think John saw ＿＿＿

　2つの**解釈**のうち、John が先行詞となる解釈は、wh 句が(6)のように元位置にある時に John が himself を c 統御することで可能になります。

（6）［$_{CP}$ C ［$_{TP}$ Bill thinks ［$_{CP}$ C ［$_{TP}$ John saw ［which picture of himself］］］］］

しかし、(5a)のもう1つの解釈である Bill が先行詞となる解釈は、(6)の構造では説明できません。なぜなら、(7)の himself は(6)と同じ位置にありますが、この場合 himself の先行詞になれるのは John だけだからです。

（7）Bill thinks ［John saw ［some pictures of himself］］.

このことは、先行詞が再帰代名詞を c 統御しているだけでは不十分であることを示しています。ここでは、「先行詞は再帰代名詞を c 統御し、かつ同じ TP 内になければならない」というように条件を修正します。

　ここで、補文が wh 疑問文である(8a)では、himself は John だけでなく Bill も先行詞になれることに注目してみましょう。(5)や(7)と異なり、(8a)では wh 句が(8b)のように補文の CP 指定部に移動しています。

（8） a. Bill asked ［［which picture of himself］John saw ＿＿＿］.

b. ［$_{TP}$ Bill asked ［$_{CP}$ ［which ... himself］C ［$_{TP}$ John saw which ... himself］］］］

wh 句が移動した結果、himself と Bill が同じ主節の TP 内にあると見なすことができ、したがって Bill が himself の先行詞になれるのです。

　以上をふまえると、(5a)の**あいまい性**は wh 句が連続循環的に移動すると考えれば説明できます。具体的には、wh 句は(9)の①のようにまず補文内で移動し、そこから②のように主節へ移動すると考えます。①の移動前の wh 句は元位置にあり、ここで同じ TP 内の John によって c 統御されています。また、②の移動前の wh 句は補文の CP 指定部にあるので、(8)と同様に Bill を先行詞とすることが可能です。つまり、**連続循環的移動**のど

の段階で再帰代名詞の先行詞が決まるかによってあいまい性が生じるので
す。

（9）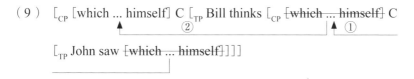

$[_{CP} [which ... himself] C [_{TP} Bill thinks [_{CP} \text{which ... himself}] C$

$[_{TP} John saw \text{which ... himself}]]]$

もし長距離移動が連続循環性をもたず、wh 句の移動が元位置から一足飛
びで起こるとすると、(5)のあいまい性は説明できなくなってしまいます。
　さらに、wh 句の what が**間接疑問文**内から移動している(10a)のような
例が容認できないことは、移動が連続循環的に起こらなければならないこ
とを示しています。この場合、(10b)のように補文の CP 指定部は who が
占めているため、what は主節の CP 指定部へ一足飛びに移動するしかあり
ませんが、この移動は許されないので、(10a)は派生できません。

（10）　a.　* What does Bill wonder $[_{CP}$ who likes ＿＿＿]?
　　　　b.　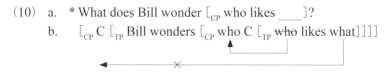

$[_{CP} C [_{TP} Bill wonders [_{CP} who C [_{TP} \text{who} likes what]]]]$

このように、補文からであっても長距離移動ができなくなる場合がありま
す。特に、wh 句が CP 指定部を塞いでいる補文を **wh の島** (wh-island; Ross
1967)と呼びますが、これは、より上位の節へと移動するための「出口」が
塞がれ、補文が孤立した「島」のようになるという比喩に基づくものです。
　移動が連続循環性を持つのはなぜかという疑問については 5 節で取り上
げることにして、ここでは連続循環性が他の移動にも見られることを確認
します。wh 句以外の句もたとえば**話題化** (topicalization)によって長距離
移動できるので、(7)の目的語を話題化すると(11)が派生されます。(7)で
は himself の先行詞となれるのは John だけでしたが、(11)では主節の Bill
も先行詞となることができます。話題化においても、元位置だけでなく補
文の CP 指定部の位置での再構築現象が見られます。

（11）　[Some pictures of himself], Bill thinks [John saw ＿＿＿].

さらに、(12)が容認不可能であることから、wh の島となっている補文内

から話題化による移動ができないことがわかります。

(12) *[Some pictures], Bill wonders [$_{CP}$ who likes ＿＿＿].

これらは、話題化も連続循環性を持つことの証拠となります。

　補文とは異なり、その内部からの長距離移動が常に許されない領域もあります。(13a)は関係節内から、(13b)は副詞節内から wh 移動ができないことを示しています。

(13) a. *What did Mary visit [the city [where John bought ＿＿＿]]?
　　 b. *What was Mary pleased [because John bought ＿＿＿]?

wh 移動以外の移動もこの制約に従います。(11)や(14a)のように、話題化による長距離移動そのものは可能です。ところが、(14b, c)のように関係節や副詞節の内部から話題化で句を移動することはできません。

(14) a. 　This souvenir, [Mary said [that John bought ＿＿＿]].
　　 b. * This souvenir, [Mary visited [the city [where John bought ＿＿＿]]].
　　 c. * This souvenir, [Mary was pleased [because John bought ＿＿＿]].

このことは、連続循環性の場合と同様に、wh 移動という特定の種類の移動が問題なのではなく、移動一般に働く制約があることを示しています。

　構造的には、補文は主要部に選択される補部であり、関係節や副詞節は選択されていない付加詞です。したがって、(15a)に示すように、補文は必要不可欠な要素ですが、関係節や副詞節は独立した文に情報を追加するものであり、(15b, c)のように取り除いても元の文自体は成り立ちます。

(15) a. 　Mary said *(that John bought the souvenir).
　　 b. 　Mary visited the city (where John bought the souvenir).
　　 c. 　Mary was pleased (because John bought the souvenir).

この違いに基づいて、Huang (1982)などは、付加詞条件 (adjunct condition)と呼ばれる(16)の一般化を提案しています（最近の分析については Bošković (2020)なども参照）。

（16）　付加詞内の構成素はその外側へ移動できない。

付加詞条件（16）は、関係節や副詞節といった個別の事例からそれらが付加詞であるという共通する性質を取り出し、より一般的に定式化したものです。このように、補部と付加詞という構造的な区別と、その内部からの移動の可否が対応していることは、言語の**構造依存性**の現れの一つです。

3.　移動の普遍性と多様性：日本語における検証

　連続循環性や補部と付加詞の区別は、一般的であるだけでなく、直接観察できない抽象的な性質でもあります。これらが日英語の区別を超えて観察されるならば、それらが普遍的な性質である可能性が高まります。

　まず、付加詞条件の効果を日本語の**かきまぜ**（scrambling）と呼ばれる移動を使って検証してみましょう（第5章も参照）。（17a）は補文内のかきまぜの例ですが、（17b）のように長距離移動も可能です。なお、太字体はかきまぜによって移動した名詞句を示します。

（17）　a.　ミクは［お菓子を テンマが　　　食べたと］思っている。
　　　　b.　**お菓子を** ミクは［テンマが　　　食べたと］思っている。

ところが、（18a）のように関係節内からのかきまぜはできません。（18b）のような関係節の内部でのかきまぜには問題がないことから、関係節の外側への移動が許されていないと考えることができます。

（18）　a.　＊**このお土産を** ミクは［［お父さんが　　　買った］街を］訪ねた。
　　　　b.　　ミクは［［**このお土産を** お父さんが　　　買った］街を］訪ねた。

このことは、かきまぜが付加詞条件に従うことを示しています。

　連続循環性について検証するために、再帰代名詞「自分自身」の性質を確認しましょう。「自分自身」は、同じTP内の先行詞によってc統御されなければならないという点でhimselfと同じ性質を示します。このことは、（19a）で「自分自身」の先行詞となれるのは補文の「テンマ」だけなのに対し、（19b）のようにそれを含む目的語が補文の先頭に移動すると、主節の「ミク」を先行詞とする解釈も可能になることからわかります。

（19）　a.　ミクは［テンマが［自分自身の写真を］見たと］言った。
　　　　b.　ミクは［［**自分自身の写真を**］テンマが　　　見たと］言った。

(20a)では、かきまぜによって補文内の目的語が長距離移動しています。この場合も、(19b)と同様に「自分自身」の先行詞は「ミク」と「テンマ」のどちらでも可能という点で文はあいまいです。このことから、かきまぜによる長距離移動も、(20b)に示すように補文の CP 指定部を経由すると考えられます。

(20) a. ［自分自身の写真を］ミクは［テンマが＿＿＿見たと］言った。

b. ［_{CP}［自分自身…を］［_{TP} ミクは［_{CP}［自分自身…を］［_{TP} テンマ

が［自分自身…を］見た］と］言った］C］

このように、かきまぜも、wh 移動や話題化と同様に連続循環性を持ちます。

次に、wh の島を考えてみましょう。間接疑問文内からのかきまぜが起こっている(21b)は、かきまぜが起こっていない(21a)と比べて**容認度**が変わりません（Miyagawa (2005) 等参照）。

(21) a. ミクは［誰がお菓子を食べたか］知っている。

b. **お菓子を** ミクは［誰が＿＿＿食べたか］知っている。

つまり、(21)の補文は間接疑問文であるにもかかわらず、wh の島ではないことになります。これはなぜでしょうか。

この謎を解くために、日英語の wh 疑問文の相違を探ってみましょう。(22)のように、日本語では wh 句が元位置にあっても容認可能です。

(22) a. テンマは何を食べたの？

b. ミクは［テンマが何を食べたと］思っているの？

この点で、日本語は **wh 元位置**（wh-in-situ）言語であると言われます。

日本語で wh 句が移動しなくてもよいのは、疑問の C が「の」や「か」として目に見える（音形がある）形で存在しているからです。たとえば、(23a)では「の」によって主節が wh 疑問文となっていることが、(23b)では「か」によって補文が wh 疑問文となっていることがわかります。

(23) a. ミクは［テンマが何を食べたと］言ったの？

　　b.　ミクは［テンマが何を食べたか］言った。

1節で見たように、英語では wh 句が移動して疑問の C と結びつくことで作用域が決まります。これは、英語の場合、主節疑問文では疑問の C が **T から C への移動**で埋められたり、yes/no 疑問文の補文では whether/if として現れたりすることはあっても、wh 疑問文の場合の C 自体は単独で目に見えない（**音形がない**）からです。一方日本語では、疑問の C である「の／か」が目に見える形でその作用域を示すため、wh 句自体は移動しなくてよいのです。

　この違いは、wh の島についての日英語の違いにも関わってきます。もし日本語でも wh 句が必ず移動するならば、(24a)のように補文の CP 指定部は塞がれることになり、「お菓子を」は連続循環的に移動できないので、(21b)は事実に反して容認されないはずです。しかし、wh 句が移動しないならば、補文の CP 指定部は空いているので、(24b)のように「お菓子を」が代わりにそこを経由して連続循環的に移動できます。

(24)　a.　ミクは［_{CP} 誰が ［_{TP} 誰が　お菓子を　食べた］［_C か］］知っている

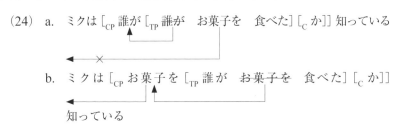

　　b.　ミクは［_{CP} お菓子を ［_{TP} 誰が　お菓子を　食べた］［_C か］］
　　　　知っている

このように考えると、連続循環的移動の普遍性と、間接疑問文が wh の島になるかどうかについての日英語の違いを矛盾なく説明できます。

　一方で、日本語の wh 句は、(25)のように移動することもできます。

(25)　a.　**何を** テンマは＿＿＿食べたの？
　　b.　**何を** ミクは［テンマが＿＿＿食べたと］思っているの？

この移動は作用域の決定とは独立しているので、wh 移動ではなくかきまぜであると考えられます。たとえば(26a)の wh 句は補文内で移動していますが、もしこの位置で作用域が決まるならば、事実に反して補文が wh 疑問文となってしまいます。また、(26b)では wh 句が主節に移動したにもかかわらず、主節は平叙文として解釈され、補文が wh 疑問文として解釈

されます (Saito (1989)参照)。

(26)　a.　ミクは [**何を** テンマが＿＿食べたと] 思っているの？
　　　b.　**何を** ミクは [テンマが＿＿食べたか] 言った。

いずれの場合も、英語で直接対応する文は構築できません。しかし、この違いも、wh 句の作用域が「の／か」によって決まることに加えて、かきまぜが可能であるという日本語の一般的な性質から導き出すことができます。

　作用域の決定には wh 句の移動が不要でも、文が wh 疑問文として解釈されるためには wh 句が「の／か」と結びつくことが必要です。たとえば、wh 句のない(27)の補文は yes/no 疑問文として解釈されます。

(27)　　ミクは [テンマがお菓子を食べたか] 知っている。

また、主節にも補文にも疑問の C がある場合、(28a)のように wh 句が補文内にあれば、主節は常に **yes/no 疑問文**として解釈されます (Nishigauchi (1990)等参照)。対照的に、(28b)のように wh 句を主節に移動すると、主節を wh 疑問文として解釈できるようになります (Takahashi (1993)等参照)。

(28)　a.　ミクは [テンマが何を食べたか] 知っているの？
　　　b.　**何を** ミクは [テンマが＿＿食べたか] 知っているの？

これは、wh 句の位置がどちらの C と結びつくかに関与しているからです。

　(28a)では、(29a)のように wh 句は補文の TP 内にあります。この場合は wh 句が補文の C としか結びつけないので、主節は常に yes/no 疑問文となると考えてみましょう。一方(28b)では、wh 句の主節への移動は(29b)のように補文の CP 指定部を経由します。この段階で主節の C が wh 句と結びつくことが可能ならば、主節が wh 疑問文になれることが説明できます。以下で点線は、C と wh 句の結びつきを表します。

(29)　a.　[CP[TPミクは[CP[TPテンマが 何を 食べた][Cか]]知っている][Cの]]

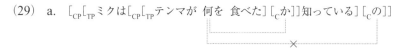

　　　b.　[CP[TPミクは[CP何を [TPテンマが 何を 食べた][Cか]]知っている][Cの]]

(29a)については、同じことが英語でも成り立ちます。wh の島となっている補文内から wh 句が移動すると、(10)のように容認不可能な文となります。一方、もし what が移動しなければ、(30a)のように容認可能な文となります。ただし、what はすでに CP 指定部に移動している who とともに補文を作用域にとり、主節は yes/no 疑問文として解釈されます。(30b)のように、移動していない what は、日本語の(29a)と同様、主節の C ではなく補文の C とだけ結びつくことができます。

(30)　a.　Does Bill wonder [_{CP} who likes what]?
　　　b.　[_{CP} C [_{TP} Bill wonder [_{CP} who C [_{TP} ~~who~~ likes what]]]]

　ここで、wh 句と疑問の C との**構造的な高さ**関係を、日本語を例に考えてみましょう。(29a)では「か」は wh 句を c 統御し、「の」は wh 句を c 統御するだけでなく「か」も c 統御します。一方(29b)では、移動後の wh 句を c 統御できるのは「の」だけです。これらの c 統御関係を部分的に図式化したものが(31)です。(31a)では「か」のほうが「の」よりも wh 句に構造的に近く、一方(31b)では、wh 句が移動した結果、「の」に wh 句が構造的に近づいたことがわかります。

(31)　a.　　　　　　　　　　　　　b.

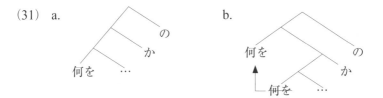

英語では、wh 句が移動すると語順の上でも主節の C に近づきますが、日本語では、wh 句と C の間の語順関係が移動の有無に影響されません。それにもかかわらず日英語で同じパターンが観察されることは、語順ではなく、構造的な「近さ」が、C と wh 句の結びつきにとって重要であることを示しています。この点にも、言語の**構造依存性**が現れています。
　移動の具体的な現れ方については日英語間で多様性がある一方で、その背後の仕組みには普遍性が観察されます。特に構造依存性が普遍的に観察されることは、構成素間の階層関係のみを規定する併合が言語の基本原理

であるという **MP** の考え方からすればむしろ当然のことであるとも言えます。また、多様性が存在するといってもむやみに異なっていてもよいわけではなく、たとえば wh 移動の有無が、疑問の C が独立の要素として目に見えるかどうかという他の事象と連動していることがわかります。このように、**比較統語論**では、いくつかの、時には独立して見える統語現象を有機的に関連づけて説明することで、より深い理解に達しようとします。

4. 元位置 wh 句から探る移動の性質

wh 元位置言語である日本語の特性を踏まえて、移動のさらなる性質を探ってみましょう。wh 句のかきまぜも、(32a)のように付加詞条件に従いますが、もし wh 句が移動しなければ(32b)のように容認可能となります。

(32) a. * 何を ミクは [[お父さんが___買った] 街を] 訪ねたの？
　　　 b.　 ミクは [[お父さんが何を買った] 街を] 訪ねたの？

付加詞条件は移動の制約なので、このことは当然だと思うかもしれませんが、(33a)のように「なぜ」は**付加詞節**の内部に現れることができません。(33b)のように、補文内の「なぜ」は主節をその作用域にとれるので、もし疑問の C である「の」が「何」と同じように節の境界を越えて「なぜ」と結びつくことができるのならば、この対比は説明できません。

(33) a. * ミクは [[お父さんがお土産をなぜ買った] 街を] 訪ねたの？
　　　 b.　 ミクは [お父さんがお土産をなぜ買ったと] 言ったの？

そこで、「なぜ」は「何」とは異なり、疑問の C と結びつくために移動が必要であると考えてみましょう。(33b)では「なぜ」は移動して主節の C と結びついていながら元位置にあるので、その移動は目に見えない(音形に反映しない)ことになります。「なぜ」は、(34a)のように構造上は移動していながら元位置で発音される、**非顕在的な**(covert)**移動**をしているのです。こう考えると、(33a)が文として容認できないのは、(34b)のように非顕在的な移動が付加詞条件に違反しているからだと説明できます。

(34) a. [$_{CP}$ なぜ [$_{TP}$ ミクは [$_{CP}$ なぜ [$_{TP}$ お父さんがお土産をなぜ買っ

たと] 言った [$_{C}$ の]]]]

b. [_CP なぜ [_TP ミクは [[お父さんがお土産をなぜ買った]街を]

訪ねた [_C の]]]

疑問のCとの結びつき方に関する「何」と「なぜ」の違いはどこから生じるのでしょうか。一つの可能性は、「何」は補部であるのに対して「なぜ」は付加詞であるという点に注目することですが、それとは異なる可能性として、(35)のような一般化を考えることができます。

(35) 名詞を含むwh句は、移動せずに疑問のCと結びつくことができる。

この2つのうちどちらがより妥当であるかは、どのように確かめたらよいでしょうか。以下では、Fujii et al. (2014)による、「なんで」というwh句を用いた(35)を支持する議論を紹介します。

まず、(36)のwh疑問文を見てみましょう。(36)に対しては、「スプーンで」のように手段を答えることも、「お腹がすいていたから」のように理由を答えることもできます。

(36) テンマはなんでご飯を食べたの？

ここで重要なのは、どちらの意味でも「なんで」は付加詞であることです。
Fujii et al. (2014)は、「なんで」は意味に応じて異なる構造を持つと考えています。具体的には、手段の「なんで」は(37a)のように**後置詞「で」**がNPの「何」を補部とするPPを形成し、理由の「なんで」は内部にNPを含まない単純な**副詞句**（adverb phrase: AdvP）であるとしています。

(37) a. [_PP [_NP なん (＝何)] で]   b. [_AdvP なんで]

このように考える根拠の一つは、関係節による修飾の可否です。「なんで」に関係節が付加した(38a)に対して、「粘土で」と手段の意味では答えられますが、「暇だったから」と理由の意味では答えられません。このことは、関係節は修飾するためのNPが必要なので、(38a)の「なんで」は(37a)の構造しか持てないとすると説明できます。(38b)のように、NPがwh句に含まれていれば理由の意味で答えられることも、この説明を支持します。

(38) a. ミクは [[お父さんが驚いた] なんで] ケーキを作ったの？
    b. ミクは [[お父さんが驚いた] どんな理由で] ケーキを作ったの？

　もし、疑問のCと結びつくための移動が、補部には不要でも付加詞には必要であるなら、「なんで」は手段の意味でも理由の意味でも付加詞なので、どちらの意味でも常に非顕在的に移動することになります。したがって、付加詞節内の「なんで」は常に付加詞条件に違反すると予測されます。これに対して、(35)の一般化が正しいならば、「なんで」がNPを含む(37a)の構造を持ち、手段の意味を持つ場合のみ移動が不要になるはずです。この予測の下、Fujii et al. (2014)は、「なんで」が(39a)のように関係節内に現れた場合、手段の意味のみが許されると報告しています。(39a)に対して「粘土で」と答えられても、「暇だったから」とは答えられません。また、(39a)の「なんで」を(39b)のようにNPを含む「どんな理由で」に置き換えると理由の意味で答えられるようになることも観察されています。

(39)　a.　お父さんは [[ミクがなんで作った]ケーキ]に驚いたの？
　　　　b.　お父さんは [[ミクがどんな理由で作った]ケーキ]に驚いたの？

これらの観察は、(35)がより正しい一般化であることを示しています。

　次の問いは、なぜこのような一般化が成り立つのか、ですが、これは今まさに研究が進められているところです。

5.　連続循環性を生み出す仕組み

　最後に、なぜ移動が連続循環性を持つのか考えてみましょう。MPでは、この問いに対して階層構造の構築が**フェイズ** (phase)と呼ばれる段階ごとに進むという理論による説明が探求されています(Chomsky (2000a, 2001)参照)。フェイズ理論によれば、その主要部がフェイズである句が完成すると、その後の操作はその補部内に適用できなくなります。たとえばCは**フェイズ主要部**であるとすると、(40)のCPフェイズが完成した後、TP内のXPはそれ以上移動できなくなります。なお、操作が適用できない領域は網かけで示してあります。

(40)　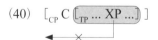

一方、(41a)のようにXPがまずCP指定部に移動した後でCPフェイズが完成したとします。この場合、移動したXPは網かけ部の外側にあるので、(41b)のようにさらに上位のCP指定部へと移動できます。このように考

えると、長距離移動はフェイズの存在によって必ず連続循環的になります。

(41)　a.　$[_{CP}$ XP C $[_{TP}$ ... XP ...]] → $[_{CP}$ XP C $\boxed{[_{TP}\text{ ... }\textbf{XP}\text{ ...}]}$]

　　　b.　$[_{CP}$ XP C $[_{TP}$ ... $[_{CP}$ XP C $\boxed{[_{TP}\text{ ... }\textbf{XP}\text{ ...}]}$]]]

　フェイズの存在は、階層構造が併合によって作られることと密接に関連しています。併合は 2 つの要素を対象に新しい**集合**を作る操作なので、たとえば(42a)のように、併合によって A と B からなる集合 C を作り、さらに(42b)のように C に D を併合してより大きな集合 E を作るという形で階層構造が構築されていきます。また、(42c)の集合 G とその内部の C を対象として併合が適用されると、(42d)の集合 H が作られます。H の内部では C が 2 か所に現れていますが、もし D と併合されたほうの C が発音されなければ、C を移動したのと同じ効果が得られます (第 5 章も参照)。

(42)　a.　$\{_C$ A, B$\}$　　　　　　b.　$\{_E$ D, $\{_C$ A, B$\}\}$
　　　c.　$\{_G$ F, $\{_E$ D, $\{_C$ A, B$\}\}\}$　　d.　$\{_H$ $\{_C$ A, B$\}$, $\{_G$ F, $\{_E$ D, $\{_C$ A, B$\}\}\}\}$

　このように併合を適用していくと、階層構造はどんどん大きくなり、その内部が複雑になっていきます。ところが、たとえば(42d)において F がフェイズ主要部だった場合、(43)に示すようにその補部である F と併合された E の内部要素は、下のフェイズ完了後に適用される併合の対象外となります。

(43)　$\{_H$ $\{_C$ A, B$\}$, $\{_G$ F, $\boxed{\{_E\text{ D, }\{_C\text{ A, B}\}\}}$$\}\}$

フェイズが完了するたびにその後の操作の対象になる領域が減っていくことになるという意味で、フェイズは、併合によって複雑化していく構造を単純化していくという役割を担っていると考えられています。

　MP では、どのような句が、そしてなぜその句がフェイズになるのか、という問いが、**統語部門**と**音韻部門**や**意味部門**との**インターフェイス**という観点などからも探求されています。

基本問題

1. (9)の構造を樹形図で描き、3か所に現れている himself とその先行詞の間の c 統御関係を確認しなさい（wh 句の内部構造は省略してよい）。

2. (29)の例について(31)で示した c 統御関係を、より詳細な樹形図を描いて確認しなさい。

発展問題

1. 「の / か」がない wh 疑問文を探し、その構造を分析してみなさい。

2. (35)の一般化を英語の例を用いて検証しなさい。

第7章
意味とは：意味論1

《この章で考えること》
1. ものの意味とはどういうものでしょうか。
2. 出来事の意味とはどういうものでしょうか。
3. 文の意味とはどういうものでしょうか。

キーワード： 意味素性、意味のタイプ、外延、概念構造、関数適用、項構造、構成性の原理、主題役割、対義語、内延

1. ことばの意味の研究

　街を歩けば、道路を走る車のエンジン音や行きかう人々の足音、風の音や木々のざわめきなどさまざまな音が聞こえてきて、もしかしたらその音が何かを知らせていると感じることもあるかもしれません。しかし、そのようなときにことばが聞こえてくると、それは誰かが何かを考えて発したものだということが容易にわかります。たとえば、あなたが誰かに「なんで締切を守らなかったの」と言われたとしましょう。

（1）　なんで(あなたは)締切を守らなかったの。
　　　①　あなたが締切を守らなかった理由を尋ねている
　　　②　あなたが締切を守らなかったことを非難している
　　　③　あなたがあまりにも締切を守らないのであきれ果てている

まず、この文が「なんで」という**疑問詞**を含んでいる**疑問詞疑問文**(content question)であり、①のように主語「あなた」の行動の理由を尋ねていることが誰にでもわかります。また、その行動とは「守る(守らなかった)」という語句が「あなたが」「締切を」そして「なんで(どういう理由で)」という語句を結びつけて表している出来事のことだということも、意識しなく

ても自ずと読み取れるでしょう。さらに「締切」に関する知識や経験があれば、それを守るのは当たり前だということもわかり、当たり前のことができていない理由をわざわざ尋ねることで非難しているのではと②のように推測することもできます。もしもあなたが締切を守らない常習犯なら、相手は③のように感じているのかもしれません。

　①は、ことば自体が何を表しているかという、その文の意味について私たち誰もが同じように理解する内容です。一方、②や③には、どうしてそんな意味の文を用いたのかという、そのことばを発話した**話し手**(speaker)の意図や、それを受け止める**聞き手**(hearer)の推測といった**言外の意味**が関わっています。話し手も聞き手も難なくわかる、ことば自体からだけで同定できる意味について考える研究領域は**意味論**(semantics)と呼ばれます。また、話し手の発話の意図やそれを聞き手が推測するための方略は、**語用論**(pragmatics)という領域の研究対象となります(第9章参照)。

　ことば自体の意味がわかるのは、私たちにとって日常の当たり前のことです。実際のことばの複雑な有り様を前にしても、誰も困っていないのに、なぜあえてそれを研究対象とするのでしょうか。私たちはどうしてことばの意味が当たり前にわかるのでしょうか。不思議だと思いませんか。この世界と私たちのことを本当に知るためには、風のない静かな日に木からリンゴの実が地面にまっすぐ落ちるのはどうしてなのか考えることが、風に吹かれた桜の花びらが複雑に舞い散る様を美しいと感じるのはどうしてなのかについて考えることと同じぐらい、大切です。私たちは、花びらが空に舞い上がったからといって、リンゴが落ちるときに働く力の存在を簡単に否定したりはしません。ことばが自ずと表している意味が当たり前にわかるということの背後にも、人間のこころ／脳の探求につながる謎がたくさん存在していて、多くの研究者がその正体を解き明かそうと頭をひねっています。第7章と第8章では、ことばの当たり前の意味を普段よりも注意深く観察しながら、意味論の分野が研究対象とすることばの意味はどのように記述・説明されるのかについて少し考えてみましょう。

2.　もの̇の̇意味を考える

　対義語ということばを耳にしたことがありますか。「南」の対義語は「北」、「大きい」の対義語は「小さい」。では、「植物」の対義語は何でしょう。おそらく、多くの人が「動物」という語を思い浮かべたのではないで

しょうか。中には、「鉱物」と考えた人もいるかもしれません。私たちは、こうした「反対の意味」をどのように同定しているのでしょう。

　それぞれの語の意味はそれぞれ異なっています。たとえば、百科事典や図鑑にあるように、脚と首が長くて、全身が網目模様、頭に 2 本から 5 本のツノのような突起があるアフリカに生息する大きな動物を表しているのは「キリン」という語であって、「ゾウ」という語ではありません。

　しかし「キリン」と「ゾウ」が表すものには共通する性質もあります。たとえば、これらの語が表すものはどちらも動物で、どちらも大型です。このような、複数の語に共通しているものの性質は、**意味素性**(semantic feature)によって捉えられます。ものが「〜という性質を持つ」ということを[＋＿＿＿]と表記し、[＿＿＿]の部分が「〜という性質」に該当する意味素性を、[＋]という値が「持つ」ということを表します。たとえば、あるものが「動物という性質を持つ」ことを[＋動物]と表記します。「キリン」と他の語に共通するものの性質には(2)のようなものも考えられます。

（2）

キリン、ゾウ、クジラ、…	[＋動物][＋大型]
キリン、ツル、アルパカ、…	[＋首が長い]
キリン、ヒマワリ、プリン、…	[＋黄色い]

　意味素性[＋動物]は、現実のキリンの性質を捉えながらも、私たちが動物だと思うものを表す語すべてに共通する抽象的な**概念**(concept)です。(3)のような例を見ると、普段は気づかない[＋動物]のような抽象的な意味素性が、文の適格性に影響を与えていることがわかります。

（3）　a.　木陰にキリンが{ᴼᴷいる／*ある}。
　　　b.　道端にヒマワリが{*いる／ᴼᴷある}。
　　　c.　冷蔵庫にプリンが{*いる／ᴼᴷある}。

特に意識せずにこうした動詞の使い分けができるのは、ものの意味素性に相関して主語と動詞の組合せが自ずと決まる仕組み（**選択**(selection)や**一致**(agreement)）が頭の中にあるからです。

　「キリンとは何か」と問われたときに、「キリン」という語が持っていると考えられる意味素性を束にしていくと、それらすべてに当てはまるものが私たちにとっての「キリン」ということになります。(4)の左図は、素

性の束を図示したものです。(4)の右図は、それぞれの性質を持つものの集合の関係を図式化した**ベン図**です。

（４）「. . . はキリンである」：　　（○△□は存在物）

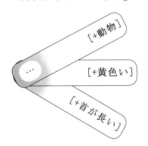 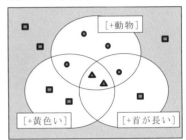

私たちの世界の個々のキリンとは、(4)の素性の束の「. . .」に共通して当てはまる**存在物**（entity）（(4)のベン図の各集合の共通部分に属する△）です。

　個々のキリンの存在物の集合をキリンの**外延**（extension）と言います。一方、何が「. . .」に当てはまるのかを判断するための「これらの性質に当てはまるなら . . . はキリンである」と規定する概念を、キリンの**内延**または**内包**（intension）と呼びます。あるものが「キリン」かどうかを（たとえキリンはウシ目だと知らなくても）判断できるのは、私たちが世界を捉えるための概念として内延的なものの意味を脳内に蓄えているからです。

　では、主語が[＋動物]なら動詞は「いる」を用いるとして、逆に動詞「ある」を用いるのはどういうときでしょうか。(3)の「プリン」と「ヒマワリ」に共通する性質は、いったいなんでしょう。そこで、ものの意味には「〜という性質を持っていない」という性質を表している、値がマイナスの素性も含まれると考えてみましょう。ベン図(5)を見てください。私たちはものの性質が[−動物]のとき（ベン図(5)、またはベン図(4)の□）に動詞「ある」を用いるという積極的な判断をしていると考えることもできます。

（５）

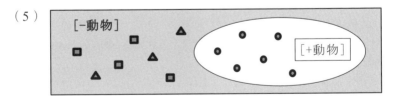

　そうは言っても、ある語が持つ「〜という性質を持っていない」という

素性は、思いつかないほどあるはずです。そのすべてが私たちの知識としてそれぞれの語の意味に含まれているのでしょうか。ものの意味の有り様から私たちの世界の捉え方を考えてみるのも意味論研究の一つです。

　ここで注意しておくことがあります。意味素性[＋動物]の「動物」というのは、それ自体でも辞書に載っている日本語ですが、これはものの性質をわかりやすく説明するために丁度いい単語を利用しているだけです。同じことが正確に伝わるなら、英語で[＋animal]と表記してもかまいません。こうした「ことばの意味や仕組みを記述・説明するためのことば」のことを**メタ言語**(metalanguage)と呼びます。こころ／脳に内在することばの特性や仕組みを捉えるために、ことばを使って記述・説明しているのです。

　最後に、「植物」と「動物」という語が典型的に持つ意味素性を比べてみましょう。(6)では仮に、「自然界に天然物として存在する」という**百科事典的知識**を素性[＋自然]、そして「栄養を求めて自律移動する」という百科事典的知識を素性[＋移動]としてみました。このように2つの語を比べると、素性[＿移動]の値(＋か−か)が対立していることがわかります。

（6）　「植物」：. . .は植物である　[…]　[＋自然][＋生物][−移動]

　　　「動物」：. . .は動物である　[…]　[＋自然][＋生物][＋移動]

こうした1つの素性の値だけが対立する語を、**対義語**(antonym)と言います。私たちがふと思い浮かべる対義語というのは、対立する1つの意味素性以外はすべて同じでとても似ている語であるとも言えます。ただし、似ているといっても素性の値が対立するので、(6)の「. . .」を同時に満たす存在物([＋移動]かつ[−移動])はあり得ません。(7)のベン図では、[＋生物]かつ[＋移動]である存在物△が動物、それ以外の[＋生物]の中で[−移動]の存在物○が植物です。

（7）

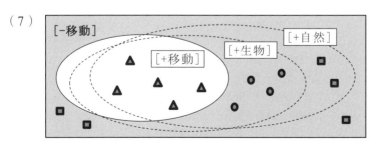

　なお、語の意味として理解されるものの中にはこの百科事典的知識のような語彙的情報も含まれています。

　2つのものの意味の関係についてもう少し考えるために、次は(8)の左図を見てください。いま、動物の外延を{動物|A, B, C, D, E, F}、キリンの外延を{キリン|E, F}とします(集合は要素を{　}で囲んで表記し、ここでは、動物は世界にこの6個体しかいないと考えます)。(8)の右図は同じ情報をベン図で表したもので、図中の×はその集合に属する存在物がないことを示します。

（8）

 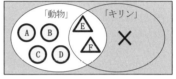

動物ではないキリンは存在しないので、「動物」の集合は「キリン」の外延を完全に**包含**(inclusion)します。言い方を換えるなら、これは「キリンである」ならば必ず「動物である」ということです。意味論ではこうした概念間の関係を**含意**あるいは**伴意**(entailment)と言います。意味論的含意の関係は(9)のように矢印で表記し、これにより「キリンは動物を含意する」ことを表します。

（9）　キリン→動物

こうした含意の関係において、含意されるほうの「動物」は**上位語**(hypernym)、含意するほうの「キリン」は**下位語**(hyponym)と言います。意味素性の束の中で1つの素性の値だけが対立する語を対義語と言いましたが、意味素性の束が同一である語(「医師」と「医者」等)もあって、これは**同義語**(synonym)と言います。なお、(10)のように、同一の**音形**を持つ語であっても文の中での意味が異なることがあり、**同音異義語**(homonym)と呼ばれます。

（10）　a.　周りの人々は彼にコウセイを求めた。
　　　　　　　コウセイ＝公正、校正、更生 ...
　　　　b.　Let's meet at the bank.
　　　　　　　bank＝銀行、土手

(10a, b)が複数の意味を持つのは、「コウセイ」、「bank」という語自体にいくつかの異なる意味があるという**語彙的あいまい性**(lexical ambiguity)によります。

　このように、名詞が表すものの意味とは私たちのこころ／脳に蓄えられたものの概念であり、こうして蓄えられた知識をもとに、私たちは「あれはキリンだ」とか「キリンは動物だ」、あるいは「キリンは「モー」と鳴くはずだ」のように含意にもとづく**推論**(inference)を働かせて世界を捉えているのです。

3.　出来事の中でのものの意味

　2 節では、「キリン」や「プリン」のような語が表すものの意味に関する私たちの知識について考えました。(11)文でも「キリン」や「プリン」といったものが出てきて、文の中で「食べる主体」と「食べる対象」という役割を担う主語名詞句「キリン(が)」と目的語名詞句「プリン(を)」になっています。名詞句のこうした役割のことを**主題役割**(θ-role)と言います。

(11)　キリンがプリンを食べた。
　　　キリン(が)： 食べる行為を行うもの(**動作主**(agent))
　　　プリン(を)： 食べる行為を被るもの(**被動者**(patient))

　しかし、名詞句が担う役割はその名詞句がどんな文の構成素となっているのかによって異なるので、これらの役割が「キリン」や「プリン」という語自体のものの意味として含まれているとは考えられません。では、私たちは何をもとにこうした意味を同定しているのでしょうか。

　主題役割は、ある出来事に参与する名詞句同士の関係を表す概念なので、その出来事を表す動詞によって名詞句と役割が結び付けられていると考えるのがよさそうです。ただし、どの名詞句にどんな役割を与えてもよいというわけではありません。「キリンがプリンを食べた」では、必ず主語に動作主、目的語に被動者の役割が与えられるというように、主題役割を与える対象の指定は動詞の意味によって決まっていると考えられます。出来事の中で動詞が名詞句に与える主題役割とその対応(どの役割がどの名詞句に与えられるのか)は(12)のように表します。

(12)　[動作主キリンが][被動者プリンを]　食べる(動作主(被動者))

この（役割_A）あるいは（役割_A（役割_B））という表記は、役割_Aが主語名詞句に、役割_Bが目的語名詞句や前置詞句に対応することを示します。主題役割は、主語だから（あるいは「〜が」だから）必ず動作主と決まっているわけではありません。（13b）の例では、主語「キリン」に与えられる役割は動作主ではなく、捕まるという行為の**対象**（theme）です。

(13) a. ［_動作主キリンが］　　走る（動作主）
　　　 b. ［_対象キリンが］　　　捕まる（対象）

その他にも、（14）の「向かう」や「送る」のような動詞は、出来事に登場する名詞句の一つに**着点**（goal）という役割を与えます。

(14) a. ［_動作主恵子が］［_着点駅に］　　　　　　向かう（動作主（着点））
　　　 b. ［_動作主恵子が］［_対象手紙を］［_着点友達に］送る（動作主（対象、着点））

個々の主題役割はさまざまな動詞に共通する情報です。主題役割の組合せや付与のされ方は個々の動詞の意味として、私たちの言語知識となって蓄えられているのです。

4.　出来事の意味を考える

　この節では、動詞自体がどういう**出来事**を表しているのかを、自動詞「向かう」を例にとって考えてみましょう。動詞「向かう」が表す出来事では、「誰かが」「どこかから」「どこかへ」移動します。また、「向かう」という出来事には、単に位置が移動するだけでなく、移動の出発地と目的地があるという情報も含まれています。この「移動」、「出発地」、「目的地」という出来事を構成する概念を、（16）のようにそれぞれ GO, FROM, TO と表すことにします。

(15)　恵子が駅から大学に向かう。

(16)　向かう：

動詞「向かう」が表す出来事を構成する「GO」「FROM」「TO」は、それ

ぞれ「誰が」「どこから」「どこに」という情報を補うことができるように
なっています。意味論では一般に、動詞の意味を構成する「GO」は**述語**
(predicate)、述語の情報を補う要素は**項**(argument)と呼ばれます。たとえ
ば、「恵子が駅から大学に向かう」という文では、移動する「誰」に〈恵子〉、
出発地点の「どこ」に〈駅〉、そして目的地の「どこ」に〈大学〉という情報
がそれぞれ補われることで、実際の出来事を表します。動詞が表す出来事
が持つこのような意味の構造を、その動詞の**概念構造**(conceptual structure)
と呼びます。動詞の概念構造において、個別の出来事に対応するように情
報を補うために項を代入する位置を**変項**(variable)として捉え、(17)のよう
に x, y, z のように表記します。

(17)　向かう：$[x\ \text{GO}\ [\text{FROM}\ y]\ [\text{TO}\ z]]$

自動詞「向かう」が表す出来事の概念構造を構成する「GO」の変項 x を
埋める要素は統語構造では主語名詞句で、「FROM」の変項 y を埋める要
素は動詞句の付加詞である後置詞句「〜から」で補部となる名詞句です(第
5 章参照)。
　次に、他動詞「送る」の概念構造を見てみましょう。(18)の文の動詞
「送る」は、「どこかから(FROM)」「どこかに(TO)」「何かが移動する(GO)」
ように「誰かが」行動するという出来事を表しています。この「誰かが〜
ようにする」というところを、(19)の概念構造では新たに「CAUSE」と
表しています。

(18)　恵子がメールを会社から友達に送る。

(19)　送る：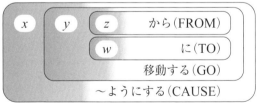

$$[x\ \text{CAUSE}\ [y\ \text{GO}\ [\text{FROM}\ z]\ [\text{TO}\ w]]]$$

(19)を見ると、動詞「送る」の意味は、「CAUSE」と「GO」といういわ
ば 2 つの出来事によって複合的に構成されているということがわかります。
　見方を変えれば、私たちはこの 2 つの出来事を組み合わせて「送る」と

いう複雑な出来事を理解していると言えます。そのことは、「送る」という動詞で表される出来事に「1時間かけて」という付加詞となる副詞的表現をともなった(20), (21)のような事例を私たちがどのような具体的な出来事として理解するかを見るとよくわかります。

(20)　恵子は1時間かけて友達を駅に送った。
　　　GO：友達が駅に到着するまで1時間かかる
(21)　恵子は1時間かけてメールを友達に送った。
　　　CAUSE：メールを書く(送れるようにする)のに1時間かかる

このように動詞「送る」と一緒に「1時間かけて」という副詞的表現を用いたとき、音形上は「送る」という1つの動詞しか存在しないにもかかわらず、「1時間かけて」が概念構造上の「GO」という出来事を修飾しているようにも、「CAUSE」という出来事を修飾しているようにも理解することができます。

　「GO」という動作しか含まない単純な構造の動詞「向かう」が表す出来事に「1時間かけて」という副詞的表現をともなった(22)も見てみましょう。(22)では「1時間かけて」が修飾できるのが概念構造上の「GO」だけであり、「行けるようになるまでに1時間かかった」というようには理解されません。

(22)　恵子は1時間かけて大学に向かった。
　　　GO：大学に{到着する／×行けるようになる}までに1時間かかる

　動詞の内延的意味を概念構造として分析してみると、それぞれの動詞が表す出来事が私たちのこころ／脳にどのように蓄えられていて、それをもとにさまざまな出来事をどのように理解しているのかが見えてきます。

5.　文の意味を考える

　前節では、動詞の概念構造上の変項に名詞句が当てはめられると具体的な出来事が表されることを見ました。この「具体的な出来事」の表示が文の内延であり、**文の意味**です。現実世界でその出来事が実際に起これば、それがその文が表す出来事の外延(の一つ)ということになります。

　哲学者であり数学者でもあった**フレーゲ**(Gottlob Frege, 1848–1925)は、

文の意味は「構成要素と組み合わせ方によって決まる」という**構成性の原理**(principle of compositionality)を提示しました。たとえば、(23)の「恵子がプリンを食べた」という文の意味は、もちろん「恵子」「プリン」「食べる」の意味を組み合わせて得られます。しかし、単にそれらを組み合わせればよいということではなく、その組み合わせ方自体が文の意味の重要な情報です。(23)では、「食べる」の概念構造に基づいて、まず変項 y(内項)に「プリン(を)」が当てはめられて被動者の主題役割が付与され、次に変項 x(外項)に「恵子(が)」が当てはめられて動作主の主題役割が付与されます。「恵子がプリンを食べる」という文の意味はこのようにして合成されるのです。

(23)　　　　　　　　恵子がプリンを食べる

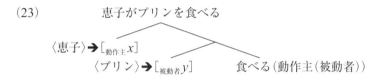

$\langle$恵子$\rangle$→[$_{動作主}x$]

$\langle$プリン$\rangle$→[$_{被動者}y$]　　　食べる(動作主(被動者))

こうした**項構造**(argument structure)の情報が付与された階層的な表示は、その文の意味表示の一部になると考えられます。樹形図には通常、意味の合成(意味計算)には関与しない語や句の順序に関する情報も含まれますが、ここでは階層構造のみを示すものとします(第 2 章、第 5 章および第 6 章も参照)。

　数理論理学者の**モンタギュー**(Richard Montague, 1930–1971)は、文の意味の合成の様相を**関数**(function)と**引数**(argument)の関係として捉え、**統語範疇**を再分類して、**意味のタイプ**(types of intensional logic)と呼ばれる概念を用いて文の意味記述を行っています。タイプには、(24)の①と②に定義される 2 種類があると考えられています。

(24)　①$\langle$e$\rangle$と$\langle$t$\rangle$はタイプである。
　　　　②$\langle\alpha\rangle$および$\langle\beta\rangle$がタイプならば、$\langle\alpha,\beta\rangle$もタイプである。

まず、①から見ていきましょう。①の 2 つのタイプのうち、タイプ$\langle$e$\rangle$に該当するのは、存在物の集合に属する要素です。存在物とは、たとえば 2 節で見たように、「キリン」の概念に当てはまる個別のキリンのことです。「恵子」のような**固有名詞**が指し示している個体も$\langle$e$\rangle$に分類されます。
　タイプ$\langle$t$\rangle$に該当するのは**真理値**あるいは**真偽値**(truth-value)の集合に属

する要素です。文の意味は述語に項が当てはめられた具体的な出来事として捉えられますが、このような記述を**命題**(proposition)と呼びます。命題は、真理値として**真**(true)か**偽**(false)かのどちらかの値を取り、その値は**真理条件**(truth condition)によって判断されます。(25)の文と真理条件を見てみましょう。

(25)　恵子がプリンを食べた。
　　　　真理条件：恵子がプリンを食べた場合のみ真。そうでなければ偽。

このように真理条件からその命題が真か偽かを判断できることを「その文の意味がわかる」ということだと考えます。

　またしても、いったい何を当たり前のことをと思ったでしょう。しかしそれは「恵子がプリンを食べた」という文の意味なんて説明されるまでもないと思っているからかもしれません。(25)に示した真理条件は日本語を用いたメタ言語で書かれていますが、もし知らない外国語の文を理解するとき「「Η Κέικο έφαγε την πουτίγκα.」は、恵子がプリンを食べたなら真、そうでないなら偽となる命題を表す文です」と説明されれば、きっとその文の理解の助けとなるはずです。「文の意味がわかるということは真理条件がわかるということだ」というのは、こういうことなのです。また、動詞の概念構造の変項に名詞句が当てはめられていない状態では、真か偽かの判断はできません。真理値のタイプ$\langle t \rangle$に分類される文の要素とは、文そのものということになります。

　文の要素のタイプは$\langle e \rangle$と$\langle t \rangle$だけではありません。(24)の②で述べられているのは、たとえば$\langle e,e \rangle$や$\langle t,t \rangle$、それに$\langle e,t \rangle$や$\langle \langle e,t \rangle,e \rangle$のような複合的なタイプの要素もあり得るということです。この複合的なタイプはすべて関数であり、引数に当てはまる変項のタイプがカンマの左側に、引数を当てはめた結果得られる要素のタイプがカンマの右側に表記されます。モンタギューのタイプ理論では、この①と②を合成し、最終的にタイプ$\langle t \rangle$を得て命題の真理値を判断できるようにすることが文の意味がわかるということだと見なします。この説明だけでは抽象的なので、タイプによる意味分析の具体例を見てみましょう。

　「恵子が(毎日)散歩する」という文では、主語である固有名詞「恵子」は存在物で、個体を指し示すタイプ$\langle e \rangle$です。そして述語の自動詞「散歩する」は、「xが散歩する」のように変項xに存在物$\langle e \rangle$を当てはめれば命題

の真理条件が得られる、いわば関数のような要素です。このような関数を**一項述語**と呼び、そのタイプを⟨e,t⟩と表記します。(26)は、タイプ⟨e,t⟩「散歩する」にタイプ⟨e⟩「恵子(が)」を矢印のように当てはめるとタイプ⟨t⟩、つまりその文の真理値が判断できる意味表示が得られるという文の意味の合成を図示したものです。

(26)

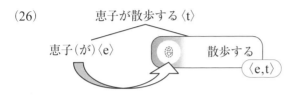

タイプ理論ではこれを「個体「恵子」に関数「散歩する」を適用する」と言い表し、こうした意味の合成を**関数適用**(function application)と呼びます。

　2節でものの意味について考えたときに、たとえば「...はキリンである」の「...」に当てはまる個体の集合が**普通名詞**「キリン」の外延だと学びました。モンタギューの分類に従えば、「キリン」という普通名詞も、個体⟨e⟩を当てはめてそれがキリンであれば真理値⟨t⟩が得られる一項述語のタイプ⟨e,t⟩ということになります。タイプ⟨e,t⟩に属する述語には、他にも「かしこい」のような形容表現があります。普通名詞も形容表現も(27)のように一項述語として用いることができます。

(27)　恵子は{学生だ／かしこい}。

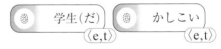

　また、一項述語を組み合わせると複合的な一項述語ができます。このとき2つの一項述語は、一方の述語を他方に当てはめるわけではなく、(28)左図のようにどちらの述語の変項にも共通して当てはまる存在物があれば真理値が判断できるように合成されます。(28)右ベン図は、それぞれの述語が表す集合の関係を図式化したものです。たとえば「恵子はかしこい学生だ」という文では、タイプ⟨e,t⟩である「かしこい」と「学生(だ)」という2つの述語のどちらにも当てはまる存在物⟨e⟩(ベン図中の△の1つ)が

「恵子」ということになります。

(28)　恵子はかしこい学生だ。

 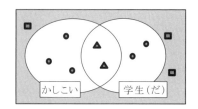

このような合成の仕組みを**述語修飾**(predicate modification)と呼びます。
　最後に、他動詞による (29a, b) の文の意味の合成について考えましょう。

(29)　a.　恵子が弘美を責めた。
　　　b.　恵子がプリンを食べた。

他動詞である「責める」「食べる」は、**二項述語**のタイプ⟨e,⟨e,t⟩⟩に属する
文の要素です。これは、内項として存在物⟨e⟩を合成すると一項述語⟨e,t⟩
が得られ、次に外項の存在物⟨e⟩を合成すると真理値⟨t⟩が得られるタイプ
です。(30) は、(29a) の文の意味合成を示したものです。

(30)　　　恵子が弘美を責めた⟨t⟩

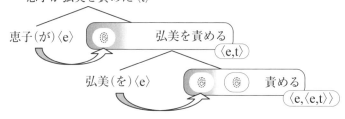

(29a) の目的語「弘美(を)」は固有名詞で特定の個体を指し示すタイプ⟨e⟩
であり、二項述語⟨e,⟨e,t⟩⟩が適用されて一項述語⟨e,t⟩が得られます。この
一項述語「弘美を責める」が主語「恵子(が)」に適用され、⟨t⟩が得られま
す。
　ところで、(29b) の「プリン」は普通名詞なので、「キリン」と同様に一
項述語のタイプ⟨e,t⟩のはずです。しかし、(29b) の目的語「プリン(を)」は
恵子が実際に食べた特定の個別のプリンを指し示しており、その意味のタ
イプは述語⟨e,t⟩ではなく存在物⟨e⟩です。そうだとすると、(29b) の文では、

(29a)の場合と同様に(31)のような意味の合成がなされることになります。

(31)　恵子がプリンを食べた⟨t⟩

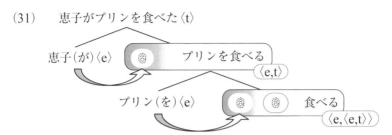

　では、(31)の意味の合成において普通名詞「プリン」がどのようにして述語のタイプ⟨e,t⟩から存在物のタイプ⟨e⟩となるのでしょうか。ここで重要な役割を果たすのが、名詞句を構築する**冠詞**という文の要素です。なかでも特に定冠詞は普通名詞の変項に当てはまる特定の存在物を選び出す関数であり、タイプ理論においては一項述語を項に当てはめると存在物が得られるタイプ⟨⟨e,t⟩,e⟩に属する、関数を引数に取る関数だと考えられています。(32)は、恵子が実際に食べた特定の存在物を指し示す名詞句「プリン(を)」の意味の内部構造を示しています。

(32)　プリン(を)⟨e⟩

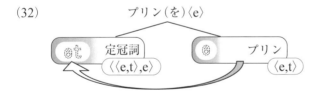

(29b)の文の目的語には一見すると冠詞はありませんが、特定のものを指示しているということが定冠詞の存在を示しており、この音形のない定冠詞の変項に一項述語「プリン⟨e,t⟩」が当てはめられ意味が合成されると、存在物「プリン(を)⟨e⟩」が得られます。

　こうして合成された文の意味は、基本的には統語構造とほぼ同じ表示(**準同型写像**(homomorphism))に見えるかもしれません。しかし、普通名詞も自動詞と同じ述語のタイプだと考えたように、タイプ理論における意味の合成は統語構造の構築と完全に同じというわけにはいきません。タイプとは、異なる統語範疇間の意味の共通点を捉えて文の意味を合成するための**概念**なのです。

6. おわりに

　この章ではものの意味、出来事の意味、そして文の意味を捉えるためのさまざまな概念について学びました。普段は無意識のうちにわかってしまう言語の意味を捉える概念を規定することは、容易ではありません。どのような視点から意味を捉えようとするかによって、「名詞や動詞のタイプ」が重要なのか、「名詞の意味素性」が関係するのか、「動詞の概念構造や名詞句の主題役割」が鍵を握るのか、注目する概念が異なります。「意味がわかる」とはどういうことかを考えるとき、普段は意識することのないさまざまな意味の様相が重層的に言語の意味を構成していることが見えてきます。このことは、人間のこころ／脳の内で言語の意味がどのように捉えられているかについて解明する手掛かりとなります。

基 本 問 題
1. 「植物」の対義語は「鉱物」だと思う人の頭の中では、意味素性の値がどのように対立しているのか考えてみよう。
2. 英語の文 John is a student. において、be 動詞 is や不定冠詞 a はどういう意味のタイプに属する要素なのか考えてみよう。

発 展 問 題
1. 英語では、John sent the letter to London. とは言えるが、John sent London the letter. とは言えない。英語の動詞 send の概念構造はどのようになっているのだろうか。日本語の動詞「送る」との違いも併せて考えてみよう。
2. 文の要素に⟨t,t⟩というタイプに属するものは存在するだろうか。存在するとしたらどういうものがそれにあたるかも考えてみよう。

第**8**章

意味現象を考える： 意味論**2**

《この章で考えること》
1. 文のあいまい性とはどういうことでしょうか。
2. 文の要素が作用域を持つとはどういうことでしょうか。
3. 文の意味を形式的に表すとはどういうことでしょうか。

キーワード：あいまい性、意味表示、作用域、数量詞、数量詞繰り上げ、束縛変項、非顕在的な移動、量化子、論理記号、論理式

1.　あいまい性とは

（1）の英語の文の意味を考えてみましょう。

（1）　All boys didn't come to the party.

この文は、2つの異なる意味で解釈されます。「No boy came to the party.（①男の子が1人もパーティに来なかった）」という解釈と「Not all boys came to the party（but some of them did）.（②何人かいる男の子のうち全員はパーティに来なかった（何人かは来た））」という解釈です。これまでに全面否定や部分否定ということばを見たことがある人もいるでしょう。この文には、数を表す語である all という**数量詞**（numeral quantifier）と**否定辞**（negative word）である not が含まれており、それらの相互作用によって①と②のような2つの異なる**解釈**（interpretation）が生じていると考えられます。

　1つの文が2通り以上に解釈される場合、文の意味が**あいまい**（ambiguous）であると言います。1つの文に2つの解釈があると言っても、（1）の文で話し手が表そうとしたのは①と②の解釈のいずれか1つのはずですが、しかし聞き手は、どちらの解釈を話し手が意図したのか前後の文脈や発話の状況から判断することになります。

　あいまい性を生みだす要因はさまざまです。これまでに、語自体がいくつかの異なる意味を持つことによって生じる**語彙的あいまい性**(第7章参照)や、それぞれ同一の意味を持つ語が同じ順序で並んでいても句構造が異なることによって生じる**統語的あいまい性／構造的あいまい性**(第5章参照)を見ました。冒頭で取り上げた(1)のあいまい性は、語彙的あいまい性とも統語的あいまい性とも異なるように見えます。用いられている語はすべて同じ意味を持っており、それらの語のまとまり方は1通りなので、同じ1つの統語構造から2つの解釈が生じているようです。語彙的意味の相違にも統語構造の相違にも帰すことができそうにないこのようなあいまい性は、いったいどのようにして生じるのでしょうか。

2.　文を構成する要素の作用域

　第7章で見たように、文の意味は、**構成性の原理**に基づいて計算された結果を現実の世界と照らし合わせてその真偽が判断されます。冒頭のあいまいな文(1)と同様に否定を含む(2)のような文でも同じことが言えます。

（2）　John didn't kiss Mary.

この文の**命題**は「ジョンがメアリーにキスをしなかった場合、かつその場合においてのみ真で、そうでなければ偽」となります。この**真理条件**は、(3)の**ベン図**(第7章参照)が示すように、対応する肯定文の真理条件とちょうど反対の関係(一方の命題が真のとき必ず他方が偽となる関係)にあります。

（3）

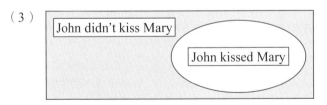

否定辞 not は、命題⟨t⟩を項に取り、その命題の真理値が反転した命題⟨t⟩を返すタイプ⟨t,t⟩に属する**関数**と考えることができます。(2)の文に対しては、文を構成する要素が各々の**意味のタイプ**に従って(4)のように合成され、その**意味計算**の結果として命題⟨t⟩が算出されると考えられます((4)では時制や助動詞の合成は省略してあります)。

（4）　John didn't kiss Mary ⟨t⟩

not ⟨t,t⟩　　　John kiss Mary ⟨t⟩

John ⟨e⟩　　　　kiss Mary ⟨e,t⟩

kiss ⟨e,⟨e,t⟩⟩　　　　Mary ⟨e⟩

こうして意味計算の結果として命題⟨t⟩が算出されることを、第7章と同じく意味が合成されると言うことにします。

　（4）の意味の合成において、否定辞notは、項に取った文の要素John kiss Maryが表す命題を否定し、その真理値を反転する働きをします。このように、文のある要素が、意味のタイプに従って合成された相手の要素に影響を及ぼすことがあります。文の要素が影響を及ぼす相手、あるいは**領域**（domain）のことをその要素の**作用域**（scope）と呼びます。否定辞notの作用域となる領域は、合成相手のタイプ⟨t⟩の要素であるJohn kiss Maryということになります。

　作用域とは、合成された要素が合成相手の領域の影響下にあるという考え方であって、どのような要素と合成されるかを定めるものではありません。たとえば、その要素がどのようなものを項に取る関数なのかは、その要素がどういう意味のタイプに属するかによって定まっています。そうして合成された相手を作用域として、その要素ならではの影響を及ぼすのです。

　ここで、（1）の文が意味の構造（4）に対応して（5）のようには発音されないことに気が付くでしょうか。（1）では、否定辞notは（5）のように文頭ではなく、主語と動詞句の間に位置します。

（5）　*Not John kissed Mary.

意味の構成性に基づけば、命題⟨t⟩を項に取る否定辞notは、外項の主語Johnよりも高い位置に合成されることになります。ところが実際の英語文の**語順**では、Johnは文の主語としてnotに先行します。このままでは、この文の**統語構造**と**意味表示**の間にズレが生じることになります。

　そこで、統語構造の派生において主語が否定辞より高い位置に生じる統語表示と否定辞より低い位置に生じる統語表示があると考えてみましょう。

すると(6)のように、否定辞 not の作用域は期待通りの領域に影響を及ぼすことになります(矢印は**統語部門**における**構成素**の**移動**を、取り消し線は要素が移動したことを表します。また、網掛けは太字の要素の作用域を表します)。

(6) [TP John did [**not** [VP ~~John~~ kiss Mary]]]

この考え方は**動詞句内主語仮説**(VP-internal Subject Hypothesis)と呼ばれます。これは主語となる外項も項構造の情報によって VP 内で併合され、その後 TP 指定部に移動するという考え方です。(7)は**数量詞遊離**(quantifier floating)と呼ばれる現象で、(7a)と同じく(7b)の数量詞 all も、主語 the patients と離れているにもかかわらずその数量を表しています。動詞句内主語仮説によれば、(7b′)の句構造が示すように数量詞 all は VP 内にとどまっていると考えることができます。

(7)　a.　All the patients may have been examined.
　　　　b.　The patients may have all been examined.
　　　　b′. [TP [the patients] may have [VP [all ~~the patients~~] been examined]]

　ここまで見てきたことを踏まえて、あいまいな文(1) All boys didn't come. の2つの解釈についてもう一度考えてみましょう。この文には all という数量詞が含まれていましたが、数量詞は名詞句と結びついて**数量名詞句**(quantificational noun phrase: QNP)を形成し、その名詞句の数量を表します(詳しくは本章 3.2 節参照)。ここで、否定辞 not の作用域という観点から(1)の文の統語的派生を考えてみましょう。(8)が示すように、QNP である主語 all boys は not の作用域 VP に含まれているようでもあり、また、その作用域の外にあるようでもあります。VP 内で併合された主語名詞句の all が not の作用域内で解釈されれば、いわゆる部分否定の"Not all boys came"という意味を持ち、TP 指定部位置に移動した主語名詞句の all が解釈されれば、全面否定の"No boy came"という意味を持ちます。

(8)　[TP [all boys] did [**not** [VP ~~all boys~~ come]]]

統語部門において外項が VP 内から主語位置へ移動したとき、VP 内に残っ

ている外項のコピー（第 5 章参照）は**音形**を持ちません。一方、統語構造の情報が意味部門へ**写像**（mapping）されるとき、項構造と主語位置の名詞句のどちらに含まれる数量詞 all が解釈されるのかに関して複数の**解釈可能性**（interpretability）が生じます。その結果として、聞き手にとってはこの文の解釈にあいまい性が生じるのです。

3.　文の意味の形式的な考え方

3.1　2 つの数量詞を含む文のあいまい性

今度は、2 つの数量詞を含む(9)の文の意味を考えてみましょう。

（9）　Every girl in the class watched some movie by Spielberg.

(9)の文が表す状況は(1)よりも複雑なので、(10)に図示してみることにします。このクラスには A さんから D さんまで合計 4 人の女の子がいて、スピルバーグの映画は合計 20 作品あるという状況を想像してみてください。

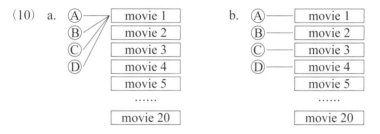

(10)　a.

(10a)は 4 人の女の子が全員、ある 1 つの映画——たとえば『ジョーズ』——を観た状況を表しています。一方、(10b)は 4 人の女の子がそれぞれ異なる映画を——たとえば A さんは『ジュラシック・パーク』、B さんは『E.T.』、C さんは『未知との遭遇』、D さんは『シンドラーのリスト』のように——観た状況を表しています。(9)はこのような 2 つのいずれの状況をも表すことができるので、「クラスの女の子が全員、（同じ）スピルバーグの映画を観た」という解釈と、「クラスの女の子が全員、（それぞれ異なりうる）スピルバーグの映画を観た」という解釈を持つあいまいな文になっています。

それでは、(11)の文はどのような状況を表しているでしょうか。

（11）　Some girl in the class watched every movie by Spielberg.

先ほどの(9)の文と同じ状況では、この文も2つの解釈が可能です。しかし、その解釈は先ほどの2つの解釈とは異なるものになります。(12)は、これを図示したものです。

(12)　a.

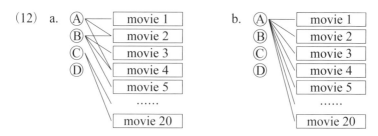

(12a)の状況は、「スピルバーグのすべての映画について、いずれかの(それぞれ異なりうる)女の子が観た」という関係を表しています。(11)の文は、たとえば(12a)のようにAさんが3本、Bさんが4本、そしてCさんが15本というように、女の子がそれぞれ観た映画は異なっていてもそれらを合わせるとスピルバーグの20作品をすべてカバーできるという状況下で真となります。その状況のもとでは、Dさんのように1本も映画を観ていない女の子がいても構わないのです。これに対して(12b)は、「ある1人の女の子が、スピルバーグのすべての映画を観た」という状況を表しています。この場合、女の子のうち1人でもスピルバーグの20作品すべてを観た人(ここではAさん)が存在するという状況下で真となり、他の女の子が映画をいくつ観たか、あるいはまったく観てないかは問題になりません。

　ここで、あいまいな文(9)と(11)を見比べてみましょう。

（9）　Every girl in the class watched some movie by Spielberg.

（11）　Some girl in the class watched every movie by Spielberg.

(9)と(11)では、数量詞であるeveryとsomeが文の中に表れる位置が入れ替わっています。この2つの文のあいまいさが(10)と(12)のように異なる原因は、どうもそこにありそうです。

3.2　存在量化と全称量化

　複数の数量詞の相互作用がもたらすあいまい性を理解するには、まず、**量化**(quantification)とは何かを知る必要があります。量化とは論理学で導

入された概念で、存在物／個体の「量」を指定します。量化を導く文の要素である all や every, some のような数量詞のことを**量化子**（quantifier）と呼びます。

　まず、量化子 some を含む（13）の文の意味を考えてみましょう。

（13）　Some boy walks.

この文は、「歩く男の子が（少なくとも）1 人存在する」という状況を表しています。この「少なくとも 1 つの個体の存在」を表す量化子のことを**存在量化子**（existential quantifier）と呼び、∃という**論理記号**で表します。（13）では、この存在量化子が、一項述語（タイプ〈e,t〉）である関数 walk にあてはまる個体 x の量を指定します。（13）は（14）のような**論理式**で表すことができます。

（14）　∃x. walk(x)

この論理式による形式的な意味表示（14）を読み解けば、「walk(x)（x が散歩する）という性質を満たす個体 x が、少なくとも 1 つ存在する」、すなわち、「少なくとも歩く人が 1 人いる」となります。第 7 章で見たように、述語 walk(x) によって「歩くもの」の**集合**が規定され、その集合から存在量化子が指定する量——この場合は「少なくとも 1 つ」——を選び出します。「歩く個体が少なくとも 1 つ存在するときに真となる」とも言えます。（14）の論理式において、存在量化子の作用域である**述語** walk (x) の変項 x は、存在量化子に対する**束縛変項**（bound variable）と呼ばれます。述語の意味を単に walk(x) と表示する替わりに、**ラムダ演算子**（lambda-operator）を先頭に付して、λx.walk(x) のように述語自体の変項の束縛関係も明示することもあります。ここでは、話が複雑になるのを避けるため、ラムダ演算子は用いないこととします。

　ここまでの説明で 1 つ腑に落ちないことがあるはずです。（13）の文は、「歩く男の子が少なくとも 1 人存在する」という意味だったはずですが、意味表示（14）では「歩く個体が少なくとも 1 つ存在する」という意味を表しています。（14）は、「お婆さんが歩く」状況でも、「クマが歩く」状況でも真となる論理式で表されており、（13）とは真理条件が異なります。（14）の論理式で捉えられていないことは何でしょうか。それは、「x は男の子である」という条件です。そこで、（14）の論理式を（15）のように修正します。

(15)　∃x (boy(x) & walk(x))

これで、「男の子であり、かつ、歩く個体xが少なくとも1つ存在する」ときに真となる文の意味表示になります。この boy(x) のように、量化子の束縛変項の取りうる値に条件を加えて制限する要素のことを**制限子**(restriction)と呼びます。

　このように文の**形式的意味**を考えていくと、量化子を含んだ文は**指示名詞句**を含んだ文(第7章参照)とはかなり異なった解釈を受けることがわかります。John walks. という文では、walk (x) が表す集合の中に、固有名詞 John が指示する個体が含まれていれば真、そうでなければ偽となります。項の位置にこうした指示名詞句が入る場合は、述語の表す集合と指示名詞句の表す個体の関係として文の意味が得られます。これに対し、量化子をともなう文では、(15)の論理式にあるように2つの集合(ここでは boy(x) と walk(x))のあいだの関係(この場合は「&」で表記される共通集合／**積**(intersection))として、文の意味が得られます。

　次に、量化子 every を含む(16)の文の意味について考えてみましょう。

(16)　Every girl dances.

この文は、直観的に言えば「すべての女の子が踊る」ときに真となる文です。この「すべての個体」を表す量化子のことを**全称量化子**(universal quantifier)と呼び、∀という論理記号で表します。この記号を用いた(17)の意味表示は、すべての個体xが踊るとき、真となります。

(17)　∀x. (dance(x))

　論理式(14)と同様に、意味表示(17)はこのままでは「すべての個体x」についての命題の論理式であり、「xは女の子である」という制限がありません。先ほどの存在量化子の例にならって、(18)のように制限子を追加してみましょう。

(18)　∀x (girl(x) & dance(x))

これは「すべての個体xについて、xが女の子であり、かつ、xが踊る」ときに真となるような命題の意味を形式的に表しています。

　では、(18)の論理式は(16)の文の形式的意味を正確に表示できているで

しょうか。残念ながら答えは"No"です。この論理式は、すべての個体が女の子であることを示しており、女の子ではない個体——男の子やお婆さん、動物その他——が存在した時点で、（それが踊るか踊らないかにかかわらず）偽となります。(16)の文にはもちろんそのような含意はありません。この Every girl dances. という文の真偽を判断するために必要なのは、まず「女の子である個体」の集合 girl(x) を規定し、その集合に属するすべての個体について「踊る」、つまり dance(x) が満たされるかどうかを確かめることです。「すべての個体 x について、それが女の子であれば、x は踊る」という**含意**の関係が成立している必要があります。(19)の論理式では、矢印→によって 'If x is a girl, then x dances' という 2 つの集合のあいだの包含関係が表されています。

(19)　∀x (girl(x) → dance(x))

話が複雑になったので、ここで一度ベン図を用いて整理しておきましょう。存在量化子を用いた(13)の文の表す状況は、(20)のようになります。

(20)　Some boy walks.
　　　∃x (boy(x) & walk(x))

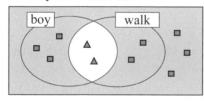

（△は１つでも存在すればよい）

boy(x)の集合と walk(x)の集合に共通する個体が存在すれば（(20)で△が１つでも存在すれば）、この文は真となります。一方、全称量化子を用いた(16)の文の表す状況は、(21)のように図示できます。ベン図中の × は、その集合に属する個体が存在しないことを表します（□は存在しないことを示す）。(21)右図は、全称量化子によって指定される**包含**関係をわかりやすく図示したものです。このように、girl(x)の集合が dance(x)の集合に完全に包含されていれば、この文は真となります。

(21)　Every girl dances.
　　　∀x (girl(x) → dance(x))

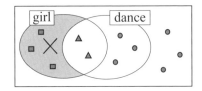 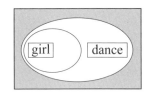

では、(22)の文の意味表示はどうなるでしょうか。

(22)　No boy walks.

(22)は、「男の子であり、かつ、散歩する個体xが存在しない」ときに真
となる文で、(23)のような論理式で表されます。否定の量化子は¬という
記号で表記されています。また、(22)の表す状況は、(24)のように図示で
きます(△は存在しないことを示す)。

(23)　$\neg\exists x\,(\text{boy}(x)\ \&\ \text{walk}(x))$

(24)　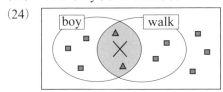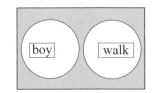

(24)では、boy(x)の集合とwalk(x)の集合は共通部分を持ちません。集合
が共通部分を持たないこのような場合を**互いに素である**(mutually disjoint)
と言い、(24)右図はこれをわかりやすく図示したものです。(24)のベン図
が(20)のベン図とちょうど反転した関係(一方が真のとき必ず他方が偽となる
関係)になっていることからもわかるように、No boy walks. の意味はSome
boy walks. の意味表示に否定の量化子を付け加えることで得られます。

3.3　意味表示と統語表示の対応関係

　本書第2章の(9)「言語機能・母語知識の基本的デザイン」で学んだよ
うに、意味表示は統語部門で構築された階層構造が**C-Iインターフェイス**
を介して意味部門に送られて導かれます。また、前節に示したように統語
表示と意味表示に対応関係があることは明らかです。(25)では、統語表示
における数量詞は意味表示では量化子として働き、数量詞と結びついた名
詞句は量化子の制限子となり、この数量名詞句の合成相手の動詞句が量化

子の作用域となります。また便宜上、動詞句内で主語が併合される位置は
省略してあります。

(25)　　　文：Some boy walks.
　　　　統語表示：$[_{TP} [_{QNP}$ **some**　　　$[_{NP}$ **boy**$]]$　$\boxed{[_{VP}$ **walks**$]}]$
　　　　　　　　　　quantifier　restriction　scope

しかし、この統語表示には量化子の束縛変項 x に対応する要素が見当たら
ず、量化子が論理式において宙に浮いてしまい、適格な意味表示を導くこ
とができません。束縛変項は、どのようにして導き出されるのでしょうか。
　生成文法における意味論研究では、束縛変項を導く統語操作として**数量
詞繰り上げ**(quantifier raising: QR)と呼ばれる内的併合が QNP に適用され
ると考えられています。(26)を見てください。

(26)　　　文：Some boy walks.

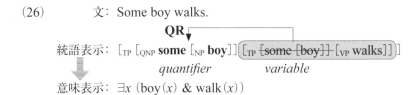
　　　　統語表示：$[_{TP} [_{QNP}$ **some** $[_{NP}$ **boy**$]] \boxed{[_{TP} \text{some boy} [_{VP} \text{walks}]]}]$
　　　　　　　　　　quantifier　　　　　　*variable*
　　　　意味表示：$\exists x \, (\mathrm{boy}(x) \, \& \, \mathrm{walk}(x))$

QR によって繰り上がった some boy の新たな作用域である TP を見ると、
繰り上がる前の位置にコピーの some boy が生じています。QNP の作用域
内のこのコピーが、C-I インターフェイスを介して意味表示となる論理式
において量化子に束縛される変項 x となります。このように、QNP を伴う
文が適格な意味表示に写像されるには束縛変項が必要です。QNP を含む文
では原則的に QR が適用されなければなりません(コラム 3 も参照)。
　QNP が目的語の位置に生起した場合には(27)のように QR が適用され
ます。

(27)　　　文：Tom read every book.

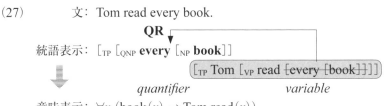
　　　　統語表示：$[_{TP} [_{QNP}$ **every** $[_{NP}$ **book**$]]$
　　　　　　　　　　　　　$[_{TP} \text{Tom} [_{VP} \text{read} \, \text{every book}]]]$
　　　　　　　　　　　quantifier　　　　　　*variable*
　　　　意味表示：$\forall x \, (\mathrm{book}(x) \rightarrow \mathrm{Tom\,read}(x))$

128

いま、QR は統語部門で適用される併合操作であると述べましたが、(27) の文は繰り上げ前の階層構造を反映した語順で発音され、繰り上げ後の語順で Every book Tom read. とは発音されません。このように音形に反映しない不可視的移動を**非顕在的な移動**(covert movement) と呼びます（第 6 章参照）。

　音形に反映しないということは、移動に関して可視的で直接的な証拠が得難いということです。にもかかわらず統語部門で QR を想定する根拠とは何なのでしょうか。1 つは、統語表示と意味表示の写像関係が捉えられるという理論的根拠です。もう 1 つは、この章で注目している意味的あいまい性が説明されるという経験的根拠です。(9)の例を思い出してください。(9)は QNP を 2 つ含み、(28)のような 2 つの解釈が可能です。

(9)　Every girl in the class watched some movie by Spielberg.
(28)　a.　ある 1 つのスピルバーグの映画をすべての女の子が観た。
　　　b.　すべての女の子がそれぞれどれか 1 つスピルバーグの映画を観た。

このあいまい性は、(29)に示すように QR の適用によってうまく説明されます。

(29)　a.　

　　　b.　

(29a)ではまず主語の every girl が QR し、その後目的語の some movie が QR しています。(29b)では逆に、目的語の QR の後に主語の QR が起きています。QR の適用順序が異なるため、QNP の位置が異なる 2 つの（非顕在的な）統語構造が派生し、(29a)では some が every よりも高い位置に、(29b)では every が some よりも高い位置に生じることになります。この階層関係がそれぞれ意味部門に写像されると、(29a) に対応する意味表示(30a)では存在量化子が全称量化子の作用域を領域に含んだ広い作用域を持つ(∃>∀と表記)ことになり、(29b)に対応する意味表示(30b)では全称量化子が存在量化子よりも広い作用域を持つ(∀>∃と表記)ことになります。

このような作用域関係を踏まえて、存在量化子∃の制限子と作用域の関係は積、全称量化子∀の制限子と作用域の関係は含意と規定され、文の意味表示が得られます。

(30) a. ∃＞∀

$\exists y\, [(\text{movie } y)\ \&\ \forall x\, [(\text{girl } x) \rightarrow x \text{ watched } y]]$

'There is some movie y such that for every girl x, x watched y.'

（ある映画 y が存在し、すべての女の子 x が y を観た）

b. ∀＞∃

$\forall x\, [(\text{girl } x) \rightarrow \exists y\, [(\text{movie } y)\ \&\ x \text{ watched } y]]$

'For every girl x, there is some movie y such that x watched y.'

（すべての女の子 x について、x がどれか映画 y を観た）

この 2 つの意味表示が、まさに(28)の 2 つの解釈に対応しているわけです。

では、この節の冒頭のもう 1 つのあいまいな例(11)はどうでしょうか。この文の 2 つの解釈とは(31)の通りです。

(11) Some girl in the class watched every movie by Spielberg.

(31) a. スピルバーグのすべての映画について、誰か女の子が観た。

b. ある 1 人の女の子が、スピルバーグのすべての映画を観た。

この文の 2 つの解釈も、(32)のように QR の適用によって得られます。

(32) a. [[$_{\text{QNP}}$ every movie] [[$_{\text{QNP}}$ some girl] [[~~some girl~~] [watched [~~every movie~~]]]]].

b. [[$_{\text{QNP}}$ some girl] [[$_{\text{QNP}}$ every movie] [[~~some girl~~] [watched [~~every movie~~]]]]].

(31a)の解釈には統語構造(32a)および意味表示(33a)が対応し、(31b)の解釈には統語構造(32b)および意味表示(33b)が対応します。

(33) a. ∀＞∃

$\forall y\, [(\text{movie } y) \rightarrow \exists x\, [(\text{girl } x)\ \&\ x \text{ watched } y]]$

'For every movie y, there is some girl x such that x watched y.'

（すべての映画 y について、誰か女の子 x が y を観た）

b. ∃＞∀

$\exists x\,[\,(\text{girl}\ x)\ \&\ \forall y\,[\,(\text{movie}\ y)\ \to\ x\ \text{watched}\ y\,]\,]$

'There is some girl x such that for every movie y, x watched y.'

（ある女の子 x が存在し、x がすべての映画 y を観た）

QNP を複数伴う文が示す、語彙的あいまい性にも統語的あいまい性にも帰すことができない「意味的」あいまい性は、C-I インターフェイスを介して適格な意味表示を導くために必要な QR という非顕在的な併合操作によって説明されます。

3.4　数量詞の意味のタイプ

最後に、数量詞の意味のタイプについて、(34)（＝(21)）を例として考えてみましょう。数量詞 every は論理式では全称量化子として表示されることを見ましたが、この文の要素の意味のタイプはどんなものでしょうか。

(34)　Every girl dances.

$\forall x(\text{girl}(x)\ \to\ \text{dance}(x))$

第 7 章で学んだ通り、自動詞 dance は個体〈e〉を当てはめると命題〈t〉が得られる一項述語のタイプ〈e,t〉でした。主語 every girl は、タイプ〈e,t〉の dance と合成されて〈t〉が得られるはずだからといって、特定の存在物を指す個体のタイプ〈e〉であると言えるのでしょうか。確かにそれでも意味の合成としてうまくいくかもしれませんが、(34)は x に当てはまる特定の存在物についての文ではなく、「女の子」の集合が「踊る」ものの集合を含意することを表している文です。タイプ理論に従ってこの文の意味を捉えようとすると、主語 QNP のタイプは必然的に〈〈e,t〉,t〉になると考えられます。(35)に示す通り、〈〈e,t〉,t〉は一項述語〈e,t〉が変項に当てはめられれば〈t〉が得られるという「引数に関数を取る関数」のタイプです。(35)を見ると、すべての女の子の集合を表す関数〈〈e,t〉,t〉に踊るものの集合を表す関数〈e,t〉が当てはめられ、同時に、主語 QNP の変項を含む動詞句は QNP の作用域となることがわかります。

（35）

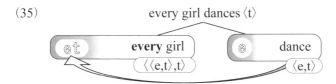

では、数量詞 every 自体のタイプはどうなるのでしょうか。（36）を見て
ください。数量詞 every と合成される普通名詞 girl も一項述語のタイプ$\langle e,t \rangle$
なので、every 自体のタイプは引数として一項述語を 2 つ当てはめると$\langle t \rangle$
が得られる関数、つまりタイプ$\langle \langle e,t \rangle, \langle \langle e,t \rangle, t \rangle \rangle$に属する要素だと考えられ
ます。

（36）

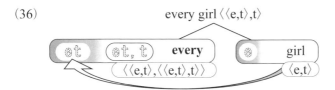

この$\langle \langle e,t \rangle, \langle \langle e,t \rangle, t \rangle \rangle$という関数は、かなり複雑なタイプに思えるかもしれ
ません。しかし（34）の論理式が示す通り、この文の「意味がわかる」とい
うことは、私たちに備わった意味計算の仕組みにおいて、数量詞 every こ
そが主たる関数として普通名詞 girl および自動詞 dance をその引数に取り、
文の意味が合成されるということなのです。

4.　おわりに

　この章では、QNP を複数伴う文が示すあいまい性に注目して、文の意味
が論理式によって形式的に表示されることや、意味表示が C-I インターフェ
イスを介して統語表示と写像関係にあることを学びました。また、写像関
係にあると言っても、論理式における量化子の制限子と作用域の関係は存
在量化子なら積の関係（$P(x)\&Q(x)$）、全称量化子なら含意の関係（$P(x)\rightarrow Q(x)$）というように、意味部門での意味計算に委ねられることも学びました。

　このような論理式による意味表示は、第 7 章で学んださまざまな意味の
側面を捉える概念とはどのような関係にあるのでしょうか。第 7 章では、
ものの意味や出来事の意味、文の意味について考えながら、概念構造や主
題役割、項構造さらにタイプ理論について理解を深めました。たとえば「自

動詞 sleep は一項述語のタイプ〈e,t〉であり、変項に当てはめられるのは存在物のタイプ〈e〉の要素」、「その要素は自動詞 sleep と意味素性に基づく選択関係にあり」、「外項として適切な主題役割が付与される」というように。この第8章で学んだ論理式でも、関数に項が当てはめられ文の意味が算出されることを見ましたが、どういう要素が変項に代入されると適格な意味表示が得られるかについては制約がありません。どのように要素を合成しても、関数の項が満たされていれば論理式は出来上がります。論理式によって意味を形式的に表示する際には、しばしば要素の意味のタイプや主題役割等には言及されませんが、概念構造と項構造、タイプによる意味の合成、論理記号と束縛変項による論理式のすべてが、言語の意味に関わる重要な側面を捉えているのです。

　母語知識の基本的デザインでは、統語部門と意味部門がC-Iインターフェイスを介して接しています。概念構造や主題役割、論理式における積や含意の関係、意味合成におけるさまざまな関数と引数のタイプは、統語部門の出力である統語表示がC-Iインターフェイスにおいて意味表示に写像される際に適用される意味計算の過程で重要な役割を果たす概念です。こうした「意味がわかる」ための統語から意味への変換の仕組みを解明するには、統語部門での**統語演算**がどうなっているかとともに意味部門でどのような**意味計算**がなされるのかを今後さらに究明する必要があります。

基本問題

1. 英語の文 Tom is looking for a Japanese speaker. はどのようにあいまいであるか述べよ。
2. 日本語の文「みんなが何かを食べた」はどのようにあいまいであるか述べよ。

発展問題

1. 英語の文 Keiko interviewed every student in the class. の目的語 QNP の数量詞 every の意味のタイプを考えよう。
2. 英語の文(i)と(ii)で可能な解釈を比較し、顕在的移動と非顕在的な移動の違いについて論じてみよう。
   (i) Some guest will be offended if we don't invite most philosophers.
   (ii) Most guests will be offended if we don't invite some philosopher.

第**9**章
発話とは：語用論

《この章で考えること》
1. 語用論はどのような現象を研究するのでしょうか。
2. 会話の含意はどのようにして生じるのでしょうか。
3. 関連性理論とはどのような考え方なのでしょうか。

キーワード：暗意、会話の含意、関連性理論、協調の原理、コンテクスト、尺度
　含意、ダイクシス、発話、発話行為、明意

1.　語用論とは

　みなさんは(1)を聞いただけで、どのように(1)を解釈しますか。

　（1）　月が綺麗ですね。

夜空の美しさに感動した気持ちが表れていると解釈する場合もあるでしょ
うし、夏目漱石のエピソードを知っている人なら愛の告白と取るかもしれ
ません。また、沈黙が気まずくて(1)のように言ったと思う場合もあるで
しょう。このように、(1)は状況に応じてさまざまな意味を持ちます。**語
用論**(pragmatics)は、**発話**(utterance)が特定の**コンテクスト**(context)で持つ
意味(文脈に依存した意味)について研究する分野です。
　まず発話についてですが、発話は文と区別される概念です。ここでは、
文は文法が生成する抽象的な単位であり、発話は実際に産出された知覚可
能な単位であると考えます。発話は**コミュニケーション**の重要な手段です
が、必須ではありません。たとえば、ジェスチャーによる情報伝達のよう
に、**非言語的**なコミュニケーションも存在します。また、俳優の台本練習
のように、発話がコミュニケーションとは別の目的で用いられることもあ
ります。

　次にコンテクストですが、何がコンテクストなのでしょうか。みなさんの中には発話状況を挙げる人が多いかもしれません。確かに発話状況もコンテクストに関わりますが、ここでは、コンテクストを**会話参加者**の人間関係や立場(たとえば、恋人同士、コンクールの審査員)や一般知識(たとえば、夏目漱石のエピソード)など、発話を適切に解釈するために必要な情報の総体として捉えることにします。

　語用論の中心課題は、**話し手**が発話によってどのような意味を伝えているのかを、**聞き手**がコンテクストをもとに推論する仕組みを明らかにすることです。これに対し、文や単語がコンテクストとは独立に表す意味を扱う分野は**意味論**と呼ばれます(第7章、第8章参照)。語用論と意味論の関係はそれ自体が重要な研究課題ですが、ここでは、語用論の対象はコンテクストにおいて具現する発話であり、意味論の対象は言語知識をもとに構築される文であるとしておきます。語用論は実際の**言語使用**を扱うので、生成文法の研究課題の一つである「使用の問題」と関わりを持ちます(第1章、第2章参照)。

　音韻論、形態論、統語論、意味論などと比べ、語用論は歴史が浅い研究分野です。現代的な語用論研究は**言語哲学**にその源流を見ることができます。2節ではオースティンやグライスの研究を紹介しますが、これらは1950年代以降に哲学的な関心から行われたものです。その後、社会学や認知科学など多様な観点から議論されるようになりました。3節で紹介する**関連性理論**(relevance theory)は、**認知科学**の知見をもとに提唱された、現代を代表する語用論研究の一つです。

　語用論研究は多くの研究者の関心を引いてきましたが、それはなぜでしょうか。その理由の一つは、今述べた語用論の中心課題と関係があります。(1)を例に取れば、その**字義的意味**(literal meaning)は 'The moon is beautiful.' にすぎず、話し手が**意図した意味**との間に質的なギャップがある場合がありますが、多くの場合、聞き手は話し手の意図を正しく理解できます。ここから、なぜ聞き手は不十分な情報からこんなにも豊かな意味を理解できるのかという興味深い問題が生じます。この問題を探求することが語用論研究の醍醐味の一つと言えます。

　また、語用論は統語論や意味論と密接に関係するだけでなく、心理学、社会学、計算機科学など幅広い領域と有機的なつながりを持っていることも研究者の関心を引く理由になっています。語用論はことばに対するさま

ざまなアプローチを統合する研究分野となっており、この学際性が語用論研究のもう一つの醍醐味であると言えます。

2.　語用論の主要な研究対象とさまざまなアプローチ

　語用論の主要な研究対象として、Huang (ed.) (2017)はダイクシス(deixis)、発話行為 (speech act)、会話の含意 (conversational implicature)、前提(presupposition)、指示(reference)などを挙げています。

　まずは、**ダイクシス**について考えてみましょう。(2)を見てください。

（2）　I put these here yesterday.

(2)の発話を理解するには下線部の内容を特定する必要があります。これらの表現は「ダイクシス」と呼ばれ、何を基準とするかで指示対象が変わります。話者が健介なら I は健介を、話者が美和なら I は美和を指します。また、発話日が 2021 年 2 月 2 日なら yesterday は 2021 年 2 月 1 日を指しますが、発話日が異なれば yesterday が表す日も連動して異なります。

　次に、発話行為について考えてみましょう。(1)や(2)は事態を描写していますが、(3)は、発話を通して話し手が約束という行為を遂行しています。

（3）　I promise I will come back by seven.

このように、話し手は発話を通して約束や謝罪などの行為を行うことがあり、**発話行為**と呼ばれます(Austin (1962))。(3)では promise によって約束という発話行為のタイプが示されていますが、単に I will come back by seven. と述べても、門限を決められた子どもが母親に言う状況では、約束という発話行為が生じます。

　語用論の研究対象は幅広いですが、そのアプローチも多様性に富み、文化人類学的アプローチや社会学的アプローチなど多岐に渡ります。その中でも、現代的な語用論の潮流を形成したのは哲学的アプローチです。**オースティン**の発話行為に関する研究も哲学的アプローチの代表例と言えます。

　哲学的アプローチとして他に広く知られているものには、**グライス**による**会話の含意**の研究があります(Grice (1975))。(4)を見てください。

（4）　健介：今日、授業が終わったら、カラオケに行かない？

　　　美和：　この後、バイトあるんだよね。

(4)は変哲の無いやりとりに聞こえますが、発話の字義的意味を考えると、美和は健介の問いかけに直接的には答えていませんが、美和は健介の誘いを断っていると理解されます。これはなぜでしょうか。その一つの答えはグライスの研究に見ることができますが、その前に、グライスの研究以前に支配的だった**コードモデル**(code model)に触れておく必要があります。

　　コードモデルでは、コミュニケーションは、話し手が思考内容を信号としてコード化し、それを聞き手が解読するプロセスであるとされます。しかし、コードモデルでは(1)の「月が綺麗ですね」という発話が多様に解釈できるという事実を十分に説明できません。なぜなら、このモデルでは「月が綺麗ですね」というコードに対して 'The moon is well depicted in this painting.' や 'I love you.' など(おそらく無限の)解読候補を設定しておく必要があるからです。これは明らかに現実的ではありません。

　　グライスはコミュニケーションにコード解読が関与することは認めつつも、**推論**(inference)の重要性に注目し、理性的な(rational)会話参加者なら、字義的意味とコンテクストをもとに、話し手の意図が推論できると考えました。それでは、その推論とはどのようなものなのでしょうか。グライスの貢献の一つは、このような興味深い問題を設定し、それに対して語用論的な原理にもとづく説明を試みたところにあります。

　　グライスは、理性的な人々の会話には(5)のような**協調の原理**(cooperative principle)が働いていると考えました(Grice (1975))。

（5）　協調の原理：　会話参加者は、会話の目的と方向性に沿うように、互いに貢献しなければならない。

協調の原理は理性的な会話参加者なら常に遵守しているとされ、その原理の背後で働いている具体的な行動基準を一般化して捉えたものとして、(6)から(9)のような質(quality)、量(quantity)、関係(relation)、様態(manner)に関わる4つの公理(maxim)が定められています。

（6）　**質の公理**：　真である、または十分に証拠がある事柄のみを述べよ。
（7）　**量の公理**：　その会話において必要な情報を過不足なく述べよ。
（8）　**関係の公理**：　その会話において関係のあることを述べよ。
（9）　**様態の公理**：　明瞭に述べよ。（たとえば、順序立てて述べよ。）

しかし、実際の会話では、話し手が公理に従っていないように見える場合もあります。事実、(4)では(7)と(8)が守られていないように見えます。美和は健介の問いかけに直接的に答えていない点で必要な情報を提供しておらず、カラオケでなくアルバイトについて話している点で当該の話題に直接関係あることを述べていません。しかし、健介は、美和も協調の原理を遵守しており、字義的意味とは別の次元で(7)と(8)に従っていると考え、(10)のように、字義的意味とコンテクストをもとに推論して、美和が暗に意図した意味を導き出します。これは健介の問いかけに対する答えとなっているので、(4)は自然なやりとりとして理解されます。

(10)　字義的意味：「美和は授業後にアルバイトをする予定である」
　　　コンテクスト：アルバイトがあると、友人と遊ぶこと(たとえば、カラオケに行くこと)はできない。
　　　暗に意図した意味：「授業後、美和は健介とカラオケに行けない」

　ここで、(10)について補足しておきます。第1に、字義的意味を決定するにはコード解読が必要です。コード解読とは、文法とレキシコンの情報をもとに発話自体が持つ意味(コンテクストに依拠しない意味)を決めることです。グライスは字義的意味を「**言われたこと**(what is said: WIS)」と呼びました。**WIS** は真偽を決定できる意味的単位であり、そのような単位は**命題**(proposition)と呼ばれます。

　第2に、グライスは「暗に意図した意味」を会話の含意と呼びました。WIS とは異なり、会話の含意は取り消すことができます。たとえば(4)で、美和の発話を「この後、バイトなんだよね。でも、終ったら合流するよ！」とすれば、当該の含意は取り消されます。また、会話の含意は発話の**真理条件**に関わりません。「授業後、美和は健介とカラオケに行けない」が真であっても偽であっても、「美和は授業後にアルバイトをする予定である」の真偽は変わりません。

　グライスの原理や公理については、その後の研究で、その一部が統合されたり、一方が他方に還元されたり、新たな公理が導入されたりと、さまざまな代案が提示されてきました(Leech (1983), Horn (1984), Sperber & Wilson (1986/1995²), Levinson (2000))。これらの代案はそれぞれ異なる理論的背景を持つため、単純に原理や公理の数による比較はできません。たとえば「関連性理論は、グライスの公理のうち関係の公理を原理に昇華

させた」のように言われることがあります。これはある点では正しいので
すが、グライスは哲学的な関心から会話参加者の推論過程を論理的に扱い、
一方、関連性理論は認知的な関心からオンラインの発話解釈過程を扱うと
いう根本的な違いがあります。

　関連性理論については次節で解説するので、ここでは**新グライス派**(Neo-
Gricean)の一角をなす Horn (1984, 1989/2001², 2004)に触れておきます。
ホーンはグライスの質の公理を本質的な指針として保持しつつ、残りの公
理を(11)と(12)のように相反する2つの原理として捉え直しました。

　(11)　Q 原理：(R 原理を踏まえたうえで)最大限に情報を与えよ。
　(12)　R 原理：(Q 原理を踏まえたうえで)必要最小限の情報を与えよ。

(11)の **Q 原理**は聞き手の経済性を追求したものです。その名称は量の公理
に由来しますが、様態の公理の一部にも関わります。一方、(12)の **R 原理**
は話し手の経済性を追求したものです。その名称は関係の公理に由来しま
すが、量の公理および様態の公理の一部にも関わります。

　Some students passed the exam. という文を例として、Q 原理が**尺度含
意**(scaler implicature)の導出に関わることを見てみましょう。尺度含意は
一方向的な論理的含意(entailment)関係を捉える**スケール**に基づいて算出さ
れます。たとえば、**数量詞**(quantifier)some と all は⟨all, some⟩というス
ケールを形成します。このスケールでは上位の all が下位の some を論理的
に含意します。このスケールにより、たとえば、all を含む命題 'All students
passed the exam.' は some を含む命題 'Some students passed the exam.' を
論理的に含意することになります。これは、'All students passed the exam.'
が真なら 'Some students passed the exam.' は必ず真となり、その逆は必
ずしも成り立たないということを意味します。このスケールに Q 原理が働
くと、上限が規定された(upper-bounding)尺度含意(上位にある項の否定)が
語用論的に誘発されます。たとえば、Some students passed the exam. と
いう文を聞くと、聞き手は⟨all, some⟩というスケールを想起し、Q 原理に
照らして「話し手は最大限に情報を与えているはずであり、all ではなく
some を選択したということは、all を使えない立場にある」と推論し、'Not
all students passed the exam.' という尺度含意を導き出します。尺度含意は
会話の含意なので、Some students passed the exam; in fact, all students
passed it. のように言えば、その含意は取り消されます。

　生成文法では、尺度含意は統語論、意味論、語用論の接点に関わる現象として注目されており、重要な研究成果が蓄積されています(加藤(2019)参照)。

3.　関連性理論

　関連性理論(RT)は Dan Sperber と Deirdre Wilson によって提唱され、現在に至るまでさまざまな修正がなされ、発展を遂げてきました(Sperber & Wilson (1986/1995²), Wilson & Sperber (2012))。本節では、現在でも仮定されている RT の根本的な原理や想定について解説します。

3.1　コミュニケーションとは何か

　RT の射程は広く、コミュニケーションに関わるあらゆる側面が RT の対象となります。それでは、コミュニケーションとは何なのでしょうか。

　コミュニケーションでは何らかの情報が伝わっていると考えられますが、情報が伝わっていてもコミュニケーションが成立しているとは限りません。たとえば、ある人が酒やけの声で話すのを聞いた場合、その人は前日に深酒をしたという情報が伝わるかもしれませんが、これは直感的にコミュニケーションとは言い難いでしょう。その理由は、情報が意図的に伝わっていないからです。コミュニケーションの定義には話し手の意図が関わるという点を指摘したのはグライスですが(Grice (1957))、RT を含めて、この洞察はその後の研究に広く受け継がれています。

　それでは、情報が意図的に伝わっていればコミュニケーションと呼べるのでしょうか。(13)の状況について考えてみてください。

(13)　健介は授業中にシャープペンが壊れていることに気づいた。誰かに借りたいが、その授業には知人がいない。初対面の人にお願いするのは気が引けるので、シャープペンを持ちながら、隣の人に聞こえるかどうかの声で「また壊れたか...」とつぶやいた。これに気づいた隣の人はシャープペンを貸してくれた。

健介は「筆記用具を貸して欲しい」という意図を持って発話していますが、RT では、このような情報伝達はコミュニケーションと呼びません。

　コミュニケーションと認められるためには、何らかの情報を伝えたいという**情報意図**(informative intention)に加え、情報意図を持っていること自

体も伝えたいという**伝達意図**(communicative intention)が必要です。(14)
では、健介は「筆記用具を貸して欲しい」という情報意図に加え、「その意
図を伝達したい」という伝達意図も顕在化しています。RTでは、この2種
類の意図を伴う情報伝達をコミュニケーションと見なします。

(14) 健介は授業中にシャープペンが壊れていることに気づいた。そこ
　　　で、隣の人に「すみません、シャープペンが壊れちゃって ... 」と
　　　話しかけた。これを聞いた隣の人はシャープペンを貸してくれた。

　情報意図と伝達意図が伴っていれば、非言語的な手段でもコミュニケー
ションは成立します。(14)の状況で、健介の隣に座っているのが仲良しの
友人なら、健介が申し訳ない顔をしながら壊れたシャープペンを指差すだ
けで、筆記用具を貸してくれるかもしれません。この場合、その友人は健
介の情報意図と伝達意図に気づいたと言えるでしょう。
　まとめると、RTは言語・非言語的手段による意図的な情報伝達を扱い
ます。この点は生成文法の研究課題との関わりにおいて重要です。語用論
は言語使用を扱うため、生成文法の「使用の問題」に関わります。しかし、
RTは「使用の問題」に特化した理論でもなければ、包括的な理論でもあ
りません。まず、RTは非言語的手段のみによる意図的な情報伝達を扱う
点で「使用の問題」に特化していません。また、言語を用いたやりとりで
あっても「意図明示的」でなければ(少なくとも直接の)研究対象にはなら
ないという点で「使用の問題」を包括的に扱うわけでもありません。しか
し、言語使用の典型の一つは言語的手段による意図的な情報伝達であるた
め、この点でRTは「使用の問題」に貢献できると考えられます。

3.2　何が伝達されるか

　生成文法では、統語システムの出力に**意味的演算**を施すことで**意味表示**
が構築されます(第7章、第8章参照)。しかし、この意味表示には話し手が
実際に意図した情報は捉えられてはいません。RTでは、意味表示をたた
き台にしてさまざまな**語用論的演算**がオンラインで施されることで、話し
手の意図した意味が構築されます。この意図された意味は、その構築プロ
セスの性質の違いから**明意**(explicature)と**暗意**(implicature)に分けられま
す。これらはグライスのWISと会話の含意に概ね対応しますが、以下に
見るように、本質的な違いがあります。

グライスは、WIS には**指示対象の付与**(reference assignment)と**あいまい性の除去**(disambiguation)という限られた**語用論的操作**のみが関わるとしました。たとえば(15)の WIS を構築するには、she の指示対象を定め、elegantly が主節と従属節のどちらの節に属するかという統語的あいまい性を解消する語用論的操作だけが適用されると想定しました。

(15)　Miwa said she drank wine elegantly.

これに対して、RT では、明意と暗意のどちらにも**語用論的推論**が本質的に関わります。まず、明意は(16)のように規定されます。

(16)　明意：意図明示的に伝わる意味のうち、発話の字義的意味を下敷きにしてさまざまな語用論的操作を適用することで得られる意味

(16)の「語用論的操作」には指示対象の付与とあいまい性の除去が含まれます。これらは、適用しなければ文の真偽が決まらない(命題が構築できない)点で義務的な操作です。(15)の字義的意味は(17)や(18)ですが、X の値を埋め、elegantly が属する節を決めなければ真偽を決定できません。

(17)　'Miwa said [X drank wine elegantly].'
(18)　'Miwa said [X drank wine] elegantly.'

しかし、これらの語用論的操作だけでは話し手の意図が捉えられない事例もあります。Carston (2004: 642)が問題としたような事例(19)では、this の指示対象を同定すれば「そのステーキは一切調理されていない」のような命題が生じますが、これは特異な状況を除けば常に偽であり、話し手が意図した命題とは考えにくいでしょう。むしろ、(19)が伝えているのは(20)のような命題であり、これが明意となります。

(19)　This is raw.
(20)　'The steak is raw*.'

(20)の 'raw*' は、raw の符号化する概念が語用論的に調整されたものを表し、ここでは 'not sufficiently cooked' のように元の概念 'uncooked' が弱められています。この操作は、適用せずとも命題を構築できる点で義務的ではありません。しかし、上で述べたように、そのような命題(「そのステーキは一切調理されていない」)は話し手の意図を十分に捉えていないことが多

く、概念の調整のような随意的な語用論的操作が重要となります。この点で、WIS に比べて、明意の構築には語用論的推論が本質的に関わります。

　次に、暗意について説明します。(21)によると、**意図明示的**に伝達される意味は明意か暗意のどちらかに分類されます。「暗意」という用語からは、話し手の意図が十分に現れていないという印象を受けるかもしれませんが、定義上、暗意も情報意図と伝達意図を伴っています。

　(21)　暗意：意図明示的に伝わる意味のうち明意でないもの。つまり、
　　　　　字義的意味を下敷きにせず、純粋に語用論的推論により得られる
　　　　　意味

たとえば、2 節の(4)の美和の発話は「授業後、美和は健介とカラオケに行けない」という暗意を伝えます。暗意として分析される理由は、この意味が意図的に伝達されており、かつ、字義的意味を語用論的に発展させたものでないからです。

　多くの場合、グライスの会話の含意は RT の暗意に相当しますが、常にそうなるとは限りません。たとえば、(22)は(23)を伝達していると解釈できますが、グライスは(23)を(様態の公理に基づいた)会話の含意と見なすと思われます。しかし、この分析には問題があります。グライスは、会話の含意は発話の真理条件に関わらないと考えました。しかし、(24)のように言えるため、(23)は発話の真理条件に関わると考えるのが妥当です。

　(22)　Miwa went to Paris and bought a necklace.
　(23)　'Miwa went to Paris and then bought a necklace.'
　(24)　It's not that Miwa went to Paris and bought a necklace. She bought
　　　　 a necklace here in Tokyo and then went to Paris, wearing it.

RT では、(22)では and の字義的意味(**論理的意味**)に 'then' が語用論的に導入されて(23)が生じると考えます。つまり、(23)は明意となります。一般に、明意には WIS よりも豊かな語用論的操作が関わるため、グライスが会話の含意と見なしたであろう事例の中には、RT では明意として分析されるものもあります。

　これまで、明意や暗意の構築に語用論的推論が関わると述べてきましたが、その仕組みは説明していません。2 節で見たように、グライスの枠組みでは協調の原理とさまざまな公理が指針となります。特に、質の公理は

優位な位置を占めており、同じく 2 節で見たホーンの枠組みやその他の研究 (Levinson (1983)) でも根本的な指針とされています。しかし、(19) で示したように、RT では情報の真偽は本質的に重要ではありません。それでは、RT ではどのような指針をもとに明意や暗意が構築されるのでしょうか。次節ではこの点について解説します。

3.3　どのように伝達されるか

　まず、**関連性** (relevance) の定義から始めましょう。関連性は認知システムへの入力情報 (発話などの外的刺激、記憶などの内的表示など) が持つ性質のことであり、**認知効果** (cognitive effect) を生み出す時に関連性があると言います。たとえば、鶏肉アレルギーのナオミが夕食会のメニューを問い合わせたところ、(25) のように言われる状況を想像してみてください。(25) は Wilson & Sperber (2004: 609) を参考にした例です。

(25)　We are serving chicken.

ナオミは「鶏肉料理が出たら、料理を変更できるか確認すべきだ」と常々思っていたとします。その場合、ナオミはこの想定と (25) をもとに「料理を変更できるか確認すべきだ」と結論します。入力情報とコンテクストから新たな情報が推論できた時、その情報は認知効果を生み出し、関連性があることになります。認知効果が生じる場合としては、他に、既存の想定が却下されたり、強められたりする場合があります。

　認知効果があれば、その大きさにかかわらず、その情報には関連性があります。ただし、関連性は程度問題であり、認知効果が大きいほど関連性は高く、情報を処理する際の労力が多いほど関連性は低くなります。たとえば、(25) は (26) より認知効果の点で関連性が高くなります。(26) からは「料理を変更できるか確認すべきだ」という結論は導けません。また、(25) は (27) より労力の点で関連性が高いと考えられます。(27) では today is Tuesday を解釈するのに余分な労力がかかります。今日が火曜日であることから有意義な結論が導き出せるのであれば、そのような労力も正当化されますが、当該状況ではそのような結論は容易には導き出せません。

(26)　We are serving meat.
(27)　We are serving chicken and today is Tuesday.

一般に、我々を取り巻く環境には無限の情報がありますが、認知資源は有限なため、特定の情報を選択しています。RT は、進化の結果、人間の認知システムは関連性のある情報を選択し、効率良い仕方で処理するようになったと仮定します。概略、これは(28)の**関連性の認知原理**(cognitive principle of relevance)のようにまとめられます。

(28)　関連性の認知原理：人間の認知システムは関連性を最大化する傾向を持つように設計されている。

(28)は認知システムの性質を記述したものであり、グライスの原理のように人々が遵守するものではありません。また、認知システム一般に関する原理なので、コミュニケーションに特化した原理でもありません。

コミュニケーションに特化した原理としては、(29)のような**関連性の伝達原理**(communicative principle of relevance)が提示され、**最適な関連性**(optimal relevance)という概念は(30)のように規定されています。

(29)　関連性の伝達原理：意図明示的な情報には最適な関連性があると見なしてよい。

(30)　最適な関連性：意図明示的な情報は、処理労力に見合う関連性を持っており、それを産出する人の能力(abilities)と選好(preferences)の制限内でもっとも関連性が高い。

(30)について補足しておきます。人間の認知が関連性を最大化する傾向を持つなら、そもそも処理労力に値しない程度の関連性しか持たない情報は処理しないはずで、意図明示的な情報なら処理労力に見合う関連性があると期待できます。しかし、意図明示的な情報が最大の関連性を持つと期待することはできません。たとえば、就職面接で緊張した学生が言い淀む場合、その理解には処理労力が多くかかり、関連性が低下します。また、弁護士が担当企業の経営状態について聞かれた場合、それに答えることは多くの認知効果を生み出す(高い関連性を持つ)とわかっていても、守秘義務のため答えられないかもしれません。そうであっても、意図明示的な情報なら、これらの制限内でもっとも関連性が高いと期待できます。

グライスの原理は WIS の構築に関わらないとされていますが、関連性の伝達原理は明意と暗意の構築のどちらにも関わります。具体的には、**解釈仮説**をアクセス可能な順に検討していき、最適な関連性の期待が満たさ

れた時点でその解釈仮説を採用し、それ以外は検討しないという方略が提案されています。処理労力が増えると関連性が低下することを踏まえると、聞き手の意識に最初に上った解釈仮説には十分な関連性があると予想できます。というのも、それが関連性の期待を満たさなければ次の解釈仮説を検討することになりますが、そうなると処理労力が余計にかかり、よほどの認知効果がなければ関連性の期待を満たせないためです。したがって、多くの場合、最初の解釈仮説が最適な関連性を持つことになります。

　それでは、最適な関連性について Carston (2004: 639) を参考に、(31) を例として具体的に見てみます。

(31)　重要な仕事をナオミに任せられるか、上司が彼女の同僚であるケンに質問する。ケンは微笑みながら She has a brain. と答える。

ケンが微笑んでいることから、上司は 'Naomi can handle the work.' という解釈仮説を立てます。これは質問への答えを提供する点で十分な認知効果があり、字義的意味をもとに構築されていないため、暗意となります。また、この暗意を踏まえると、brain は 'high-functioning brain' を表すという解釈仮説が立てられ、そこから、ケンが 'Naomi has a high-functioning brain.' を伝えているという解釈仮説を立てます。この命題は十分な認知効果を生み出し（たとえば、上司も常々ナオミを高く評価していたなら、その想定を強める）、字義的意味をもとに構築されたものであるため、明意となります。このように、明意と暗意は相互に調整されながら構築されます。

　以上、RT のコミュニケーション・システムを概観しましたが、このシステムは**モジュール**をなすとされます（詳しくは Sperber (2005) や Sperber & Wilson (2002) 参照）。

4.　おわりに

　本章では、さまざまな語用論的現象を紹介しながら、語用論の主要なアプローチであるグライスの研究、新グライス派のホーンの研究、関連性理論の研究でそれらがどのように取り扱われ、説明されるのかを解説してきました。紙数に限りがあるので、取り上げられなかったことも多々あります。たとえば、3 節の関連性理論についての解説では、このアプローチにおいて展開されている**手続き的意味論**(procedural semantics) には触れられませんでした（Blakemore (1987) 参照）。手続き的意味論は現在も理論的に

も経験的にも研究が進展しており、日本語に見られる語用論的現象の解明
にも適用されています(武内(2015)参照)。

　最後に、日本語に関する語用論研究で興味深い事例を一つ見ておきます。
日本語の語用論研究は**共通語**を対象としたものが主ですが、**若者ことば**を
扱った研究もあります(Seraku & Akiha (2019))。たとえば、共通語の接尾
辞「―ぽい」は普通名詞(「油っぽい」)、形容詞の語幹(「安っぽい」)、動詞の
連用形(「怒りっぽい」)などに付きますが、基体となる語彙項目に制限が見ら
れます(「*消えっぽい」)。これに対して、若者ことばの「ぽい」は生産性が
高く、(32)では動詞の終止形に付き、接尾辞としての性格も不明瞭になっ
ています。他にも「察知したっぽい」、「思うに違いないっぽい」、「高いっ
ぽい」、「ヤブ医者だったっぽい」など、基体となる述語の品詞や述語と結
びつくテンス、アスペクト、モダリティ形式などの点で多様な「ぽい」が
付いた形態が見られます。

(32)　[自身のブログ記事で、ある種のイオンを出す扇風機を靴箱に向け
　　　て使用した結果について書いている]
　　　お、なんだか臭いが消えてるっぽい、ぽいぽい☆

(Seraku & Akiha (2019: 6))

若者ことばの「ぽい」は新しい意味機能を発達させています。(32)では
「ぽい」は「書き手は特定の情報(嗅覚情報)をもとに靴箱の臭いが消えたと
推定している」という意味を伝えており、発話の情報源を示す**証拠性**(evi-
dentiality)のマーカーとしての意味機能を担っています。このような意味機
能は共通語の「―ぽい」には観察されません。たとえば、「怒りっぽい」は
「すぐに怒る傾向がある」という意味を表すだけです。このように、若者こ
とばには共通語に見られないさまざまな性質が観察され、語用論の観点か
ら見て興味深いデータの宝庫であると言えます。

基 本 問 題

1.　冒頭の「月が綺麗ですね」について、本文とは異なるコンテクストを設定し、
　　そのコンテクストにおける明意と暗意を述べなさい。
2.　その暗意の構築プロセスを関連性の原理に従って説明しなさい。

発 展 問 題

1. 次の「誰からも」の解釈について考え、その解釈にはどのような語用論的操
作が関わるかを説明しなさい。

　　「この世には、誰からも好かれる人間なんていないものよ。だって、誰から
も好かれる人間を嫌う人間が必ずいるでしょ」(『白い巨塔』下線は筆者)

コラム❷: 統語と音のインターフェイス

キーワード: インターフェイス、重さ、音韻パターン、外在化、言語運用、重名
詞句転移(Heavy NP Shift)、線的順序、転移、左枝条件

統語と音の**インターフェイス**について、右や左という**線的順序**に言及する**転移**や転移に関わる制約を取り上げ、それらの音韻的動機づけについて考えます。

英語の *wh* 句移動は「左側への」転移ですが、(1)のような**重名詞句転移**(Heavy NP Shift: HNPS)は「右側への」転移です。説明の便宜上(1)には句構造の情報が一部表示してあります。

(1) This process [$_V$ brings] [$_{PP}$ to light] [$_{NP}$ the importance of recognizing the underlying structure of sentences].

動詞 *bring* は2つの補部をとり、通常 *bring* NP PP という語順で使われますが、NP が「重い」場合には、PP よりも右側の文末位置に NP が現れ PP NP となる傾向があります。このような転移は頻繁に起こり、(1)は手元の本を開いてすぐに目に入った例です。HNPS による転移は名詞句に限らず、(2)のように、CP(*that he has...*)が PP(*in the past*)を越えて文末に現れる例もあります。

(2) He has so clearly shown in the past that he has an open mind, good judgment and fierce determination, ...

Hawkins (1994, 2004, 2014)は、「左から右へ」と線的順序に基づいて**統語解析**を行うという人間の**言語運用**(第12章参照)に見られる特性から HNPS を説明しています。たとえば(1)について、動詞 *bring* の NP と PP を要求するという語彙情報から VP をできるだけ速く構築するためには、NP の存在を示す要素[$_{Det}$ the]と PP の存在を示す要素[$_P$ to]をできるだけ「早く」すなわち「左」に置くことが望ましく、その目的にかなうように「相対的により重い」要素は右側へ置かれることになる、と説明します((3a)参照)。Hawkins は、さまざまな言語のさまざまな語順に関わる現象に対して、言語運用の観点から説得力のあ

る説明を与えています。英語と異なり動詞を文末に置く日本語では、「重い NP を PP の左側へ置く」ことによって、VP を構成する NP, PP の存在を示す要素(それぞれ N, P)を動詞側に近づける傾向が見られることも指摘しています((3b)参照)。

（ 3 ）　a.　$[_{VP}$ V_____ $[_{PP}$ P...] $[_{NP}$ Det $|$ ... ...]]

　　　　b.　$[_{VP} [_{NP}$ ... ... $|$ N] $[_{PP}$ ...P] _____ V $|$]

そのうえで、統語解析を容易にする要因として、句の構成素を同定するために統語処理される単語が作る**構成素認識領域**((3)の _____ で囲んだ部分)が小さいほど好ましいという原則を定式化しています。

　ここまで「**重さ**」という概念を定義せずに用いてきましたが、「重さ」はどのように捉えられるのでしょうか。右方向の転移である HNPS では、その重さが音韻的に定義されうると思われる例があります。たとえば(4)が示すように、統語的にはすべて 1 語の名詞からなる NP([ ]で示した語)であっても、その**音韻的長さ**に比例して HNPS の容認度が増すことが観察されています (Shiobara (2001: 67)や Shiobara (2010)参照)。

（ 4 ）　a.　$^{?*}$　I looked up in the dictionary $[_{NP}$ *coif*].

　　　　b.　$^{?*-*}$　I looked up in the dictionary $[_{NP}$ *tsetse*].

　　　　c.　$^{?-??}$　I looked up in the dictionary $[_{NP}$ *antidisestablishmentaria-nism*].

　　　　d.　$^{ok-?}$　I looked up in the dictionary $[_{NP}$ *pneumonoultramicro-scopicsilicovolcanoconiosis*].

以上のことから、重名詞句転移は、言語運用を容易にするために音韻的に重い要素を「右へ」移動する**音韻的動機づけ**を持つ統語的操作であると言えます(なお、Medeiros et al. (2021)は NP が重いほど HNPS の容認度が増すわけではなく、頭打ちとなる「天井効果」が見られたという実験結果を報告しています)。

　次に、「左」に言及する制約として Ross (1967)の提案した**左枝条件**(Left Branch Condition: LBC)を見てみましょう。これは(5)が示すように、名詞句の左枝にある要素((5)では指定部にある *whose*)のみを転移することはできないという制約で、ラテン語や多くのスラブ系言語はこの LBC に従わないことが指摘されています(Ross (1967), Bošković (2005)など参照)。

（5） a.　Whose father did you see ＿＿＿？
　　　 b.　* Whose did you see ＿＿＿ father?

さらに、（6）が示すように、英語や日本語においても名詞句の左枝にあると考えられる要素が名詞から離れて現れることが可能な場合があります（日本語については Yatabe（1996）, Takahashi & Funakoshi（2013）, Shiobara（2016）などを参照）。

（6） a.　$^?$ Whose, I am wondering, letters did he decide to throw away?
　　　 b.　田中先生の、たぶんこれが最後の著書になるだろう。

統語と音のインターフェイスの観点からは、このような LBC に見られる言語内変異や言語間変異はどのように捉えられるでしょうか。

　（6a）では、左枝要素と名詞の間に介在するのは挿入句のみですが、（6b）ではそうではありません。挿入句は通常独立の音韻的な固まり、特に**イントネーション句**をなすことが知られています。Shiobara（2020）は、英語のように「強弱」の音韻パターンを持つ言語は基本的には LBC に従うので、（6a）の例では挿入句は音韻部門において NP 内に挿入され、*whose* は移動していないと分析しています。一方、日本語やスラブ系言語のクロアチア語のように「高低」の音韻パターンを用いる言語では、（6b）のような LBC に従わない例にはある特定の音韻パターンによる音韻的動機づけが見られます。これらの言語では、「高―低―高」の**メロディ**を示す限りにおいて、NP 内に要素が介在することが可能となっています。たとえば（6b）では、左枝要素である所有句「田中先生の」が高く、続く介在要素「たぶんこれが」が低く、次の名詞句表現「最後の著書」がまた相対的に高くなり、「高―低―高」のメロディを形成していると考えられます。

　このコラムでは、統語部門で線的順序に言及して捉えられてきた転移現象が、音韻的に動機づけられていたり制限されていたりすることを見てきました。重い要素の転移や左枝要素の転移そのものが統語的な操作なのかあるいは**外在化**という音韻的な操作なのかは最新の**ミニマリスト・プログラム**の研究課題です。「統語と音のインターフェイス」という表現は、統語と音がそれぞれ独立の**モジュール**を形成していることを含意しますが、Richards（2016）の研究のように音韻的操作の一部は統語部門においてすでに始まっているとする考えもあります。これまで統語的と思われてきた現象の「音」を分析することは、人間の**言語機能**の在りようを探るうえで、重要な示唆を与えてくれそうです。

コラム❸：統語と意味のインターフェイス

キーワード：インターフェイス、逆の作用域、削除現象、焦点移動、省略、数量詞繰り上げ(QR)、束縛関係、対比、動詞句削除、剥ぎ取り、Why 剥ぎ取り

　本書第 2 章 (9) では、「統語演算システムは感覚運動システム (**音声部門**) ならびに概念意図システム (**意味部門**) への入力である」と述べられており、第 5 章〜第 8 章では、統語操作により構築される階層構造から得られる情報によって文の意味解釈が左右される事例が挙げられています。一方、統語と意味の**インターフェイス**について研究を進めて行くと、意味的な制約や概念が逆に統語操作に影響を与えることはまったくないのかという疑問も生まれます。本コラムでは、統語操作が意味的な制約や概念に動機づけられているのではと考えられる 2 つの言語事象を取り上げて、この疑問について検討してみます。

　まず、(1)〜(3) に基づき、数量詞の作用域の解釈について考えてみます。

（ 1 ）　Some boy kissed every girl.

（ 2 ）　a.　[[$_{QNP}$ some boy] [[$_{QNP}$ every girl] [[~~some boy~~] [kissed [~~every girl~~]]]]].

　　　　b.　[[$_{QNP}$ every girl] [[$_{QNP}$ some boy] [[~~some boy~~] [kissed [~~every girl~~]]]]].

（ 3 ）　a.　Some boy kissed every girl, and Mary did, too.

　　　　b.　[$_{TP}$ ... [$_{VP}$ kiss every girl]]and [$_{TP}$ Mary [$_{T}$ did] [$_{VP}$ ~~kiss every girl~~]], too.

第 8 章 3 節に詳述されているように、(1) は**数量詞**の作用域の解釈があいまいな文です。(1) では、(2a) と (2b) のような 2 通りの**数量詞繰り上げ**(QR) が可能です。QR の適用により、存在量化子となる *some* のほうが高い位置を占める (2a) の階層構造からは「1 人の少年がすべての少女にキスした」という解釈が、全称量化子となる *every* のほうが高い位置を占める (2b) の階層構造からは「すべての少女についていずれかの少年がキスした」という解釈が得られます。QR が適用された階層構造において 2 つの数量詞の **c 統御関係**は、(2a) では発

音される表層音形（1）と同じですが、（2b）では c 統御関係が逆転しています。
（2b）のような構造から得られる解釈は**逆の作用域**（inverse scope）の解釈と呼び
ます。

　不思議なことに、（1）の後ろに接続詞 *and* に後続して *Mary did, too.* という
後文が付け加わった（3a）では、この逆の作用域の解釈は得られず、一義的に解
釈されます。（3a）の接続詞 *and* の前の *Some boy kissed every girl.* という
前文は「1 人の少年がすべての少女にキスした」という *some* が広い作用域の
解釈しか持ちません。（3a）の後文 *Mary did(, too).* は、**削除現象**（ellipsis）の
一種で**動詞句削除**（VP ellipsis）と呼ばれます。（3b）のように後文の削除される
VP（[$_\text{VP}$ ~~kiss every girl~~]）は前文の先行詞 VP に対応して同じ意味（'kiss every
girl'）に解釈されますが、後文は主語 *Mary* と時制辞 T を担う *did* のみが発音され、
VP を構成する要素は発音されません。このような「意味はあるが音形がない」
というような削除現象は、統語部門で存在している要素が、意味部門では解釈
されるが音韻部門では解釈されない事象であると考えることができます。

　逆の作用域は（1）では可能なのに、なぜ（3a）では不可能なのでしょうか。「先
行詞を含む前文が逆の作用域を持つ場合、それと並行して削除を含む後文の逆
の作用域も意味的な効果を生み出さなくてはいけない」と略述されるような**削
除作用域の一般化**（Ellipsis Scope Generalization）が知られています（Fox（1995,
2000）参照）。（3a）では動詞句削除を含む後文の主語 *Mary* は数量詞名詞句では
ないので、*every girl* に QR が適用されてもされなくても、*every girl* の作用
域に意味的違いがないので、QR が適用される必要がありません（第 8 章では
QR によって項位置に束縛変項が生じると考えていますが、この考え方では束縛変
項は QR がなくとも保証されることになります）。一方、前文の *Some boy
kissed every girl.* でだけ *every girl* に QR が適用されてしまうと前文と後文
の並行性を崩すため、結局「逆の作用域」を持つ構造は派生できません。この
ような「意味の違いを導かない QR は生じない」という制約は、「数量詞同士の
相関により可能な読みが得られる」という意味上の動機が QR という統語操作
の可否に影響している事例と言えます（Hackl（2013）も参照）。

　次に、（4）〜（8）に基づき、焦点移動と削除の関わる事象を考えてみます。

（4）　John ate an apple, not an orange.
（5）　A: John was eating an orange.　B: Why an orange?
（6）　A: Every linguist recommended his own book.
　　　 B: Why his own book?

（7）　Why did every linguist recommend his own book?

（8）　... not / Why [an orange] [~~John ate~~ [~~an orange~~]]

（9）　a. *Not an orange John ate.

　　　 b. *Why an orange John was eating?

　（4）は**剝ぎ取り**（stripping）と呼ばれる事象で、後半部の *not an orange* は "John didn't eat an orange." と同様の意味を持ち、前半部の *an apple* と後半部の *an orange* が**対比**された解釈を持ちます。（5B）は Yoshida et al.（2015）が **Why 剝ぎ取り**（why-stripping）と名づけた事象で、B の発話は "Why was John eating an orange?" と同じ意味を持ち、「なぜ他の物ではなくオレンジを食べていたのか」のように *an orange* を他の物と対比させた解釈を持ちます。

　これらの事象では、「対比される要素」は**省略**されていない文において成り立つのと同種の**束縛関係**を示します。たとえば、Why 剝ぎ取り（6B）の対比要素 *his own book* の *his* は、省略されていない（6A）や（7）の文の *his* と同じく、全称量化子が代名詞を束縛する場合に可能な「*every linguist* のそれぞれ」を指し示す解釈を持ちます。このことは、Why 剝ぎ取り（6B）においても、発音されない主語の *every linguist* が統語部門では構造上存在することを示唆しています。

　このような特徴に着目し、Nakao（2009）は（4）の剝ぎ取りを、Yoshida et al.（2015）は（5）の Why 剝ぎ取りを、それぞれ焦点移動と削除を含む事象として分析しています（Depiante（2000）も参照）。これらの分析では、（8）のように焦点要素が文頭に移動した残りの要素が削除されることによって剝ぎ取りや Why 剝ぎ取りによる文が生じることになりますが、（8）で推定されるような焦点移動は（9）が示すように削除が伴っていない環境においては許されません。このように剝ぎ取りでも Why 剝ぎ取りでも、焦点移動は「焦点要素が何かと対比される」と意味的に制約され、かつ削除が起こる（先行詞と対応する要素が発音されない）特別な環境において許されるような統語操作だと言えます。

　このような事象に、Merchant（2004）は「焦点移動を引き起こす主要部が削除を引き起こす削除素性［E］も義務的に持つ」という統語的な説明を与えています。しかし、そもそもどのような場合に削除が可能になるかというと、（3）～（6）のように先行詞と削除される要素が「意味的に同一」な場合です。このように削除の条件自体に意味的制約が関わっているならば（Merchant（2001）等参照）、（8）の焦点移動も「焦点要素の対比」と「削除部分の意味的な同一性」という意味的概念によって可能になる統語操作の事例だと言うことができます。

第 III 部
こころと脳を探る言語研究の展開

第**10**章
言語の獲得 1： 第一言語の獲得

《この章で考えること》
1. 言語獲得における「刺激の貧困」とはどのようなものでしょうか。
2. 代名詞の後方照応に関する制約はどのように獲得されるでしょうか。
3. 否定文における選言接続詞の解釈はどのように獲得されるでしょうか。

キーワード： 一次言語資料、言語獲得機構、肯定極性表現、刺激の貧困、条件C、
　真偽値判断課題、選言、束縛理論、第一言語獲得、デフォルト仮説、否定証拠、
　連言的解釈、c 統御

1.　刺激の貧困と子どもの言語知識

　人間の子どもは、この世に生まれて成長していく過程でいつの間にか、
自分の身の回りで話されている言語を身につけます。聞いたことのある単
語や表現をただ繰り返すだけではなく、自ら新しい文を作り出して自分の
意思を他者に伝えることができるようになります。これまで一度も聞いた
ことがない文であっても、それを構成する単語の意味がわかれば全体の意
味も即座に理解できるようになります。初めて出会った文に対して、「これ
は自然な文」「これは不自然」「この文はこういう意味に取れる」「この文は
こうは解釈できない」などなどの判断ができるようになります。このよう
な創造的な言語使用が可能である、ということは、子どもの第一言語(first
language) / 母語の獲得は単語やフレーズの「丸暗記」に終わるものではな
く、初めて出会った文に適用可能な抽象的**言語知識**の習得が含まれること
を意味します。
　第一言語獲得研究の課題は、①子どもがどんな言語知識を持っているの
かを明らかにすること、そして②その言語知識を子どもがどのように身に
つけたのかを考察し、言語獲得を可能にするメカニズムについての理論を

構築することです。また、ある年齢層の子どもが持つ言語知識が、周りの大人の知識と一致していなかった場合、どうしてそのような不一致が起こったのか、そしてその不一致がどのように解消されるのかを説明する必要が生じます。これらの課題は、第 2 章で解説されている生成文法の研究課題の「知識の問題」と、「獲得の問題」にそれぞれ対応しています。しかし、対象が子どもであるがゆえに、この研究分野独特の問題が生じます。たとえば、子どもは大人のように内省や文法性判断を行うことが難しく、子どもの知識の性質を知るためには大規模な発話データの分析や、工夫を凝らしたさまざまな行動実験を行う必要があります。

　子どもが言語知識を獲得する際に働いている脳内のメカニズムを、**言語獲得機構**(Language Acquisition Device: LAD)と呼ぶことにしましょう。そして、子どもに与えられる言語経験を、**一次言語資料**(Primary Linguistic Data: PLD)と呼ぶと、子どもが持つ言語知識は LAD と PLD の相互作用によって生み出されるものである、という図式を描くことができます。この図式に沿って考えると、一次言語資料の性質と、子どもが持つ言語知識の性質を明らかにし、それらを比較対照すれば、言語獲得機構がどのような性質を持っていなければいけないか、についての知見が得られることになります。ここで重要なのは、**刺激の貧困**(poverty of the stimulus)という概念です(第 2 章参照)。刺激の貧困とは、獲得される言語知識に、一次言語資料と**一般的知識獲得機構**のみから論理的に導くことができないような性質が含まれている状態を指します。ある言語知識について、刺激の貧困という状態が成立しているにもかかわらずそれが獲得されているのであれば、一次言語資料と獲得された知識の間のギャップを埋める何かが、生得的に言語獲得機構に組み込まれていると考える根拠になりえます。

　生成文法理論は、人間の脳には言語獲得のための生得的基盤が備わっている、とする仮説を掲げています。しかし、この考え方について、しばしば批判が寄せられてきたことも事実です(Elman et al. 1996; Tomasello 2003 など)。そこで本章では、子どもの第一言語獲得における実際のデータを参照しながら、そのデータが描き出す「刺激の貧困」の実態と、それが生成文法に基づく言語獲得の理論に対して提示する問題について論じます。刺激の貧困と**生得性**に関する議論の構造を理解することで、この問題の全体像についてよりよい理解に近づきましょう。

2. 研究の方法

研究の具体例を見る前に、子どもの言語知識を探る方法について整理しておきましょう。

言語獲得に限らず、発達を実証的に研究する際には、①**縦断的**(longitudinal)方法と②**横断的**(cross-sectional)方法のいずれかが選ばれます。①は同一の被験児(群)をずっと対象にする方法で、②は一定の年齢群に属する被験児群(たとえば、2 歳児群と 3 歳児群)を対象にするものです。①は同一被験児の発達を確実に捉えることができる可能性が高いのですが、時間がかかります。②はたとえば、対象とした 2 歳児群が 1 年後に、対象とした 3 歳児群と同じ状態になるかどうかの保証はありませんが、①に比べ短時間で調査ができる利点があります。

別の面から、子どもの言語知識を探る研究の方法を見ると、Ⓐ**発話分析**とⒷ**実験**の 2 つがあります。Ⓐは自然な状況での子どもの発話を資料とするという利点がありますが、研究者が求めている性質を持った発話(たとえば、受動文)が観察されるという保証はありません。逆に、Ⓑでは研究者が求めている情報を得られる可能性が高くなりますが、実験の方法が洗練されたものでないと、被験児の反応に言語知識以外の要因が計算外の仕方で反映されてしまう危険性があります。

①と②、ⒶとⒷの組み合わせ方は自由ですので、4 通りの組み合わせがあり得ますが、実際のところは、①・Ⓐと②・Ⓑの組み合わせがよく用いられます。実際、本章の 3 節と 4 節で取り上げる研究事例はいずれも②・Ⓑの組み合わせによるものです。

近年、コーパス言語学の発達により、子どもの発話コーパスや分析ツールも以前よりずっと身近で、ずっと充実したものとなりました。特に、**CHILDES** (CHIld Language Data Exchange System)はインターネット上に公開されたデータベースと分析ツールで、マニュアルを含めだれでも無料で使うことができます。URL は https://childes.talkbank.org/ です。英語や日本語をはじめ、多くの言語に関するデータが収められています。また、研究テーマや文献などについての情報も得ることができるので、関心のある読者はこのサイトを訪ねてみることを勧めます。本書の付録「事例研究 1」では、CHILDES についての説明があるので、参考になります。

3.　代名詞の後方照応とその制約

　最初に、英語の代名詞の解釈に関する制約と、その制約の形成について
取り上げます。(1a)と(1b)には、それぞれ代名詞 he が含まれています。ど
ちらも文法的な英語の文ですが、he の解釈の可能性について違いがありま
す。

（1）　a.　John ate pizza while he was watching TV.
　　　　b.　He ate pizza while John was watching TV.

(1a)の he は、John を指す(指示する)ものとして解釈することができます
が、(1b)では he＝John という解釈ができません。(1a)は「ジョンはテレ
ビを見ながらピザを食べた」という解釈ができますが、(1b)は「ジョンが
テレビを見ている間、he(＝ジョンではない誰か)がピザを食べた」という意
味にしか取れないのです。

　(1a)と(1b)の違いについて説明しようとするとき、おそらく多くの人が
最初に考えつくのは、代名詞と他の名詞との間の順序関係に基づく仮説で
す。(1a)では代名詞 he の前に名詞 John が現れ、he は John を指示するこ
とができます。それに対して(1b)では John は he の後に現れていて、he は
John を指示しません。ならばこれは単純に、「代名詞は前に出てきた名詞
句を指示することができるが、それより後ろに出てきた名詞句を指示する
ことはできない」ということなのではないか、となるわけです。

　しかし、この「順序仮説」は、以下の例によって反証されてしまいます。

（2）　a.　While John was watching TV, he ate pizza.
　　　　b.　While he was watching TV, John ate pizza.

(2a)での順序は John → he, (2b)では he → John です。すると順序仮説が
正しければ、(2a)では he ＝ John という解釈が可能で、(2b)では不可能に
なるはずです。しかし実際には、(2a)も(2b)も he＝John という解釈がで
きるのです。特に重要なのは(2b)で、この文における he は、それよりも
後ろに現れた名詞句を指示しているものとして解釈することができます。
このような代名詞の解釈を、**後方照応**(backward anaphora)と呼びます。

　代名詞の後方照応は、(1b)では不可能ですが、(2b)では可能です。この
対比から、後方照応の可能性に関して何らかの制約が働いていることがわ

かります。生成文法においてこの制約は、**c 統御**(c-command)という**構造的な高さ**の概念を用いて定義されます(第 5 章参照)。

（3） 代名詞は、それが c 統御する指示表現(R-expression)と同一の対象を指示することができない。

この制約は、生成文法における**束縛理論**(Binding Theory)で、**条件 C**(Condition C)と呼ばれています(Chomsky (1981)参照)。

「英語の代名詞の解釈は、要素の線的な順序によってではなく、構造的な「高さ」の関係によって制約されている」というのは、大人の英語話者の言語知識の一部です。ではこの制約は、いつどのように話者の言語知識の一部となったのでしょうか。英語を母語として獲得する子どもたちは、どのようにしてこの制約を「発見した」のでしょうか。

Crain と McKee は 1985 年に、**真偽値判断課題**(Truth Value Judgment Task)という手法を用いて、英語を母語とする子どもを対象に代名詞解釈を調べました(Crain & McKee (1985))。この課題においては、実験者が子どもとパペット(もう一人の実験者が操作している人形)の前で、何らかの「お話(ストーリー)」をおもちゃを使って実演します。その「お話」が一段落すると、パペットは「今のお話の中では、こうだったよね？」と前置きしてからテスト文を提示します。子どもはそれを聞いて、パペットが言ったことが合っていたか間違っていたかを判断します。

Crain と McKee の実験から具体例を挙げましょう。彼らの実験で用いられたあるストーリーには、男性(a man)とライオンが登場します。男性もライオンもお腹を空かせていて、農場にいるニワトリを盗んで食べようと考えます。ライオンは機転を利かせ、箱に入って姿が見えないようにして、箱の中からこっそりニワトリを盗みます。ライオンが箱から出た後、男性も真似をして箱に入り、ニワトリを盗みます。ここで、子どもと一緒にこのお話を聞いていたパペットが、次のテスト文を提示します。

（4） When he stole the chickens, the lion was in the box.

子どもはこの文を聞いて、パペットの言ったことがお話に照らして「合っていたか間違っていたか」を判断することを求められます。この判断において重要なのは、代名詞 he の解釈です。When によって導かれる従属節の主語である he を、ストーリーに登場した「男性」を指すものと解釈する

ならば、(4)は「間違っている」ということになります。男性がニワトリ
を盗んだとき、ライオンはもう箱の中にはいなかったわけですから。一方、
(4)の he に後方照応の解釈を与え、「ライオンはニワトリを盗んだとき箱
の中にいた」とするならば、これはお話の内容と「合っている」ことにな
ります。したがって、子どもが「間違っている」と答えたか「合っている」
と答えたかに応じて、代名詞 he を男性とライオンのどちらを指すものと
解釈したのかを推定できます。

　実験に参加した 62 名の英語母語話者の子ども(平均年齢 4 歳)から得られ
たデータは、(4)のタイプの文に対して「合っている」と判断した反応が
73% を占めました。つまり、これらの子どもたちはその大半が、(4)にお
いて代名詞の後方照応を許容したことになります。これは(3)の制約に矛
盾しない反応パターンです。(4)の he は、when に導かれる従属節内に埋
め込まれており、the lion を c 統御していないので、後方照応は条件 C に
よって排除されません。では、代名詞が後ろに続く名詞を c 統御している
場合は、子どもは代名詞をどのように解釈するのでしょうか。

　この問いに答えるため、Crain と McKee は、(5)のようなテスト文でも、
同様に真偽値判断課題の実験を行いました。

（ 5 ）　He ate the hamburger when the Smurf was in the fence.

(5)のテスト文は、(1b)の文と同じ構造を持っています。このテスト文で
は he が the Smurf を c 統御しており、he＝the Smurf の解釈は不可能です。
Crain と McKee は実験で、「Smurf はフェンスの中でハンバーガーを食べ
ているが、もうひとりのキャラクター(Gargamel)はハンバーガーが嫌いな
ので食べない」というストーリーを聞かせた後、(5)を提示しました。す
ると、子ども達の「合っている」という反応は全体の 12% しか観察され
ませんでした。これは、(4)を提示された時の、「合っている」反応が 73%
という結果と大きく違っています。もし(5)においても子どもたちが代名
詞の後方照応を許し、he＝the Smurf と解釈したなら、判断は「合ってい
る」になるはずです。しかし子どもたちはほとんどの解答において「間違っ
ている」と答えました。この反応パターンから、(5)のような文では(4)と
は違い代名詞の後方照応ができない、ということを子どもがわかっている
と考えられます。

　ここまでの結果をまとめましょう。Crain と McKee は、子どもに対して

ストーリーの後にテスト文を提示し、それがストーリーに合致しているか
を判断させました。ストーリーの内容は、テスト文に含まれる代名詞に後
方照応の解釈を与えれば「合っている」ことに、代名詞が文中には含まれ
ない別のキャラクターを指していると解釈すれば「間違っている」ことに
なるものです。テスト文は、(4)タイプの、代名詞が後続の名詞句をc統
御していないものと、(5)タイプの、代名詞が名詞句をc統御しているも
のが用いられました。子どもの「合っている」という反応は、(4)タイプ
では73％、(5)タイプでは12％でした。この結果は、子どもが(4)タイプ
の文では代名詞の後方照応を許すが、(5)タイプではそれを排除している
ことを示唆します。代名詞と名詞句の**線的順序**関係は変わらないのに、(4)
と(5)で解釈を変えるということは、「子どもは代名詞解釈に関する構造的
制約である条件Cを知っていて、それに従っている」ことを強く示唆する
ものだ、と言えます。

　この研究でさらに興味深いのは、被験者の中でもっとも年齢が低い子ど
もたちでも反応パターンは同じだった、という点です。62名の被験者の中
から、3歳以下の子ども7名のデータを抜き出して分析すると、(4)タイプ
で「合っている」反応は86％、(5)タイプでは21％となりました。子ど
もは、代名詞解釈の後方照応について、3歳ぐらいですでに、基本的に大
人と同じ解釈パターンを示すようになっているようです。これは、英語を
母語とする子どもが、3歳の時点ですでに、条件Cの知識を持っているこ
とを示すと言えるでしょう。

　ここで、3歳の子どもの言語知識に、条件Cが含まれていることの意味
について考えてみましょう。まず、この制約はある特定の代名詞解釈パター
ンを排除するものであることに注意が必要です。ここで重要なのは、一次
言語資料には、たとえば「この代名詞はこう解釈することは**できない**」と
いう情報は含まれていない、という点です。子どもが(1b)や(5)のような
文が使われるのを聞き、代名詞heが文中で言及されていない誰かを指示
していることを正しく理解したとしても、その経験から「代名詞が後方照
応<u>できない</u>」ことは導けません。「この特定の発話では、代名詞は後方
照応していなかった」という観察は、「代名詞は常に後方照応できない」と
いう結論を保証しないからです。「○○は不可能である」という情報を**否定
証拠**(negative evidence)と呼びますが、一次言語資料は否定証拠をほとん
ど含んでいません。「周りの大人がこういう文を発話した」ということは、

「そのような文が可能である」ことは示しますが、どんな文やどんな解釈が不可能であるかは示してはくれません。「ある特定の条件下では、文脈がどのようなものであるかにかかわらず、ある種の代名詞解釈が不可能である」という条件 C のような制約が存在すること自体、子どもには一次言語資料から「発見する」のが困難なことなのです。

　さらに、子どもが上の例文(1)の後で検討した「順序仮説」を誤って採用している様子もありません。これも不思議なことです。実際の言語使用においては、代名詞は先行文脈に現れた名詞句を置き換えて使われる場合が大多数なので、一次言語資料内では、代名詞のほとんどは後方照応していないことになります。したがって、子どもが少なくとも発達の初期段階において、「代名詞はそれより前に出てきたものを指示するのであって、後ろに出てきたものを指示することはできない」というような、要素の線的順序に基づく仮説を誤って採用するという状況は起こりうるように思われます。しかし実際には、3 歳の時点で線的順序ではなく構造関係に基づく制約が獲得できており、発達の途中段階で順序仮説が働いている様子はありません。では、子どもはどのようにして順序仮説を避けたのでしょうか。大人の文法研究で順序仮説が否定される際には、(1b)と(2b)の比較において「(1b)では後方照応が不可能だが(2b)では可能」という観察が重要な証拠となりましたが、子どもにはその比較の機会は与えられているとは考えられません。上で述べた通り、一次言語資料から「○○は不可能」という情報を見出すのは非常に困難なので、「(1b)のような文では後方照応が不可能」という情報が、子どもには利用できないものなのです。

　以上の考察から浮かび上がるのは、子どもが 3 歳の時点で条件 C を獲得しているという観察が、第一言語獲得における「刺激の貧困」を際立たせるものである、ということです。3 歳は**言語発達**の初期段階で、それまでに子どもに与えられ、子どもが利用できる言語資料は限定されています。にもかかわらず子どもは、そのような言語資料から導き出されたとは考えにくい、抽象的な統語構造に基づく制約を大人と同じように使いこなしています。これは、当該の制約、すなわち条件 C が、経験から学習されるものではなく、生得的な言語知識の一部であると考える強い根拠になります。

4. 選言接続詞の解釈

　次に、**選言接続詞**の解釈の獲得に関する研究を見ていきましょう。選言

接続詞を含む**論理接続詞**(logical connectives)の意味を子どもがどのように身につけるのかは、近年第一言語獲得研究で大きな注目を集めています(Crain (2012), 郷路 (2020))。この問題が興味深いのは、**否定**(negation)を含む文の解釈において、体系的な言語間差異が見られる点です。

　英語と日本語の比較から始めましょう。(6a)に含まれている接続詞 or を、これ以降**選言**(disjunction)と呼びます。対応する日本語の表現は、(6b)に含まれる「か」です。

（6）　a.　John ate sushi or pasta.
　　　　b.　ジョンは寿司かパスタを食べた。

(6a)の英語の文と(6b)の日本語の文は、どちらも同じ意味を持っていると考えられます。どちらの文も、**命題**「ジョンは寿司を食べた」と「ジョンはパスタを食べた」のどちらか1つが真であるような状況なら、真であると判断されるでしょう。

　次に、(6)の文を否定文にしたものを比較してみます。(7a, b)は、(6a, b)にそれぞれ**否定辞**(not / ない)を足しただけのものですが、英語と日本語で解釈に違いが生じます。

（7）　a.　John didn't eat sushi or pasta.
　　　　b.　ジョンは寿司かパスタを食べなかった。

まず、(7b)の日本語文から見ていきます。日本語母語話者の大人がこの文を読んだ時に最初に頭に浮かぶ解釈は、「ジョンは寿司かパスタの<u>どちらかを食べなかった</u>」のようにパラフレーズできます。つまり日本語話者にとって(7b)は、たとえば「ジョンが寿司を食べず、パスタだけを食べた」状況では真になります。しかし、(7a)に対する英語話者の解釈はこれと違っています。(7a)の意味は、「ジョンは寿司もパスタも<u>どちらも食べなかった</u>」とパラフレーズされます。英語話者にとっては、ジョンが寿司を食べパスタを食べなかった状況では、(7a)は真になりません。

　英語の解釈は、「XかYのどちらか」ではなく、「XもYもどちらも」という**連言**(conjunction)を含む否定文でパラフレーズできるため、この解釈は**連言的解釈**(conjunctive interpretation)と呼ばれます。連言的解釈は、選言接続詞が否定の意味的影響下にあることの論理的帰結と考えられます。**論理和**∨を選言 or に、**論理積**∧を連言 and に、**否定**￢を not と対応させ

て考えれば、(7a)の連言的解釈は論理学の**ド・モルガンの法則**に当てはまるものとして捉えることができます。

（8）　a.　¬（P∨Q）≡ ¬P∧¬Q（ド・モルガンの法則）

　　　　b.　not（P or Q）≡ not P and not Q（選言の連言的解釈）

　　　　c.　not（(John ate sushi) or (John ate pasta)) ≡
　　　　　　not（John ate sushi）and not（John ate pasta）≡
　　　　　　John didn't eat sushi and John didn't eat pasta（(7a)の解釈）

この連言的解釈は、日本語の(7b)では生じません。これは、日本語の選言「か」が、(7b)においては否定の意味的影響を受けていないことを示唆します。ではどうして(7b)の「か」は、「否定されていない」のでしょうか。もっとも単純な仮説は、「か」がそもそも否定の意味的影響を受けないような要素である、とすることでしょう。「か」は英語の or と本質的に意味的性質の異なる要素であり、論理学上の論理和∨に対応しておらず、「否定される」ことがないので、(7b)の否定文でも「X か Y のどちらか」という選言的解釈を持ち続ける、と考えるのです。この仮説を仮に、「非論理語仮説」と呼ぶことにしましょう。

　「非論理語仮説」は、「か」はどんな環境でも否定の意味的影響を受けず、したがって決して連言的解釈を持つことはない、と予測します。しかしこの予測は、(9)のような日本語の文で反証されます。

（9）　a.　ジョンは[寿司かパスタを注文した]と言わなかった

　　　　b.　ジョンは[寿司かパスタを注文した]人を見つけられなかった

(9a)の解釈は、「ジョンは寿司を注文したとも、パスタを注文したとも言わなかった」と連言的にパラフレーズできます。(9b)も同様に、「ジョンは寿司を注文した人も、パスタを注文した人も見つけられなかった」とパラフレーズすることができます。同様の連言的解釈は、対応する英語の文(10)でもまったく同じように得られます。

（10）　a.　John didn't say that [he ordered sushi or pasta]

　　　　b.　John couldn't find a person [who ordered sushi or pasta]

(7)で見られた日本語と英語との不一致は、(9)と(10)の間では消えてしまっています。ここでは「か」と or から、同じように連言的解釈が生じて

います。どうも、「か」がいかなる時も「否定されない」というわけではなさそうです。

　(9)と(10)の例文中の［　］は、文中に埋め込まれた節を表します。どの文でも、選言接続詞はこの**埋め込み節**内にありますが、否定辞は埋め込み節の外側に現れています。ここからわかるのは、「か」にとっては、否定が同一節内に存在するかどうかが重要であるらしい、ということです。(7b)のように、同一節内に否定がある時は、「か」は否定の意味的影響を受けず、否定がない時と同じように選言的解釈しか持ちません。しかし、(9)が示すように、節の外側からは or と同じように否定の意味的影響を受け、連言的解釈を生み出します。これは一見非常に奇妙な性質に思えますが、自然言語における**肯定極性表現**(positive polarity items)と呼ばれる要素に共通することです。たとえば英語の some / something / someone なども、否定との意味関係に関してまったく同じ性質を示すことが指摘されています(Szabolcsi (2002), Goro (2007)等参照)。

　以上をまとめると、日本語の「か」と or の違いは、前者が肯定極性表現であるのに対して、後者はそうではない、ということになります。この対比は、他の言語の選言接続詞についても観察されています。たとえば、**ハンガリー語・中国語・イタリア語**などの選言は日本語型の**肯定極性**を持つが、**ドイツ語**の選言は英語と同様に肯定極性を持たないことが指摘されています(Szabolcsi (2002), Crain (2012), Pagliarini et al. (2018), Geçkin et al. (2018))。前者の言語において、否定と選言接続詞は同一節中に現れると連言的解釈を生み出しませんが、後者に関してはそのような制約は見られません。

　では、この「選言接続詞の肯定極性」という性質は、子どもにはどのように獲得されるのでしょうか。この問題に最初に取り組んだのは、日本語を獲得中の幼児を対象とした Goro と Akiba の実験研究です(Goro & Akiba (2004))。Goro らは真偽値判断課題を用い、(11)のようなテスト文がどのように解釈されるかを調べました。

　(11)　ぶたさんは、ケーキは食べたけど、にんじんかピーマンを食べなかったよ。

　(11)は、キャラクター「ぶた」が、ケーキとにんじんとピーマンを与えられ、ケーキを食べた後ににんじんかピーマンの片方だけを食べて、もう

片方は食べなかった、というストーリーの後で提示されました。実験に参加した大人の被験者は、この状況で(11)のようなテスト文を常に「合っている」と判断しました。大人は(11)の「か」を選言的に解釈し、「(ぶたは)にんじんかピーマンのどちらかを食べなかった」という意味にとった、と考えられます。これに対して、子どもの被験者30人(平均年齢5歳)からは、(11)のようなテスト文に対する「合っている」という反応は25％しか得られませんでした。さらに、「間違っている」という反応は、子どもの反応全体の75％に及びました。そして「間違っている」と答えた後に、「どうして間違ってるの」と問われた子どもの被験者は、「だってぶたさんは、片方は食べたから」などと説明したのです。この反応パターンと説明は、子どもの大多数が(11)のような文に対して、「(ぶたは)にんじんもピーマンもどちらも食べなかった」というような連言的解釈を与えたことを示唆します。

　Goroらの実験結果は、日本語を母語とする子どもの否定文における「か」の解釈が、周りの日本語話者の大人と違っていることを示しています。この子どもと大人のずれの原因として、まず検討しなければいけない可能性は、「子どもは「か」を選言接続詞ではなく、連言接続詞だと思っている」というものです。たとえば子どもには「か」と「と」の区別がついておらず、(11)のようなテスト文を「(ぶたは)ピーマンとにんじんを食べなかった」のように解釈していたとすれば、子どもの反応パターンは説明がつきます。Shimada & Goro (2021)は、この可能性を検証するため、(12)のようなテスト文に対する子どもの反応を比較する実験を行いました。

(12)　a.　リスさんはピーマンかにんじんをたべれなかった。
　　　b.　ゾウさんかクマさんがピーマンをたべれなかった。

(12a)では、「か」が目的語の位置にあります。それに対して(12b)では、「か」が主語位置に現れています。この違いは日本語話者の大人にとっては「か」の解釈の違いを生みません。これに対して対応する英語の文では、主語位置のorが連言的解釈を受けないことが知られています。

(13)　a.　The squirrel couldn't eat the pepper or the carrot.
　　　b.　The elephant or the bear couldn't eat the pepper.

(13a)ではorは目的語位置に現れています。(13a)は、前に見た(7a)と同

じように、「リスはピーマンもにんじんもどちらも食べられなかった」という連言の解釈を受けます。一方、orが主語に含まれる(13b)の解釈は、「ゾウかクマのどちらかがピーマンを食べられなかった」となります。この場合、「ゾウもクマもどちらもピーマンを食べられなかった」という連言的解釈は生じません。これは、主語が否定にc統御されていないため、主語位置のorは否定の意味的影響を受けないためだと考えられます。

ShimadaとGoroの実験では、まず目的語位置に「か」が現れた(12a)のようなテスト文に対して、日本語母語話者の子どもが連言的解釈を与えることが確認されました。これは先行研究の結果の再現と言えます。しかし、主語位置に「か」を含む(12b)のようなテスト文が、「ゾウかクマのどちらかがピーマンを食べなかった」という状況で提示されると、子どもはほぼ100％「合っている」と反応しました。子どもたちは、主語位置の「か」には選言的解釈を与えたことになり、この結果は、「子どもには「か」と「と」の区別がついていない」という可能性を排除します。どうやら日本語話者の子どもは正しく「か」を選言であると認識していて、その上で否定文に現れた「か」の解釈を、否定にc統御されているかどうかで変えているようなのです。

このような実験を通して浮かび上がってきた日本語話者の子どもの「か」に関する知識は、非常に興味深い形で大人のそれと異なっています。まず、子どもは「か」が選言であることがわかっているし、それが否定にc統御された時は連言的解釈を生むということも知っています。これは前に考察した「非論理語仮説」を子どもが正しく排除できている、ということを示します。そして子どもは、「か」を肯定極性表現として扱わず、同一節内に否定辞を含む際に連言的解釈を与えます。したがって日本語話者の5歳児の選言接続詞に関する知識は、英語話者の大人が持つ知識と同じものだ、とも言うことができます。問題はもちろん、これらの子どもたちに与えられていた一次言語資料は英語ではなく、日本語であるということです。

日本語話者の大人は(11)を「にんじんかピーマンの、どちらかを食べなかった」と解釈し、「どちらも食べなかった」という状況なら「か」を使わずに「にんじんもピーマンも食べなかった」と表現するでしょう。つまり、日本語を獲得する子どもに与えられる一次言語資料の中には、「(11)のような文が連言的解釈を持つ」と示すものは含まれていない、と考えられます。しかしそれにもかかわらず、日本語を話す5歳児(の大半)は、一次言

語資料には含まれない連言的解釈を利用しつつ、それを制限なしにどんな「か」に対しても当てはめるのではなく、英語話者と同じように否定辞との構造的関係（＝ c 統御）に基づいて解釈を決めているのです。ここで生じている「刺激の貧困」は、条件 C の獲得に関して考察したものよりいっそう深刻です。「か」の解釈が否定からの c 統御の有無によって変わるということを示すデータは、「か」を肯定極性表現とする日本語話者の大人の発話の中には含まれようがありません。大人にとっては、「か」が否定文の主語位置に現れようが目的語位置に現れようが、解釈は同じになってしまうのですから。

　この分野における研究の発展は、日本語の子どもで確認された「選言の連言的解釈」が、中国語・**トルコ語**・イタリア語などの言語を獲得中の子どもからも観察されることを明らかにしています（Crain et al. (2013), Pagliarini et al. (2018), Geçkin et al. (2018)）。これらの言語は日本語と同じく、選言接続詞を肯定極性表現とする言語ですが、どうも子どもにはそれは関係がないようです。子どもは普遍的に、言語獲得の初期段階では「選言接続詞は肯定極性を持たない」という仮説を**デフォルト仮説**（default hypothesis）として採用し、否定に c 統御される選言には常に連言的解釈を与えるようなのです（Goro (2007)）。このようなデフォルト仮説が獲得する言語の性質に関係なく普遍的に成り立つということは、この仮説が生得的な言語機能のはたらきによるものであることを強く示唆します。

5.　第一言語獲得研究と「生得性」

　以上見てきたように、第一言語獲得研究における重要な課題は、「刺激の貧困という状態があるにもかかわらず、当該の言語知識が獲得されている」という状態がどこでどのように発生しているのか、具体的なデータをもって明らかにすることです。生得性に関する仮説は、そのような観察された状態を説明するために提案されます。したがって、しばしば用いられる**生得主義**（nativism）という表現は、実際の研究のあり方を適切に反映しているとは言い難い側面があります。説明すべき具体的なデータなしに、とにかく生得的であるというところから議論を始める「主義」があるわけではないからです。

　子どもの持つ言語知識に関する私たちの知見は、1950 年代に生成文法が提示されて以来飛躍的に増大したとはいえ、まだまだ断片的で全体を把握

するレベルに達しているとは言えません。さまざまな実験手法の発達——特に**眼球運動測定法**や**非侵襲的脳機能計測**など——は、今後子どもの言語知識に対するさらなる多角的アプローチを可能にするでしょう。本章で見た通り、子どもの言語知識は周りの大人のそれと異なっていることがあり、その意味で子どもの言語は「未知の言語」でもあるのです。未知の言語の使い手としての子どもの研究は、人間に備わった**言語能力**の理解をさらに進めてくれることが期待されます。

基 本 問 題

1. 英語における代名詞解釈の制約を、要素の線的順序のみに基づいて定義することができない理由を、具体例を挙げながら説明しなさい。
2. 英語と日本語の選言接続詞を含む否定文の意味の違いは、「日本語の「か」は否定からの意味的影響を受けない」と仮定することでは説明できない理由を、具体例を挙げながら説明しなさい。

発 展 問 題

1. 大人の日本語話者が英語を学んだとき、(7a)のような英文をどのように解釈するだろうか。1 つの可能性は、日本語型の解釈を引きずって、「寿司かピザのどちらかを食べなかった」という解釈を英語の文にも与える、というものである。もう 1 つの可能性は、英語型の「寿司もピザもどちらも食べなかった」という解釈を行う、というものである。このどちらであるかを確かめるためにはどのような実験を行えばよいか。重要なテスト文と、そのテスト文を提示する条件を組み合わせて提案しなさい。

第 11 章
言語の獲得 2： 第二言語の獲得

《この章で考えること》
1. 第二言語獲得では UG はどのように機能しているのでしょうか。
2. 第二言語獲得でも文法操作の構造依存性が見られるのでしょうか。
3. 英語学習者の自動詞についての知識は母語話者の知識とどのように異なっているのでしょうか。

キーワード：外国語、過剰受動化、狭義の第二言語、広義の第二言語、構造依存性、非対格仮説、非対格動詞、否定倒置構文、臨界期、yes/no 疑問文

1. 第二言語とは

　第二言語(second language: L2)とは、第一言語(first language: L1) / 母語の獲得後に身につける言語のことを指します。ある人にとって、獲得の対象となる言語が何番目の言語であっても、母語の後 2 番目以降に学ぶ言語は総称して「第二言語」と呼ばれています。第二言語を使う人のことを、第二言語使用者(L2 user)あるいは第二言語学習者(L2 learner)と言います。
　L2 の獲得環境は大きく 2 つに分けられます。1 つは、母語を身につけた後、なんらかの理由で L1 とは異なる言語が使われている環境で生活することとなり、そこでその言語が身につくという場合です。たとえば、日本に生まれた子どもが 3 歳の時にアメリカに移住することになり、英語を身につけるという場合です。もう 1 つは、その言語が生活言語として使われていない環境で、学校などにおいて意図的・意識的に学ぶという場合です。たとえば、日本に生まれ育った子どもが学校で英語を学習する場合です。この 2 つの獲得状況は大きく異なることから、1 つ目の状況で学ぶ L2 のことを狭義の第二言語(second language in the narrow sense)、2 つ目の状況で学ぶ L2 を外国語(foreign language)と呼んで区別します(大津(2009))。ま

た、狭義の第二言語と外国語を合わせて**広義の第二言語**(second language in the broad sense)と呼びます。狭義の第二言語獲得と外国語学習とでは、①対象言語との触れ合いの時間、②対象言語との触れ合いの場面の多様性、③対象言語を身につけることのひっ迫度、④内的動機づけなどの点で大きな違いがあります。狭義の第二言語獲得は外国語学習よりも第一言語獲得に近いと言えます。

　本章では、日本語を L1 とし、英語を外国語とする学習者を対象に行われた研究に焦点を当て、(広義の) L2 知識とその獲得について検討します。一般的に、L2 を研究対象とする研究分野は**第二言語獲得**(second language acquisition: SLA)研究と呼ばれます。SLA 研究には、たとえば L2 獲得に効果的な指導法はどのようなものかを解明することを目指す研究など、さまざまな目的や目標をもった研究が存在していますが、この章では、生成文法に基づいて、L2 知識の性質とその獲得・使用・脳内基盤を解明しようとする研究(生成文法に基づく第二言語獲得研究)に焦点を当てます。

2.　普遍文法(UG)と第二言語獲得

　生成文法は、**刺激の貧困**という状況下にもかかわらず誰もが L1 獲得に成功するのはなぜかという**プラトンの問題**に対する答えとして**普遍文法**(UG)を中核とする生得的な**言語獲得機構**によると考えます(第 2 章参照)。L1 獲得について第 10 章は、L1 の知識には言語経験をもとに**類推**のような**一般的知識獲得機構**の仕組みによって身につけたとは考えられない属性が含まれているが、そのような属性の獲得には UG が働いており、L1 獲得では**否定証拠**が必要でないと指摘しています。

　それに対して、L2 獲得では、学習者は外国語環境では教室で否定証拠を含め、L1 を獲得する際には利用できなかった、さまざまな情報を受け取ることができます。また、学習者全員が、母語話者が持つ知識と同質の知識を獲得することに成功するわけではありません。これらの点を考えると、L1 獲得と L2 獲得は本質的に異なる可能性も浮上してきます。

　SLA 研究では L1 獲得と L2 獲得についてさまざまな立場があります。①L2 獲得は母語獲得と本質的に異なり、UG は機能せず、言語以外の知識の獲得と同じようになされると考える立場(Clahsen & Muysken (1986))、②L1 に反映された UG の特性のみ利用できると主張する立場(Bley-Vroman (1990))、③L2 獲得においても UG が L1 獲得におけるのと同様に機能す

ると仮定する立場があります(Schwartz & Sprouse (1996), Slabakova (2016), Slabakova et al. (2020), White (2003))です。L2 学習者の知識にも、言語経験をもとに一般的知識獲得機構の働きによって身につけたとは考えられない属性が含まれていることが明らかになっており(White (2003))、そのような研究成果は②・③の立場の妥当性を裏づけるものです。

　以下、3 節と 4 節で③の立場を支持する研究事例を取り上げ、③の立場の妥当性を検討していきます。

3.　L2 獲得における文法操作の構造依存性

3.1　構造依存性

　本書ではこれまでに、さまざまな言語現象を記述・説明する統語規則や操作は、並んでいる語の順番や左右関係ではなく、語がまとまって構築される階層構造に基づくという**構造依存性**を示し、これは人間の言語に普遍的な特性であることを学びました(第 2 章、第 5 章参照)。英語の **yes/no 疑問文**については、英語の母語話者は「平叙文の主節にある助動詞(be 動詞や完了の have や法助動詞)を文頭へ移動する」という知識を身につけており、この構造に依存した操作でのみ、(1a)から(1b)の適格な yes/no 疑問文が導かれ非適格な(1c)が排除されることを見ました。

（ 1 ）　a.　The man [who is watching Mickey Mouse] is happy.
　　　　b.　Is the man [who is watching Mickey Mouse] ＿ happy?
　　　　c. *Is the man [who ＿ watching Mickey Mouse] is happy?

英語を母語として獲得中の子どもの yes/no 疑問文形成の操作も構造依存性を示すという産出実験の結果が Crain & Nakayama (1987) によって報告されています。この実験では、英語の間接疑問文における語順は対応する平叙文の語順と同じになるという性質を利用し、子どもに "Ask Jabba if the man who is watching Mickey Mouse is happy." と尋ねることで、(1a)の平叙文から yes/no 疑問文を形成するよう求めました。子どもは多くの場合(1b)のような正しい yes/no 疑問文を形成し、(1c)のような疑問文は決して形成しないという結果が得られています。

　子どもに対して親や周りの大人が「yes/no 疑問文では、平叙文の主節にある助動詞を文頭へ移動させなさい」と教えるとは考えられません。また実際、大人が子どもに(1b)のような複雑な疑問文を使って話しかけること

はほとんどないことも明らかにされています(Legate & Yang (2002))。平叙文に対応して yes/no 疑問文を構築する操作が構造に依存していることを直接的に示唆する言語経験が子どもには得られないのにもかかわらず、正しく(1b)のような疑問文を形成できたという Crain & Nakayama (1987) の実験結果は、構造依存性が UG の一部をなし、その特性が母語獲得の早期段階から機能していることを示唆しています。

　以下では、**主語と助動詞の倒置**によって形成される英語の yes/no 疑問文と否定倒置構文の学習を調査した研究事例を踏まえて、UG の特性である文法操作の構造依存性が L2 獲得においても見られるのかを考察します。

3.2　yes/no 疑問文の学習

　Naoi (1989) は、日本で英語を学習中の中学 3 年生 11 名に対して yes/no 疑問文に関する実験を行いました。参加者は中学 3 年生で、"Ken can swim well." のような単文から "Can Ken swim well?" のような yes/no 疑問文を作り出すことはすでに学習済みですが、実験開始時にはまだ関係節を学習していませんでした。単文に助動詞は 1 つしか含まれていないので、実験開始時点での参加者の yes/no 疑問文の規則は「平叙文の助動詞を文頭に移動させる」という、構造には言及しない規則であるはずです。

　実験は次のような手順で行われています。まず、参加者は(2)のような関係節を教室で 50 分間学習しました。

（2）　a.　I know [the girl [that is skating over there]].
　　　b.　Can you see [the boy [that is standing on the stool]]?

ここで注目しておきたいのは、(2)の関係節は主節の目的語である名詞句の内部にあるという点です。(2b)に対応する平叙文 "You can see the boy that is standing on the stool." において、主節の助動詞は最初に出てくる助動詞でもあるので、(2)を学ぶことで、yes/no 疑問文の規則が構造に依存していることを直接的に身につけられるわけではなく、また「平叙文の最初の助動詞を文頭に移動させる」という誤った規則を導き出してしまう可能性もあります。なお、関係節を教える際には「名詞句」や「文の主語」といった文法用語は一切用いられませんでした。実験者は参加者が(2)のような主節の目的語を修飾する関係節を正しく理解していることを確認したうえで、10 分間の休憩後、(1a)のような文を 8 つ疑問文にすることを求

めました。(1a)の文は(2)の文とは異なり、最初に出てくる助動詞を文頭に動かすと非文法的な(1c)が生じてしまいます。

　全参加者 11 名のうち、10 名は(1c)のような非文法的な文は作りませんでした。その 10 名のうち 5 名は、(1b)のような完全に正しい yes/no 疑問文を作りました(5 人に対する全問題数 40 問のうちの 40 問)。別の 5 名は、(1b)のような文ではないのですが、英語として正しい疑問文(たとえば、"The girl that is smiling can jump high." という平叙文に対して "Can the girl jump that is smiling?" や "Is the girl smiling and can she jump high?" といった疑問文)を作りました(全 40 問のうちの 39 問)。なお、残りの 1 名は、(1b)のような疑問文を 3 文作ることができましたが、(1c)のような疑問文も 5 文作成しました。

　このように、外国語環境で英語を L2 として学習している中学生は、(2)のような関係節に関する指導をわずか 50 分間受けただけですが、(1a)の平叙文に対して、構造に依存しない操作によると生じてしまう(1c)のような yes/no 疑問文を作り出すことはほとんどありませんでした。これは、英語を母語とする幼児が正しい yes/no 疑問文を作ることができたという Crain & Nakayama (1987) の実験結果と同様の結果であると言えます。この中学生たちは、直接的な言語経験の中に(1b)のような文がないはずなのに、なぜ(1a)の文から正しく(1b)の文を導き出せたのでしょうか。日本語の yes/no 疑問文は、平叙文の文末に「か」または「の」を付け加えることで形成されるので、日本語の疑問文の規則を**転移**したり、この規則からの類推によって(1b)の疑問文を作り出したとは考えられません。実験結果に基づくと、学習者は UG の一部をなす文法操作の構造依存性という知識に基づいて L2 の獲得を行っているからだと言えそうです。

3.3　否定倒置構文の学習

　前節で検討した Naoi (1989) の研究は、外国語環境で英語を L2 として学習する中学生を対象としたものですが、より年齢の高い大学生の L2 学習者においても文法操作の構造依存性が見られるのかを調査した研究があります。Yusa et al. (2011) は、英語の**否定倒置構文**(negative inversion: NI)も yes/no 疑問文と同様に、倒置しない語順の文との対応において構造に依存している点に着目しました。NI とは**否定語句**(否定辞 not や no, never, rarely, scarcely, seldom などの否定の副詞、little, only など)が文頭に生起する

と主語と助動詞が倒置する構文です。(3a)と同じ意味の(3b)では、never
が文頭に生起して、助動詞と主語の倒置が起きています(下線は助動詞の倒
置前の位置を示します)。否定語句が文頭に生起しても主語と助動詞の倒置
が起こらないと、(3c)のように非文法的な文が生じます。

(3) a. I will never eat sushi.
    b. Never will I __ eat sushi.
    c. *Never I will eat sushi.

日本人の英語学習者が参照する多くの英文法書には「否定語句や only を文
頭に出すと、主語と助動詞は必ず倒置される」という記述とともに(3b)の
ような単文の例は挙げられていますが、(4a)のような、1つの文に助動詞
が2つ存在しているような文例は挙げられていません。このような英文法
書の説明を読んでも(4a)の never が文頭に置かれた場合、(4b)と(4c)のい
ずれが正しいのかは判断できないと思いますが、正しい文は(4b)で、(4c)
は非文法的な文です。

(4) a. Those students [who will fail a test] are never hardworking in
       class.
    b. Never are those students [who will fail a test] __ hardworking
       in class.
    c. *Never will those students [who __ fail a test] are hardworking
       in class.

(4b)で倒置しているのは主節の助動詞で、(4c)で倒置しているのは最初に
出てくる(関係節内にある)助動詞です。この相違は、NI も「否定語句が文
頭に生起すると、主節の主語と助動詞は倒置しなければならない」という、
構造に依存した操作であることを示しています。

　Yusa et al. (2011) は、(3)のような単文を使って NI に関する指導を受け
た L2 学習者が、(4)のような助動詞を2つ含む文の文法性を正しく判断す
ることができるかを実験によって調査しています。実験の参加者は、日本
語を母語とする(英語学習開始年齢が平均 12.5 歳の)大学生 40 名で、2つの
文法性判断テストが行われました。テスト1はこの研究の開始時に、テス
ト2はテスト1の1か月後に行われ、各テストは2つのセッションから構
成されています。セッション1で提示された文は(3)のような単文で、セッ

ション 2 で提示された文は(4)のような複文です。

　テスト 1 の結果は、実験参加者が NI の知識を持っているとは考えられないようなものでした。具体的には、(3b)を文法的・(3c)を非文法的だと指摘できなかった割合(**誤答率**)はそれぞれ約 4 割、(4b)の誤答率も約 4 割、(4c)の誤答率は 5 割以上でした。

　テスト 1 の終了後、参加者は NI に関して指導を受けるグループ(教授群)と特に指導を受けることのないグループ(非教授群)に分けられましたが、2 つのグループの間にはテスト 1 の誤答率や、TOEIC スコアから推測される英語の習熟度に差はありませんでした。教授群の参加者は、週 2 回 60 分間、8 回のクラスを受講して、(3)のような助動詞を 1 つしか含まない単文のみを例として NI について学習しました。

　テスト 1 から 1 か月後に実施されたテスト 2 では、NI に関して、非教授群の(3b),(3c),(4b),(4c)の誤答率は、テスト 1 の誤答率と差がありませんでしたが、教授群の NI の誤答率は飛躍的に減少しました。(3b),(3c)の誤答率は数％にまで下がり、また、テスト 1 で 4 割もあった(4b)の誤答率は 5.4％、5 割もあった(4c)の誤答率は 28.6％ にまで減少しました。この結果は、教授群が単文の NI のみを学習したのにもかかわらず、教えられていない複文の NI に関して、構造に依存した操作を適用していることを示していると言えます。

　教授群の参加者が教えられた内容以上の NI の知識を獲得していることを示唆するこの研究結果はどのように説明されるのでしょうか。NI は文語的で、使用される頻度が低く、学習者の言語経験にはほとんど現れない構文です。また、日本語には NI に相当する構文はないので、日本語を母語とする学習者が NI の規則を獲得するのに、母語の知識を転移したり、母語の知識から類推を働かせることはできません。UG の一部をなす文法操作の構造依存性という知識によって、L2 獲得においても学習者は単文の NI の学習経験に基づいて、複文であっても NI を正しく理解することができるようになると考えられます。

　この節で検討した研究事例は、思春期以降に外国語を学んでいる学習者においても UG は機能しており、文法操作の構造依存性に基づいて教室で学習した内容以上の知識を獲得できる可能性を示しています。

4. 英語学習者に見られる過剰受動化現象

4.1 自動詞による受身文と非対格仮説

英語を L2 とする学習者によく見られる誤りとして、(5)のような文が報告されています(千葉(2021: 2–3)参照)。

（5） a. *My daughter seems to believe that Santa Clause <u>is existed</u>.
　　　 b. *It is said that this accident <u>was happened</u> because ….
　　　 c. *You will notice that many year-end gifts have <u>been arrived</u>.
　　　 d. *Images of sounds would <u>be</u> easily <u>remained</u> in student's brain.

これらの文は、下線で示した通り「be 動詞＋動詞の過去分詞形」から構成されており、表面上、**受動文**の形をしています。しかし、exist, happen, arrive, remain は自動詞で目的語を取らず、こうした**自動詞**を受動化した誤りは**過剰受動化**(overpassivization)と呼ばれ、L2 学習者の英作文や発話など**産出データ**に観察されることが報告されています(Oshita (1997, 2000), Zobl (1989))。また、L2 学習者が**文法性判断テスト**などで過剰受動化を正しく排除できないこともわかっています(Hirakawa (1995, 2003))。

　L2 学習者による過剰受動化という誤りには、興味深い点が 2 つあります。1 つは、日本語を L1 とする英語学習者だけでなく、アラビア語・ペルシャ語・タイ語・トルコ語・中国語・韓国語・イタリア語・スペイン語・フランス語など多くの言語を L1 とする英語学習者にも見られることです(Oshita (2001), Zobl (1989)等参照)。もう 1 つは、このような誤りは、どの言語にも存在する特定の種類の自動詞にしか見られないことです。

　動詞は一般的に、目的語をとるか否かで他動詞と自動詞に分けられますが、自動詞はさらに、統語的・意味的に振る舞いが異なる 2 種類に分けられます。たとえば、英語では(6)のように、**There 構文**に生起できる自動詞とできない自動詞があることが知られています。

（6） a. There arrived a man（in the garden）.
　　　 b. *There walked a man（in the garden）.

また、日本語では副詞「たくさん」が自動詞と共起した場合、「たくさん」が(7a)のように主語を修飾して「<u>たくさん(の人が)</u>着いた」と解釈されるような自動詞と、(7b)のように動詞を修飾して「(ある人が)<u>たくさん(の</u>

距離を)歩いた」と解釈されるような自動詞があることが知られています。

（7）　a.　たくさん着いた。
　　　　b.　たくさん歩いた。

　生成文法では、**非対格仮説**(Unaccusative Hypothesis)によってこのような 2 種類の自動詞の区別が説明されています(Perlmutter (1978), Burzio (1986))。非対格仮説では、「arrive / 着く」のような自動詞は**非対格動詞**(unaccusative verb)、「walk / 歩く」のような自動詞は**非能格動詞**(unergative verb)と呼んで区別されます(付録「事例研究 2」も参照)。非能格動詞は、(8)のようにその主語は抽象的な構造(基底構造)でも音形に対応する表層的な構造(表層構造)でも主語位置にあるが、非対格動詞の主語は、(9)のように基底構造では目的語の位置にあり、表層構造では主語位置に移動すると考えられています。

（8）　a.　(基底構造)$[_{TP} [_{動作主} John]$ will walk$]$.
　　　　b.　(表層構造)$[_{TP} [_{動作主} John]$ will walk$]$.
（9）　a.　(基底構造)$[_{TP}$ 　　　　 $]$ will $[_{VP}$ arrive $[_{対象} John]]$.
　　　　b.　(表層構造)$[_{TP} [_{対象} John]$ will $[_{VP}$ arrive $[_{対象} John]]$.

　非能格動詞と非対格動詞はともに名詞句 1 つを項とする**一項述語**ですが、異なる**主題役割**(θ-role)からなる**項構造**(argument structure)を持つ動詞です(第 7 章参照)。非能格動詞 walk の項構造は**外項**が 1 つで、その主題役割は動作主(Agent)、非対格動詞 arrive の項構造は**内項**が 1 つで、その主題役割は**対象**(Theme)となります。基底構造では、外項に対応する名詞句は主語位置に、内項に対応する名詞句は V の補部の目的語位置に導入されるので、非能格動詞文と非対格動詞文はそれぞれ(8a)、(9a)のような階層構造となります。非能格動詞の名詞句は主語位置で**主格**を担いますが、非対格動詞は他動詞と異なり補部位置の目的語に格を与えられないという特性を持つので、内項の名詞句はそのままでは格を持たない名詞句となり適格な文の構成要素としては認可されません。非対格仮説では、非対格動詞の内項は、名詞句は格を持つという要請により、主語位置に移動することによって主格を担い認可されると説明されます。
　自動詞を 2 種類に区別する非対格仮説は、動詞の**語彙的意味特性**(たとえ

ば、主題役割)と**統語構造**との対応関係を捉える UG の原理であると見なされています(Baker (1988), Grimshaw (1990), Jackendoff (1990) 等参照)。

なお、非対格動詞には、自動詞としてだけでなく他動詞としての用法もある自他交替可能な break, dry, melt などもあります。たとえば、(10a)は break の他動詞文、(11a)は break の自動詞文ですが、いずれの場合にも (10b),(11b)に示す通り、主題役割として対象を担う名詞句 the window は、内項として目的語位置に導入されます。

(10) a. John broke the window.

b. [[John] [$_T$ 〈Past〉] [$_{VP}$ break [$_{対象}$the window]]]

(11) a. The window broke.

b. [[ ] [$_T$ 〈Past〉] [$_{VP}$ break [$_{対象}$the window]]]

非対格仮説によると、L2 学習者による過剰受動化現象は非対格動詞の補部位置に導入された内項の名詞句を主語位置に移動させる際に、動詞の形態について受身文と同じように「be 動詞+動詞の過去分詞形」を適用してしまう誤りと分析することができます(White (2003), Zobl (1989))。(12a)のような文法的な受動文の主語も、(12b)のように目的語の位置に導入され、「be 動詞+動詞の過去分詞形」を伴って主語位置に移動します。

(12) a. John was criticized by Mary.

b. [$_{TP}$ John was [$_{VP}$ criticized ~~John~~ [$_{PP}$ by Mary]]]

英語の非対格動詞も受動文の動詞の過去分詞形も目的語に対格を付与することができないため、目的語位置にある名詞句は主語位置に移動しなければなりません。ただし、「be 動詞+動詞の過去分詞形」という**形態変化**を伴うのは受動文だけで、非対格動詞では動詞の形態変化が伴わないにもかかわらず、L2 学習者は誤って受動文と同じように形態変化を伴って主語位置への移動を行うと考えられます。

この「移動」分析は、動詞の語彙的意味特性と統語構造との対応を捉える UG の原理と見なされる非対格仮説についての知識を L2 学習者が使用していることを示唆します。L2 学習者による非対格動詞の産出データには、(5)のような過剰受動化という誤りのほかに、(13)のような(下線で示す)主語と解釈される名詞句が動詞に後続するという誤りが見られることも

報告されています(Zobl (1989: 204))。

（13）　a. *Sometimes comes a good regular wave.
　　　 b. *I was just patient until dried my clothes.
　　　 c. *I think it continue of today condition forever.

（5）も（13）も、L2 学習者が非対格動詞の語彙的意味特性を知っていて、項構造の唯一の項が内項として基底構造に導入されることも理解していることを示す誤りであると言えます。

　非対格仮説によれば、非対格動詞文の派生には移動が含まれているので、移動を伴わない非能格動詞文よりも、その獲得／学習には困難を伴うと予測されます。L2 学習者の非能格動詞文の産出には問題が見られず、非対格動詞文の産出にのみ誤りが生じるという観察は、この予測と合致しています。

4.2　文法性判断テストによる 2 つの実験結果

　4.1 節では、英語の L2 学習者の産出データに基づき、過剰受動化現象は非対格動詞文に限られ、このことは非対格仮説による「移動」分析で説明されるのではないかと述べました。本節では、このような説明の妥当性を検討するために行われた実験の結果を考察します。

　Hirakawa (2003) は、日本語を L1 とする英語中級学習者と英語母語話者を対象に、文法性判断テストを用いた 2 つの実験を行っています。文法性判断テストは、言語産出データからは得られないような、学習者に備わっている言語知識の有無を調べるのに有効な手法です。実験 1 には学習者 18 名と英語母語話者 10 名、実験 2 には学習者 22 名と母語話者 14 名が参加しました。学習者は全員、思春期以降に外国語として英語を学び始め、英語圏に 1 か月以上の滞在経験のない大学生です。両実験では、他動詞(build, cut, hit など)、非能格動詞(dance, laugh, swim など)、自他交替可能な非対格動詞(break, burn, freeze など)、自他交替しない非対格動詞(appear, arrive, come など)の 4 タイプの動詞が用いられました。文法性判断テストでは、「−2(＝完全に不可能)、−1(＝やや不可能)、0(＝判定不能)、＋1(＝やや可能)、＋2(＝完全に可能)」の数値を用いて、テスト文の文法性について判断してもらうと、期待される判断結果の最大値は、文法的な文の場合には「＋2」、非文法的な文の場合には「−2」となります。

実験1は、2種類の自動詞の項の導入位置に関する知識の有無を確かめるもので、**結果句**(resultative phrase)を含む文を用いて文法性判断テストが行われました。(14)のように、結果句は他動詞の目的語を修飾しますが、主語を修飾することはできないので、非対格動詞の主語の結果状態は表すことはできますが、非能格動詞の主語の結果状態を表すことはできません(付録「事例研究2」を参照)。

(14) a. John painted the wall <u>blue</u>. (他動詞)
　　 b. The vase broke <u>into pieces</u>. (非対格動詞)
　　 c. *Mary sang <u>hoarse</u>. (非能格動詞)

(14a)では、John が壁を塗った結果、「壁が青くなった」のであって、「John が青くなった」という解釈は不可能です。また、(14b)は花瓶が割れた結果「粉々になった」という意味を表しますが、(14c)は Mary が歌った結果「かすれた声になった」という意味にはなりません(Levin & Rappaport Hovav (1995))。

実験1では、(15)に示すように、第1文に続く結果句を含む第2文(下線部)の文法性を判断するもので、テスト文として、他動詞文、自他交替可能な非対格動詞文、非能格動詞文、それぞれ5つの文について28名の参加者に判断を求めました。

(15) a. Mary used a new soap for washing. <u>She washed the shirt clean</u>.
　　 b. Susan didn't have her hair cut for 6 months. <u>Her hair grew long</u>.
　　 c. Mary went to a disco and stayed there all night. <u>*She danced tired</u>.

表1: 結果構文の文法性判断テストの結果(各動詞タイプの平均(標準偏差))

	他動詞	非対格	*非能格
L2 学習者(18 人)	0.81 (0.65)	0.59 (0.65)	−0.96 (0.57)
英語母語話者(10 人)	0.82 (0.39)	1.46 (0.48)	−1.62 (0.51)

結果は表1の通りです。この結果は、学習者が非対格動詞による文法的な文ではプラスの値を、非能格動詞による非文法的な文ではマイナスの値

を示しており、おおむね文法性を正しく判断できたことを示しています。特に、非対格動詞と非能格動詞の数値には統計的に有意な差があるので、たとえ母語話者並みには判断できなくても、学習者が 2 種類の自動詞を区別していることがわかります。このことは、学習者が 2 種類の自動詞の見かけ上の主語の導入位置が異なるという知識を持っていることを示していると言えます。

　次に実験 2 は、過剰受動化を正しく排除できるかどうかを調べるもので、テストには 2 種類のバージョンが用意され、各バージョンに動詞タイプごとに異なる 3 つの動詞を用いて文法性判断テストが行われました。具体的には、(16), (17) の例にあるように、参加者 36 名は与えられた英文(ストーリー)の下線部に入る文として、(a)〜(d)にあるような 4 つの文の文法性の判断が求められました(一度に提示される文は 1 文のみ)。(16)は自他交替しない非対格動詞の、(17)は非能格動詞のテストの文例です。それぞれ、(a)は文法的な自動詞文、(b)と(c)は過剰受動文で、(c)には by 句が含まれています。また、(d)は自動詞を他動詞として用いた文です。(16), (17)ともに、(a)のみ文法的な文で、(b)〜(d)は非文法的な文です。

(16)　Mary went to a circus with her parents. When a clown got on the stage with a box in his hands, Mary was very excited. She clapped her hands when _____.

    a.　a bird appeared from the box　　　　　　(自動詞文)
    b. *a bird was appeared from the box　　　　(by句のない受動文)
    c. *a bird was appeared from the box by the clown
    　　　　　　　　　　　　　　　　　　　　(by句を伴う受動文)
    d. *the clown appeared a bird from the box　(他動詞文)

(17)　Once Mary had her first baby, she had to carefully plan each day. She followed a schedule as much as she could. She gave the baby a bath around 3 p.m. After the bath, _____.

    a.　the baby slept in Mary's arms　　　　　(自動詞文)
    b. *the baby was slept in Mary's arms.　　　(by句のない受動文)
    c. *the baby was slept by Mary in her arms.　(by句を伴う受動文)
    d. *Mary slept the baby in her arms.　　　　(他動詞文)

実験 2 には、他動詞と自他交替可能な自動詞もテストに含まれていました

が、表2は(16)と(17)の2タイプに焦点を当てて、まとめた結果です。

表2: 文法性判断テストの結果(平均値(標準偏差))

	L2 学習者(22 人)	英語母語話者(14 人)
(16) 非対格動詞		
a.	1.82 (0.20)	1.79 (0.23)
*b.	−0.61 (0.87)	−1.79 (0.44)
*c.	−0.50 (0.73)	−1.88 (0.16)
*d.	−0.92 (0.67)	−1.95 (0.06)
(17) 非能格動詞		
a.	1.67 (0.26)	1.81 (0.15)
*b.	−1.21 (0.64)	−1.93 (0.13)
*c.	−0.76 (0.78)	−1.93 (0.13)
*d.	−1.20 (0.65)	−1.71 (0.39)

　表2は、母語話者の判断は、文法的な文については＋2、非文法的な文については−2に近い数値となっていて、予測通りの反応が得られていることを示しています。これに対して、学習者には、非文法的という判断であるマイナスの数値が大きくはないという傾向が見られますが、(a)の自動詞文は母語話者同様に正しく判断できていて、その他の非文法的な文の判断がマイナスの値を示しているので、全体的にはおおむね正しくテスト文の文法性が判断できていると言えます。このことは、学習者は4節の冒頭で指摘した(5)の例のような過剰受動化文を産出してしまうこともある一方で、文法性の判断を求められた場合には、過剰受動化文を正しく排除できることを示しています。なお、(b)の非対格動詞と非能格動詞の過剰受動化に対する学習者の判断は、非対格動詞の −0.61 に比べ、非能格動詞は−1.21となっていて、非能格動詞の過剰受動化はより強く排除できています。このことは、非能格動詞の場合には母語話者との統計的な有意差はあるものの、非対格動詞の場合よりも過剰受動化文を非文法的であると正しく判断できる可能性が高いことを示しています。

　以上の実験結果から、日本語をL1とする英語学習者には、非対格動詞と非能格動詞を区別する知識があることがわかります。また、おおむね正しく自動詞文の文法性を判断できると同時に、"A big bird was appeared."のような非対格動詞の過剰受動化を排除する可能性は、非能格動詞の場合に比べると弱いこともわかりました。L2学習者は、英語学習の際、自動詞

が 2 種類に分けられるということを教わることはまずありません。もちろん、日本語にも非対格動詞と非能格動詞の区別が存在しますが、言語によってその区別の現れ方は形態・統語的に異なります。日本語と英語では、目的語と動詞の語順の違いや義務的な主語の有無など、統語的な相違があります。また、英語では、break のように自動詞と他動詞が同形になりますが、日本語では、他動詞「壊す」と自動詞「壊れる」のように形態的に異なる語彙が存在するという違いもあります。英語において自動詞は 2 種類に区別されるという知識は、学習者が得られる言語情報からはあまり明確ではなく、また教室でも指導されることがほとんどないので、刺激の貧困という状況が存在すると言えます。このことを踏まえると、この節で問題とした、母語を問わず L2 学習者に過剰受動化の誤りが観察されることは、L2 学習者が UG の原理に則して L2 の知識を獲得しようとすることを示す証拠と見なすことができます。

5.　おわりに

　生成文法に基づく SLA 研究は、L2 の知識の性質と獲得のメカニズムを明らかにすることによって、ヒトのこころの解明を目指す認知科学の一分野として発展してきました。

　ヒトのこころの性質を探る方法として、L1 獲得だけでなく、L2 獲得、とくに大人の L2 獲得にも着目する利点は多くあります。その 1 つに、子どもから直接得られない（あるいは得られにくい）種の情報を得られることが挙げられます。大人の場合は、**メタ言語能力**（言語知識を客体化する能力）が発達しているので、たとえば文法性判断を行った際、その判断に至った理由も詳細に調査者に説明することができます。また、L1 獲得においては、語用論の知識（第 9 章参照）は形態論や統語論のような知識よりも獲得が遅いことが明らかになっていますが、大人の場合はすでに母語の語用論の知識を獲得済なので、実験を立案する際にこの点を心配する必要がありません。さらに、年少の子どもには利用することができない実験手法を使うことができます。たとえば、たくさんの文の文法性判断を短時間で求めたり、質問紙に回答してもらったりすることもできます。

　大人の L2 獲得においても UG が機能している可能性が高いことを見てきましたが、一般的には「外国語学習者が母語話者と同質の知識を身につけるためには、学習をなるべく早く始めるほうがいい」と考えられている

向きがあり、その理由として言語獲得に関する**臨界期仮説**(critical period hypothesis)が引き合いに出されることがあります。臨界期仮説とは、言語獲得に必要な経験を取り込むには時期的制約があり、思春期を過ぎるとL1が完全に獲得されることはないという、Lenneberg (1967) によって提唱された仮説です。Lenneberg (1967) は、脳に障害をうけた失語症患者のうち、発症が12〜13歳頃よりも前の場合は言語能力が回復する一方、それ以降に発症した患者の場合は言語能力が十分に回復しなかったことを報告しています。さらに、生後20か月から13歳まで、父親からの虐待により言語経験をほぼ奪われてしまったGenieと呼ばれる少女は、救出された後にことばの訓練を受けても、完全なL1の獲得に至らなかったという報告(Curtiss (1977))も、臨界期の存在を支持しているように見えます。

　L2獲得における臨界期の存在を主張する研究(Oyama (1976) 等)もありますが、そのような研究はL1の獲得環境に近い状況に置かれた移住者、すなわち「狭義の」第二言語として生活に必要な言語を身につけようとしている人たちを対象にしたものです。一方、この章で着目してきた事例研究では、外国語環境におけるL2学習者のL2知識がUGの特性を反映していることが示されました。これらの研究成果は、L2獲得に臨界期が存在するという仮説に対して慎重に判断すべきであることを示唆しています。

基 本 問 題
1. 狭義の第二言語の獲得と外国語の学習を比べて、その違いを整理しなさい。
2. a–fに挙げた英語の自動詞を「非対格動詞」と「非能格動詞」に分類しなさい。
    a. sing　b. fall　c. remain　d. play　e. disappear　f. cry

発 展 問 題
1. 第2章では、日本語の数量詞の遊離規則が構造に依存していることを見た。第2章の例文(2),(16),(17)を参考に、どのような文や調査方法を用いれば、日本語をL2とする学習者の日本語の数量詞の遊離規則が構造に依存しているかどうかが調べられるか考えなさい。

第12章
言語の運用

《この章で考えること》
1. 言語運用の研究とI-言語の研究はどのような関係にあるのでしょうか。
2. 文理解において語彙情報はどのように利用されるのでしょうか。
3. 統語解析において統語情報はどのように利用されるのでしょうか。

キーワード： 解析器、結合、言語運用、言語産出、言語理解、作業記憶、統語解析、袋小路文、文理解

1. 言語理解の研究

　第2章では、**言語知識**（言語能力（competence）、I-言語）とその運用（performance）の区別に触れましたが、この章では、使用（use）と呼ばれることもある**言語運用**について考えます。運用の一般的形態は**言語産出**（language production）と**言語理解**（language comprehension）です。産出と理解とでは、理解についてのほうがより豊かな研究成果が上がっています。その理由については後ほど説明します。

　言語理解について考えるきっかけとして、まず、(1)の文章を読んでみてください。

（1）　教育問題の難しさは、たとえ現在の政策に誤りがあったとしても、それが判明するには相当の時間を要し、しかもわかったときには遅すぎる、そういう「時間差問題」を抱えていることにある。雇用政策や経済政策とは異なり、制度を変えること自体にも時間がかかる。政策の有効性を評価する方法も十分には開発されておらず、数値目標も立てにくい。それでいて、教育は、経済にも、政治にも、文化や科学技術にも、もちろん社会にも関係する重要な領域であり、そ

れだけに、日本の針路を考える上で鍵となる分野である。

(苅谷剛彦(2012)『学力と階層』朝日文庫、p. 18)

この文章を読んで、理解するには日本語の知識が必要なことは言うまでもありません。使われている日本語の語彙や文・文章構造の知識が必要になります。さらに、引用 6 行目の「それでいて」というのは、《教育は「時間差問題」を抱え、制度を変えるにも時間がかかり、政策の有効性に関する評価方法も十分ではなく、数値目標も立てにくいという事情がある一方、……》ということを表しているのだということがわからなくてはなりません。それだけでなく、その「それでいて」で始まる文を理解するには、《教育が経済にも、政治にも、文化や科学技術にも、社会にも関係する領域》であるなら、《日本の針路を考える上で鍵となる分野である》という**推論**ができなくてはなりません。そのためには社会に関する**一般的知識**が必要になります。この例のように、一見、ごく普通の文章のように思えるものであっても、それを理解するためには言語知識はもちろんのこと、他のさまざまな知識や推論などの認知操作が必要になります。

2. レキシコンへのアクセス

耳にした文(入力文)を理解する場合には、発話の結果生じた音波を分節化して、語の連鎖に変えなくてはなりません。ここでは、英語を例にとって、すでにこの分節化が済んだ段階からの話をします。

文理解の過程で、聞き手は入力文を構成する語についての情報を得るために心内レキシコン(mental lexicon)にアクセスすると考えられます(以下では、単に「レキシコン」と言及します)。レキシコンは長期記憶(long-term memory)に置かれ、各語の音韻的、形態的、統語的、意味的情報などが記載されています(Aitchison (2012))。語の中には複数の意味を持つものも少なくなく、語彙的あいまい性(第 7 章参照)が生じます。(2)がその例です。

(2)　John found bugs in the corner of his room.
　　　　(ジョンは自分の部屋の一角に虫 / 盗聴器を見つけた)

(2)のような文でも文章の中で使われると、文脈から、意図されている意味が特定できるのが普通です。たとえば、(3)を見てください。

(3)　Rumor had it that, for years, the government building had been

plagued with problems. The man was not surprised when he found
several spiders, roaches and other bugs in the corner of his room.

　(3)にも bugs が出てきますが、文脈から、盗聴器ではなく、虫(クモやゴ
キブリの類)であろうと判断されます。こうした文脈が与えられた場合、聞
き手はレキシコンにある「虫」の情報だけにアクセスするのでしょうか。
それとも「盗聴器」の情報にもアクセスするのでしょうか。

　この点について Swinney (1979) は次の方法で調査しました。被験者に
(3)のような文章を音声で提示します。そして、複数の意味を持つ語((3)の
場合は bugs)が聞こえた直後に、被験者の前に置かれたスクリーンに(4)の
ような文字列を提示します。

（4）　ANT, SPY, SEW　（一度に提示されるのは 1 文字列）

被験者に与えられる課題は、文の提示後、耳にした文を正確に再生するこ
とと、同時に提示された文字列が語であるか、そうでないかを判断すると
いうことです。もし被験者が(3)を処理して、bugs に差し掛かった時、「虫」
の情報だけにアクセスするのであれば、その時点で「虫」である ANT は
活性化されますが、そうではない SPY は SEW と同様、活性化されませ
ん。それゆえ、提示された文字列が語であるかを判断する場合、ANT に
対する反応時間は SPY と SEW に対する反応時間よりも短くなること(**プ
ライミング効果**)が予測されます。「虫」だけでなく、「盗聴器」の情報も検
索するのであれば、SPY も ANT とともに検索され、SPY に対する反応時
間は活性化されない SEW よりも短くなることが予測されます。そして、
後者の予測に沿う結果が得られました。Swinney による、これ以外にも多
くの実験も同様の結論を支持しています。つまり、聞き手は言語理解の際、
その中に複数の意味を持つ語が含まれている場合、その複数の情報にアク
セスするということがわかります。

3.　文理解と統語構造

　この節からは**文理解**について考えます。まず、(5)と(6)の文を見てくだ
さい。

（5）　［The man left］
（6）　the man［who the woman kissed］

よく知られているように、英語では、(6)のように名詞の後に関係代名詞節を加えることができます。(5)の主語の名詞句(the man)を(6)で置き換えると、(7)になります。

（7）　［The man ［who the woman kissed］ left］

つぎに、(7)の関係代名詞節中にある woman の後に関係代名詞節［who the boy hated］を加えてみましょう。

（8）　［The man ［who the woman ［who the boy hated］ kissed］ left］

こうなると、その**容認可能性**(acceptability)はきわめて低くなります。

さらに、(8)の関係代名詞節［who the boy hated］の中にある the boy の後に関係代名詞節［who the girl liked］を加えてみましょう。

（9）　［The man ［who the woman ［who the boy ［who the girl liked］ hated］ kissed］ left］

(9)の容認可能性はいっそう低くなり、初見では理解不可能と言えます。

(8)や(9)の容認可能性が低いのは1つの文の中にたくさんの情報が詰め込まれているということではありません。(10)は(9)に近い情報を含んでいますが、さほど容認可能性が低くはありません。

（10）　The girl liked the boy who hated the woman who kissed the man who left.

(10)の構造を示すと、(11)のようになります。

（11）　［The girl liked the boy ［who hated the woman ［who kissed the man ［who left］］］］

容認可能性がきわめて低い(9)とさほどではない(11)の構造の違いを、それぞれに含まれる単語を ... に置き換えて比べてみましょう。なお、(9′), (11′)では範疇を示していませんが、［ ］で表されているのはすべて文です。

（9′）　［... ［... ［... ［...］ ...］ ...］ ...］
（11′）　［... ［... ［... ［...］］］］

(9′)では ［...］ の左に ［... があると、それに対応して右にも ...］ があり両脇

は単語(列)... になっています。このような構造を**入れ子構造**(nested con-struction)と呼びます。さらに、この例のように、同じ範疇の構造が入れ子をなしている構造を**自己埋め込み構造**(self-embedded construction)と呼びます。それに対して、(11′)では] が右に密集していて、文末の]]]] の部分には、単語(列)... がありません。このような構造を**右枝分かれ構造**(right-branching construction)と呼びます。

　こうした構造の違いは樹形図で表すといっそうはっきりします。

(9′)

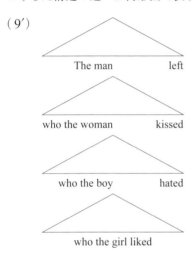

(11′)

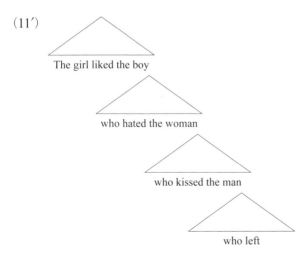

これまでの考察から(12)と(13)のことがわかり、これらのことから、(14)の可能性が浮かび上がってきます。

(12) 自己埋め込み構造は容認可能性を低める。
(13) 右枝分かれ構造は容認可能性を低めない。
(14) 文理解の過程では入力文の統語構造を構築する過程が含まれている。

(14)を図示すると、(15)のようになります。

(15) ［$_{Si}$ 語列］ → ［　　　］ → S_i の統語構造

(15)の過程を**統語解析**(parsing)と呼び、入力と出力を関連づけている装置 ［　　　］ を**解析器**(parser)と呼びます。なお、本書では従来、S と呼ばれてきたものを TP と分析する立場をとっていますが(第5章参照)、ここでは便宜的に S を用いることにします。

(12)と(13)は(16)と(17)を想定することで説明できます。

(16) 統語解析は節を単位として行われる。
(17) 節の処理の途中で別の節が割り込んできた場合は前者に関する処理情報をいったん、作業記憶に移し、後者の処理を実行する。

作業記憶(working memory)とは、情報処理の際、情報を一時的に保持すると同時に、保持している情報に対して操作を行うこともできる記憶装置を指します(Baddeley et al. (2020) など参照)。作業記憶が保持できる情報量と時間はきわめて限定的です。

(7)〜(9)の理解の過程について考えましょう。いずれの場合も、まず、the man という主語になりうる名詞句が処理され、そのあとに who the woman という、関係代名詞に先導された別の節が割り込んでくるので、最初の節の処理を中断し、［$_{NP}$ the man］という情報を作業記憶に移します。

(7)の場合は who the woman のあとに kissed が続くので、その時点で割り込んできた節の処理が完了します。そして、［$_{NP}$ the man］を作業記憶から取り出し who the woman kissed と組み合わせ、それをつぎに入力される left と組み合わせて、文全体の処理が完了します。

それに対して(8)の場合は、who the woman のあとに who the boy が続き、さらに新たな節が割り込んでくるので、新たに who the woman も作

業記憶に移さなくてはならなくなります。作業記憶は保持できる容量も、時間も限られているので、この状況で過度な負荷がかかり、文の処理が困難になります。

　(9)の場合には、同時に作業記憶に保持しておかなくてはいけない情報がさらに増えるので、作業記憶がその負荷に耐えることができず、文の処理が不可能になります。

　(9)を紙に書いて与え、鉛筆の使用も許可することによって、「外部記憶」による補助を与えると正しい解釈に至ることがあることはこれまでの説明の妥当性を裏づけるものと言えます。

　それに対して(10)の場合には、冒頭の the girl liked the boy で節が形成できます。続いて、who hated the woman が入力され、そこでまた節が形成できます。以下、同様で、(10)は(9)と異なり、作業記憶に過度な負荷をかけることなく処理を進めることができます。

　次の 4 節に移る前に、この章の冒頭で述べた、理解の研究のほうが産出の研究よりも進んでいる理由を説明しておきましょう。文理解の過程は入力文が入力として取り込まれ、人間の内側にある装置によってなんらかの処理が行われ、入力文の意味が出力される過程です。それに対し、文産出の過程は「発話意図」が入力として取り込まれ、内的装置によって処理がなされ、発話が出力される過程です。

　いずれの場合も、入力と出力をつなぐ装置の内部構造と処理の作業方法を明らかにするのが主要な研究課題となります。理解の過程の研究ではこれまでに見たように入力文の性質をあれこれと変えてみて、それが、たとえば、容認可能性にどのような影響を与えるかを観察することによって、装置の内部構造と処理の作業方法を探ることができます。

　それに対し、文産出の過程の入力は「発話意図」です。そもそも、「発話意図」というものがどんなものであるのかが明確になっていませんから、その性質をいろいろと変えてみて、それが発話にどのような影響を与えるのかを調べることができません。理解の過程の研究に比べ、産出の過程の研究が遅れているのはまさにこのような事情によるからです。

　もちろん、産出の研究が手つかずになっているということではありません。ごく最近まで、産出研究の主要な手段は**言い誤り**(speech error)の分析でした。言い誤りの多くは一定の規則性に従っており、その規則性を頼りに産出の過程を探っていく方法です。しかし、言語の脳科学の進展（第 14

章参照)は脳波計測・脳機能画像法などにより産出過程に関する情報を得る
ことを可能にし、産出研究の新たな力になることが期待できます。

4. 袋小路文

統語解析研究では、入力文の構造をさまざまに変化させることによって
解析器の性質やそれによってもたらされる統語解析の過程の解明が行われ
てきました。すでに見た入れ子構造や自己埋め込み構造などがその例です。
この節では、同様の目的で、統語解析研究でよく使われる**袋小路文**(garden
path sentence)について説明します。

3節で、統語解析においては節を基本的な単位として処理が行われるこ
とを見ましたが、(18)を見てください。

(18)　The horse raced past the barn fell.

(18)では、文頭から処理が始まり、the horse が NP と分析され、続く raced
が入力された時点で、the horse が節の主語、raced がその節の述語動詞と
して処理されます。past the barn も同じ節の要素としてまとめられ、the
horse raced past the barn が節として処理されて閉鎖されます。ところが、
その直後に fell という動詞が入力され、それまでの処理の仕方が間違って
いることがわかりますが、その時点では the horse raced past the barn はす
でに節として閉鎖されてしまっているため、それ以上の処理は困難となり
ます。(18)の raced は動詞の過去形ではなく過去分詞形で、the horse raced
past the barn は NP なのですが、その構造には辿り着くことができません。

(18)と異なり、(19)ではそのような問題が起きません。

(19)　The horse ridden past the barn fell.

(18)で使われていた動詞 race は、過去形も過去分詞形もいずれも raced
であるので、上で説明した問題が起きたのですが、(19)で使われている動
詞 ride の過去形は rode, 過去分詞形は ridden と異なった形をとるので、
(19)の下線部は文として処理されることはなく、(18)のような問題が起き
ないのです。(18)のような**袋小路文**は統語解析の過程を分析するのにしば
しば登場します(Sanz, Laka & Tanenhaus (eds.) (2013))。なお、garden path
sentence という名称は lead you down the garden path (だます)という成句
に由来します。

　節として処理された部分はその時点で節として閉鎖され、以後の処理でそれを再び開かなければならない場合には処理に困難が生じることがあることがわかります。

5. 結　　合

　統語解析の過程で構造 X が構築され、その後、別の構造 Y が構築されたとします。X も Y も同じ文の成分であるなら、それらを構造的に関連づける必要があります。その関連づけを**結合**(association)と呼びます。この節では具体例を見ながら、結合を支配する原則を探ってみましょう。(20)を見てください。

(20)　John said Bill went to the library yesterday.

(20)の解析の途中段階で生じる構造を示したのが(21)です。

(21)

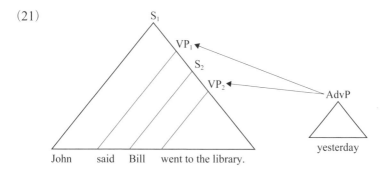

　S_1 が前の段落で述べた構造 X, AdvP(副詞句)が構造 Y にあたります。つまり、ここでの問題は AdvP を S_1 とどのように結合するかです。結合は I-言語に従って行われるので、AdvP の結合先は VP_1 か VP_2 です。(21)ではその可能性を矢印で示しています。

　可能な結合先が 2 通りある場合、解析器はどちらの結合を優先させるのでしょうか。結合の原則として最初に提案されたのが**右結合**(Right Association: RA)です。RA を提案したのは Kimball (1973) で、それを若干改変したものが(22)です。

(22)　結合にあたっては、結合可能な節点のうち、構造上、もっとも低い位置にある節点と結合するのが最適(optimal)である。

「最適である」というのは「解析器にかかる負荷が最小である」という意味です。Kimball（1973）では基本的に**右枝分かれ言語**である英語の解析を念頭に置いているので、「もっとも低い位置にある節点」は「もっとも右にある節点」となるので、**右結合の原則**と呼ばれているのです。

　(20)に戻ると、AdvP が結合可能な節点は VP₁ と VP₂ で、より低い位置にあるのは VP₂ です。よって、RA により、VP₂ と結合するのが最適ということが予測され、その予測は英語話者の直感と一致します。

　RA は多くの事例を的確に説明できるので、Kimball（1973）の提案から半世紀が経過した現在でも解析の原則の一つとして多くの研究者が受け入れています。すでに触れたように、Kimball（1973）ではほぼ英語だけを検討の対象としていますが、RA は英語や英語を含む**右枝分かれ言語**の解析だけでなく、もっと一般的な形の**局所優先の原則**の一部と考えることができます。局所優先の原則とは、複数の解析可能性が考えられ、かつ、一方（解析 A）で対象となる構造がもう一方（解析 B）で対象となる構造の真部分集合である場合には、解析 A が優先されるというものです。この原則はおそらく情報処理一般に関わる原則が統語解析に適用された例であると考えられます。

　RA に対する「反例」としてしばしば取り上げられるのが(23)です（Frazier & Fodor（1978））。

(23)　John bought the book for Susan.

(23)の統語解析の途中過程を示したのが(24)です。

(24)

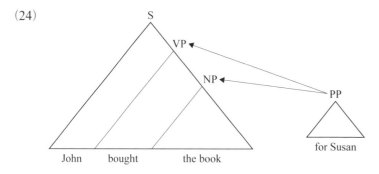

PP の結合先として VP と NP の２つの可能性が考えられますが、RA はそ

のうち低位にあるもの、すなわち NP との結合を最適と予測します。しかし、この予測は英語話者の直感に反するものです。

実は、(23) は Kimball (1973) でも一見したところ反例のように思われる例として取り上げられています。そこでの説明は buy の(補部を 2 つ選択するという)語彙情報をもとに聞き手は VP の内部に for 句を期待するので、VP との結合が優先されるという趣旨のものです。解析器が動詞の語彙情報を利用するという考えは興味深く、この考えを一般化する方策を探ってみましょう。

(23) が提起する問題を VP と NP の内部構造をもう少し詳しく見ることによって統語解析の性質をより深く理解できる可能性があります。(23) の VP は (25) のような内部構造を持っています。

(25)

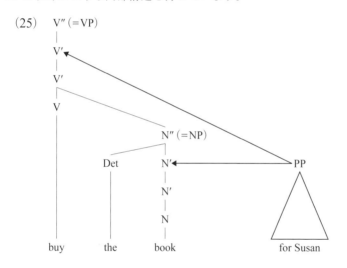

この樹形図に表示されている通り、PP を NP の内部に結合すると PP は付加部となります。それに対して、PP を VP の内部に結合すると PP は補部となります。結合の原則として (26) の**補部優先の原則**(大津(1989))も立てておけば、なぜ VP の内部への結合が NP の内部への結合に優先されるのかが説明できます。

(26)　複数の結合可能性がある場合は、補部としての結合が付加部としての結合に優先される。

補部優先の原則は、語彙情報を利用した Kimball（1973）の説明をより一般的に捉えたものと考えることができます。

　ここで注意したいことは補部優先の原則を立てても、RA は不要にはならないという点です。実際、(20)で AdvP yesterday を VP₁ に結合しても、VP₂ に結合しても、いずれも付加部としての結合になるので、補部優先の原則では(20′)のように VP₂ が優先されることを説明できず、RA が必要になります。

(20′)　John [$_{VP1}$ said Bill [$_{VP2}$ went to the library yesterday]].

　併せて注意しておきたいことは、補部優先の原則と RA には適用順があり、まず、補部優先の原則が、つぎに、RA が適用されるという順になっているという点です。これは、I-言語の情報に言及する原則が先に適用され、それで結合先が一義的に決定されない場合には(I-言語には言及しない)情報処理一般の原則が適用されるということで、統語処理の性質を探るうえで興味深い可能性を示すものと考えられます。

6.　容認可能性と文法性

　最後に、容認可能性と文法性(grammaticality)の関係について整理しておきます。両者は異なった概念を指すことを認識し、両者の違いが意味を持ってくる文脈では両者を明確に区別することが重要です。

　容認可能性とは、ある言語を母語とする話者(インフォーマント)が下す判断です。判断の表現の仕方はいろいろありますが、「～は当該言語の表現として自然である」とか、「不自然である」とかという言明がその典型です。ここで重要なことは、容認可能性の判断は言語運用の結果なので、言語知識が重要な役割を果たしていると推測されますが、それ以外の要因も関与します。すでに見たように、記憶や注意など、情報処理に関連する要因はその最たるものです。

　これに対して、文法性とは当該言語の話者の脳に内蔵されている言語知識が下す判断です。「～は当該言語知識に照らして適格である」、あるいは、「不適格である」という形をとると考えられますが、それは理論的構成物で、観察可能ではないという点に注意する必要があります。観察可能ではないので、その判断の内容は推測するしかありません。

　では、どのようにして推測するのでしょうか。重要な情報は容認可能性

の判断です。さきほど述べたように、容認可能性の判断には言語知識以外の要因も関与しますが、それらの要因をできるだけ制御して(たとえば、記憶や注意などの要因が影響を与えないように、可能な限り、単純な構造をもった言語表現を利用するなどして)、得られた容認可能性判断には文法性が色濃く反映されているものを使うよう工夫します。

　コーパスからの情報を利用することもあります。コーパスも言語運用の結果の記録ですから、コーパスに現れたからといってその言語表現が文法的であるとか、逆に、現れなかったからといって非文法的であるとは限りません。したがって、単に言語表現の出現・非出現だけを問題にするのではなく、注意深く分析することが大切です。

　近年では、脳波計測・脳機能画像法(第 14 章参照)を利用することも盛んに行われています。たとえば、文法的逸脱を含む文を処理する場合に現れる脳波の成分や活性化する脳部位に関する情報を集めて文法性を推測するなどの方法が行われています。

　このような動向を受け、実験言語学(experimental linguistics)という研究分野が話題になることが増えてきています。ここで注意が必要なことは、数値そのものだけでは証拠とはなりえず必ずその数値の意味を解釈する理論とともに提示されなくてはならないという点です。

　忘れてならない重要な情報源は言語知識の理論(普遍文法と個別文法)です。その時点で得られる、もっとも妥当性が高いと考えられる理論に照らして、当該言語表現が適格と判断されるか否かという情報は、別の言い方をすれば、理論による(文法性の)予測です。

　理論は、ほかの自然科学の場合と同様に、日々変化します。そうした理論による予測を文法性の判断の基盤にすることは望ましくないという考えを耳にすることもありますが、そうではありません。暫定的に設定された文法性をもとに、理論を構築するとともに、関連する容認可能性の判断、コーパス調査や行動実験・脳波計測・脳機能画像法などからの情報を再吟味することによって、それらの情報と文法性の関係をより精緻なものにすることができます。そして、今度は逆に、これらの情報をもとに理論をより精緻なものにし、精緻化されたその理論が文法性についてどのような判断を下すかを探求していくという、こうしたダイナミックな研究過程こそが生成文法の比類なき魅力であると言えます。

　こうしたことを念頭に容認可能性と文法性の関係について考えてみま

しょう。すでに見たところから、両者は互いに関連を持つものの区別すべき別概念であることがわかりました。となると、両者の関連は表1のように整理されるはずです。

表1：容認可能性と文法性の関係

	容認可能	容認不可能
文法的	A	B
非文法的	C	D

このうち、AとDはとくに説明の必要はないでしょう。(27)と(28)がそれぞれの具体例です。

(27) The man who persuaded John to be examined by a specialist was fired.

(28) Persuaded was specialist by fired who the to examined man John be a.

Bについてはこの章で取り上げた、(9)や(18)の例が該当します。

(9) The man who the woman who the boy who the girl liked hated kissed left.

(18) The horse raced past the barn fell.

(29)の文はCの非文法的ではあるが、容認可能と判断される言語表現の例と考えられます(Leivada & Westergaard (2020))。

(29) More people have been to Berlin than I have.

この文は Montalbetti (1984: 6) の Prologue に出てくる文です(Montalbetti (1984) は彼が MIT に提出した博士論文で、そこではこの例文の分析をしているわけではなく、Hermann Schültze が指摘した文である旨が記載されているだけです)。文頭の More people に対する比較の対象とされているのが、本来は数の比較の対象とはなり得ない I(要素の数が1の集合)であるので、意味論的に不整合であるのにもかかわらず、英語話者の多くは(29)を容認可能であると判断します(Wellwood et al.(2018))。ちなみに、(30)は(29)と同様の問題は引き起こさないので、文法的(かつ、容認可能)である(つまり、Aの例)と考えられます。

（30）　More people have been to Berlin than cockroaches have.

7.　おわりに

　チョムスキーは 1965 年の重要な著書の中で「言語運用の研究は言語運用の根底にある言語能力についての理解が及んでいる範囲でしか進展しない」という考えに賛意を示しています（Chomsky (1965: 10)）。言語運用がI-言語の運用であることを考えると、言語運用の研究が I-言語の研究の成果と密接に関連したものになることは自然なことです。実際、言語運用の研究、ことに、統語解析を中心とした文理解の研究は I-言語の研究の進展と歩調を合わせ、着実に進展してきました。

　併合という唯一の操作しか認めないミニマリズムの登場とともに、I-言語と解析器の関係についてさまざまな考え方（たとえば、Berwick & Stabler (eds.) (2019)）が提案されていますが、現状は明確な全体像を描けるようになる途中の段階にあると言えます。

　今後、言語運用の研究は脳科学研究・実験言語学や記憶・注意に関する認知心理学研究と連携しながら、言語産出の研究も含めて研究が進展していくと考えられます。

基 本 問 題
1.　英語の文構造と文理解の関係についての検討に倣って、日本語の文構造と文理解の関係について検討してみよう。
2.　日本語の袋小路文の例を作ってみよう。

発 展 問 題
1.　言語理解の研究の成果は言語知識の研究にどのような貢献ができるのか、考えてみよう。
2.　I-言語（言語知識）と解析器の関係について、本文で挙げたもの以外の具体例を挙げて、考えてみよう。

第13章
言語の変化

《この章で考えること》
1. 言語の歴史はどのように考察すればよいのでしょうか。
2. 否定文と疑問文は後期中英語・初期近代英語と現代英語ではどのように違う
   でしょうか。また、そのような違いはなぜ生じたのでしょうか。
3. 歴史的な統語変化はどのようにして起こるのでしょうか。

キーワード：英語史、言語変化の論理的問題、語順変化、不活発理論、本動詞移
動、目的語転位、歴史的統語変化、do 挿入、T から C への移動、V 移動の消
失

---

1. 言語の通時的研究

　言語の歴史を考察するには 2 つのアプローチがあります。1 つは**共時的
な**(synchronic)アプローチで、歴史上のある特定の時期の言語を研究対象
として、他の時代の言語とは関連付けずに考察します。たとえば、吉田兼
好の随筆『徒然草』(1349 年頃)が書かれた時代の中世日本語(12〜17 世紀)
やジェフリー・チョーサー(Geoffrey Chaucer)の説話集『カンタベリー物
語(*The Canterbury Tales*)』(1387〜1400 年)が書かれた時代の**後期中英語**
(1350〜1500 年)を取り上げて、音韻・形態・統語・意味などを考察します。
　もう 1 つは**通時的な**(diachronic)アプローチで、歴史上のある特定の時期
の言語を研究対象として、その言語が使用されている前後の時代の言語と
も関連付けて、言語の歴史的推移を考察します。たとえば、現代日本語を
紫式部の『源氏物語』(1008 年頃)が書かれた時代の中古日本語(8 世紀末〜
12 世紀)や曲亭馬琴の『南総里見八犬伝』(1814〜1842 年)が書かれた時代
の近世日本語(17 世紀〜19 世紀中頃)と比較したり、後期中英語をエルフリッ
ク(Ælfric of Eynsham)の『カトリック説教集(*Catholic Homilies*)』(990 年)

が書かれた時代の**古英語**(700〜1100 年)やウィリアム・シェイクスピア
(William Shakespeare)の『マクベス(*Macbeth*)』(1606 年)が書かれた時代
の**初期近代英語**(1500〜1700 年)と比較しながら、日本語や英語がどのよう
に変化したのかを探求します。

　世界の言語では音韻・形態・統語・意味いろいろな諸相に通時的な言語
変化が見られることはよく知られています。ここで、「言語はどのように変
化するのか」、「言語はなぜ変化するのか」という問いが生じます。生成文
法では、言語の歴史的変化は子どもの**言語獲得**と密接に関わっていると考
えます。言語獲得について生成文法では、人間に生得的に備わっている**言
語獲得機構**(LAD)の中には言語に普遍的な特性を捉えた**普遍文法**(UG)が
あると考えられており、子どもは**一次言語資料**(PLD)と呼ばれる**言語経験**
を LAD への入力として、UG と PLD の相互作用により母語を獲得すると
説明されます(第 1 章、第 2 章、第 10 章参照)。子どもが獲得する個別言語
には多様な変異が見られますが、そのような**言語間変異**は UG の普遍的原
理の可変部を規定する**パラメータ**によるものだと考えて、言語獲得とは
PLD によってパラメータの値を定めていくことだと考えられています。

　子どもが何世代にも渡って同じ PLD に触れる状態が続くならば、言語
の歴史的変化はそもそも起こらないはずですが、実際には歴史的変化が起
きるので、それはなぜなのかが問題となります。このことは**言語変化の論
理的問題**(logical problem of language change)と呼ばれます(Clark & Roberts
(1993: 299f, 1994: 12), Kroch (2001: 699f), Roberts (2007: 230), Lightfoot
(1999: 77ff, 2020: 123ff)等参照)。この問題の解明には、子どもが母語の文
法を獲得する際に、親の世代が母語の文法を獲得するのとは多少異なった
方法で言語獲得を行い、その結果、歴史的変化が生じると考えてみること
ができます。通時的なアプローチによる歴史的言語研究の目標の一つは、
子どもの言語獲得の仕方、特に PLD の捉え方が親の世代とどのように異
なり得るのか、さらに、なぜ異なるようになったのかを探り、歴史的変化
のメカニズムを解明することです。

　本章では、英語史の中で節内の本動詞の位置の変化を統語変化の事例と
して取り上げ、言語の歴史的変化のメカニズムについて考えます。本章で
は英語の歴史変化を具体例として取り上げるので、Sweet (1891: 211)によ
り (1)のような**英語史**における時代区分に基づいて、記述・説明を行いま
す。

（1）

700–1100 年		古英語(OE)
1100–1350 年	中英語 （ME）	初期中英語(EME)
1350–1500 年		後期中英語(LME)
1500–1700 年	近代英語 （ModE）	初期近代英語(EModE)
1700–1900 年		後期近代英語(LModE)
1900–現在		現代英語(PDE)

2. 歴史的統語変化の事例研究

2.1 歴史的統語変化をどのように考えるか

PDE と **LME・EModE** では、助動詞(auxiliary: Aux)を含まない否定文で**本動詞**(main verb: V)と**否定辞**(negative marker: Neg)の not との相対的語順が異なります。(2)は PDE の**肯定文**とそれに対応する**否定文**です。(2)では、単一下線は V, 二重下線は Aux, 囲み線は Neg を示します。

（2）　a. I <u>think</u> of them.

　　　 b. I <u><u>do</u></u> not <u>think</u> of them.

PDE では、(2b)のように否定文では V は Neg の not に後続し、Aux の do が使われて、Neg に do が先行します。一方、LME・EModE では、(3)のように否定文に do は現れず、Neg に V が先行します。

（3）　I <u>think</u> not of them.　　　　　(Shakespeare, *Macbeth*, II.i.20)

PDE と LME・EModE の否定文に見られる V と Neg の相対的語順の違いは、英語の**歴史的統語変化**の一例です。

　生成文法では、主要部と補部の相対的語順の相違というような共時的な言語間の統語的な変異は**主要部パラメータ**により説明されることをこれまでに学びました(第2章、第5章参照)。この節では、1つの言語における通時的な統語変化もパラメータによって原理的に説明することができることを示します(Haegeman (2006: 41ff)も参照)。それに先立ち、共時的言語間変異の具体例として、現代の英語と現代のフランス語の否定文を取り上げて、考えてみます。

　(4)は**フランス語**の否定文で、V は副詞的な Neg の pas に先行しています(フランス語では副詞的な Neg の pas が英語の not に相当します。同じく否定

表現に現れる否定不変化詞の ne についてはここでは取り上げません）。

（ 4 ）　Je　ne　pense　|pas|　à　　　eux.
　　　　I　NEG　think　not　about　them
　　　　'I don't think of them.'

英語の否定文では、V は Neg の not に後続するのに対し、フランス語の否定文では V は Neg の pas に先行し、V と Neg の相対的語順が異なります。このような V と Neg の相対的語順の違いは、**本動詞移動**(V-movement: V 移動)が起きているか否かによって説明されると考えられています(詳しくは Pollock (1989)参照)。

　V 移動について考える前に、否定文はどのような**節構造**を持つかについて述べておきましょう。第 5 章で説明されている **X′ の原理**を踏まえると、Neg も主要部として**否定辞句**(negative phrase: NegP)を形成することになり、(5)のような句構造となります(詳しくは Laka (1990)参照)。

（ 5 ）　[$_{CP}$ C [$_{TP}$ Subj [$_{T'}$ T [$_{NegP}$ *not/pas* [$_{Neg'}$ Neg [$_{VP}$ V (Obj)]]]]]]

(5)で、英語の not やフランス語の pas は副詞的な Neg なので、NegP の指定部に位置すると考えられます。V は、他動詞であれば目的語(object: Obj)と一緒に、自動詞であれば単独で動詞句(VP)を形成し、その後、(6)のように VP 内から T 位置へ移動します。記号＋は移動している要素が移動先の要素と組み合わさっていることを示します。

（ 6 ）　[$_{CP}$ C [$_{TP}$ Subj [$_{T'}$ V+T [$_{NegP}$ *not/pas* [$_{Neg'}$ Neg [$_{VP}$ V̶ (Obj)]]]]]]
　　　　　　　　　　　　　　　　　　　　　　　　　　　　　　　V-movement

V 移動が起こるとフランス語のように V は Neg に先行することになり、V 移動が起こらなければ英語のように V は Neg に後続することになります。このような V 移動の有無は **V 移動パラメータ**の値の違いとして規定することができます。生成文法では、パラメータの値について理論的にどのように捉えることができるか、多くの研究がなされています。ここでは、理解しやすいように、説明の便宜上簡略化した形で「有り / 無し」の値で述べることにします。V 移動パラメータの値が「有り」であるとフランス語のように V 移動が起こり、「無し」であると英語のように V 移動が起こらないことが捉えられます。このように、現代の英語とフランス語の V と Neg

の相対的語順の違いはV移動パラメータ値の違いとして説明されますが、LME・EModEとフランス語におけるVとNegの相対的語順が同じであるということは、V移動パラメータ値は同じ「有り」であることを意味し、英語史において、V移動パラメータ値が変化したと考えることができます。

2.2　現代英語と後期中英語・初期近代英語における否定文と疑問文

　前節でPDEとLME・EModEでは、否定文においてVとNegの相対的語順が異なり、PDEではAuxのdoがNegの前に現れる（これをdo挿入（*do*-insertion）と呼びます）のに対し、LME・EModEではdoが現れないことを見ました。この違いは(7)のようにまとめられます。

（7）

	Vと Negの語順	do 挿入
LME・EModE	VがNegに先行	無
PDE	VがNegに後続	有

PDEとLME・EModEでは、Auxを含まない疑問文においてもVと主語（subject: Subj）の相対的語順が異なります。PDEでは、**疑問文**ではVは主語に後続したままで**平叙文**の語順と同じです。異なるのは、**do挿入**が起こり、AuxのdoがNeg主語に先行して現れることで、(8a)の平叙文に対する疑問文は(8b)のようになります。(8)では、波線は主語を示します。

（8）　a.　You ride this afternoon.
　　　b.　Do you ride this afternoon?

一方、LME・EModEでは、疑問文においてdo挿入が起こらず、Vは主語に先行します。(8a)の平叙文に対する疑問文は、(9)のようになります。

（9）　Ride you this afternoon?　　　　(Shakespeare, *Macbeth*, III.i.18)

　疑問文に関するPDEとLME・EModEとの違いは(10)のようになります。

(10)

	Vと主語の語順	do 挿入
LME・EModE	Vが主語に先行	無
PDE	Vが主語に後続	有

2.3　後期中英語・初期近代英語における本動詞移動

　PDE と LME・EModE の否定文および疑問文における V 位置の違いを理解するために、まず、PDE の節構造(11)と移動操作について見ておきます。

(11)　[_{CP} C [_{TP} Subj [_{T'} T [_{VP} V (Obj)]]]]

(11)では、時制 T の位置には、**時制**の情報に関する要素(現在時制の Pres もしくは過去時制の Past)や Aux が現れます。(11)の**補文標識** C の位置には、CP が**主節**の場合は、倒置された Aux が、**従属節**の場合は従属接続詞が現れます。(12a), (12b)は(13a), (13b)のような句構造で表示されます。なお、(13)では、時制情報は< >内に示されています。

(12)　a.　Kevin speaks Japanese.
　　　b.　Kevin can speak Japanese.

(13)　a.　[_{CP} C [_{TP} *Kevin* [_{T'} T<Pres> [_{VP} *speak* ...]]]].
　　　b.　[_{CP} C [_{TP} *Kevin* [_{T'} *can*<Pres> [_{VP} *speak* ...]]]].

(13a)では、T に位置する Pres が**形態音韻部門**において隣接する V の speak と組み合わさり、3 人称単数現在時制の**屈折接辞** -(e)s として発音されることになりますが、ここではこのことを「音声的に具現化する」と言います。また(13b)では、T に位置する Pres が同じ位置にある Aux と組み合わさり、この組み合わせが can として音声的に具現化します。

　疑問文の語順は、(11)の節構造に(14)のように示される **T から C への移動**(T-to-C movement: T-to-C 移動)によって生じます。

(14)　[_{CP} T＋C [_{TP} Subj [_{T'} T̶ [_{VP} V (Obj)]]]]
　　　　　　　↑_____|　 T-to-C movement

この T-to-C 移動により、Aux が主語に先行し倒置することが説明されます。具体的には、疑問文(15a), (15b)は、(16a), (16b)のように派生されます。

(15)　a.　Does Kevin speak Japanese?
　　　b.　Can Kevin speak Japanese?

(16)　a.　[CP T<Pres>＋C [TP *Kevin* [T′ T̶<̶P̶r̶e̶s̶>̶ [VP *speak* ...]]]]?

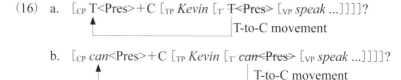

　　　　　　　　　　　　　　　　　　　　　T-to-C movement

　　　b.　[CP *can*<Pres>＋C [TP *Kevin* [T′ *c̶a̶n̶*<̶P̶r̶e̶s̶>̶ [VP *speak* ...]]]]?

　　　　　　　　　　　　　　　　　　　　T-to-C movement

(16b)では、Pres と Aux の組み合わさった can が T-to-C 移動によって主語の前へ移動しています。(16a)では Pres が単独で T-to-C 移動によって主語の前へ移動しています。

　ここで時制がどのようにして音声的に具現化されるかについて触れておきます。時制の Pres や Past は動詞の屈折接辞として音声的に具現化しますが、屈折接辞である時制は**拘束形態素**であり、必ず動詞的要素と組み合わされなければなりません(第4章参照)。音声的に具現化する屈折接辞の時制は形態音韻部門において組み合わさる**自由形態素**の本動詞と隣接(adjacent)していなければならないという語形成の制約に従います。(16a)では C 位置にある Pres と VP 内にある speak の間には主語の Kevin が介在しており、Pres と speak が隣接していないため、C 位置にある Pres は屈折接辞として音声的に具現化される場合、動詞的要素と組み合わさることができないため孤立してしまいます。この孤立してしまった Pres を**救済する方策**(Last Resort)として、形態音韻部門で C 位置へ do 挿入が起こり、Pres は屈折接辞として音声的に具現化可能となり、Aux の do と組み合わさり does となります。(16a′)はこの派生を示しています。

(16)　a′.　[CP T<Pres>＋C [TP *Kevin* [T′ T̶<̶P̶r̶e̶s̶>̶ [VP *speak* ...]]]]?

　　　　　　└*do*-insertion

　否定文の語順も同様に説明されます。否定文(17a), (17b)は(18a), (18b)のような句構造で示され、(18a′)のように派生されます。

(17)　a.　Kevin does not speak Japanese.

　　　b.　Kevin cannot speak Japanese.

(18)　a.　[CP C [TP *Kevin* [T′ T<Pres> [NegP *not* [Neg′ Neg [VP *speak* ...]]]]]].

　　　b.　[CP C [TP *Kevin* [T′ *can*<Pres> [NegP *not* [Neg′ Neg [VP *speak* ...]]]]]].

a′. [_CP_ C [_TP_ *Kevin* [_T′_ T<Pres> [_NegP_ *not* [_Neg′_ Neg [_VP_ *speak ...*]]]]]].
　　　↳ *do*-insertion

(18a)でも(18b)でも、not は T に位置する Pres/*can*<Pres> と VP 内に位置する speak の間に介在します。(18b)では、そのままの語順で否定文となります。(18a)では、介在する not によって Pres と speak が隣接しなくなっていて、T 位置にある Pres は屈折接辞として音声的に具現化する場合、動詞的要素と組み合わさることができないため孤立します。疑問文の場合と同様に、この孤立してしまった Pres を救済するために、(18a′)のように T 位置へ do 挿入が起こり、Pres は Aux の do と組み合わさって屈折接辞として音声的に具現化し does となります。

　LME・EModE の否定文、疑問文も、それぞれ(5)と(11)の節構造と(14)の T-to-C 移動で説明されますが、do 挿入が起こらず PDE とは異なる語順が生じています。否定文に関する PDE と LME・EModE の違いに着目すると、Neg に対する V の相対的位置が異なり、LME・EModE の否定文はフランス語の否定文と同じ語順になっています。このことは、LME・EModE でも(PDE では不可能な)V 移動が可能であったことを示しています。V 移動が可能な LME・EModE では、(3)の否定文は(19)のように派生されることになります。

(19)　[_CP_ C [_TP_ *I* [_T′_ *think*+T<Pres> [_NegP_ *not* [_Neg′_ Neg [_VP_ *think of them*]]]]]].

　　　　V-movement

(19)で think は前置詞句の of them と VP を形成し、V 移動によって T 位置へ移動し、この位置で Pres と組み合わさります。T<Pres> は think と隣接して音声的に具現化可能なので、T 位置への do 挿入は不要となります。

　V 移動が LME・EModE で可能であったことの帰結として、疑問文の形成にも変化が生じてきます。疑問文が形成される際には T-to-C 移動が起こることは PDE の例でも見ましたが、LME・EModE では V 移動が可能であったため、疑問文形成の際には T 位置にある V が T-to-C 移動によって C 位置へ移動していくことになります。この派生は(20)のように示されます。

(20)　$[_{CP}$ V＋T＋C $[_{TP}$ Subj $[_{T'}$ V̶＋T̶ $[_{VP}$ V̶ (Obj)$]]]]$

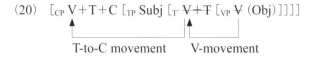

　　　　　T-to-C movement　　V-movement

(20)のように LME・EModE の疑問文の形成には2つの移動が関与しているため、(9)の EModE の疑問文は(21)のように派生されます。

(21)　$[_{CP}$ *ride*＋T<Pres>＋C $[_{TP}$ *you* $[_{T'}$ *ride*＋T<Pres> $[_{VP}$ *ride* ...$]]]]$?

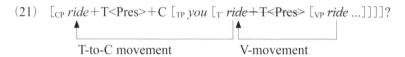

　　　　　T-to-C movement　　　　V-movement

(21)で ride は副詞句の this afternoon と VP を形成し、V 移動によって T 位置へ移動し、この位置で Pres と組み合わさります。T 位置で Pres と組み合わさった ride はさらに T-to-C 移動によって C 位置に移動して行きますが、T<Pres> は ride とすでに組み合わさって ride＋T<Pres> となっているので、C 位置へ do 挿入をする必要がありません。

　以上見てきたように、LME・EModE では V 移動が可能で、V 移動によって、否定文でも疑問文でも do 挿入が起こらないことが説明されました。PDE と LME・EModE の否定文と疑問文における語順の違いは、V 移動の可否とそれに起因する T-to-C 移動によって移動する要素の違いと do 挿入の有無によって生じています。このことは、(22)のようにまとめられますが、V 移動は EME 初頭に出現し、LModE 中には完全に消失してしまっています。

(22)

	V 移動	V の T-to-C 移動	do 挿入
LME・EModE	有	有	無
PDE	無	無	有

2.4　英語史における目的語転位の出現と衰退

　LME・EModE では V 移動が可能であったことに付随して、PDE では観察されない**目的語転位**(Object Shift)という統語現象も可能でした(Wurff (1997: 488f), Roberts (1995: 269, 2007: 57f), Miyashita (2013: 145ff))。前節で LME・EModE の否定文では V が V 移動によって Neg に先行することを見ました。目的語転位は(23)のように移動した V に付随するかたちで

（人称代名詞の）目的語も移動してしまう現象です。

(23)　I <u>know</u> **him** <u>not</u>.　　　　　(Shakespeare, *King Henry V*, III.vi.19)

目的語転位は V 移動が起こらない限り、起こることはありません。V 移動が起きてはじめて目的語転位が可能になり、目的語転位が起こると、目的語が V に後続しつつ Neg に先行するという(24)のような語順が生じます。

(24)　... <u>V</u> ... **Obj** ...<u>Neg</u>... [$_{VP}$ ~~V Obj~~]

Object Shift

　目的語転位は現代のスカンジナビア諸語(北ゲルマン語派の諸言語)に典型的に観られる統語現象で、2 つのタイプに分類されます。これは、①名詞句目的語と人称代名詞目的語の目的語転位が可能な**アイスランド語**(Icelandic)タイプの(25)と、②人称代名詞目的語のみの目的語転位が可能な**本土スカンジナビア諸語**(Mainland Scandinavian languages)タイプの(26)で例示されます(Thráinsson (2001: 148, 150)参照)。アイスランド語タイプの名詞句目的語の目的語転位は**随意的**ですが、どちらのタイプでも人称代名詞目的語の目的語転位は**義務的**です。

(25)　アイスランド語タイプの目的語転位(アイスランド語)

    a.　Nemandinn　<u>las</u>　　**bókina/hana**　<u>ekki</u>.

    b.　Nemandinn　<u>las</u>　　　　　　　　<u>ekki</u>　**bókina/*hana**.

    　　the-student　read　　the-book/it　　not　　the-book/it

    　　'The student didn't read the book/it.'

(26)　本土スカンジナビア諸語タイプの目的語転位(ノルウェー語)

    a.　Studenten　<u>leste</u>　***boken/den**　<u>ikke</u>.

    b.　Studenten　<u>leste</u>　　　　　　　<u>ikke</u>　**boken/*den**.

    　　the-student　read　　the-book/it　　not　　the-book/it

    　　'The student didn't read the book/it.'

2 つのタイプの目的語転位を区別する要因についてはここでは触れませんが、LME・EModE で観察される目的語転位は現代の本土スカンジナビア諸語で観察されるものと同じ事象です。

　英語史における人称代名詞目的語の目的語転位の出現時期・消失時期は V 移動の出現時期・消失時期と一致していることが先行研究で明らかに

なっています。これは目的語転位がV移動に依存する統語現象であることを踏まえると、V移動が可能であった時期と目的語転位が可能であった時期が一致するのは当然のことと言えます。

ここまで見てきたPDEとLME・EModEの違いを(27)のようにまとめると、太字体で示すV移動が可能であるか否かにより複数の統語現象の可否が順次決まっていくことがわかります。何らかの理由により生じた1つの統語変化により複数の統語変化が順次引き起こされていることがわかります。

(27)

	V移動	Vの T-to-C移動	目的語転位	do挿入
LME・EModE	**有**	有	有	無
PDE	**無**	無	無	有

(27)に基づくと、英語史におけるLME・EModE以降のさまざまな**語順変化**は**V移動の消失**に集約されると言えます。興味深いことに、EModE(16〜18世紀)よりも現代に近い**初期アメリカ英語**(18世紀終盤〜19世紀)でも(28)の下線部のように目的語転位が可能でした。

(28) Dissect him how I may, then, I but go skin deep; I know him not, and never will.　　(Melville, *Moby-Dick; or, The Whale*, Ch.86)

初期アメリカ英語で目的語転位が可能であったことから、アメリカ英語ではイギリス英語よりも遅い時期までV移動が可能であったということを示しています(LModEの似た事例に関しては縄田(2016: 196f)参照)。ただし、初期アメリカ英語では(29)の下線部のようにV移動が起こらずにdo挿入が起きている否定文も見られることから、V移動は随意的であったことがわかります。

(29) And yet I also felt a strange awe of him; but that sort of awe, which I cannot at all describe, was not exactly awe; I do not know what it was.　　(Melville, *Moby-Dick; or, The Whale*, Ch.16)

3.　歴史的統語変化のメカニズム

　ここまで、英語史における V 移動の消失を例に取り上げて、1 つの統語変化が起点となって、複数の統語変化が引き起こされることを見てきました。そもそも V 移動の消失はどのようにして起こったのでしょうか。1 節で述べましたが、生成文法では、統語変化は言語獲得の際に、子どもの世代が触れる **PLD** が大人の世代が触れた PLD と多少異なっていてパラメータの値を大人の世代と異なる値に設定することによって生じると考えます。たとえば、PDE では**基本語順**は一定で、主語・動詞・目的語で **VO 語順**です。これに対して、**OE** では語順は比較的自由でしたが、基本語順は(30)のように主語(ic)・目的語(þas boc)・動詞(awende)で **OV 語順**でした。

(30)　þæt　ic　þas　boc　of　Ledenum　gereorde　to
　　　 that　I　this　book　from　Latin　language　to
　　　 Engliscre　spræce　awende
　　　 English　tongue　translate
　　　 'that I translate this book from the Latin language to the English
　　　 tongue'　　　　　　　　　（AHTh, I pref, 6 / Kemenade（1987: 16））

OE の OV 語順から PDE の VO 語順への変化は、実際には OE から EME にかけて起こりました(田中(智)（2016: 120f)参照)が、主要部パラメータの値の変化として捉えることができます。英語史において主要部パラメータの値が OE の「主要部末端」から通時的に「主要部先端」へ変化したので、基本語順が OV 語順から VO 語順へ変化したと言えます。同様に、V 移動が消失したことは、V 移動パラメータの値の変化によって生じたと捉えられます。V 移動パラメータの値が LME・EModE の「有り」の値から「無し」の値に変化したことによって、LModE では V 移動が完全に消失したと説明されます。ここで重要なのは、子どもがパラメータの値を定めるときに、子どもの世代と大人の世代で PLD がどのように異なっていたかを明らかにすることです。さらに、なぜ PLD が異なることになったかについても考える必要があります。

　以下では、このような問題に焦点を当てて、歴史的統語変化のメカニズムについてもう少し詳しく考えてみます。まずはじめに、**ミニマリスト・プログラム**(MP)に基づく歴史的統語変化に関する Longobardi（2001）の**不**

活発理論(Inertial Theory)について見ておきます。Chomsky (2000a, 2001, 2004b)が提示した MP では、言語現象に関して**インターフェイス条件**と**演算の効率性**から**原理的な説明**を与えようと試みています。このような考えによれば、統語現象に見られる共時的言語間変異や通時的言語変化は統語部門の操作が意味部門・形態音韻部門との**インターフェイス**での要請に応じようとすることによって生じると考えることができます。

　不活発理論では、**統語部門**そのものは通時的に完全に不活発であって、言語変化はインターフェイスに関わる現象を起点としてのみ起こると考えられています。「不活発」という概念は物理学の**慣性の法則**によっていると言えます。すべての物体は、外部から力を加えられない限り、静止している物体は静止状態を続け、運動している物体は等速度運動を続けるというのが慣性の法則です。統語部門についても同様に考えることができます。通時的にまったく変化がなく静止している状態ではそのまま静止し続け、外部から力が働かない限り、歴史的統語変化は起こりません。統語部門は自分自身で動いて変化を起こすのではなく、外部からの力となるインターフェイスに関わる現象に応じてはじめて動き出すと考えられます。このように考える不活発理論では、統語変化は自発的には起こりえず、何らかの原因によって誘発されるもので、その原因は**語彙項目**の出現／消失に端を発するインターフェイスでの現象である形態・音韻変化や意味変化に限られることになり、このような変化が PLD の変化に相当すると言えます。英語史における V 移動の消失も自発的に起こったのではなく、PLD における変化があってはじめて起こったと考えられます。

　不活発理論で説明される統語変化の事例として、まずは英語史における基本語順の変化を取り上げて、主要部パラメータの値の変化について考えてみましょう。主要部パラメータの値の変化は PLD における変化によって引き起こされています。OE では名詞の屈折接辞が豊富で、主語や目的語などの文法関係が屈折接辞によって形態音韻的に明示されるので、主語と目的語が隣接していても文法関係の判別が可能です。このような PLD に触れた子どもは、基本語順として主要部パラメータの値を「主要部末端」に設定し、屈折接辞によって文法関係が形態音韻的に標示されるので語順が比較的自由な「OV 語順」の文法を獲得することになります。しかし名詞の屈折接辞が OE から EME にかけて音声的に弱化し、貧弱になる(「水平化」する)と、PLD に変化が生じます。このように変化した PLD に触れ

た子どもは、基本語順として主要部パラメータの値を「主要部先端」に設定するようになり、語順によって文法関係が明示され固定語順となる「VO語順」の文法を獲得することになります。OE から EME にかけて起きた名詞の屈折接辞の**水平化**は、統語部門と形態音韻部門のインターフェイスで生じた現象です。このような水平化によって名詞句の屈折接辞が標示していた文法関係の情報が失われるので、文中で 2 つの名詞句が隣接すると、どちらの名詞句も主語とも目的語とも解されうる事態が起こり、文構造の基本的なところに**構造的あいまい性**が生じることになります。また、このような事態は**文処理**においても負担となります。インターフェイスにおけるこのような事態を解消するという要請に統語部門が応じて、動詞と 2 つの名詞句の相対的位置関係が SVO となるように**階層構造**が構築されるようになったと考えられます。このように英語史では子どもが言語獲得の際に触れる PLD の形態音韻変化によって主要部パラメータの値が変化し、その結果、基本語順の変化が生じています。このような**形態音韻変化**による主要部パラメータ値の変化は古フランス語(9〜14 世紀)でも起きています。

　次に本章で注目した V 移動の消失について考えてみましょう。近年では V 移動の消失も形態音韻変化に起因することがわかってきています。共時的に見ると、V の屈折接辞が豊富な言語では、V 移動が可能です。たとえば、フランス語、**イタリア語**、**スペイン語**などのロマンス語派の言語では、V の屈折接辞が豊かなため V 移動が可能です。LME・EModE では**ロマンス諸語**ほどではないにしても、(31)のように V の屈折接辞は豊富でした。

(31)　後期中英語から初期近代英語の本動詞変化表(縄田(2011: 79))

主語			現在形	過去形
	単数	1 人称	-e	-de
		2 人称	-st	-dst
		3 人称	-th	-de
	複数	1 人称	-e	-de
		2 人称	-e	-de
		3 人称	-e	-de

LME・EModE では単数の V の現在形では 1 人称、2 人称、3 人称の区別があり、単数の V の過去形では 1 人称 / 3 人称と 2 人称で区別がありまし

た。PDE と比べると、LME・EModE では V の屈折接辞が豊富です（Nawata (2009: 256f) 参照）。LME・EModE でも V の屈折接辞が豊富だったので、このような PLD に触れた子どもは V 移動パラメータの値を「有り」に設定し、V 移動が可能な文法を獲得することになります。この V 移動が可能な文法では、2.3 節 (21) のように T-to-C 移動により屈折接辞を伴っての V の移動が可能なので、do 挿入は起こらず、2.4 節 (23) のような V 移動に付随する目的語転位が可能になります。しかし、通時的にはこの豊富だった V の屈折接辞は音声的な弱化を経て水平化されていき、やがて PDE のように V の屈折接辞は貧弱になります。屈折接辞のこのような形態音韻変化によって V 移動を可能にする要因が失われてしまいます。V の屈折接辞が貧弱な PLD に触れた子どもは、V 移動パラメータの値を「無し」に設定し、V 移動が不可能な文法を獲得することになります。その結果、V 移動が不可能な文法では、2.3 節の (16a, a′)、(18a′) で見たように、T-to-C 移動は T 位置の屈折接辞に限られ、否定文と疑問文では do 挿入が起こり、目的語転位は不可能になります。

　このように英語史の中で起きた一連の統語変化は、音声的な弱化による形態音韻変化 (V の屈折接辞の水平化) によって引き起こされた 1 つの統語変化 (V 移動の消失) によって生じていたと説明することができます。

　最後に do 挿入について触れておきます。PDE で do 挿入に用いられる**迂言的**(periphrastic) Aux の do は OE の V の dōn に由来し、dōn は他動詞として「〜を置く」、「〜を成し遂げる」、「〜に〜させる」の 3 つの意味を持っていました。迂言的 Aux の do はこの 3 つのうち、「〜に〜させる」という使役の意味が起源だと考えられています（詳しくは Ellegård (1953)、Kroch (1989) 参照）。**ME** の間に使役の意味を失った do は機能的に Aux として使われるようになりました。16 世紀半ば頃には迂言的 Aux の do は否定文にも疑問文にも使用されるようになり、18 世紀以降には広く使われるようになりました。V 移動がまだ可能であった EModE には、(32) のように do 挿入が起きている否定文や疑問文の例も見られます。

(32)　a.　I do not think so.　　　　(Shakespeare, *Hamlet*, V.ii.197)

　　　b.　Ay, do you fear it?　　　(Shakespeare, *Julius Caesar*, I.ii.84)

EModE において 2.1 節 (3)、2.2 節 (9) と (32a, b) が共存していたという事実観察は V 移動が可能な文法と V 移動が不可能な文法が共存していたこ

とを示唆します。このことから、V の屈折接辞の水平化に端を発する V 移動の消失は英語史の中で突然起こって一瞬にして完了したというわけではなく、おおよそ 200 年かけて起きた漸次的な統語変化だということがわかります。それでは、V 移動の消失をまねいた V の屈折接辞の水平化はどのようにして、なぜ起きたのでしょうか。この問題については、別の機会を待たねばなりません。

基 本 問 題

1. PDE の疑問文 'Are you crazy?' の派生を示しなさい。

2. EModE でもこのような疑問文の例 'Why Romeo, art thou mad?'（Shakespeare, *Romeo and Juliet*, I.ii.54）が観察されるが、be 動詞を含む疑問文は PDE でもなぜ変化していないのか考えなさい。

発 展 問 題

1. (i)–(ii) の例文は OE から ME にかけて観察される動詞第 2 (V2) 現象と呼ばれる統語現象で、主節の先頭に wh 句や Neg が現れる場合、V や Aux は第 2 位置に現れる。

(i) wh 句文頭

Hwi	wolde	God	swa	lytles	þinges	him	forwyrnan
why	would	God	such	small	things	him	deny

'Why would God deny him such a small thing?'

(ÆCHom, I.14 / Kemenade (1987: 43))

(ii) Neg 文頭

Ne	sende	se	deofol	ða	fyr	of	heofenum,	þeah	þe
NEG	sent	the	devil	the	fire	from	heaven	though	that

hit	ufan	come
it	above	came

'The devil did not send the fire from heaven, though it came from above.'

(ÆCHom, II.110 / Hulk & Kemenade (1997: 189))

V2 現象では V や Aux が節中のどの位置に移動しているのか説明しなさい。また PDE では V2 現象は残っているのか、また残っているなら、どのようなかたちで残っているのか具体例を挙げて説明しなさい。

第14章
言語の脳科学

《この章で考えること》
1. 脳の言語能力はどのような手法で計測できるのでしょうか。
2. 生成文法は言語脳科学にどのような影響を与えたのでしょうか。
3. 言語処理に伴う脳反応はどのようなもので、言語獲得によりどう変化するのでしょうか。

キーワード：意味、言語進化、第二言語、脳、非侵襲的脳機能計測、文法、母語発達、ERP, fMRI

1. 失語症に見る言語と脳の関係

　人間の**言語能力**(linguistic competence)は脳に宿ります。普通の人が毎日ことばを使いながら暮らしていても、このことを意識することは少ないでしょう。言語能力が脳に在ることを明確に理解できる一つの機会は、脳の損傷により言語の使用に障害が出た時です。そのような症状を**失語症**(aphasia)と言います。フランスの医師ポール・ブローカは、喋ることがほとんどできず「タン」としか発話できない患者に出会いました。この患者の死後、開頭し（頭蓋骨を切って開けて）脳を調べたところ、左半球の**前頭葉**(frontal lobe)（図1A）の下部に大きな損傷が見つかりました(Broca (1861))。この損傷により、話すことが阻害されたので、当初、この脳の部位は「話す」という行為に関連していると考えられました。この部位は発見者の名前をとって今では**ブローカ野**(Broca's area)と呼ばれています（図1B）。また、流暢に話せるが、言っていることは意味不明で、他人の発話の意味も理解できない患者も、のちに報告されました。この患者の脳損傷部位は、ことばを「理解する」という行為に関係していると考えられました。これが発見者にちなんで現在、**ウェルニッケ野**(Wernicke's area)と呼ばれてい

る領域です(図 1B)(Wernicke (1874))。

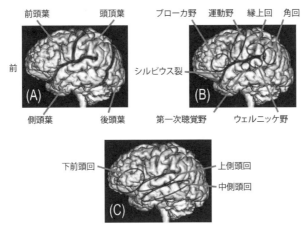

図1: 人間の脳の３次元再構成画像　脳の外側を左から見ている。
(A) 大脳の左右それぞれの半球は、太線で示した大きな溝に
よって前頭葉、側頭葉、頭頂葉、後頭葉の４つの領域に分かれ
ている。(B) シルビウス裂と呼ばれる溝の周囲に、言語能力に
とって重要なブローカ野やウェルニッケ野などの領域がある。
(C) 脳葉はさらに脳回に分けられ、前頭葉の中ではブローカ野
のある下前頭回が、側頭葉の中ではウェルニッケ野のある上側
頭回やその下の中側頭回が、言語に関連が深い。

　生成文法では、「話す」や「理解する」などの**言語運用**(linguistic perfor-
mance)の基盤となる言語能力を重要な研究対象としています。生成文法の
発展もあり、脳損傷による失語症の研究も言語知識の観点からなされるも
のが増えています。先に挙げたブローカ野を例に取ると、この脳領域は「話
す」という行為ではなく、**文法**という言語知識を支えているという仮説が
提唱されるようになりました。文法能力が宿るブローカ野が損傷を受ける
と、文が構築できなくなって、発話という行為も阻害される、流暢に喋れ
なくなる、というわけです。さらに、文法知識に問題が生じると、ある種
の文を理解することも難しくなることが予測されます。

(1)　a.　Mary kicked John.

　　　b.　John was kicked by Mary.

たとえば、(1a)の文は、文法知識に頼らなくても、最初の名詞句(Mary)を行為者と解釈するという**語順ストラテジー**によっても、行為者・被行為者の関係(第7章参照)を正しく理解できます。しかし、生成文法的には目的語位置から主語位置への統語的移動操作が適用されている(1b)の文では、語順ストラテジーを使うと John が行為者であるという誤った解釈になってしまい、正しく解釈するには統語的移動を含む文法知識を適用する必要があります(第5章参照)。実際にブローカ野に損傷がある失語症患者に理解を求めると、(1a)のような文では行為者・被行為者の関係を正しく理解できても、(1b)のような文では困難になると報告されています(Grodzinsky (2000))。このことは、ブローカ野が**言語産出**にも**言語理解**にも必要な文法という言語知識を支えているという仮説と合致します。

　ここで少し、脳について語る際に必要になる基本的な部位の名称を紹介しておきましょう。まず、人間の脳は**大脳**(cerebrum)と呼ばれる大きな脳が小脳と呼ばれる小さな脳に乗るような形をしています。小脳は運動の制御などに重要ですが、言語などの**高次認知機能**は主に大脳に宿ると考えられています。さらに、言語にとって重要な領域は、右利きの人の場合、大脳の左半球にあることが多いとされています。左右それぞれの半球は、前頭葉、**側頭葉**(temporal lobe)、**頭頂葉**(parietal lobe)、**後頭葉**(occipital lobe)という大きな領域に分かれています。脳を地球だとすると、脳葉は大陸と思えば理解しやすいでしょう。脳葉は溝によって分かれており、特に脳を横に走る**シルビウス裂**(sylvian fissure)(図1B)は、言語能力との関連で重要なので覚えておきたいものです。脳の溝を脳溝、溝から上がった陸のような部分を**脳回**(gyrus)と呼びます。脳葉の中に、幾つかの脳回があるので、大陸の中に川で隔てられた国が幾つかあるような感じです。ただし、脳溝と脳回は、1枚のつながったシートが折り畳まれてできているだけで連続しているので、どちらにも重要な脳機能が存在し得ます。川と陸のような性質の違いはありません。言語研究では、前頭葉の**下前頭回**(inferior frontal gyrus)や側頭葉の**上側頭回**(superior temporal gyrus)・中側頭回(middle temporal gyrus)などがよく出てきます(図1C)。

　1つの脳回の中でも細胞レベルでは幾つかの領域に分けられることがわかっており、ブロードマンという研究者による領域分け、**ブロードマン・エリア**(Brodmann area: BA)がよく用いられます。ブローカ野は左半球の**BA44・BA45**、ウェルニッケ野は左半球の**BA22**に相当します。**神経細胞**

(ニューロン(neuron))は脳回・脳溝の表面の層にあり、この層を**灰白質**(gray matter)と言います。灰白質の下には、**白質**(white matter)という、**ニューロン**同士の情報伝達の経路となる**神経線維**の束があります。ニューロンは、他のニューロンから(電気)信号を受けた際に、細胞の中にイオンが流れ込んで、電位変化を起こすので、脳活動を電気的な変化から調べることができます(2.1 節の ERP 参照)。またニューロンの活動には酸素が必要であり、血液を通した酸素の供給量を調べることでも脳活動に関するデータが得られます(2.2 節の fMRI 参照)。

2. 非侵襲的脳機能計測

　科学技術の発展により、現代では健康な人の脳の働きを、頭の外から体を傷つけることなく可視化する**非侵襲的脳機能計測**(non-invasive brain functional imaging)が盛んに行われるようになっています。上で触れた失語症は、一部の人にしか起こらない症状なので、たくさんのデータを取ることができず、一般化も難しいという問題があります。非侵襲的に脳機能を計測することができれば、たくさんの健常者からデータを取ることができ、一般化もしやすくなります。現在は多くの種類の非侵襲的脳機能計測手法が開発されており、言語能力を対象とした脳機能計測研究には、生成文法と関連が深いものも少なくありません。本節では言語研究で利用される代表的な脳機能計測手法とそれらによる研究成果を紹介します。

2.1 事象関連脳電位

　事象関連脳電位(event-related brain potential: ERP)は、頭皮に貼り付けた電極から電位変化を計測する**脳波**(electroencephalogram: EEG)の一種であり、単語の呈示といった事象(event)に関連した(related)、一過性の反応です。**ERP** を用いて脳の**言語処理**を調べる場合、被験者に音声を聞かせる、文字を見せる、単語を呈示する(聞かせたり見せたりする)、文を呈示するといったことをイベントとし、そのイベントによって引き起こされる ERP を測ります。脳波はミリ秒単位の猛スピードで変化する神経活動に付随して起こる電位変化を反映するので、そこから得られる ERP も高い**時間分解能**(temporal resolution)を持つと言われます。時間分解能とはどれだけ短い時間の変化を計測できるかを示す精度のことです。言語刺激の呈示後、1 秒以内に幾つかの ERP 成分が次々に出現するのを観察できます。時間分

解能が低いと、これらの複数の反応を分離することはできません。同じ脳
反応が被験者グループ A と B で 0.1 秒ずれて起こっているような場合に
も、ERP ならその差を検出することが理論上はできます。

　生成文法研究でも母語話者に文法的な文とともに非文法的な文も与えて
文法性の判断(grammaticality judgment)をしてもらうことがありますが、言
語の ERP 研究においても、正しい文とともに、誤りが含まれる文を敢え
て与えることがよくあります。特定の種類の誤りを入れて**文処理**のある側
面を阻害することで、脳からどんな反応が出るか観察するわけです。生成
文法ではチョムスキーの "Colorless green ideas sleep furiously." という文
が**意味**と統語の独立性を示す例として有名ですが、多くの ERP 研究も、意
味的な誤りと統語的な誤りで、異なる ERP 成分が出現することを報告し
ています(Neville et al. (1991))。(2a)の文に対して、(2b)の文は前から読
んでいくと bake のところで意味的におかしくなります。(2a)の eat も(2b)
の bake も品詞としては同じく他動詞であり、(2b)が統語的におかしいわ
けではありません。

(2)　a.　The cats won't eat the food that Mary gives them.
　　b. ??The cats won't bake the food that Mary gives them.
　　c.　*The cats won't eating the food that Mary gives them.

(Osterhout & Nicol (1999: 289))

　単語を 1 つずつ画面に連続して呈示する形で、(2a), (2b)のような文を
被験者に黙読させると、意味的に文脈に合致する eat と合致しない bake の
ところで、はっきり ERP に違いが観測されます(Kutas & Hillyard (1980))。
図 2 で意味的な誤りに対して出現している ERP 成分は **N400** と呼ばれま
す。

　ここでおもしろいのは、同じ実験方法で統語的な誤りが含まれる文を呈
示すると、**P600** という、N400 とは異なる ERP 成分が出現することが多
いことです。統語的に誤りのない(2a)に対して、(2c)の文は前から 1 単語
ずつ被験者に呈示していくと、eating が出た時点で統語的な違反となりま
す。この時の ERP には P600 と呼ばれる成分が含まれます(Neville et al.
(1991))。N400 や P600 の頭文字 N・P は電位の極性を表します。N(ega-
tive)は陰性の電位、P(ositive)は陽性の電位を表します。図 2 は陰性を上
向きに、陽性を下向きに表示しています。400・600 の数字は、波形がピー

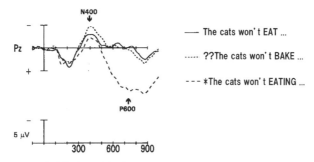

図2: 意味的違反と統語的違反に対して出現する ERP　違反のな
い正しい文における動詞 eat に対する ERP に比べて、意味的違
反を引き起こす動詞 bake に対しては N400 が、統語的違反を引
き起こす動詞 eating に対しては P600 が出現している。図の中
の Pz とは、前後方向では頭頂から少し後ろ、左右方向では真ん
中の電極を示す。300, 600, 900 などの数字はミリ秒単位で 0 が
刺激呈示の瞬間。(Osterhout & Nicol (1999), Figure 1 を改変
して作成)

クを示す辺りの時間(ミリ秒)から来ています。

　統語的違反に対しては P600 以外にも、**left anterior negativity** (LAN)
や **early left anterior negativity** (ELAN) などを報告している研究もあり
ます。LAN/ELAN は頭の**左前頭部**(left anterior)を中心に出現します。**LAN**
の出現するタイミングは N400 と似ていますが、LAN は句構造上の違反や
形態統語的な違反(格変化や一致の誤り)によって出現する傾向があります。
LAN に続いて P600 が出現することもあります。**ELAN** とは、early とい
う名前が示す通り、早いタイミング、具体的には通常の LAN や N400 よ
りも早く出現する成分です(Friederici et al. (1993))。ELAN は脳内の言語
処理プロセスの研究にこれまで大きく貢献してきたのですが、ドイツ語の
特定の文構造に対しては出現するものの、他の言語で再現することが難し
く、普遍的な反応なのか未だわかっていません。

　意味処理と**統語処理**に関係する ERP には未解明な部分がありますが、こ
れまでの ERP 研究から以下の傾向があることはわかります。まず、意味
的違反による N400 はかなり**再現性**が高く、意味的違反で LAN や ELAN
が出現したという報告はあまり見当たりません。逆に統語的違反で N400
が出現することはあり得ます。P600 は統語的違反で報告されていること

は多いのですが、意味的違反でも後期陽性成分 **LPC** (Late Positive Component)という似た ERP が出現していることもあります。全体的な傾向としては意味的違反と統語的違反で異なる ERP が観察されることが多いので、意味処理と統語処理がある程度、脳内で独立して生じている可能性があるものの、完全に分離されていることが示されているわけではありません。

2.2　核磁気共鳴画像法

　ERP は高い時間分解能を持つ一方で、観察された脳活動が脳のどの場所で生じたのかわからないという欠点を持っています。**機能的核磁気共鳴画像法**(functional magnetic resonance imaging: fMRI)は、逆に時間分解能は低いものの、高い**空間分解能**(spatial resolution)を持ち、脳活動の場所を同定することができます。脳は、ある領域が使われると、その部分の血流を増やすことで、エネルギーである酸素をたくさん送り込む仕組みがあります。つまり血流を見れば、脳のどこの場所が使われたのかわかるというわけです。ただし、血流は数秒単位でゆっくり変化するので、**fMRI** は ERP のように高い時間分解能を持ち得ません。**陽電子放射断層画像法**(positron emission tomography: PET)も脳の活動場所を調べる手法で、fMRI が流行する前によく使われていましたが、空間分解能が fMRI に及ばず、放射性物質の注射も必要なので、現在は fMRI ほど言語研究に使われていません。

　fMRI や **PET** などによる脳活動の場所を同定する手法のおかげで、脳の中でどの領域が言語能力に関わっているのか、健常者の脳において調べることが可能になりました。それらの脳領域は、失語症研究により言語に重要だと言われていた領域を含みながらも、失語症研究よりも細かい分析が可能になっています。たとえば、ある特定の脳領域の機能を調べたくても、研究者がその領域に損傷がある失語症患者を見つけるのは難しく、見つけられたとしても損傷が周辺の領域にまで広がっていることが頻繁にあります。実際、ブローカが観察した「タン」としか発話できない患者の脳は、損傷部位が今でいうブローカ野(BA44/45)とともに、ブローカ野に近い運動野、特に発声器官の運動を制御する領域を含んでいたようです。fMRI はミリメートル単位の空間分解能を持ち、ブローカ野と、その近くにある運動野下部の脳活動も分けて観察できるし、同じ脳回の中で起こった2つの活動を弁別することもできると言われます。

　生成文法との関連では、人間言語の中核である文法能力が脳のどこにあるのかという、**文法中枢**(grammar center)の問題がもっとも興味深いでしょう。先ほど失語症の説明の中で、ブローカ野は話すという行為ではなく、文法という一種の言語知識に関係しているという説を紹介しました。現在までの fMRI 研究では、文法をさらに幾つかの種類に分けて、それぞれがどの脳領域によって支えられているのか議論されてきました。中でももっとも注目を集めているのは、人間言語の**階層性**(hierarchy)を生み出す**回帰的併合**(recursive Merge)を支える脳領域です。それはブローカ野であるとする研究者が何人かいますが、30 年にわたって言語脳科学をリードしてきた Angela Friederici 博士は、併合を支えているのはブローカ野の中でも特に BA44 であるという説を唱えています(Friederici (2017a))。階層性が人間言語と動物のコミュニケーションを分けるものだとすると、人間言語の特異性に関して BA44 が重要な役割を果たしていると言えるかもしれません。Friederici 博士の仮説では、ブローカ野の中でも BA44 の前方にある BA45 は、その下に位置する BA47 と機能的に近く、意味処理への関与が深いとされています。BA44/45/47 はお互い近接しており、fMRI の高い空間分解能はこれらの中での機能的な違いを調べることに威力を発揮していると言えるでしょう。

　左半球の中で BA44/45/47 のある前頭葉下部の他に、言語への関与が深いとされるのは、側頭葉(図 1A)です。左半球の上側頭回(図 1C)の前部は、直接隣り合う 2 つの要素の結合といった局所的な統語処理への関与が主張されています(Friederici (2017a))。上側頭回前部は意味処理に伴う活動が観察されることもあります。意味処理では他に、上側頭回・中側頭回の後部や、上側頭回後部に近い**角回**(angular gyrus)(図 1B)が関与していると考えられています。これらの領域も前頭葉下部も、シルビウス裂の周りに位置しており、言語処理には左半球のシルビウス裂周辺領域(perisylvian areas)が重要な役割を果たしていると言えるでしょう。シルビウス裂周辺で他に重要な領域として**第一次聴覚野**(図 1B)も挙げられますが、**聴覚言語処理**だけでなくどんな音の処理にとっても重要です。シルビウス裂の上にある縁上回と呼ばれる領域は、**音韻性作業記憶**(音韻的な情報を一時的に保持する記憶)の機能にとって重要だと言われます。また、右半球も言語処理においてまったく役割を果たしていないわけではなく、言語の fMRI 研究で左右両半球の活動が観察されていることもありますし、とりわけ、**韻律**(prosody)

の処理に右半球が深く関与しているようです。

3. 脳計測を用いた言語獲得研究

3.1 母語の獲得

　脳機能計測は最初、大人の母語話者を対象に行われていましたが、今ではさまざまな被験者が対象となっており、学童や幼児を対象とした研究では**母語発達**(first language development)に関する知見が得られています。生成文法研究でも大人の母語話者の文法性判断に基づき理論を構築し、その理論を子どもの**母語獲得**の研究に応用することがあります。年齢が低い子どもには文法性判断が難しいので、たとえば幼稚園児に特定の構文を使いながらことばによる指示を与えて、人形を動かしてもらうといった実験が実施されることがあります(第10章参照)。実は脳機能計測も子どもを対象に行うのはさまざまな理由で容易ではありません。まず安全性の問題があります。非侵襲的脳機能計測と言っても、頭に何か付けたり、機械の中に頭を入れたりするので、完全に無害と言えない面もあります。また、ほとんどの脳機能計測手法はある程度、頭の固定を必要とします。元気いっぱいの子どもに頭を動かさないようにしてもらうのは至難の業です。

　ERP は他の手法に比べて安全性も高く、頭もがっちり固定しなくてよいので、子どもの言語処理の研究にも早くから応用されてきました。大人の母語話者で意味的な誤りによって出現する N400 は子どもでも安定して観察されており、年齢が上がるにつれて N400 の出現タイミング(潜時)が早くなっていきます(Holcomb et al. (1992))。つまり、文を聞いている時に突然、文脈から意味的に逸脱した単語が聞こえた時に脳がピンと反応するタイミングは、成熟によって早まっていくということです。さらに、絵と単語を組み合わせて呈示するなど実験を工夫することで、1歳児からも萌芽的な N400 を観察することができますが(Friedrich & Friederici (2004))、1歳児と大人では出現タイミングに数百ミリ秒の差があります。このことは、発達のかなり早い段階から、意味的な N400 の発生メカニズムとして大人と質的に近いものが備わっていて、発達による変化は量的なものであることを示唆しています。

　一方で、統語的違反に対して観察される ERP は、子どもの年齢が低くなると質・量の両方の観点において、大人との違いが観察されるとされています。まず、統語的違反に対してもっとも頻繁に観察される P600 は、子

どもでも観察されていますが、出現のタイミングが大人よりも遅く、大きさ(振幅)も小さい傾向があります(Hahne et al. (2004))。LAN や ELAN などは大人の統語処理実験でも常に観察されるわけではなく、子どもが対象となると報告は多くありません。ELAN はドイツ語の受け身文における統語的違反に対して大人ではよく報告されていますが、同じ刺激文を用いても 6 歳児では出現しなかったどころか、別のものが出た(プラスマイナスの極性が反対だった)という報告もあります(Hahne et al. (2004))。母語獲得では、子どもはまず単語を獲得し、1 語のみからなる文(1 語文)で喋ります。最初から複数の単語をつなぎ合わせて文を産出できるわけではありません。統語知識を用いた長い文、複雑な文が産出できるようになるには数年かかることを考えると、統語的違反に対する ERP 反応がなかなか大人のようにならないのも当然なのかもしれません。

　脳活動の場所を調べる fMRI を子どもに適用すると、言語を処理する際に大人と同じ脳内ネットワークの活動が見られるでしょうか。fMRI は被験者の頭を狭い MRI スキャナーの中で完全に固定し、強い磁場にさらすので、幼児や赤ちゃん対象の fMRI 実験は非常に困難です。したがって fMRI を用いて子どもの母語発達を調べた研究は多くはなく、3 歳以下の子どもを対象にしたものは極端に少ないのが現状です。その中で、生後 3 か月の乳児の言語処理を調べた fMRI 研究は注目に値します(Dehaene-Lambertz et al. (2002))。この研究では、母語で話された文を聞かせた際の脳活動の場所を調べていますが、生後 3 か月の乳児でも左半球優位の脳活動(同じ部位同士で比べると右半球よりも左半球で大きい活動)が、言語理解で重要とされる側頭葉、特に上側頭回や角回で観察されました。大人の母語話者で見られるような左半球優位の脳活動が乳児でも見られたのです。言語処理を担う脳領域は生得的に決まっているのではないかと想像してしまうような知見です。この点については 4.1 節で再度取り上げます。

3.2　第二言語の獲得

　言語の**生得性**とよく結び付けられる仮説に、**臨界期仮説**(critical period hypothesis)というものがあります。言語能力は、人が生まれてからある一定の期間の中でしか獲得できないという仮説です。**母語**と**第二言語**は分けて考える必要がありますが、**第二言語獲得**(second language acquisition)においても**臨界期**があるのではないかという主張がなされています(第 11 章

参照)。もしこれが正しければ、ある年齢を過ぎてから第二言語の学習を開始すると、獲得が成功しないということになります。第二言語獲得研究や認知心理学の分野では、さまざまな年齢で外国に移住した人達が 10 年後、20 年後にどのくらいの**第二言語習熟度**(second language proficiency)を身に付けていたのかという研究が幾つかあります。一般的な傾向としては、たとえば 6 歳までに移住して 20 年住み続けた人のほうが、15 歳以降に移住して 20 年住み続けた人よりも、母語話者に近い第二言語習熟度に達していることが報告されています。脳機能計測を用いて第二言語の学習開始年齢の影響を調べた研究もあります。英語の学習開始年齢が異なる 60 人以上の中国語母語話者を対象に、ERP により英語の処理を調べた研究では、開始年齢(アメリカに移住した時の年齢)が遅いと、特に統語処理において英語母語話者との違いが ERP に顕著に現れることが報告されています(Weber-Fox & Neville (1996))。

　学習開始年齢と並んで重要な要因に、第二言語の習熟度があります。学習開始年齢が同じで習熟度が異なる第二言語話者を対象に脳機能計測を行うと、**第二言語処理**に伴う脳活動が異なっていることが報告されています(Rossi et al. (2006))。また、第二言語獲得研究で古くから言われているように、母語が第二言語処理に影響することも脳機能計測研究で報告されています(Dowens et al. (2010))。このように、第二言語処理は脳活動を通して、今ではかなり詳細に調べられるようになっており、おおむね第二言語獲得研究に沿う結果が脳機能計測研究でも得られています。

4. 言語脳科学の新しい流れ

4.1 新しい脳計測手法

　ERP, fMRI という 2 つの代表的な脳機能計測手法の他にも、**認知脳科学**の進展に伴って最近ではさまざまな計測手法が言語能力の研究に応用されています。

　近赤外分光法 (near-infrared spectroscopy: NIRS) もしくは**光トポグラフィー**(optical topography)と呼ばれる手法は、fMRI にはだいぶ劣るものの、脳活動の場所をおおまかに調べられる空間分解能を持っており、かつfMRI より安全性が高いので、近年、よく利用されるようになりました。先ほど生後 3 か月の乳児を対象とした fMRI 実験を紹介しましたが、生後 2 〜5 日という、生まれて間もない新生児を対象に行った NIRS 実験があり

ます。この実験でも母語での発話を聞かせて、脳の活動部位が調べられました。が、驚くべきことに、この発達のきわめて早い段階ですでに左半球優位の言語処理が観察されたのです(Peña et al. (2003))。生後数日の赤ちゃんなので、左半球優位の言語処理は生まれた時点ですでにあったと考えられます。この知見は言語能力の生得説、生まれか育ちか(nature vs. nurture)の論争に関係するかもしれませんが、環境の要因を否定できるわけではありません。というのも、赤ちゃんが生まれる前にはお母さんのお腹の中でことばを聞いているので、胎児の時にすでに環境から言語入力を得ているからです(羊水などによるフィルターがかかっているので明確には聞こえないものの、抑揚などの韻律情報は伝わるようです)。言語の優位半球は 5 歳以降になると発達による変化があまりなくなり、右利きの人は左半球優位で安定するようですが、5 歳以前のデータは多くなく、ひょっとしたら途中で反対になったり戻ったりする可能性も否定はできません。

　経頭蓋磁気刺激法(Transcranial Magnetic Stimulation: TMS)は、頭に当てた 8 の字型のコイルから脳の特定の領域に磁気刺激を与えることで、被験者の行動面にどのような変化が現れるのかを調べる方法です。脳の活動領域を調べる fMRI は、被験者に何かの課題をさせて、その課題の実行に相関する脳領域を特定するものであり、認知課題と脳領域の「相関関係」を見ていると言われています。これに対して **TMS** は、ある脳領域を興奮させたり抑制させたりすることで、直接的に認知課題の実行を変化させることができるので、相関関係よりも一歩進んだ「因果関係」を見ることができると言われます。TMS を用いて、ブローカ野の活動と統語処理の間の因果関係を調べる試みなどが行われています(Sakai et al. (2002))。

　fMRI は functional の名が示す通り、血流から脳の機能(function)を調べる手法ですが、脳の構造(structure)を調べる**構造的核磁気共鳴画像法**(structural MRI: sMRI)という手法も言語研究に応用されています。**sMRI** を用いると、ある領域、たとえばブローカ野の灰白質の厚みや密度を調べたり、記憶に関係が深い**海馬**(hippocampus)という領域の体積を調べたりできます。人間の脳は左半球と右半球が同じ形をしているように見えますが、sMRI で詳しく調べると、左右の対応する部位で灰白質の厚みや密度が違うことがあります。また、個人の経験や学習によっても脳の構造は変化し、特に興味深いのは第二言語学習により脳の構造的変化が現れる可能性です。これまでの幾つかの研究から、第二言語話者では左半球の頭頂葉下部の灰

白質密度が高いことが報告されています(Li et al. (2014))。単一言語話者と比べて高いだけでなく、第二言語話者の中でも第二言語の学習開始年齢や習熟度によって差があるようです。灰白質の密度や厚みなどの変化は、言語以外の種々の認知能力やスキルの獲得によっても生じることがわかっています。この意味で第二言語の獲得に伴う脳の構造的な変化は、学習やトレーニングにより脳が変化する一般的な傾向に沿っていると言えそうです(Li et al. (2014))。

　頭皮上で計測する ERP は脳のどこで発生したのかわからない(空間分解能が低い)という話をしましたが、**皮質脳波**(Electrocoticogram: ECoG)は ERP と同じ時間分解能で、かつ、得られた反応がどこの脳領域から来たのかもわかります。なぜなら、病気の治療のために手術により開頭し、大脳皮質に脳波電極を直接設置(接触また刺入)するからです。『言語を生み出す本能』という本で有名なスティーブン・ピンカーらの研究グループは、患者のブローカ野から **ECoG** を計測し、ブローカ野では**語彙処理**、統語処理、**音韻処理**がこの順番で次々に起こっていることを報告しています(Sahin et al. (2009))。当たり前ですが ECoG 計測は、病気の治療のために開頭手術が決まっている患者に対して行われるもので、基礎研究のためだけに実施することは倫理上あり得ません。したがって汎用性は限られますが、このような研究にも理論言語学が関与する時代になったことは画期的と言えるでしょう。

4.2　言語機能の進化

　最近の生成文法研究では、人間言語を人間言語たらしめる特徴は階層性であるとしています。言語の階層性を生み出すもっとも基本的な操作が**併合**(Merge)であり、併合を回帰的に適用することで(たとえばaとbを併合してできたものをさらにcと併合する)、階層的な構造を作ります(第2章、第5章参照)。さまざまな実験手法で併合について研究してきた Friederici 博士は、ブローカ野の中でも BA44 野が言語の階層性の構築に深く関わっていると主張しています(Friederici (2017a))。BA44 野の他に階層性の構築に深く関与すると Friederici 博士が主張しているのが、**背側経路**(dorsal pathway)です。大脳の表面にある大脳皮質(灰白質)は、その下を通り白質を構成する神経線維によって、離れたところにある大脳皮質とつながっています。この神経線維からなる経路によって、異なる領域の間で情報が伝

達されるわけです。ブローカ野がある前頭葉とウェルニッケ野がある側頭葉を連結する経路には、背側経路と**腹側経路**(ventral pathway)の 2 種類があります。簡単に言うと、脳科学の用語で背側は上のほうを、腹側は下のほうを表します。背側経路は上のほうを通る経路、腹側経路は下のほうを通る経路ということです。最近の研究では背側経路の中にさらに 2 つの経路があるとされています。Friederici 博士らはそのうち**弓状束**(arcuate fasciculus)と呼ばれる経路が BA44 とともに階層性の処理に関わっている、つまり人間言語らしさを支えていると主張しています。

　興味深いことに、人間と、人間以外の**霊長類**の脳を構造的に比較すると、下のほうを通る腹側経路では大きな差がないものの、上のほうを通る背側経路は人間のほうが太くしっかりしていると言われています(Rilling et al. (2008))。また、人間の赤ちゃんの脳を構造的に調べると、背側経路は未発達であるとの報告もあります。人間の大人ができるような統語処理ができないチンパンジーや人間の赤ちゃんでは背側経路が発達していないということです。他の霊長類では前頭葉と側頭葉が完全には連結(リンク)されていないことから、Berwick & Chomsky (2016:164) は背側経路を人間と他の動物を分かつ "missing link" と表現しています。BA44 も進化的には新しいとされており、人類進化において、BA44 と背側経路が現在の形に進化したことで、言語の階層性が出現したのかもしれません(第 15 章参照)。

　生成文法は、①言語知識とは何か、②どのように獲得されるのか、③どのように使用されるのか、④どのように進化したのか、⑤脳における物理的基盤はどんなものなのか、という 5 つの問いに対する答えを求めてきました(第 2 章参照)。この中で言語脳科学がもっとも直接的に関係するのはもちろん⑤ですが、①〜④の研究とも密接な関係にあることは、本章のこれまでの内容から明らかです。現在ではさまざまな新しい脳機能計測手法が開発されるとともに、脳機能計測を用いた言語研究はますます増えていっています。脳機能計測手法を習得するにはかなりのエネルギーが必要ですが、今後、若手研究者が果敢に取り組み、脳機能計測を用いて 5 つの問いに挑んでくれることが期待されます。

基 本 問 題

1. 日本語の母語話者ならば、以下の(a)の文は特に問題がなく、(b)は文末の動詞「読んだ」のところで意味がおかしくなっていると感じるはずである。(a)タイプの文と(b)タイプの文をそれぞれ数十個、刺激文として準備し、1文ずつ文節単位(下記の文でスラッシュで区切ってある部分)で画面に連続して呈示しながら、大人の日本語母語話者からERPを計測するとしたら、文末の動詞を含む文節(「食べた。」「読んだ。」のところ)に対してはどんなERPが得られると予測されるか、理由とともに述べなさい。

(a) 昨日 / 太郎は / 寿司屋で / 美味しい / 寿司を / 食べた。

(b) 昨日 / 太郎は / 寿司屋で / 美味しい / 寿司を / 読んだ。

2. 英語では3人称単数現在のsに見られるように動詞が主語に応じて形態的に変化する現象が存在する。以下の(a)の文においては主語と動詞の一致が正しく、(b)においては誤っている。このような文をそれぞれ数十個、刺激文として準備し、大人の英語母語話者に呈示しながらERPを計測するとしよう。主語と正しく一致している動詞(例: 下記のmove)と比較して、一致していない動詞(例: 下記のmoves)にはどんなERPが計測されるか、意味と統語の観点から予測しなさい。

(a) Turtles move slowly.

(b) *Turtles moves slowly.

発 展 問 題

1. あなたが関心のある言語学のテーマを1つ設定し、それに関する脳機能データを取得するための脳科学実験を考案しなさい。

2. 言語理論上の仮説を検証するために脳機能計測を用いることの功罪を論じなさい。

第 15 章

言語の起源と進化

《この章で考えること》
1. 言語の起源・進化とはどういう問題のことを言うのでしょう。
2. 言語はどのようにして起源・進化したのでしょう。
3. 言語の起源はいつでしょう。

キーワード： アフリカ内多地域進化説、一般併合、外適応理論、起源・進化、言語早期発現仮説、言語併合、順次的併合、前駆体、併合語彙結合仮説

1. はじめに

　本章では、まず「言語の起源・進化とはどういう問題なのか」というところから始め、いくつかのもっとも基本的なことがらを踏まえつつ、生成文法 / ミニマリスト・プログラム(MP)の視点からの言語の起源と進化研究に関わる重要な考え方や想定などについて述べて行きます(Berwick & Chomsky (2016), Chomsky (2019))。その後、それらに基づく現時点での1つの試みについて概説します。

2. 言語の起源・進化とはどういう問題なのでしょうか

　われわれヒトは、いつ、どのようにして言語なるものを身につけ、操るようになったのでしょうか。もちろん、ここでいう言語とは、日本語とか英語という個別の言語のことではありません。いわばそれらの大元になる、人類最初の言語のことです。

　これが、おおよそ、本章で扱うヒトの言語の起源と進化の問題ということになりますが、もう少し丁寧に言うと、それはどういう問題のことなのか、それを、本書の理論的枠組みであり、礎となっている生成文法 / MP ではどのように考えているのかを本節ではくわしく見ていきます。

　生物学や進化学で言う起源とか進化というと、当然のことながら、遺伝子(の突然変異)や**自然選択**(natural selection)が関わるような、いわゆる、生物(学的)進化のことを言います。たとえば、ヒトの起源・進化を取り上げてもいいでしょう。われわれヒトが、系統上、チンパンジー・ボノボ(bonobo)と分岐したのは、600〜700万年前です。最初の人類は、サヘラントロプス・チャデンシスだとされています。その後、アウストラロピテクス属を経て、240万年前ごろに、最初のホモ属である、ホモ・ハビリスが生まれ、そして、ホモ・エレクトス(北京原人、ジャワ原人というのはこれです)、ホモ・ハイデルベルゲンシスなどを経て、その後、われわれホモ・サピエンスが出現したとされています(本章7節参照)。なんらかの遺伝子的変異と自然選択を経て、変化・進化してきたのです。これをヒト/人類の起源・進化と言います。

　したがって、ヒトの**言語の起源・進化**というときそれは次のように想定されます。

　　一人のヒト(の脳)にある時なんらかの遺伝子変化が突然変異の形で起こってその結果言語が生じた。この形質は持っていると明らかにプラス(言語を持っている人といない人を比べれば前者が生存には断然有利)なので、自然選択によりその集団の人々のあいだに広まり、その結果ヒトは言語を持たない状態から、言語のある状態へ変化した。

この生物的変化・進化のことを言語の起源・進化と言います。要するに、言語の起源・進化の問題というのは、ヒトがその進化史上、いつ、どのようにして、遺伝的変化を経て言語を持つようになったのか、という問題ということになります。

　生成文法ではこのように考えています。一見当たり前のように思われるかもしれませんが、実は、言語進化をこのように狭く定義しない考え方があります。つまり、最近の言語進化研究では、遺伝子的変化を伴わない、従来のいわゆる言語変化、歴史的変化をも、文化(的)進化としての「言語進化」と呼んでいます。

　なお、補足ですが、Chomsky などは、上で述べた言語変化の意味では「言語進化」という用語を使うことを認めないのですが、学界全体としてはむしろこの用法のほうが優勢であると言わざるをえない状況ですので、注意が必要です。

3.　起源・進化した「言語」とは？──何が起源・進化したと考える のでしょうか

　前節では、単に「言語の起源と進化」とし、言語とは、大元となる、人類最初の言語としましたが、それ以上の注釈も付けずにこの用語を使いました。しかし、科学的で厳密な研究をしていくうえでは、起源・進化を考察するにあたって、そこで対象となるヒトの「言語」というのをどう定義するのか、つまり、何の起源・進化を考察するのかを明らかにしておく必要があります。

　というのも、日常言語で用いられる「ことば」、「言語」、はたまた、「言語によるコミュニケーション」というものを対象にして、そして、それらの明確な定義なしにただちに「言語の起源・進化」の議論に入るというのが、言語学をベースとしない言語の起源・進化研究にしばしば見られがちだからということがまずあるからです。

　さらに、何らかの形質／機能／器官等の起源・進化を問い、研究する場合、通例、起源・進化の最終到達点は明確であるのが通例です。たとえば、ヒトの直立二足歩行と言えば、それなりの学界共通の定義があり、（それがなんであれ）何をもって直立と見なすのかも明示的です。その意味では、「言語」の場合には、いまだ確定した、共通の明示的な見解・定義はないという部分があるので注意が必要です。言語の捉え方、言語の仕組み・性質に関する想定が違えば、起源・進化の考察はまたおのずと違ったものになってくるはずです。

　さて、ヒトの「言語」と言えば、ふつうどういった要素が含まれるでしょう。少なくとも、音、意味、統語／文法の要素は必須です。言語の起源・進化というとき、それら全部について一括して起源・進化を考えるかどうかということになります。もちろん最終的にはすべての側面についての起源・進化を解明しなければなりませんが、研究の現状および方法論的な視点などを考え合わせると、全部をえいやっとひとまとめにして、その起源・進化を調べるというのは、いかにも適切ではないと考えます。そこで、ここでは、動物の言語には存在せず、ヒトの言語にしかないとされるもっとも特徴的な性質／資質に焦点を当てることにします。音や意味の側面については、動物の言語にその**前駆体**(precursor)（本章末尾 Appendix 参照）と考えられる特性が見られます。とすると、それらについては、もちろん具体

的な解明は必要ですが、まずはその前駆体からさらなる進化があったと考えることができます。ところが、統語面の、特に、句構造で表されるような**まとまりと階層性**(第2章、第5章参照)という特徴は、これまでのところ、いかなる動物の言語にも見られないということが知られています。つまり、ヒトの言語の起源・進化を考察するにあたって、まずはとにかくこの特性がどのように、いつ起源・進化したかがわからなければ話は始まらないと言っていいのです。

　ということで、このまとまりと階層性という特性をもたらす**言語併合**(linguistic Merge)というとても簡潔・単純な、2つの要素を組み合わせる操作(第5章)の創発・発現をもって、ヒトの言語の起源・進化と考えることにします。まずはこの言語併合の存在・創発を解き明かすことなくしては、言語の起源・進化研究は始まらないのです。

4.　言語 / 言語併合はなぜ簡潔なのでしょうか

　まず、ある特性 / 機能が進化の過程で小さな突然変異によって起源・創発できたということであれば、それは単純・簡潔で最適の特性 / 機能であっただろうということが期待されます(Berwick & Chomsky(2016))。言い換えると、複雑な特性とか器官が突然一瞬にして一気にわっと発現することはないということです。まずこのことを押さえておきましょう。

　さて、言語 / 言語併合の起源は、おそらくはそれほど昔のことではないと推測されています。いま「それほど昔のことではない」と言いましたが、それは、もちろん地質学的年代計算での話です。おそらく、100〜200万年前ということではないということです。その意味では最近のことであって、本章では、ヒトが初めて言語併合を持ったのは、われわれホモ・サピエンスの時代で、それもせいぜい30万年ほど前のある時点だと想定します(くわしくは7節で)。このように、言語併合が、動物にはなくヒトだけのもので、人類史の最近のある時点で突然の小さな遺伝的変異によって生まれたということであれば、上述のように、それは単純・簡潔なものであったに違いないと想定するのが妥当です。

　そして、言語併合が起源してその後まもなくヒト集団が分岐したことなど(7節を参照)を考え合わせると、分岐する前にはこの生物学的な資質としての言語機能に対して自然選択が働くのに十分な時間的余裕がなかったと推察されます。つまり、言語に対して、自然選択による細かな修正やいろ

いろな追加などの遺伝子的変化・進化はなかったということを意味します。このことは、突然変異で言語併合が生まれたのち、その簡潔さは、自然選択に影響される——自然選択的に "いじられる"——ことなく、実はそのままながらえていたという可能性を意味します。

　さらに、現在世界にいるさまざまな人たちの間に言語に関しては遺伝子的な相違はないと想定されます。だれもが、適切な入力があれば、どの自然言語でも自在に獲得できるという意味で、言語の中核に関わる基本的な能力に差はありません。ということは、われわれホモ・サピエンスはおよそ 13 万年前に初めて誕生地アフリカを離れる（**出アフリカ**する）のですが（池内（2018））、それ以降、どこかの地あるいはヒト集団で言語 / 言語併合に関するなんらかの遺伝子的な変化が起こったというようなことはないということを意味します。

　このようにして最近創発し現在に至っているのが、2 つの言語要素を組み合わせる単純・簡潔な操作としての言語併合だというわけです。句のまとまりと階層的埋め込みを構築する操作としてこれ以上シンプルな操作はありません。また、このように考えることによって、この簡潔な言語 / 言語併合の起源・進化の研究が実行可能なものとなるのです。簡潔・単純だからこそ可能になるということです。これは、Chomsky が言うところの**進化可能性**（evolvability）（Appendix 参照）の問題を解く鍵になります。

　実は、これはきわめて重大な想定なのです。本書では、生成文法 / MP の基本にしたがって、このように想定して議論を進めます。なお、こう考えてくると、本章での想定は、少なくとも、ヒトに起源した言語併合はいわゆる生得的な UG（の一要素）である、というものになるのがわかります。

5.　進化論としてどういう考え方を採るのでしょうか

　本節では、生成文法 / MP における言語の起源・進化の問題の探求において、本章で採用する、一般的な進化の考え方 / 進化論の考え方について少し述べておきたいと思います。基本的には、脳内の生物学的物体（biological object）としての言語 / 言語併合について、通常の生物学的形質・特性と同じように考えるということであり、それ以外の可能性はありません。

　本章でベースとする進化論の考え方は、いわゆる外適応理論と言われるもので、もっともよく知られていると思われる自然選択適応理論とは異なります。以下、簡単に説明を加えます（池内（2010））。

外適応(exaptation)**理論**を、概略、次のように定義しておきます。

それ以前に自然選択によってある**適応的**(adaptive)（Appendix 参照）な機能を持って形成された、あるいは、もともとそのような性質がないような形質や特性が、新しい用途や機能に再利用されることを言う。

たとえば、鳥や昆虫の羽が、体温調節という機能から飛翔の機能を持つように変化したことを挙げてもいいでしょう。この場合には、なんらかの機能／特性上の飛躍・跳躍あるいは不連続性といったものが見られます。この再利用の前段階にあたるのが前駆体となります。

本章では、言語の起源・進化というのは、それ以前にはなかった言語併合の創発という質的な変化であるということ、また、なにが前駆体となりうるかを考察するという点において研究・議論を活発化させる意味もあることなどを踏まえたうえで、基本的に外適応理論を礎とします。すなわち、先行する生物種／人類になんらかの適切な前駆体があり、それが、ある時点で起きた遺伝子的突然変異により変化して言語併合が生まれた、と考えます。これは、実は、基本的には、ダーウィンのあの有名な"descent with modification"（変化を伴う由来）という進化の見方に合致しています。

さらに、研究が内実的・成果的にはまだまだ初期の段階にあると言ってよいことに鑑みて、基本的アプローチとしては、きわめて小さな遺伝子的変化で言語併合の創発がもたらされたと説明できるのがよりよいという立場を採ります。これは、Chomsky らの立場にも沿うものだと考えます（Berwick & Chomsky（2016）など）。また、言語に特有の遺伝子的変化をできるだけ最小にし、可能な限り、他の、いずれにせよ想定されねばならない因子に帰すという方略を採ります。

6.　言語学でできることは何でしょうか

言語を考察していく際には、当然のことながら、いろんな次元・レベルでの考察があり得ます。それを示した興味深い図が次頁の図 1 です。

ここでは 5 つの次元が想定されています。上から、それぞれ概略次のように定義されます。

表現子(phenome)：　言語現象、言語構文などの次元
認知子(cognome)：　基本的な心的表示・操作の次元

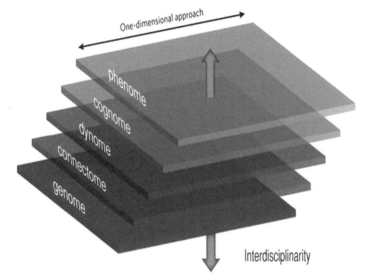

図 1：　次元レベル関係を表す（Boeckx & Theofanopoulou 2014:406）

　　活動子(dynome)：脳内連結を脳ダイナミクス、特に、脳波にリンクした
　　　　　　　　　　　次元
　　連結子(connectome)：　有機体の神経体系内でのすべての神経連結の次元
　　ゲノム(genome)：　全遺伝子情報の次元

1 つの次元レベルのみでの研究は、単一次元アプローチであり、いくつか
の次元にわたって（協働して）行う研究は、いわゆる学際的研究ということ
になります。

　すると、いま言語の起源・進化で問題としている言語併合というのは、
認知子の次元ということになります。そして、この定義から明らかなよう
に、われわれ言語学者が実際に直接的に貢献できるのは、表現子、認知子
の次元での考察・検討ということになります。それらよりさらに根底にあ
る、活動子、連結子、ゲノムの次元での研究は言語学者が個人で単独でで
きるということはまずありません。むしろ、言語学プロパーの領域ではな
いと言ってもいいかと思います。しかし、ここまでの説明からわかるよう
に、言語の起源・進化と言ったら、根源的には遺伝子変化の問題になるの

で、最終的にはもっとも深い次元のゲノム次元でのなんらかの考察・解答が必要です。ここで、真の意味での学際的研究が重要になってきます。ただ表層的に言語学、脳科学、遺伝学、その他の関係分野の成果を借りる / 貸すだけではない、もっと密接かつ実質的で、かつ、お互いの研究領域・成果を尊重しあった協働研究が必須となります。まだまだ先は長いですが、現在少しずつその成果が出てきています。

　なお、活動子の脳波次元の研究や、ゲノム / 遺伝子次元の研究でも、それぞれ興味深い研究が出てきつつあります。たとえば、後者では、感覚運動系を制御するとされる *FOXP2* 遺伝子についてはすでによく知られているところですが、さらに最近の研究の一例として、**脳の球状性**(globularity)と遺伝子の関係に興味深い成果が出てきています。

7.　言語の起源・進化の How? と When? についての回答の試み

　本節では、筆者がここのところ提唱している、How? についての「併合語彙結合仮説」と、When? に対する「言語早期発現仮説」についてその概略を述べたいと思います。

7.1　併合語彙結合仮説——How？

　まず、How? の問いから始めます。3節、5節で、前駆体について触れました。どのような特性 / 形質についても、それがまったく存在しない状態から突然現れる / 生じる、ということはなく、必ず、なんらかの(少なくとも)類似の特性 / 形質がそれ以前に存在していたと考えられます。したがって、言語の起源・進化についての「どのようにして(How)」の問いは、「言語併合の前駆体は何であり、それがどのように変化・進化して言語併合が創発したのか」という問いに置き換えることができます。

　本章では、前駆体の候補を動物の道具使用・作製としたいと思います(Fujita (2017)など参照)。チンパンジーが、種の硬い殻を割って中の実を取り出して食べるという行為を行うことはよく知られています(松沢(2011))。その際、まず楔石を一番下に敷きます。その上に、台石を乗せます。つまり、これは、楔石1つ(2つ使う時もあるそうです)と台石1つをその順でひとまとめにして、まとまりにしていることに他なりません。この順番は大事です。楔石の上に台石です。逆であっては意味がありません。楔石は台石を安定させるためのものです。この[楔石＋台石]のまとまりの上に、

つまり、台石の上に種を置きます。これで、[[楔石＋台石]＋種]という 3
つのモノのこの上下関係からなるまとまりができたと見なすことができま
す。そして、その一番上の種にハンマー石となる石を打ち当てます。これ
も種に対して上からハンマー石、ということであって、種をハンマー石に
打ちつけるわけではありません。そうすると、[[[楔石＋台石]＋種]＋ハン
マー石]というまとまりと考えられます。つまり、この道具使用・作製は、
4 つのモノを順番に組み合わせていると見ることができます。
　再度強調しますが、上で述べた道具使用・作製の例は、具象物としての
モノ（部品）を順番に——1 つのモノの上に別のモノをという上下空間関係
がある形でとか、場合によっては、でき上がったモノに後でまた別の部品
をくっ付けるという意味で時間的順序をもって——2 つのモノを**順次的**
(sequential)に**回帰的**(recursive)に組み合わせているという点が重要です。
これが、第 5 章で見た統語構造構築のための（集合）併合((set-)Merge)操作
に似ているように見えるのに気づかれたかと思います。言語（集合）併合（あ
るいは、統語併合）は（1）のように記されていました。

（1）　併合 (X, Y) = {X, Y}

ただし、2 つの要素 X, Y は、語彙要素や統語構築物（句など）でした。ま
た、重要なこととして、その出力は、2 つの要素のあいだになんの順序づ
けもない——時間的空間的な関係のない——集合でした。{　} はその意味
でした。つまり、X と Y を組み合わせて {X, Y} というまとまりを作ると
いうことです。一方、上で見た道具使用・作製では組み合わされた 2 つの
モノのあいだにはなんらかの時空間的関係があります。ただし、2 つのモ
ノを組み合わせて 1 つのまとまり（としての道具）にし、さらにそれにもう
1 つモノを付け加えてより大きなまとまり（としての道具）となる、という
点では（1）の併合ときわめて類似した操作であるということができるで
しょう。道具使用・作製において順番にまとまりを作っていく回帰的な操
作のことを、**順次的併合**(sequential Merge)と呼び、（2）のように定義しま
しょう。

（2）　順次的併合 (A, B) = 〈A＋B〉

〈A＋B〉は、時空間的な順序づけがあるまとまりを意味します。つまり、A
の上／あと／次に B を組み合わせて〈A＋B〉というまとまりを作るという

242

ことです。仮に樹形図で描くならば左右関係がある（3）のようになります。

（3）

A　B

3つのモノを順次的に併合した場合には、たとえば、（4）のようになり、樹形図で描けば、（5）になります。

（4）　（i）　順次的併合(A, B) = 〈A＋B〉
　　　（ii）　順次的併合(C, 〈A＋B〉) = 〈C＋〈A＋B〉〉

（5）

C　A　B

　さて、一方、鳥でも霊長類のキャンベルモンキーなどでも、動物が、いくつかの音／音単位を時間的に最初の音から順番に線形に1列に並べて一続きの音列を形成するということはよく知られています。これは、音を1列に反復的に線形結合する(linearly combine)／並べることができるということを示しています。Aの次／あとにBを結合するということです。動物は、すでに、**線形結合**(linear combination)という、順番に1つずつ並べていくという基本的かつ単純な操作を持っていたということです。

　具象物であるモノに順次的・回帰的に適用されまとまりを作る順次的併合と音列を形成するための反復的線形結合という操作は、どちらも動物にはすでにあったということは何を示唆するのでしょう。この視点から、ここでは、順次的併合を次のように捉えたいと思います。まず、具象物であれなんであれ、いかなる任意の2つのモノにも適用され、1つの、時空間的順序づけのないまとまり（＝集合）を作るもっとも単純な操作が、すでにずっと昔——遅くとも、チンパンジーとヒトが系統上分岐する600〜700万年前——から存在していたと想定します。そして、この操作を、**一般併合**(“general” Merge)と名付けます。これは、ある要素とある要素を対称的／対等に組み合わせる／まとめるという回帰的操作です。さらに、順次的併合とは、実は、単一の分解できない操作ではなく、この一般併合と、線形結合がいわば合体・統合されたものだと考えるのです。もっとも基本的な線形結合と、これまた、いかなる2つの物体にも適用されうるもっとも単

純で、基本的な物体組み合わせ操作である一般併合が、複合的な順次的併合に先んじて存在していたというのはきわめて自然であると考えます。それらが、統合・複合されて、その結果、順序づけのない、2つのモノの集合を作る一般併合に、線形結合の時空間的非対称性が取り込まれたのが、道具使用・作製に使われた順次的併合だった、ということです。これは、おおよそ、(6)のように示すことができます。

（6）　順次的併合＝一般併合 plus 線形結合

このように考えることにより、余計な別の種類の操作を想定する必要がなくなるという利点があります。

　なお、この一般併合の出現時期は、もっとずっとずっと前であった可能性があります。最近の研究によると、旧世界猿のマカク(macaque)や、ヒヒ(baboon)などの霊長類も、具象物のまとまりと階層的埋め込みの生成・処理ができる、すなわち、本節で言う一般併合に(そして順次的併合にも)相当するような能力をすでに一定程度持ち合わせていると主張されています。これらが正しければ、一般併合の存在は 2500〜3000 万年前のヒトとの共通祖先まで遡る可能性があります(Malassis et al. (2020) など)。

　本章では、この一般併合が、われわれの言語併合における併合操作の前駆体である(あるいは、それに相当する)と主張します。すなわち、この一般併合が、なんらかの遺伝子的突然変異によって抽象的・内的な語彙要素に適用されるようになったのが言語併合であり、この言語併合の創発が言語の起源・進化である、と提案します(Chomsky (2009))。順次的併合／一般併合は、基本的には、具象物・モノに適用され、その出力も目に見える具象物(道具など)でした。一方、言語併合はもっぱら内的な操作で、抽象的な語彙要素に適用され、出力としての集合も目に見えるというわけではありません。その意味では認知子の次元での大きな変化・進化と言えるでしょう。なお、この言語併合の創発時点では、ホモ・サピエンスには一定程度の語彙が発現・蓄積され、利用可能であったと想定しています。

　以上が、言語の起源・進化に関する"How"の問いに対する回答として本章で提案する「併合語彙結合仮説」です。

　次に、併合語彙結合仮説に対する脳科学の視点からの興味深い学際的証拠をざっと見ておきたいと思います。まず、階層構造の構築が、ブローカ野(BA44 野)(第 14 章参照)と後部上側頭皮質(posterior superior temporal cortex)を繋ぐ背側の弓状束(arcuate fasciculus)という線維経路によって担われています。さらに、もう1つのブローカ野(BA45野)とウェルニッケ野(BA22, 42野)を結ぶ腹側の経路が、語彙があるとされる領域を前部背側領域に結び付けています。そうすると、概略、これらの背側と腹側の経路が一体となって完全な"輪"を形成しており、それが、構造構築のための一般併合と語彙情報をスムーズに連結しているループだと想定できます。これが、すなわち、一般併合が語彙に適用される / されたということであり、この脳内"輪"の形成・発生が、脳レベルでの言語併合の発現ということであると考えたいと思います。実は、上で言及したマカクや、チンパンジーの脳では、ヒトほど問題の経路が完全で堅固な"輪"をなしていないことが観察されています(Berwick & Chomsky (2016), Friederici (2017a, b)など)。

まとめると、**併合語彙結合仮説**は、脳内の堅固な"輪"経路の確立により、以前からあった簡潔な回帰的な組み合わせ操作である一般併合が初めて語彙要素と結び付いた / に適用された言語併合が創発したというのが、ヒトの言語の起源・進化である、と主張しているということができます。

7.2　言語早期発現仮説——When?

併合語彙結合仮説に基づくと、言語の起源・進化における When? の問いは、人類史上、この言語併合がいつ創発したのか、ということになります。言い換えると、一般併合を語彙要素に適用することができるようになるという突然変異が起きたのは、人類進化史上のいつのことか、あるいは、問題の脳内"輪"がいつ形成されたのか、という問いになります。この問いに対する回答として、本節では、言語早期発現仮説を展開します。

まず、基本的かつ重要な前提について説明します。

第1に、言語の起源はホモ・サピエンスの時代においてであるという想定をします。1つの強力な根拠として、ホモ・サピエンスとネアンデルタール人・デニソワ人が分岐したのは、最近の説では、80万年前であるとされていることが挙げられます。ネアンデルタール人が言語を持っていたという主張もありますが、仮にわれわれと同じ言語を持っていたとすると、80万年以上前に言語併合が創発したと主張しなければなりません。が、これはどう考えても無理があると思われるからです。

次に、これがより直接的に重要ですが、現存するすべての人間言語が、4

節で触れたように、共通の特徴として UG としての言語併合を持っています。このことから、言語併合は、ホモ・サピエンスがまだ単一集団であった時に発現・創発し、それを携えてある一部のヒト集団が出アフリカして、その後世界各地に拡散して現在のさまざまな言語がいわば方言として発生した、と仮定します。言うまでもありませんが、これにより、まとまりと階層性がなく、左右関係・線形順序(だけ)に基づくようなヒトの言語は存在しないということが帰結します。この仮定を、言語併合の普遍的存在に関するもっとも簡潔な仮説として、「**言語併合普遍性仮説**」と呼ぶことにします。そうでないとすると、次のような可能性をまじめに考えなければならなくなります。たとえば、言語併合をもたらす同じ遺伝子的突然変異が、出アフリカし拡散した後の各地のヒト集団で都合よく独立に何度も起こった。あるいは、各地に拡散したヒト集団が、その後それぞれの周りにたまたま似たような生態的環境——どんな環境なのかは定かではないですが——があったためそれに適応した。その結果、言語併合が、離れ離れのすべての集団で発生し、それが偶然同一の遺伝子に固定された。これらはどちらも、どう考えても、とてもありそうもないと言ってよいと思われます。いずれにしろ、立証責任はこれらを主張する側にあることは間違いありません。

　このような前提、特に、言語併合普遍性仮説のもとで、最近の古人類学、遺伝学、考古学の成果を見ていきます。ここのところ、ホモ・サピエンスの誕生の時期、ホモ・サピエンスのアフリカ内での分布・分岐などに関して新しい発見や算定がいわば目白押しとなっています。

　まず、北アフリカはモロッコのジェベル・イルード(Jebel Irhoud)でホモ・サピエンスの下顎骨などの化石が見つかったのですが、これが約 31.5 万年前のものだということが挙げられます(Hublin et al. (2017))。これは、ジェベル・イルードのホモ・サピエンスのほうが、これまで最古とされていた 19.5 万年前の東アフリカのオモ・キビ(ッ)シュ(Omo Kibish)のホモ・サピエンスより古いということです。そして、最近では、**ホモ・サピエンスの誕生**は、おおよそ 30 万年前、というのが定説になってきています。

　次に、遺伝学的視点からのホモ・サピエンスの最初の**ヒト集団分岐**に関する最近の説として、まず、核ゲノムのデータによると、コイサン族と他のホモ・サピエンス集団との分岐は、25.0〜30.0 万年前だという算定があります。また、Reich (2018)が全ゲノム分析によって同じような指摘をし

ています。Reich (2018)によると、共通祖先からの分岐が32.0万年前より
あとだということはありえないということです。そして、Schlebusch et al.
(2017)などは、ホモ・サピエンス内の最古の集団分岐は、26.0万年前から
35.0万年前の間であるとしています。つまり、ホモ・サピエンスの出現は
これらの年代より前であるはずだということになります。さらに、考古学
的な証拠もあります。Deino et al. (2018)などによると、南ケニアのオロル
ゲサイリーにおいて、32.0万年前までに中期石器時代への技術推移が起
こったのが観察されるということです。

　このように、最近の成果を見てみると、ホモ・サピエンスの出現／共通
祖先は、多少の誤差はあるにせよ、おおよそ30万年(以上)前であるとし
てよいと思われます。また、ここで根底にあるのは、最近提唱されている
アフリカ内多地域進化説(African Multiregionalism)です(Henn et al.
(2018))。この説の主張するところは、概略ですが、どれか1つの地域の
単一人口集団がわれわれの祖先というわけではなく、おそらく30万年前
ごろにはアフリカ内のいくつかの場所に住んでいたいくつかのホモ・サピ
エンス集団がそれぞれ別々に進化しつつ、離合・集散、交配などを繰り返
しながら徐々に現生人へと進化していったというものです。この「30万年
前にアフリカ各地に存在した」をキーワードとし、言語併合普遍性仮説を
採ると、各地に出現したとされるホモ・サピエンスの共通祖先に、およそ
30万年以上前に、潜在的ではあれ、言語併合が創発したということになり
ます。これを、When? の問いに対する回答とし、**「言語早期発現仮説」**と
呼ぶことにします。

　ここまでをまとめると、予想されるシナリオは以下のようになります。

人類誕生以前に(おそらくは、相当前に)、もっとも単純な基本的組み合
わせ操作として、任意の2つの具象物に適用される一般併合が創発してい
た。これは、同様に以前から存在していた線形結合操作と統合・一体
化されて、相当昔に順次的併合操作を発現させており、それは道具使用・
作製などにおいて用いられていた。この一般併合が、ホモ・サピエンス
が誕生し、まだ単一集団であった約30万年(以上)前の共通祖先におい
て、突然変異による脳内"輪"の完成によって、当時すでに存在していた
一定数の語彙(要素)と結び付いた。これが、言語併合／言語の起源であ
る。ただし、一般併合および順次的併合が可視的・具象的な構成物を作

り出すのに対して、言語生成の際の言語併合は内的・心的操作であることからして、その際に必要とされる作業記憶などがまだ質的・量的に十分ではなかった。このことなどから、おそらくはすぐには"実際に使用される / 操られる"ことはなかった。実際にこの言語併合がヒトの言語行動において使われるようになったのは、おそらく、その後の、13 万年前のホモ・サピエンスの第 1 回目の出アフリカの前と推定される。そのころには、しかるべき社会的協調・協同あるいは言語使用を要求する適切な生態的環境等も一定程度備わっていたと考えられる。第 2 回目とされる6〜8 万年前の出アフリカ時には間違いなく言語併合の使用による言語行動が確立していた。

8.　おわりに──展望に替えて

ここまで、言語の起源・進化研究に関わる基本的なことがらを概観しつつ、生成文法 / MP をベースとして、それに関する重要な考え方や想定を見てきました。最後に、言語がいつ、どのようにして起源・進化したのかについての現時点での試論を提示しました。なお、より精細な記述・議論については、池内 (2022) を参照してください。

いくつか問題点を挙げておきたいと思います。

まず、本章では、能力・資質としての言語併合の潜在的な創発と、その具体的・実践的使用の間に"時間差"がありうると想定しましたが、これが正しいとすれば、これをどのように解決するのかという問題が残ります。上で少し触れたように、おそらく、言語そのものの特性によるのではなく、それ以外の要因に帰すのがよいのではないかと思われます。

また、上述のように、最近の古人類学的、考古学的、遺伝学的研究などにより、ホモ・サピエンスの出現想定年代は古くなる一方であり、今後もその方向での研究成果が予想されます。これに対して、言語併合の普遍的存在に関するもっとも簡潔な仮説としての言語併合普遍性仮説を想定する限り、呼応して、言語の起源はよりいっそう早い時代となるのは必定です。一方で、この帰無仮説 (null hypothesis) ともいうべき想定を棄却することも考える必要があるのかもしれません。しかし、その場合代案となるような、より現実的で実行可能な仮説がありうるかどうか疑わしいというのが現状ではないかとも思われるのです。

さらに、言語併合の創発が早まれば早まるほど、一方で、その起源後に

なんらかの遺伝子的変異などが起こったという可能性はないのか、という
問題も出てきます。これは、4節の言語併合の簡潔性に直結します。

　言語の起源・進化というのは、人類史の30万年以上前の、とにかく、遠
い遠い昔の話です。すでにもっとも難解な問題であるとの指摘もあります。
しかし、現代科学の諸分野の成果・英知を結集して取り組めば、いつの日
か、近い将来ではないかもしれませんが、なんらかの決定的で興味深い結
論が得られるものと期待します。なんと言っても、われわれはことばを持っ
て初めて真の人／人間になったのですから。

Appendix: 用語解説

● 前駆体(precursor)　進化のある段階のある生物種にある特性／器官が存在する
としよう。その時、それに先行する時代の同系種に、あるいは、それと系統を
異にする別の(近縁)生物種との共通祖先に、それに似た(通例は発生的に同一
の)より原始的な特性／器官が存在する場合、それをその前駆体と言う。

● 進化可能性(evolvability)　ある形質が今後さらに変化・進化していく可能性の
こと。ただし、Chomskyらは、ある形質が現在の形までに進化して来ること
ができた、その可能性のこと、としているので、注意が必要。一言で言うと、
前者は「行く末」の問題であり、後者は「来し方」を問題としている。

● 適応的(adaptive)　ある生物学的形質／機能がそれを持つ個体の生存や繁殖に
有利に作用する場合を言う。

基 本 問 題

1. 言語併合の前駆体とは何か。
2. 言語の起源はいつだと考えられるか。

発 展 問 題

1. ヒトのことばは、「こころに依存して」(mind-dependent)いる。一方、動物の
ことばは、「こころから独立している」(mind-independent)とされている。それ
ぞれ、例を挙げて説明せよ。
2. キャンベルモンキーの発出する音声連鎖について述べよ。

コラム❹： 幼児言語と自己埋め込み

キーワード： 階層構造、構成素、自己埋め込み、所有関係、所有句、統語範疇、
併合、母語獲得

　併合によって構築される**階層構造**では、ある**構成素**が同じタイプの構成素の
中に埋め込まれることがあります。たとえば英語や日本語では、**名詞句**"[[**Jane's**]
father's] bike"、「[[**ジェーンの**] **お父さんの**] 自転車」において太字で示すよ
うな**所有句の自己埋め込み**が可能です。しかし、**母語獲得**中の子どもにとっては、
自己埋め込み構造を大人と同じように理解したり産出したりするのが難しいこ
とがわかっています。

　英語児の研究(Limbach & Adone (2010), Pérez-Leroux et al. (2012))では、3
〜5歳児には所有句を2つ含む名詞句の解釈や発話は困難で、"Jane's father's
bike" を "Jane and (her) father's bike" という等位構造として、あるいは、
"Jane's bike"のように最初の所有句だけがあるように解釈する誤りが見られる
と指摘されています。日本語児の研究(Fujimori (2010))でも、2〜3歳児は所有
句を2つ含む名詞句を大人のようには解釈できないと報告されています。英語
児に関しては、**前置詞句**や**節**などの自己埋め込み構造も大人と同様には解釈で
きない傾向があることが知られています (Roeper (2007), Hollebrandse &
Roeper (2014))。このような事実観察から、子どもは自己埋め込み構造をど
のようにして獲得していくのかという問いが生じます。

　本コラムでは、子どもが所有句の自己埋め込み構造をどのように理解するか
を筆者らが調査した実験結果に焦点を当てて考察を行います (Guerrero et
al.(2021)も参照)。

　自己埋め込み構造の**発達過程**を解明するには、2重の埋め込みが理解できる
ようになるのと同時に3重(以上)の埋め込みも理解可能となるのか、それとも、
2重の埋め込み、3重の埋め込み、それ以上の埋め込みと、順次段階的に理解で
きるようになるのかが問題となります。Fujimori (2010)は、この問いを念頭に、
2〜6歳の日本語児が所有句を1〜4つ含む名詞句をどのように解釈するか、実

験を用いて調査しています。その結果は、子どもが、所有句を1つ含む名詞句しか理解できない段階を経て2〜4つの所有句を含む名詞句を理解できる段階に至ることを示唆するものでした。Roeper (2011)は、このような2段階の発達過程が観察されるのは、**限定詞句** DP（冠詞に代表される**限定詞**を主要部とし、**補部**に NP が生起する構成素）と POSSP（"'s"や「の」等の**属格標示**を主要部とする構成素）の発現が遅れるためだとしています。この考えのもとでは、発達の初期段階では（**普遍文法**で可能な**統語範疇**の）DP と POSSP がまだ利用不可能で、子どもは所有句を含む名詞句を(1)のような構造で捉え、その後、(2)のような大人と同じ構造が構築できるようになります。なお(1)では、MOD は**修飾語**(modifier)の機能を持つひとかたまりの要素を捉えるラベルとなっています。

（1） [NP [MOD John's] father]
（2） [DP [POSSP [DP John] 's] D [NP father]]

(1)で MOD と捉えられる所有句は、それ以上の内部構造を持たないので、自己埋め込みが不可能です。DP の指定部に POSSP が、POSSP の指定部に DP が生起する(2)の構造が構築されるようになると、POSSP 内の DP の中に再び POSSP が生起できるようになり、所有句の自己埋め込みが可能となります。

Terunuma & Nakato (2018) は、Fujimori (2010) と同様の実験をより多くの3〜6歳の日本語児に対して行い、所有句の自己埋め込みの獲得には、①所有句を1つ含む名詞句しか理解できない段階、②所有句が2つならば理解できるが、3つ以上だと大人と同様には理解できない段階、③所有句を3つ以上含む名詞句を大人と同様に理解できる段階という3つの段階があることを示す結果を得ました。この3つの発達段階を説明する分析として、Terunuma & Nakato (2018)は、所有句には lexical possessive, DP-possessive, NP-possessive の3種類がある(Munn (1995), Roeper (2011))という考えに基づいて、Roeper (2011)の分析を修正することを提案しています。Lexical possessive は(3)の下線部のような属格標示を伴わない所有句で、N の修飾語 MOD と見なされます。DP-possessive と NP-possessive は (4)と(5)の下線部のような、その指定部にそれぞれ DP, NP が生起する所有句 POSSP です。大人の文法では、これらの所有句はそれぞれ DP, NP の指定部に生起し、(4)と(5)の句構造の後の括弧に示すように、DP-possessive は**所有関係**を、NP-possessive はそれと構成素をなす N の属性を表します。

（3）　[_DP D [_NP [_MOD his] hat]]

（4）　[_DP [_POSSP_D [_DP the man] 's_[POSS_D]] D [_NP hat]]（=「男性が所有している帽子」）

（5）　[_DP the [_NP [_POSSP_N [_NP man] 's_[POSS_N]] hat]]（=「男性用の帽子」）

POSSP 内での DP の発現が所有句を含む名詞句全体における DP の発現よりも遅れる（[_DP the man]のような DP が作れても POSSP 内には DP が生起できない段階がある）と考えると、①〜③の発達段階は次のように説明されます。

　①では DP と POSSP が発現しておらず、属格表示を伴う所有句であっても lexical possessive と同様に N の修飾語 MOD と見なされます。この段階では、所有句を 1 つ含む名詞句は前に見た(1)のような構造を持ち、所有句の自己埋め込みは許されません。

（6）　[_NP [_MOD John's] father]=(1)

　②では DP と POSSP_N が発現します。この段階では、(7a, b)のような所有句を 1 つ含む名詞句と所有句を 2 つ（NP-possessive と N の修飾語 MOD）含む名詞句が構築できますが、(7b)の MOD は内部構造を持たないため、その中にさらに所有句が生起することはできません。

（7）　a.　[_DP [_POSSP_N [_NP John]　　　　　　　　　　's_[POSS_N]] D [_NP car]]
　　　　b.　[_DP [_POSSP_N [_NP [_MOD John's] father_[N]] 's_[POSS_N]] D [_NP car]]

また、(7b)の MOD の位置に NP-possessive が生起するような POSSP_N の自己埋め込みは（たぶん大人の文法でも）許されません。

　③では POSSP_D が構築されるようになります。この段階になると、(8)の入れ子状の四角が示すように DP 内に POSSP が、POSSP 内に DP が生起するため、所有句の自己埋め込みが原理上は何度でも可能ということになります。

（8）　[_DP [_POSSP_D [_DP John] 's_[POSS_D]] D　[_NP car]]

　自己埋め込みは所有句以外でも観察されます。子どもがさまざまな構成素の自己埋め込みをいつ、どのようにして構築できるようになるのか、その発達過程に言語間変異があるのか等が、今後の研究により解明できればよいと思います。

コラム❺: 手 話 言 語

キーワード: 音声言語、基本語順、ジェスチャー、失語症、手話、転移性、ニカ
ラグア手話、普遍文法（UG）、方言、臨界期

　いきなりですが、読者の皆さんに質問です。ここ数十年の間に、世界で**新し
い言語**は誕生したと思いますか。首を横に振った方も多いかもしれませんが、
実は約30〜40年前に**手話**が言語として誕生しています。「えっ、手話が言語っ
てどういうことだろう？」と思った人もいるかもしれません。このコラムでは、
手話についてよくある誤解を解きながら、手話が言語であること、そして**普遍
文法**（UG）と手話の関連性について考えたいと思います。

　手話に関してよくある質問で「手話って世界共通なの？」というものがありま
すが、結論から言うと、手話は世界共通ではありません。生まれつき耳が聞こ
えず**手話言語**を日常的に使用する「ろう者」のコミュニティが存在すれば、そ
こには手話言語が存在します。たとえば、日本には日本手話が、アメリカには
アメリカ手話が、そしてスペインにはスペイン手話とカタロニア手話が存在し
ます。世界では約120の手話言語が存在するとされており、**音声言語**と同様に
基本語順なども手話ごとにばらつきがあります。たとえば、**日本手話**は主語（S）
―目的語（O）―動詞（V）、**アメリカ手話**はSVOが基本語順です。また、手話言
語には**方言**も存在します。日本語において、東京の「どうしてなの」が大阪だ
と「なんでやねん」になるように、日本手話でも、東京の「名前」と大阪の「名
前」では異なった手話を使います。日本手話はよく日本語対応手話と混同され
ることがありますが、両者は別物です。前者は独自の言語ですが、後者は日本
語を見えるように可視化する（重要な）ツールです（木村（2011）参照）。

　音声に頼らずに空間を使った動作で意味を作り上げるという点で、手話言語
と**ジェスチャー**は同じもの、または似たようなものと思っている読者の方もい
るかもしれませんが、両者はさまざまな点で決定的に異なっています。たとえば、
人間言語の重要な性質として**転移性**と呼ばれるものがあります。転移性とは、
時間的・空間的に離れた内容を表現する能力であり、「先週のドラマよかったよ

ね」とか「明日飲みに行くかも」など、私たちは過去や未来のことについて話すことができます。しかし、これら2つの文をジェスチャーで表現するのは非常に難しいでしょう（ぜひ挑戦してみてください）。転移性をはじめとした人間言語の重要な性質を兼ね備えている手話言語は、日本語のような音声言語と同等の表現力を持っています。ろう者が手話言語で独り言や寝言を言ったりするということもあります。

　失語症などの事例を通して、私たちの言語の使用には左脳が関連していると論じられていますが（酒井（2002））、Hickok et al.（1996）の研究により、ろう者の失語症の事例を通して手話言語の使用にも**左脳**が関連していることが明らかにされています。なお、ジェスチャーの使用については、空間把握能力などを司る**右脳**が関連していると指摘されています（Poizner et al.（1987）参照）。

　このような手話言語の話を大学の講義ですると、学生から「手話が言語というのは納得したけど、手話ってやっぱり不便そう」という声が聞こえてきます。確かに、日本語を話せる人のほうが日本手話を使える人よりも多いし、パソコンで作業をしているときなど、手が塞がっている状況もあります。しかし、手話のほうが音声言語よりも優れている面も多くあります。たとえば、『君の名は』という映画で考えてみます。エンディングも近い頃、主人公の瀧くんとヒロインの三葉ちゃんは、紆余曲折あった中、ある日偶然にも新宿駅に停まっている電車の車内で窓越しにお互いを見つけます。違う電車に乗っている2人はともに相手に何か「次の○○駅で降りて、西口改札前で待ってて！」とか伝えたいわけですが、無情にも2人を乗せた電車は各々発車してしまいます。最終的には、強い運命で結ばれた2人は東京を駆け巡り無事に再会できるのですが、2人が手話を使えたらどうだったでしょうか。映画としては盛り上がりに欠けてしまうかもしれませんが、2人は電車の窓越しにお互いを見つけてすぐにコミュニケーションをとることができ、容易に再会を果たすことができたでしょう。また、図書館や映画館のような私語厳禁の場所にいる時や、喉を痛めて声が出ない時、相手が遠くにいる時、ダイビングなどで水中にいる時にコミュニケーションをとらなければいけない場合でも、手話言語に軍配が上がりそうですね（木村（2007），斉藤（2016）参照）。

　最後に、冒頭で言及した最近誕生した言語である**ニカラグア手話**について考えます（Senghas（1995），Senghas et al.（2004）参照）。1970年以前、ニカラグアにはろう者の学校が存在しておらず、多くの場合ろうの子どもたちは各家庭で聴者の親に育てられていました。他のろうの子どもたちとの接触がなかった

ので、家庭内でのコミュニケーションのために、ろうの子どもたちは**ホームサイン**と呼ばれるものを作り始めました。このホームサインは各家庭で異なり、言語学的な観点から見ると複雑な音韻・形態・統語的特性を持たず、単語数も基本的に名詞と動作動詞の 100 語程度と、われわれの言語とはかけ離れたものでした。しかし、1970 年代にニカラグア政府がろう学校を設立し、各々の家庭のホームサインを持ち寄ってろうの子どもたち（Cohort 1 / 集団 1）が初めて集うようになりました。当時、ろう学校では読唇術などを含めたスペイン語教育を行いましたが、子どもたちは興味関心を示さず成功しませんでした。しかし、ろうの子どもたちはバスや校庭など教室外で自分のホームサインを教え合い、完全な言語ではないもののホームサインより複雑な**コミュニケーションシステム**を自然に作り上げてしまったのです。その後、5 歳ぐらいの幼い子どもたちのグループ（Cohort 2 / 集団2）がろう学校に就学し、Cohort 1 のコミュニケーションシステムを他の言語と遜色なく複雑な音韻・形態・統語的性質を持つ完全な言語に作り変えてしまったのです（具体的な両者の性質の違いについては、たとえば Lightfoot（2006:156–158）参照）。これがニカラグア手話と呼ばれるものです。なぜ Cohort 2 の子どもたちは誰から教わることなく、Cohort 1 の不完全なコミュニケーションシステムを完全な言語に作り変えることができたのでしょうか。

　ここで、UG が重要になります。UG とは、子どもたちが生まれながらにして遺伝的に持っている母語を獲得するための知識が詰まった「言語の『素』」のようなものです。生成文法によれば、ニカラグア手話の誕生を、Cohort 2 が持つその「素」に Cohort 1 の不完全なコミュニケーションシステムが「水や栄養」となり、ニカラグア手話という「花」が咲いたと考えることができます。したがって、Cohort 1 のコミュニケーションシステムとニカラグア手話の間に大きな差が出ることも自然に捉えることができます。また、視力や聴力なども含めてわれわれの遺伝的な「素」には**臨界期**があり、適切な時期に「水や栄養」を与えないと「花」が咲かなくなってしまうことが知られています。たとえば、適切な時期に目を開けて光を取り入れないと、将来的に目がずっと見えなくなってしまいます。この臨界期が言語の「素」にもあると考えれば、年齢の高かった Cohort 1 には不可能だった「完全な言語を作り出す」という作業が、Cohort 2 の子どもたちには可能だったことも説明がつきそうです。このように、ニカラグア手話は新しい言語の誕生という興味深い事実であるだけでなく、UG の強い証拠になります。

コラム❻： 少数言語の研究

キーワード：格標示、言語心理学、語順、主格・対格型言語、少数言語、説明の最大化、能格・絶対格型言語、OS 型

　この本を手に取っている方々には、大学で言語学を学び始めたばかりという方も多いと思いますが、皆さんが受けている言語学の授業や教科書で紹介されている例のほとんどは、英語や日本語を含むインド・ヨーロッパ語系の言語（以下、印欧語）や東アジアの言語の例なのではないでしょうか。しかし、世界に約7000 あると言われる**個別言語**の中には、これらの言語では観察されないような特徴を持つ言語も多数存在します。本コラムでは、普段日常生活では出会うことが少ない言語に関して研究することの意義について考えたいと思います。

　まず、**語順**を例に考えてみましょう。英語や日本語を含む印欧語・東アジアの言語の多くは、**SOV** や **SVO** という**基本語順**を持ちます。これらの言語は、主語（S）が目的語（O）に先行するという共通の特徴を持っているため、これがあたかもすべての言語に当てはまる普遍的な特徴であると考えてしまいがちですが、実はそうではありません。マヤ語族（グアテマラ）の言語である**カクチケル語**（Kaqchikel）の例を見てみましょう（Koizumi et al. (2014)）。

（ 1 ）　Xroqotaj jun syan ri　　tz'i'.
　　　　chased　 a　 cat　 the　 dog
　　　　'The dog chased a cat.'

(1)では、chased という意味の動詞が文頭にきており、その後に a cat を意味する名詞句と the dog を意味する名詞句が続いています。文全体が'the dog chased a cat'という意味になることから、この文の語順は **VOS** であることがわかります。カクチケル語のように O が S に先行する語順は、他にも**タロコ語**（台湾）、**マダガスカル語**（マダガスカル）、**チョル語**（メキシコ）などで観察されており、世界の言語のおよそ 2% を占めると言われています（Dryer (2013)）。

次に、**格標示**を例に考えてみましょう。(2)は日本語、(3)は英語の文です。

（2） a. 彼が踊った。　　b. 彼が　彼女を　抱きしめた。
（3） a. He danced.　　b. He held her.　　c. She held him.

日本語では、自動詞の主語と他動詞の主語には同じ**主格**(Nominative: Nom)を表す格助詞「が」が付随し、他動詞の目的語には**対格**(Accusative: Acc)を表す格助詞「を」が付随します。同様に、英語でも、主語や目的語に代名詞が使われる場合は、自動詞の主語と他動詞の主語は同じ主格の形が使われ、他動詞の目的語は対格の形が使われます。このような格標示を持つ言語は**主格・対格型言語**と呼ばれています。

　世界の言語の中には、自動詞の主語と他動詞の目的語が同じ形を持ち、他動詞の主語が別の形を持つ言語も存在します。オーストロネシア語族（トンガ）の言語である**トンガ語**(Tongan)の例を見てみましょう（Otsuka (2000)）。

（4） a. Na'e 'alu 'a e fefine　ki Tonga.
Past go **Abs** the woman　to Tonga
'The woman went to Tonga.'
　 b. Na'e 'ofa'i 'e Sione 'a e fefine.
Past love **Erg** John **Abs** the woman
'John loved the woman.'

(4a)の自動詞文では、主語である名詞句 *e fefine* (the woman)が'*a* という格助詞を伴っています。一方、(4b)の他動詞文では、目的語である名詞句が自動詞文の主語と同じ格助詞'*a* を伴っており、他動詞文の主語は別の'*e* という格助詞を伴っています。自動詞の主語と他動詞の目的語が持つ共通の形を**絶対格**(Absolutive: Abs)と呼び、他動詞の主語が持つ別の形を**能格**(Ergative: Erg)と呼ぶため、このような格標示を持つ言語は**能格・絶対格型言語**と呼ばれており、世界の言語のおよそ 17% を占めると報告されています（Comrie (2013)）。

　この本では、生成文法の考え方を基盤として、ヒトという種に生得的に備わっている**言語機能**がどのような性質を持つのかを考えてきていますが、言語機能に関する理論(**普遍文法**)は、私たちに馴染みのある言語の特徴のみならず、**OS型**の言語や能格・絶対格型の言語を含む世界のさまざまな自然言語の**普遍性**と個別性を説明できるものでなければなりません。生成文法ではその歴史の中で一貫して**説明の最大化**を目指してきました。「説明の最大化」とは、理論的な道

具立てに対して説明することができる言語現象の割合を最大化させるということです。これを達成する1つの方法は、説明することができる言語現象を損なわずに理論的な道具立てを減らすという方向性で、そのような指針は**ミニマリスト・プログラム**の考え方に色濃く反映されています。もう1つの方法は、理論的な道具立てを増やさずに説明できる言語現象を増やすという方向性で、このような研究方略は生成文法を基盤とする**少数言語**の研究指針となっています（Baker (2010)）。これら2つの方法は相反するものではなく互いに補完する関係にあり、生成文法が目指す「説明の最大化」において、理論的な道具立てを減らすことと同様に、少数言語の研究が果たす役割は大きいと考えられます。

　少数言語に関する**言語心理学**的研究は、少数言語に関する理論的研究に比べるとあまり多くはありません。Anand et al. (2011) によると、世界の主な言語心理学的研究のうち、日本語を含むわずか10言語（そのすべてが印欧語か東アジアの言語）の研究が全体の85%を占めています。しかし、わずか10の偏った言語サンプルをもとに人間言語の普遍的な性質を明らかにするのはきわめて困難です。そのような状況を踏まえ、最近では、少数言語に関する言語心理学的研究への関心が高まっています。例として、Koizumi et al. (2014) がカクチケル語の母語話者を対象に行った**文処理**に関する実験を紹介します。これまでの研究では、SがOに先行する語順を処理するほうが、OがSに先行する語順を処理するよりも容易である（**SO選好**）と主張されていました (Tamaoka et al. (2005))。Koizumi et al. (2014) は、OS型の基本語順を持つカクチケル語の母語話者を対象に文処理実験を行い、カクチケル語では基本語順であるVOSのほうが他のSがOに先行する語順（VSOとSVO）よりも文処理の負荷が低いことを明らかにしました。この結果は、SO選好が普遍的な特性ではないことを示すとともに、文処理の負荷は個々の言語が持つ統語構造に依存することを示唆しています。

　このように、少数言語の研究は、説明の最大化に貢献するだけではなく、身近な言語だけでは検証できない言語の特性を明らかにすることができるという点においても、言語研究において重要であると考えられます。現在は *World Atlas of Language Structures (WALS) Online* (Dryer & Haspelmath (eds.) (2013)) のように、オンラインで世界のさまざまな言語の特徴を調べることができる資料もあるので、このコラムを読んで興味を持たれた方は、ぜひ少数言語の世界を覗いてみてください。

終章
言語研究の展開と今後の展望

《この章で学ぶこと》
1. 言語機能の最小化のもとで統語演算の唯一の操作であると想定されている併合はどのような性質を持つのでしょうか。また、統語演算システムは音韻部門・意味部門とインターフェイスを介してどのように関わるのでしょうか。
2. 言語機能の最小化のもとで言語間変異はどのように捉えることができるのでしょうか。
3. 言語データの信頼性を高めて理論的研究の基盤を堅固なものにするためには、どのような研究が必要でしょうか。

キーワード：インターフェイス、韻律構造、許容の原理、コピー、実験統語論、集合の集合、選好注視法、第三要因、統計的学習、パラメータ、併合、ミニマリスト・プログラム（MP）、Tough 構文

1.　はじめに

　これまで本書では、15 の章と 6 つのコラムによって、まず、生成文法とはどのような研究プロジェクトであるのか、その基本的な考え方や研究方法について学びました。この基礎的知識を踏まえて、音、形態、統語、意味について日本語や英語の具体事例の分析を通して、母語話者のこころ・脳にはどのような言語知識が内在しているのかを学び、さらに言語の獲得や運用、それらの脳内基盤、言語の起源と進化についても学んで、生成文法研究の進展によって拓かれた言語研究の世界について理解を深めました。
　第 1 章 3 節で概観したように、生成文法研究では、現在まで 70 年にわたり、「どの言語にも対応できる普遍的な基盤」である生得的な言語機能を解明しうる説明的理論の構築が試みられています。自然科学の方法論に基づく生成文法理論では、経験的に裏付けられる限りできるだけ簡潔（simple）

で、かつ、説明力が高い(explanatory) 理論をめざして、① 可能な I-言語を捉える UG とはどのようなものでなければならないのか(記述的妥当性)、② 多様性を示す I-言語がどのように獲得されるのかを説明しうる UG とはどのようなものでなければならないのか(説明的妥当性)、③ ①と②を満たす UG はなぜそのようなものであって他のものであってはならないのか(説明的妥当性を超えた進化論的妥当性)という問いに導かれて、UG の研究が行われてきました。現在、言語機能は普遍性(universality)、習得可能性(learnability)、進化可能性(evolvability)に律されているものであると考えて、UG に帰される言語に固有な属性を最小限にとどめようとする**ミニマリスト・プログラム**(Minimalist Program: MP) 研究が進展しています (Chomsky (1995a/2015, 2010, 2013, 2015b, 2017b, 2019, 2020a, 2000b, 2021), Chomsky et al.(2019), Berwick & Chomsky(2016), Graff & van Urk (eds.)(2012) 等参照)。そのような MP では、言語獲得は(1)のような 3 つの要因によると考えられています(Chomsky(2005))。

（ 1 ）　i.　遺伝的資質(普遍文法)
　　　　ii.　環境的要因(言語経験)
　　　　iii.　第三要因(言語機能に固有ではないデータ分析の原理や演算効率についての原理)

　以下では、ここ 20 年を超える MP による研究において、このような 3 つの要因にかかわる重要な問題を取り上げた研究成果を概括し、生成文法研究によって今後どのような言語研究の世界が拓けてくるかを展望します。

2.　ミニマリスト・プログラム

　本書を読んで学んだ知識をもとに(2)の文について考えてみましょう。

（ 2 ）　The apple, the boy ate.

(2)の文では、目的語名詞句 the apple が動詞 eat の内項として被動者の主題役割を担うと同時に文の話題としても解釈されます。(2)は(3)のような階層構造をなしています。

（ 3 ）　$[_{CP} [_{DP}$ the apple] $[C [_{TP} [_{DP}$ the boy] $[T$
　　　　　　　　$[_{VP} [_{DP}$ the boy] $[[_{V}$ eat] $[_{DP}$ the apple]]]]]]]]

（3）では、動詞 eat の補部に導入された名詞句 the apple が CP 指定部に転移しています（主語名詞句の転移については第8章の動詞句内主語仮説を参照）。目的語の転移前の構造的位置が被動者という動詞の項構造の主題役割の意味と結びつき、転移後の構造的位置が文の話題という談話／情報構造での意味と結びついています。第5章や第8章で触れたように、階層性や転移による**意味の二重性**（duality of semantics）は、言語の基本特性のひとつと言えます。

　本節では最近の MP の考え方について理解を深めることをめざして、2.1節で統語演算システムについて、2.2節でインターフェイスについての研究動向を概観しながら、今後の生成文法研究においてどのような問題が重要な研究課題となるかを考えます。

2.1　併　　合

　第2章や第5章で見たように、MP では UG に**併合**（Merge）という演算操作のみを想定して、階層構造や転移は併合によって生じると考えられています。併合は、2つの要素をまとめて**集合**（set）を形成する操作として（4）のように定義されます。

（4）　Merge $(\alpha, \beta) = \{\alpha, \beta\}$

集合とは、ある特定の性質をそなえたものの集まりです。集合を構成する要素を元（げん）と呼び、元を { } で囲んで集合を表示します。併合による集合形成では、元の数は2つに限られると考えます。

　本節では以下の①と②の2つの問題を念頭において、併合操作について考えてみます。① 人間の言語の特性は、統語操作である併合を数学基礎論での**集合論**の**集合形成**と等しい概念として抽象的に定義することによってどのように説明されるのでしょうか。② 人間の言語では、集合論における集合形成で生じる集合が、併合によって何の制約もなく形成され具現化しうるのでしょうか。

2.1.1　併合の回帰的適用

　併合によって形成される集合 $\{\alpha, \beta\}$ に対して、さらに併合を適用すると（5）の集合が形成されます。

（5）　Merge (K, {α, β}) = {K, {α, β}}

集合 {K, {α, β}} は、集合 {K} と集合 {α, β} を元とする集合で、「**集合の集合**」です。集合論では、「集合の集合」は、たとえば、集合 {α, β, K} の部分集合（{α}, {β}, {K}, {α, β}, {α, K}, {β, K}, {α, β, K}）のうち共通の性質を持つ集合（ここでは {K} と {α, β}）を元として形成されます（集合 {K} のような単元集合は、本節では K のように簡略表記します）。こうした「集合の集合」では、集合が階層構造をなしていると言えます。集合論で許される「集合の集合」形成が統語演算では許されないという制限を課さなければ、統語演算においても併合の出力にさらに併合が適用されて階層構造を導く集合が形成されます。併合を集合形成として規定することによる帰結として、言語の階層性に原理的な説明を与えることになります。併合によって形成された集合にさらに併合が適用されることを併合の**回帰的適用**、あるいは単に**回帰**と呼びます。併合が回帰的に適用されれば、集合の集合が生じ、それによって階層構造が導かれることになります（第 15 章参照。回帰の定義に関する議論は Pinker & Jackendoff (2005), Everett (2005), Fitch (2010), Speas (2014) も参照）。

　1 つの集合の元同士の間には「どちらが先行」という順序関係はありません。したがって、併合によって形成される集合の元同士にも順序関係はありません。統語演算システムで形成された同一の元からなる集合が S-M システムで**外在化**(externalization)されると、異なる先行関係の配列が生じえます。世界の言語は主要部先端型か末端型に分かれることが知られています。(6)はそのような言語間変異の具体例ですが、これは外在化の結果です。⌢ は結合(concatenation)による要素の順序を示します。

（6）　a.　{α, β}
　　　　　i.　α⌢β: from Tokyo（英語）、自東京（中国語）
　　　　　ii.　β⌢α: 東京から（日本語）、Tokyo'dan（トルコ語）
　　　　b.　{K, {α, β}}
　　　　　i.　K⌢α⌢β: come from Tokyo（英語）、来自東京（中国語）
　　　　　ii.　β⌢α⌢K: 東京から来る（日本語）、Tokyo'dan gel（トルコ語）

併合を集合形成として規定することによって説明されることは他にもあ

ります。「集合の集合」である {K, {α, β}} の元のうち、集合 K について考えてみましょう。(6b)では、集合 K が α や β とは異なる要素 δ(のみを元とする集合)である(7i)の場合の外在化について考えました。他の集合形成の可能性としては、集合 K が α と β のどちらとも異なる要素を元とする集合 {δ, γ} である(7ii)の場合や、集合 K が α と β のうちの一方である(7iii)の場合も考えられます。

（7）　Merge (K, {α, β}) = {K, {α, β}}
　　　　i.　　K = δ
　　　　ii.　K = {δ, γ}
　　　　iii.　K = α

第 5 章で学んだように、(7i)と(7ii)の併合は**外的併合**、(7iii)の併合は**内的併合**に対応します。集合論において許される上述の 2 つの集合形成は、併合にその適用を制限するような制約を課さない限りどちらも統語演算で可能な操作となります。

　統語演算システムで可能な演算操作の一つとして内的併合が適用されると、階層構造において 1 つの構成素が異なる構造的位置に同時に生起するという**転移**(displacement)が生じます。人間の言語に見られる転移は、併合という単純な演算操作によって原理的に説明されることになります。転移は、初期の MP では"imperfection"と位置付けられていましたが、集合形成による普遍的な演算操作に対して何の制約も課さなければ、むしろ生じるのがごく自然なことだと言えます(Chomsky (2004b))。

　以下で、具体的な統語演算における併合の適用について考えてみます。統語演算における併合の適用対象を**統語オブジェクト**(syntactic object: SO)と呼びます。SO に該当するものは、**語彙項目**(lexical item: LI)と併合によって形成される集合です。LI とは、語の概念的意味を伴った語根(root, $\sqrt{x}$ と表示される)と**機能範疇**(functional category)、そして統語演算に関わる素性(**形式素性**(formal feature))が適宜組み合わされたものです(Halle & Marantz (1993), Chomsky (2013))。機能範疇には、補文標識 C や時制辞 T、決定詞 D と、語根の範疇を決定する範疇(*n, v, a*)などがあります。たとえば、(8a)の文を派生する統語演算に関わる LI は(8b)の通りです。組み合わされた素性は下付き四角括弧で示します。

（8）　a.　The boy left.

　　　b.　$\{C_{[-Q]}, T_{[past][uPerson][uNum]}, D_{[+definite][3rdPerson]}, Num_{[sg]}, n, v, \sqrt{boy}, \sqrt{leave}\}$

形式素性には、[past] や [sg (= singular)] のような**単価素性 / 負欠素性**（monovalent/privative feature）、[+definite] や [−Q] のような**二値素性**（binary feature）、[uPerson] のような**未与値素性**（unvalued feature）があります。負欠素性 [...] は、ある要素が特定の性質を持つことを示す形式素性、二値素性 [＋ / − ...] は、ある要素が特定の性質を持つか否かを＋ / −の値を伴って示す形式素性、そして未与値素性 [u...] は、併合に伴って値 u が定まる形式素性です。ある特定の性質をどの形式素性で捉えるか――たとえば、単数を表す要素と結び付く素性を単価素性 [sg] とするか二値素性 [−plural] と考えるか――は、その素性にどのような概念・意味的な動機付けがあるのか、またその素性によってどのような自然類が捉えられ有意義な一般化を規定することができるかによります（「第3章　言語の音とは：音声学・音韻論」で取り上げられている母音融合に対する二値素性である弁別素性による分析と負欠素性であるエレメントによる分析も参照）。

　（8a）の文は（9）, （10）に示す併合によって派生されます。（8b）の LI が与えられると外的併合によって順次（9）の「集合の集合」が形成され、さらに内的併合によって（10）の「集合の集合」が形成されます（階層構造の構築やラベル付けアルゴリズムについての詳細は Chomsky (2013, 2015b) を参照）。

（9）　i.　　$\{n, \sqrt{boy}\}$

　　　ii.　$\{Num_{[sg]}, (9i)\}$

　　　iii.　$\{D_{[+definite][3rdPerson]}, (9ii)\}$
　　　　　　$= \{the\ boy_{[+definite][3rd][sg]}\}$

　　　iv.　$\{v, \sqrt{leave}\}$

　　　v.　　$\{\{the\ boy_{[+definite][3rd][sg]}\}, (9iv)\}$

　　　vi.　$\{T_{[past][uPerson][uNum]}, (9v)\}$

（10）　$\{\{the\ boy_{[+definite][3rd][sg]}\}, \{T_{[past][3rd][sg]}, \{\{the\ boy_{[+definite][3rd][sg]}\}, (9iv)\}\}\}$

（10）の内的併合に伴って、主語名詞句となる the boy の素性の値を参照して T の未与値素性 [uPerson] [uNum] の値が、斜体で示すように [*3rdPerson*] [*singular*]と定まります。この仕組みを**素性照合**(feature valuation)と呼びます。時制辞 T は時制の素性と動詞の**屈折**(inflection)に関する未与値素性の束で構成されているので屈折辞 I とも呼ばれます。(10)で形成された集合にさらに C_{[-Q]} が外的併合されると(8a)の文の階層構造が派生されます。なお、音韻部門では、{v, √leave} と {T_{[past] [3rd] [sg]}} は最終的に過去形動詞 left という音声形態として具現します。

2.1.2　内的併合とコピー

　(11a)は、内的併合によって形成された集合である前節の(10)から素性を省いて示したものです。(11b)は、(11a)の内的併合を抽象的に示したものです。網掛けで示すように、内的併合によって形成された集合では1つの SO が重複して生じているように見えます(以後、語根の√記号は省略)。

（11）　The boy left.
　　　　a.　{{the boy}, {T, {{the boy}, {v, leave}}}}
　　　　b.　{α, {δ, {α, β}}}

集合論では、集合とは「ある性質をそなえたもの(元)の集まり」であり、元が重複して生じたりはしません。集合(11b)は自身も集合である α と集合 {δ, {α, β}} が共通する性質を持つことを表す「集合の集合」なのです。統語演算でも同様に、併合によって形成された集合のどちらの元にも SOα が含まれているだけです。それぞれの元に含まれる SOα を、SOα の**コピー**(copy)と呼びます(Chomsky et al. (2019: 232–237))。以下では、一連のコピーがインターフェイスを介して S-M システムである音韻部門と C-I システムである意味部門でそれぞれどのように解釈されるかについて考えます。

　音韻部門では、併合によって生じた一連の SO のコピーのうちの1つだけが音形を持つ要素と見なされます(複数のコピーが音形を持つ場合については Nunes (2001)を参照)。音形に対応する(11)では、SO *the boy* は主語位置で一度しか発音されません。(12)では、コピーの中で音形を持つコピーを太字で、音形を持たないコピーを取り消し線によって示してあります。

（12）　{{**the boy**}, {T {~~{the boy}~~, {v, leave}}}}

このように、音韻部門で併合によって生じるコピーに対してコピー削除などの操作が加えられると、あたかも構成素が移動したかのように音声化さ

れ、転移現象が生じることになります。

　意味部門ではコピーはどのように意味計算に関わるのでしょうか。内的併合で生じる SO のコピーは、意味の二重性を考えれば原理的にはそのどれもが文の解釈に寄与する可能性があります。ここでは、第 6 章で取り上げた wh 疑問文で見られる**再構築効果**を例として考えてみます。まず、(13)の例を見ます。

(13)　a.　Which book about *him* did every boy read?
　　　b.　Which book that *he* bought did every boy read?

(13a, b)では、斜体で示した代名詞 *him*/*he* はいずれも数量名詞句 *every boy* の**束縛変項**として解釈できます(第 8 章参照)。これは、代名詞を含む wh 句のコピーが数量名詞句主語 *every boy* の作用域内にあるので、代名詞が量化子の変項として意味計算に参与できるからです。(14)では、意味計算に参与するコピーを太字で、音形を持たないコピーを取り消し線によって示してあります。網掛けは変項束縛に参与する要素を示します。

(14)　a.　{{which book about him}, {did, {{every boy}, {T,
　　　　　　{{every boy}, {v, {read, {which book about him}}}}}}}}
　　　b.　{{which book that he bought}, {did, {{every boy}, {T,
　　　　　　{{every boy}, {v, {read, {which book that he bought}}}}}}}}

意味部門では、音形を持たなくても変項束縛が成立する位置にコピーがあれば、そのコピーが意味計算に参与できます。次に(15)について考えます。

(15)　Which book that John bought did he read?
　　　(*John* と *he* は同一指示可能)

(15)では、wh 句に含まれる固有名詞 *John* と主語代名詞 *he* は**同一指示解釈**が可能です。(15)の同一指示解釈は、(16)に示すように、内的併合に伴って生じる固有名詞 *John* のコピーのうちで、代名詞 *he* の **c 統御領域**内にないものが意味計算に参与することで得られます(第 5 章参照)。網掛けは同一指示関係に参与する要素を示します。

(16)　{{**which book that John bought**}, {did, {**he,** {T,
　　　　　　{he, {v, {read, {which book that John bought}}}}}}}}

ここまでの事例を見ると、意味部門においては内的併合で生じる SO のコピーのどれもが文の解釈に寄与すると考えることができます。

ところが、(17a)の wh 疑問文では、(15)で可能だった同一指示解釈が許されません。このことは、意味計算に参与すれば同一指示解釈を許すはずの(16)と同じ位置のコピーが意味計算に参与できず、(17b)のように代名詞 *he* の c 統御領域内のコピーが強制的にこの文の意味計算に参与することを示しています。

（17）　a.　Which book about John did he read?
　　　　　　（*John* と *he* は同一指示不可能）

　　　　b.　{{which book about John}, {did, {he, {T,
　　　　　　{he, {*v*, {read, {~~which book about John~~}}}}}}}}

(17)では、なぜ元位置の wh 句のコピーが必ず意味計算に参与しなくてはならないのでしょうか。併合によって形成された集合がインターフェイスを介してどのような表示となって意味計算に供されるようになるかは今後さらに検討を要する重要な問題です（関係節など付加詞の対併合（pair Merge）については Chomsky (2004b) を、意味部門でのコピー解釈については Lebeaux (1991), Fox (1999), Chomsky (1995a: Ch.3), Takahashi & Hulsey (2009) 等を参照）。

2.1.3　併合に関わる制約

集合論において許される集合のうちで、言語では具現しないものはあるのでしょうか。もし実現しないものがあるとすると、統語演算で併合によって形成された集合が**演算効率**（computational efficiency）等に関する一般制約（**第三要因**）によって律せられている可能性が考えられます。

集合論では(18)のように 1 つの要素が同時に異なる集合の元となれます。

（18）　i.　　A = {α, β}
　　　　ii.　　B = {β, δ}

(18)の集合 A と集合 B の積 {β} を A ∩ B と表し、集合 A と集合 B の和 {α, β, δ} を A ∪ B と表します。

統語演算においても、外的併合によってこうした集合形成が可能だと考えて、さまざまな言語事実を説明しようと試みられています。たとえば、

(19a)のような寄生空所(parasitic gap: pg)を含む文に対する Nunes (2001)
の**側方移動**(sideward movement)による分析や(19b)のような右節点繰り上
げ文に対する Citko (2005)の**並列併合**(parallel Merge)による分析では、
(19c)のような二重支配構造によって各事例を捉えようと試みられていま
す。

(19)　a.　Which paper did you criticize __ without actually reading *pg*?
　　　b.　John prepared __, and Mary ate __, the food.
　　　c.　

二重支配構造となる統語構造は 1 つの接点 β が同時に 2 つの接点 A と B
に支配されるという特殊な構造に見えますが、集合形成として見ると、(18)
のように 2 つの集合に共通する元があるという集合ということになります。
　これに対して、Chomsky (2019)は、集合形成は**作業空間**(workspace:
WS)で行われ、二重支配構造の構築によって、WS での**最小探索**(minimal
search)において**接近可能性**(accessibility)が過剰となり統語演算を圧迫する
と指摘しています。WS を必要に応じて探索した際に、ある SO が複数の
集合で同時に接近可能となった場合には、**資源制限**(resource restriction: RR)
の原理に抵触すると考えられるからです。
　興味深いことに、RR に抵触する側方移動／並列併合のような統語操作
を提案する研究では、(20i)の併合で共通する SO(太字の **β** で表す)を有す
る集合の集合が形成されると、その SO が(20ii)のようにさらに転移する
という**全域適用**(across-the-board: ATB)移動による言語事象も検討してい
ます。

(20)　i.　Merge ({α, β}, {δ, β}) = {{α, **β**}, {δ, **β**}}
　　　ii.　Merge (β, {{α, β}, {δ, β}}) = {**β**, {{α, **β**}, {δ, **β**}}}

(21)は wh 句の ATB 移動による事例です。2 つの等位項に共通する wh 句
がともに *v*P 内で外的併合され、**等位構造**の構築を経て、主節で内的併合
されます。ATB 移動によって(21a)は適格な文となりますが、(21b)はそ
うなりません。

(21) a. I know a man who Bill recommended and Mary hired.

　　 a′　　 … 　　**who** [Bill [$_{vP}$ ~~who Bill~~ recommended ~~who~~]]

　　　　　　　　 and [Mary [$_{vP}$ ~~who Mary~~ hired ~~who~~]].

　　 b. *This is the man who John hired and impressed Mary.

　　 b′　　 … 　　**who** [John [$_{vP}$ ~~who John~~ hired ~~who~~]]

　　　　　　　　 and [~~who~~ [$_{vP}$ ~~who~~ impressed Mary]].

(21a)と(21b)の適格性の相違を説明するために、Citko & Gračanin-Yuksek (2020)は等位項に共通する SO の主節への転移の適用様式は並行的でなければならないという一般条件を提案しています(なお、転移後の構造において共通する wh 句はコピーとして再解釈されると考えられます)。また、等位構造の各等位項は順序の情報が重要となる場合(Books and stationery are sold on the second and third floors respectively)があり、等位項同士は {α, β} ではなく <α, β> という順序対(ordered pair)を形成していると考えられます。等位構造構築について Chomsky (2020a, 2021)ではシークエンス / 順列形成(Form Sequence)という統語操作が提案されています。併合には他にどのような可能性や制限が考えられるでしょうか。そのような検討から得られる知見のもとでこれらの言語事実自体はどのように捉えればいいのかも興味深い問題と言えます。

2.2　インターフェイス

　第 2 章では、統語演算システムの出力が感覚運動(S-M)システム(音声部門)と概念意図(C-I)システム(意味部門)への入力となるという言語機能の基本デザインが示されています。この基本デザインの下では、意味部門も音韻部門も統語演算システムも独立の**モジュール**をなしていて、意味部門・音韻部門が統語演算システムに影響を与える可能性は想定されていません。本節では、統語演算システムがインターフェイスを介して意味部門、音韻部門と相互に働き合うことによって説明が可能な言語事象を取り上げた研究を概観し、その意義を考えます。

2.2.1　意味部門が統語演算に与える影響

　コラム 3 では統語操作が意味的な制約や概念に動機づけられていると考えられる 2 つの言語事象について考察を行っています。本節では、**Tough**

構文に見られる経験者を表す前置詞句 PP の**介在効果**を取り上げて、統語演算と意味計算の相互作用について考えてみます。Tough 構文では、(22a) のように経験者の主題役割を担う PP が文中に生起できません((22b)については(26)を参照)。

(22)　a.　Cholesterol is important（*to Mary）to avoid.
　　　b.　To Mary, cholesterol is important to avoid.

Tough 構文に関して、生成文法研究では 2 つのタイプの統語分析が提案されています。1 つは(23a)のように不定詞節内の項位置に生起した**空演算子** *Op* が不定詞節の先頭位置に内的併合される分析です。もう 1 つは(23b)のように不定詞節内の項位置に生起した名詞句 DP が主節主語として内的併合される分析です。

(23)　a.　$[_{TP}$ DP is important（*to Mary）$[_{CP}$ *Op* to $[_{vP}$ avoid *Op*$]]]$

　　　b.　$[_{TP}$ **DP** is important（*to Mary）$[_{CP}$ ~~DP~~ to $[_{vP}$ avoid ~~DP~~$]]]$

Hartman (2012)は経験者 PP の介在が主語位置への転移を阻止していると指摘して、そのこと自体が(23b)の分析の証左となると主張しています。この主張は、内的併合を制限する何らかの一般制約に依拠するものです (Chomsky (2000a) の欠如要素介在条件 (defective intervention condition) 参照)。Keine & Poole (2017)は(23a)の空演算子分析を支持し、この PP による「統語的」介在効果は意味計算における**タイプの不整合** (type mismatch) (第 7 章参照)の結果であると主張しています。この主張は移動に関する制約を意味計算の観点から説明しようとする試みと言えます。

　まず、意味計算における各要素の意味のタイプを考えてみます。Tough 構文では主節の述語が不定詞節 CP と主語 DP の 2 つの項を取ります。空所を含む不定詞節のタイプは一項述語 <e,t> だとされているので(Nissenbaum (2000))、tough 述語自体のタイプは一項述語 <e,t> と個体 <e> を項に取って文の意味が得られるタイプ <<e,t>,<e,t>> であると考えられます。(24)では、Tough 構文における各要素の関数適用による意味合成に関わるタイプを太字網掛けとしてあります(本書で導入していないタイプは捨象します。いわゆる不定詞の意味上の主語は、変項ではなく、音形を持たない要素 PRO

が担います）。

(24)　i.　［(is) important$_{<<e,t>,<e,t>>}$ ［*Op* PRO to avoid *Θp*]$_{<e,t>}$]$_{<e,t>}$

　　　ii.　［cholesterol$_{<e>}$ (24i)$_{<e,t>}$]$_{<t>}$

次に、経験者 PP の意味のタイプを考えます。そのためにはまず(25a)の terrifying のような**個人的趣向を表す述語**(predicate of personal taste)のタイプと(25b)の extinct のような個人的判断の必要のない——extinct かどうかの判断が揺れない——ような出来事を表す述語を比べてみます。# は不適切(infelicitous)であることを示します。

(25)　a.　Bill {thinks/finds} dinosaurs are terrifying.

　　　b.　Bill {thinks/#finds} dinosaurs are extinct.

個人的趣向を表す述語である terrifying は extinct の場合とは異なり、意見動詞(opinion verb)である find の補部 CP に表れても自然な解釈を得られます。こうした動詞は判断依存動詞(judge-dependent verb)とも呼ばれ、個人的な判断を要しない述語を伴った命題が補部に合成されると不整合を起こすと考えられます(Lasersohn (2005), Stephenson (2007))。ここで、判断を要する命題 <t> と判断を提供する個体 <e> を結び付けるタイプの関数 <t,<e,t>> である機能範疇 Exp を導入します。判断を提供する個体 <e> は、(26)のように統語演算において Exp の指定部として生起し意味計算に参与します。

(26)　To John, dinosaurs are terrifying.

　　　i.　［Exp$_{<t,<e,t>>}$ ［dinosaurs are terrifying]$_{<t>}$]$_{<e,t>}$

　　　ii.　[［to John]$_{<e>}$ (26i)$_{<e,t>}$]$_{<t>}$

この「判断を提供する個体 <e>」とは他ならぬ経験者 PP のことです。

　以上を踏まえると、文中に経験者 PP が生起した場合の Tough 構文の意味合成は(27)のようであると考えられます。経験者と述部を結び付ける関数である Exp が命題 <t> を要求しているのに、tough 述語のタイプが <<e,t>,<e,t>> であるためタイプの不整合となり、(27ii)の時点で意味合成が不可能となります。

(27)　*Cholesterol is important to Mary to avoid.

i.　　[important$_{<<e,t>,<e,t>>}$ CP$_{<e,t>}$]$_{<e,t>}$
ii.　　[Exp$_{<t,<e,t>>}$ (27i)$_{<e,t>}$]
iii.　　[to Mary]$_{<e>}$

このように意味計算の仕組みそのものが形式の適格性を規定すると考えることで、経験者 PP の介在効果について自然な説明を与えることができます。

　意味計算の仕組みがあたかも統語演算を阻止するかのような事例は、言語機能の基本的デザインとして現在考えられている意味部門と統語演算システムとの関係について検討するうえで示唆的なものです。理論に基づく説明を試みることによってさらなる謎が立ち現れること自体はなんら問題にはなりません。むしろ、さらなる謎は挑戦すべき課題として歓迎されるべきものなのです。

2.2.2　音韻部門が統語演算に与える影響

　コラム 2 では転移に関わる 2 つの制約を取り上げて、それらが音韻的に動機付けられていること示す言語事実を検討しています。近年、統語演算と音韻部門の相互作用に関する研究は注目すべきものになっています。Richards (2010, 2016)や Kandybowicz (2020)では、**wh 句**の転移に関する言語間変異を音韻的な制約から導き出す試みがなされています。従来、統語演算によって構築された階層構造を入力として、音韻部門において文の**韻律**(prosody)を導く**韻律構造**が形成されると考えられていました。これに対して Richards (2010, 2016)や Kandybowicz (2020)では、韻律構造の形成が統語構造の構築と並行して行われ、ときに統語演算に影響を与えることもあると主張しています。

　日本語の **wh 疑問文**(28a)と英語の wh 疑問文(28b)を比べてみましょう。

(28)　a.　ジョンは<u>何を</u>食べたの。(「ジョンは<u>リンゴを</u>食べた」)
　　　b.　<u>What</u> did John eat ___？(「John ate <u>an apple</u>.」)

日本語では wh 句「何を」が動詞の目的語の位置にとどまっていますが、英語では wh 句 *what* が目的語の位置ではなく文頭の位置に生じています。このように日本語の wh 句は「移動しない」ことから、日本語のような言語は *wh*-in-situ 言語と呼ばれています(第 6 章参照)。

このような wh 句の移動に関する言語間変異はなぜ生じるのでしょうか。Richards (2010)は、この言語間変異を捉える 2 つの指標を提示しています。1 つは、その言語の補文標識 C が節頭に表れるか節末に表れるかというものです。もう 1 つは、**マイナー句**(minor phrase: MiP)というイントネーションに関わる領域の境界と一致するのが構成素の右端か、それとも左端かというものです(McCawley (1968))。韻律構造の各層は排他的に形成されるため、各 MiP の片端が定まれば文全体の MiP 構造も定まります。さらに Richards (2010, 2016)は、音韻部門において wh 句と補文標識 C との間にできる限り境界を挟んではならないという**近接性**(contiguity)に関する普遍的な制約を提案しています。この制約によって、wh 句の転移が表層の配列に表れるかどうかに関する言語間変異が生じることになります。

日本語は補文標識 C が節末に表れ、英語では補文標識 C は節頭に表れます。また、もともと MiP とは音韻部門においてさまざまなイントネーション(日本語における wh 句と補文標識 C の間のピッチの圧縮など)が実現する範囲を規定するために仮定されたもので、日本語も英語も MiP が構成素の左端と一致する言語として知られています(Selkirk & Tateishi (1988, 1991), Pierrehumbert & Beckman (1988), Ishihara (2003), Selkirk (2009))。(29)のとおり日本語の wh 疑問文でも英語の wh 疑問文でも自ずと MiP の左端(太字箇所)は wh 句によって定まり、右端は他に候補がない場合は文末となります。

(29)　a.　ジョンは [$_{\text{MiP}}$　<u>何を</u>　食べた　の$_{\text{C}}$]
　　　　b.　did$_{\text{C}}$ John eat [$_{\text{MiP}}$　<u>what</u>]

日本語では(29a)のように wh 句と補文標識 C が 1 つの MiP に生じており、そのままで普遍的な制約を満たしていますが、英語では(29b)のままでは制約に違反してしまいます。そこで、英語では wh 句が補文標識に最も近接する位置まで移動することになります。Richards (2010, 2016)の提案に従えば、日本語の wh 句が移動しないことではなく、英語の wh 句が移動することに理由があることになり、そのような視点から言語間変異を見直すことができます。

新たな仮説からは新たな疑問が生じます。wh 句の転移という統語演算の際に、どのようにして wh 疑問文の韻律を横目に見ることができるのでしょうか。近接性に関する制約は、2.1.2 節で見たように、音韻部門におい

て wh 句の一連のコピーがどう表示されるかというインターフェイスに関する制約と考えられるかもしれません。そもそも近接性に関する制約とは言語のどのような特性によって捉えるべきものなのでしょうか。Kandybo-wicz（2020）は、Richards（2010, 2016）と同じ仮説を採用して西アフリカ諸語などを観察し、むしろ反近接性（anti-contiguity）という制約を重視すべきだと指摘しています。

3.　ミニマリスト・プログラムと言語間変異

3.1　パラメータ

　前節の最後で言及された言語間変異に関する研究について、もう少し詳しく議論することにしましょう。世界の言語はさまざまな側面において異なった性質を示します。それにもかかわらず、子どもはどの言語であっても生後の一定期間に接することで自然に獲得することができるため、言語の異なり方は何らかの形であらかじめ一定の範囲内に制限されていると考える必要が生じます。ひとつの可能性は、第 2 章で言及したように、生得的な**言語機能**が、すべての言語で満たされるべき属性（**原理**）と、それらに付随して言語の可能な異なり方を定める可変部（**パラメータ**（parameter））から構成されるという考えです。このようなパラメータの具体例として、第 5 章および第 13 章では英語のような主要部先端型の言語と日本語のような主要部末端型の言語を区別する**主要部パラメータ**について述べ、第 13 章では動詞と否定辞の相対的位置に関する英語とフランス語の違いを導く **V 移動パラメータ**を取り上げました。言語機能の内部にパラメータが存在すると考えることで、言語の多様性の研究はどのような性質を持ったパラメータが実在するのかを探る研究として位置づけられ、また大人の言語と子どもの言語の違い、たとえば子どもが示す誤りはパラメータの値の選び方の違いとして説明されました。理論研究では、導き出される性質が多岐にわたるパラメータ（**マクロパラメータ**）から、わずかな違いとのみ結びついたパラメータ（**マイクロパラメータ**）まで、多種多様なパラメータが提案され、また獲得研究では、子どもの誤りに加えて、複数の変異特性が同時に獲得されるという観察をもとにそれらの特性をクラスターとして結びつけるパラメータが提案されるなど、パラメータの存在は理論研究と獲得研究の両方において大きな影響をもたらしてきました。

　しかし、言語の起源・進化の問題を見据えて言語機能の最小化に取り組

むMPでは、言語機能の内部にパラメータが存在するという考えは問題を引き起こしてしまいます。言語機能がパラメータを含むのであれば、それらのパラメータがどのようにして人間の言語機能に発生したのかという起源・進化の問題に直面するからです(Chomsky (2017a))。言語の起源・進化の問題に取り組むためには、**統語演算システム**における操作は2.1節で議論したように併合のみであると考えることが妥当であり、そうなると言語機能の中でパラメータが存在しうる場所はかなり限られてしまいます。したがって、MPでは現在、これまで言語機能の内部にパラメータの存在を仮定することで説明を与えてきた言語間の違いを、どのような方法で説明するかという挑戦的、かつ本質的な研究課題に直面しています。

この新たな研究課題に取り組む方向性として、①パラメータが統語演算システムの内部ではなく、語彙システムに存在すると考えるアプローチ、②**演算効率**という言語機能とは独立に存在する一般制約(**第三要因**)によって、パラメータに相当する性質が言語機能内に発生しうると考えるアプローチ、③統語演算においては併合の異なる具現形(外的併合・内的併合)や素性照合の適用順序は外的制約が課されなければ自由であるので、パラメータの存在を仮定しなくても統語演算システム内で言語間変異が生じうると考えるアプローチ、④パラメータで捉えていた言語間の違いを、各言語が持つ音韻的な性質から導き出すことができると考えるアプローチ、などが提示されており、それぞれのアプローチによって多様な言語間の違いが探求され、興味深い成果を上げています。

①のアプローチは、Borer (1984)で提案され、Chomsky (1995a)において採用されたことから、**Borer-Chomsky conjecture** と呼ばれています。①の具体例として、Rizzi (2017)による研究があります。Rizzi (2017)は、パラメータのありかを語彙システムに限定するとともに、その形式を「(TやCなどの)**機能範疇**が統語演算操作を引き起こす素性Fを持つか持たないか」に限定しています。また、言語機能が持つ統語演算操作として、(A)併合(Merge)、(B)移動(Move)、(C)音形化(Spell-Out)の3つの操作が存在すると仮定し、これらの操作に関与する上記の形式のパラメータのみが存在すると仮定することで、パラメータの数に対しても制限を与えています。併合パラメータの具体例として、Rizzi (2017)は(30)と(31)に示される英語とイタリア語の違いを挙げています。イタリア語ではbelieveに相当する動詞が音形のない主語と補文標識C((31b)におけるdi)を伴う不定詞

節を補部とすることができますが、英語では believe の補部位置に現れる不定詞節はCを伴うことができず、音形のある主語を持たねばなりません。Rizzi (2017) は、不定詞節が音形のない主語を伴うためにはCによって導かれている必要があり、believe の上にある *v* という機能範疇がこのような CP 不定詞節と believe との併合の可能性を決定していると考えます。イタリア語の *v* は credo と CP 不定詞節との併合を可能にする素性を持つが、英語の *v* はその素性を持たないと仮定することによって、(30) と (31) に示した言語間の違いを説明しています。

(30)　a.　John believes [Bill to be a nice person].
　　　b.　*John believes [＿＿＿ to be a nice person].

(31)　a.　*Gianni credo [Piero essere una brava persona].
　　　b.　Gianni credo [di [＿＿＿ essere una brava persona]].

②のアプローチによる研究として Roberts (2019) があります。Roberts (2019) は、Baker (2001) で提案されたような階層性を持ったパラメータが言語機能の内部に存在すると仮定し、なぜそのような**パラメータ階層**が言語機能に存在しうるのかに関して、(A) 機能範疇における素性の有無と、(B) 言語機能の外に存在する一般制約である演算効率との相互作用から導き出すことを試みています。パラメータ階層の具体例として論じられているもののひとつが、(32) に示した語順に関わるパラメータです。＾は、補部―主要部という語順を決定する素性を表しています。

(32)　a.　獲得しようとしている言語に＾が存在するか？
　　　　　{ はい・いいえ }
　　　b.　(a) が「はい」の場合、＾はすべての機能範疇に当てはまるか？
　　　　　{ はい・いいえ }
　　　c.　(b) が「いいえ」の場合、＾はどの主要部に限定されるか？

(32a) で「いいえ」が選ばれた場合は、補部―主要部という語順を生み出す素性が存在しないことになり、英語のようにすべての句が統一的に主要部―補部の語順を持つ典型的な主要部先端型言語が獲得されます。(32a) と (32b) の両方で「はい」が選ばれた場合には、日本語のようにすべての句が統一的に補部―主要部の語順を持つ典型的な主要部末端型言語が生じます。また、(32b) で「いいえ」が選ばれ、(32c) で動詞に関わる機能範疇

に＾が存在すると指定された場合、ドイツ語のように動詞句のみが補部—主要部(つまり目的語—動詞)という語順になる言語が生じます。

Roberts (2019)によると、このようなパラメータ階層は(33)に述べた演算効率を反映した2種類の方略(strategy)の帰結として生じています。

(33) a. **素性の経済性**(Feature Economy)
言語経験に矛盾しない限り、その言語に存在すると考えられる素性をできるだけ少なくせよ。

 b. **入力の一般化**(Input Generalization)
その言語で利用可能な素性をできるだけ多くの機能範疇に当てはめよ。

(33a)と(33b)の相互作用により、子どもはまずどの機能範疇も＾のような素性を持たないと仮定します。そして、手にした**言語経験**から機能範疇が＾のような素性を持つことが判明すると、子どもは(33b)によってすべての機能範疇がその素性を持つと仮定します。さらに言語経験に接していく中で、その素性を持たない機能範疇の存在が明らかになった場合には、その機能範疇から該当する素性を排除していきます。このように、機能範疇における素性の有無を子どもが言語経験に基づいて決定していく際に、演算効率に基づく(33)の方略を適用することによって、(32)のような階層性を持ったパラメータが自然と生じることになるので、主要部先端・主要部末端のような2つの値を持ったパラメータが言語機能の中にもともと備わっていると考える必要はないと Roberts (2019)は主張しています。

③のアプローチは Obata et al. (2015)および Epstein et al. (2017)の研究において追究されています。Obata et al. (2015)は、統語演算システムの中で階層構造が構築される際、併合の2種類の具現形(外的併合・内的併合)や素性照合(2.1節参照)が自由な順序で適用されることによって言語間変異が生じうると論じています。その具体例のひとつとして扱っているのは、(34)と(35)に例示した英語とバンツー系言語であるキレガ語(Kilega)との間に見られる wh 疑問文に関する違いです(以下の例文では、SA: Subject Agreement, CA: Complementizer Agreement, A: キレガ語の母音 /a/, FV: バンツー語の動詞の最終母音、PERF: 完了時制を示します)。

(34) a. Which dogs am I seeing?

　　b.　＊ Which dogs are I seeing?
（35）a.　　Bábo　　bíkulu　　　b-á-kás-íl-é
　　　　　　　2that　　2woman　　2SA-A-give-PERF-FV

　　　　　　　mwámí　bíkí　　mu-mwílo?
　　　　　　　1chief　　8what　18-3village

　　　　　　　'What did those women give the chief in the village?'
　　b.　　Bíkí　　bi-á-kás-íl-é　　　　　　bábo
　　　　　　　8what　8CA-A-give-PERF-FV　2that

　　　　　　　bíkulu　　mwámí　mu-mwílo?
　　　　　　　2woman　1chief　18-3village

　　　　　　　'What did those women give the chief in the village?'

　英語では、（34a）においてIとamが一致していることからわかるように、目的語wh句が文頭へ移動した場合であっても必ずTは主語である名詞句と一致を示します。キレガ語はwh句が元位置にとどまることも文頭へ移動することも可能な言語ですが、（35a）のように目的語wh句が元位置にとどまっている場合にはTは主語である名詞句と一致する一方で、（35b）のように目的語wh句が文頭へ移動した場合には、Tはその目的語wh句と一致します（Carstens (2005)）。グロスの数字は名詞クラスを表し、主語の名詞句や目的語wh句とgiveに相当する動詞が同じ数字を持つことが一致を示しています。Obata et al. (2015) は、これらのwh疑問文の構築には（A）CからTへの形式素性の引き継ぎ、（B）Tに構造的に最も近い名詞句との素性照合、（C）wh句の移動（内的併合）という3種類の操作が関与しており、その適用順序が自由であると考えます。その結果、英語では（A）→（B）→（C）の順序、キレガ語では（C）→（A）→（B）の順序で適用され、この適用順序の違いによってパラメータの存在を仮定することなく（34）と（35）の違いが導かれると主張しています。ただし、これらの2種類の適用順序が両方とも単一の言語（たとえば英語）において具現するのではなく、別の言語において具現するのはなぜかという点についてはさらなる研究が必要と考えられます。

　④のアプローチの具体例としては、2.2.2節で取り上げたRichards (2010, 2016) やKandybowicz (2020) の研究があり、これらの研究では移動現象に関する言語間変異を音韻的な違いから導き出す理論が提案されています。

278

　以上のように、これまで言語機能の内部にパラメータが存在すると考えることで捉えてきた言語間の違いを、最小化された言語機能のもとでどのように説明するのかという問いに対する研究が積極的に進められており、新たな知見が提示されています。提案されているさまざまなアプローチは母語獲得過程や言語の歴史的変化に対しても新たな予測を生み出すことになるため、それらの研究領域における新たな事実の発掘にもつながっていくことが期待されます。

　言語間変異に関連した研究としては、パラメータに関する研究に加え、コラム 6 で述べられていた**少数言語**を対象とした研究があります。MP は言語の起源・進化の問題に取り組むために言語機能に含まれる属性を併合の帰結として捉えて最小化し、2.1 節で議論したように、その操作の詳細を明確にすることに取り組んでいます。併合はすべての言語において用いられる普遍的な操作なので、その操作の精緻化においては、日本語や英語といった我々になじみのある言語だけではなく、それらには観察されない特徴を持った多様な言語からの知見が必要です。このような背景を踏まえ、MP では、これまでの比較統語論研究ではあまり扱われることがなかった言語の分析をより積極的に行い、それによって併合操作の細部やその操作の帰結を明らかにすることを目指す研究も数多く見られるようになっています。具体例としては、マヤ諸語を分析した Preminger (2014)や Imanishi (2020)、琉球語を対象とした Hiraiwa (2016)などがあります。

3.2　パラメータと統計的学習

　前節で議論したパラメータに関連する重要な研究として、Yang (2003)によるパラメータの値を固定するメカニズムに関する提案があります。Yang (2003)は、第 2 章で言及した原理とパラメータのアプローチの枠組みで、言語経験とパラメータとの相互作用の仕方を規定するモデルとして、**言語獲得の変異モデル**(variational model of language acquisition)を提案しました。このモデルでは、パラメータのすべての値が最初から機能しており、それゆえ子どもの母語知識はいわば獲得可能な大人の言語の集合から成り立っていると考えます。子どもはそれらの言語の集合の中から任意の言語を使って言語経験を分析し、言語経験に合致した言語には重み(weight)を付与していきます。このプロセスを継続していき、ある一定の重みを持つに至った言語を子どもは母語として獲得するというのがこのモデルの考

え方です。

　Yang (2003)の研究は、生得的な言語機能と生後取り込まれる言語経験とを結びつける**統計的学習**の具体的メカニズムを提案し、母語獲得になぜ時間がかかるのかという根本的な問いに明確な答えを与えようとしたという点において非常に重要な研究です。しかし、言語機能の内部にパラメータの存在を仮定しない MP のもとでは、Yang (2003)の提案はそのままの形で維持することができません。その後の研究 (Yang (2016), Yang & Montrul (2017)) では、Yang (2003)で提示された統計的学習の基本的な考え方を英語における動詞の過去形や二重目的語構文を許容する動詞のような**語彙の学習**に当てはめ、「生産的な規則は各個別の語を記憶するよりも効率的な場合にのみ形成される」という考えに基づく数学的モデルとして**許容の原理**(Tolerance Principle)を提案しています。たとえば、英語を獲得中の子どもが、-ed を伴っていて、「動詞の過去形を形成するには -ed を付加せよ」という生産的な規則に合致している動詞と、その規則には合致しない不規則な動詞の両方に何度も接した状況を考えましょう。その場合、子どもにとって 2 つの方略があります。1 つは、すべての語を個別に暗記してリストを形成し、動詞の過去形を発話する状況が生じた際に毎回そのリストから該当する語を探し出すという方法です。もう 1 つは、生産的な規則を形成し、例外的な動詞のみを記憶するという方法です。この場合、動詞の過去形を発話する際にはまず例外のリストを検索し、発話したい動詞の過去形がこのリストにない場合には -ed を付加するという規則を適用します。許容の原理は、この 2 つの方略のうちどちらが速く該当する動詞の過去形にたどり着くことができるのかを判断し、子どもは速いほうの方略を採用するということを定めた数学的なモデルなのです。このモデルを採用することで、英語を獲得中の子どもが最初は不規則変化動詞と規則変化動詞の両方の過去形を正しく発話するにもかかわらず、その後、不規則変化動詞にまで -ed を当てはめるという -ed の過剰適用を示して、その後に再びいずれの動詞の過去形も正しく発話できるようになるという **U 字発達**(U-shaped development)に対して妥当な説明を与えることができると Yang (2016)は主張しています。

　Yang (2003, 2016)で提案されている統計的学習のメカニズムは、最小化によりその内部にパラメータを含まない言語機能のもとで、言語間で異なる部分を子どもが統計的学習に基づいて獲得するという新たな見通しをも

たらすものであり、MP の枠組みで実際の母語獲得過程を説明する際に非常に重要な働きを担う可能性を持っていると考えられます。したがって、現在は主に英語の獲得に関する事実に基づくこのメカニズムが、他の言語の獲得における事実をも正しく捉えることができるのかどうかを明らかにする研究が待ち望まれています。

4. 理論研究・獲得研究を支える言語資料の収集に関する新たな展開

4.1 実験統語論・実験意味論への展開

　大人の言語知識を探るこれまでの研究では、その主要な資料（データ）として言語学者自身の内省的直感に基づく容認可能性の判断が用いられてきました。**内省**は便利な方法ですが、それによって得られる**容認可能性判断**は、第 12 章で議論したように、言語知識のほかに記憶の容量や文処理のしやすさなど、さまざまな要因の相互作用の結果としてもたらされるものであるため、同じ母語を持つ大人に同じ文を提示しても、容認可能性の判断が異なる状況も生じます。その場合、重要な理論的分析を支えるデータであるにもかかわらず、その容認可能性の判断が必ずしも再現できず、その容認可能性の判断が母語知識を正しく反映したものであるのかどうかが定かではないという状況が生じてしまいます。このような状況を避け、理論的分析を支えるデータの信頼性と客観性を高めるための取り組みとして、実験的な手法を用いて多数の母語話者から容認可能性の判断を収集し、それらに対して統計的な分析を実施した結果を統語的分析・意味的分析の主要データとする研究が増えつつあり、**実験統語論**（experimental syntax）や**実験意味論**（experimental semantics）と呼ばれています。

　実験統語論の研究の 1 つである Sprouse et al.（2016）では、英語とイタリア語を母語とする大人を対象に、移動の制約の違反を含む文の容認性判断に関する実験が実施されています。この実験では、（36）および（37）に例示した制約を含む 4 種類の制約に関して、wh 疑問文と関係節それぞれの場合に関する容認性判断を、英語を母語とする話者 224 名とイタリア語を母語とする話者 195 名から収集しました。

　（36）　英語の wh 疑問文における移動

　　　a.　主語からの移動

　　　　　Who do you think ［the gift from ＿］ prompted the rumor about

   the Senator?

 b. 付加詞からの移動

   What do you worry [if the lawyer forgets ___ at the office]?

(37) 英語の関係節における移動

 a. 主語からの移動

   I voted for the congressman who you think [the gift from ___]
   prompted the rumor about bribery.

 b. 付加詞からの移動

   I called the client who the secretary worries [if the lawyer
   insults ___].

実験結果では、wh 疑問文に関しては、4 種類の制約すべてに関して容認性における統計的に有意な低下が観察され、違反の存在が確認されたのに対し、関係節に関しては、英語では (37b) のような付加詞からの移動の場合には容認性の有意な低下が観察されず、イタリア語においては (37a) に相当する主語からの移動の場合に容認性の有意な低下が観察されませんでした。Sprouse et al. (2016) は、このような容認性判断に見られる言語間の違いや移動の種類に基づく違いが、これまでに提案されてきた移動の制約に関するさまざまな理論的提案のうち、どの提案とより整合性が高いのかを詳細に議論し、実験結果から導かれる理論的帰結を探っています。

 実験統語論・実験意味論に関する包括的な研究として Sprouse & Hornstein (2013) や Cummins & Katsos (2019), Goodall (2021) などがあります。また、日本語を対象とした実験統語論に関する研究として Hoji (2015) があります。これらの研究は、大人の言語知識を探る研究の基盤となる言語資料を客観的で信頼の置けるものにし、言語の理論的研究をより科学的にするという重要な役割を担っているため、より広範な言語現象に関してこのような研究が行われることが期待されます。

4.2　生得的な属性の早期発現を探る母語獲得研究における進展

 第 2 章および第 10 章で議論したように、生得的な言語機能の存在を仮定する根拠のひとつは、**刺激の貧困**という状況があるにもかかわらず母語獲得が可能であるという観察です。刺激、つまり言語経験を 3〜4 歳の段階にまで限定したとしても、生得的と仮定される属性が子どもの母語知識

にすでに反映されているのであれば、その属性が生得的である可能性が高まります。このような考慮に基づき、これまでの母語獲得研究では、第10章で議論したような3〜4歳児を対象とした実験研究が行われ、言語機能の生得性を支持する母語獲得からの証拠が数多く提示されてきました。これらの研究では、テスト文がそれに伴う話の内容と合致するかどうかを子どもに判断させる**真偽値判断法**(Crain & Thornton (1998))が主な調査方法として用いられており、その課題の複雑さのため3歳よりも年齢の低い子どもを対象とすることが難しい状況にありました。しかし、上記の刺激の貧困に基づく生得性の議論という観点からは、より年齢の低い段階にまで言語経験を限定し、それにもかかわらず子どもの母語知識が大人と同質であることを示すことができれば、言語機能の生得性に対してより強力な証拠を提示することができます。近年では、これまで生得的な属性を反映した知識を探るための実験では用いられることのなかった調査方法を取り入れることによって、1〜2歳児を対象とした実験を実施し、言語機能の生得性に対するより強力な証拠を求める研究が進められています。

　Lukyanenko et al. (2014)の研究では、2歳4か月から2歳9か月までの英語を母語とする子ども32名を対象に、(38)と(39)のような文に対して子どもが与える解釈を調べています。

　(38)　She's patting Katie.　　(She ≠ Katie)
　(39)　She's patting herself.　(She = herself)

(38)の文では、第10章で議論した束縛原理の**条件C**の働きにより、主語位置にある代名詞 She は目的語位置にある名詞句 Katie を先行詞とすることができません。したがって、英語を母語とする大人は、She が文脈に現れている他の女性を指すものとして解釈します。一方、(39)は目的語位置に再帰代名詞である herself を含み、再帰代名詞は同じ節内に先行詞を持たねばならないため、英語を母語とする大人は She と herself は同じ人を示すものとして解釈します。

　Lukyanenko et al. (2014)は、英語を母語とする2歳児が(38)や(39)のような文に対して大人と同様の解釈を与えることができるかどうかについて、**選好注視法**(preferential looking method)という方法を取り入れて調査を行いました。この調査方法は、Hirsh-Pasek & Golinkoff (1996)の研究において、1歳児の語順の理解を調べる際に用いられた方法です。Lukya-

nenko et al. の調査では、子どもは保護者と一緒に静かな部屋に入り、子ど
もは目の前にモニターが置かれた椅子に、保護者はその後ろにある椅子に
座ります。モニターからは、(38)あるいは(39)のようなテスト文が音声で
提示されるのと同時に2種類の映像が左右に並んで提示されます。ひとつ
の映像では、2人の女性が並んで立ち、そのうちの1人の女性が自分の頭
を叩いており、もうひとつの映像では1人の女性がもう1人の女性の頭を
叩いています。(38)あるいは(39)の文が音声で提示された際に、それぞれ
の子どもがどちらの映像をどのくらいの時間にわたって注視するかを計測
することがこの実験の目的です。

　実験の結果、これらの子どもは、(38)のような名前を含む文を提示され
た時のほうが(39)のような再帰代名詞を含む文を提示されたときよりも長
く「1人の女性がもう1人の女性の頭を叩いている」映像を注視する傾向
があることがわかりました。Lukyanenko et al. (2014)は、この実験結果に
基づき、条件Cが2歳児の段階からすでに子どもの母語知識において機能
していると主張しています。

　この他、フランス語を母語とする1～2歳児を対象に、**構造依存性**の知
識に関して選好注視法を用いて調査した研究として、Koulaguina et al.
(2019)やShi et al. (2020)などがあります。

　言語機能の最小化を目指すMPでは、言語知識に見られる操作・規則が
構造に依存するという構造依存性が、併合の帰結として導かれました。過
去に行われた母語獲得研究においては、構造依存性を示すさまざまな現象
が、3～4歳児の持つ母語知識に反映されていることが確認されています。
はたして同様の結果が1～2歳児からも得られるかどうかという問いは、
MPに基づく今後の母語獲得研究において、中心的な課題のひとつとして
位置づけられるものと考えられます。

5.　おわりに

　本章では、生成文法理論の最近の理論進展・展開などを眺望するととも
に、今後の研究の展開についていくつかの可能な方向性にも触れました。
最後に述べておきたいことがあります。「UGは併合という操作だけになっ
てしまい、いずれ、その併合さえも、認知一般の原理によって説明される
ことになって、UGは消滅するであろう」という趣旨の考えが一部に見ら
れます。しかし、すでにこの終章で説明したところから明らかなように、

それは MP を導入することによって真に言語に固有な属性を浮き彫りにしようとする生成文法の研究戦略(research strategy)に対する理解不足に起因するものと言えます。生成文法は MP の導入により、言語の起源と進化までも射程に入れて、人間の本質を理論的かつ実証的に探ろうという壮大な研究プロジェクトとしての姿を鮮明にしつつあることを正しく理解しておくことが重要です。特に、1 節の(1iii)の**第三要因**の研究をさらに進めることにより、UG による生成文法の企てというプロジェクトがより深化することを願う次第です。

付　　録

エッセイ： 言語研究の楽しみ

　私たちは、先生が言われたことや、一般的に通用している説は、そのまま信じがちです。しかし、たまには本当にそうなのかと疑問を持ってみませんか。その説に、吟味されていないために妥当性に欠ける前提がないかという疑問を突き詰めていくと、その説は思い込みにすぎなかったのではないかと思わされることがあるかもしれません。

　以下では、英語の強勢の位置、主語と目的語、言語とコミュニケーションの関係の3点について、「あたり前に見える常識」を見直してみようと思います。

1.　英語の語強勢の位置について、これは思い込みではなかろうか。

　英語の語の主強勢の位置について、(1)のような問題と解説を見かけることがよくあります。

> （1）　次の語群で強勢の位置が他の語と異なっているものが1つある。
> 　　　どれか。
> 　　　animal, elephant, economy, family, century
> 　　（答えと解説）economy の強勢は2番目の音節にある。他の語では語頭
> 　　　の音節にある。よって、economy が仲間外れである。

この問題指示文と解説に不備があると思う人は少ないかもしれません。しかし、これには、提示（吟味）されていない前提がありませんか。もしその前提に根拠がなければ、この問題がそのままでは成立しなくなることはないでしょうか。

　この問題の指示文と解説は、英語の主強勢の位置は語頭から数えることを前提にしています。しかし、語末から見てはいけないのでしょうか。そこで、語末から見ると、どの語も主強勢は語末から3番目の母音（を含む音節(antepenult)）に来ていることがわかります。だとすると、問題(1)を問題として成立させるためには、指示文で強勢を「語頭から見て」と限定すれば、解答が唯一的に決まります。しかし、大事なことは、語頭から見るの

が正しいかということです。そこで、もっとたくさんの語(2)で主強勢の位置を見ましょう。

（2）
a.	b.	c.	d.
fam il y	cons ens us	am eb a	alb um
fam il i ar	flam enc o	bik in i	ch all enge
famil iar it y	ori ent al	dipl om a	bl oss om
phen om en on	me and er	macar on i	m oth er
ind ustr i ous	sequ est er	sal am i	w ind ow
exp er im ent	Franc isc an	sopr an o	s ol id
m on it or	Mir and a	2 1	y ell ow
Jer us al em	Al asc a		g ath er
Austr al i a	2 1		f in ish
El iz ab eth			2 1
Vict or i a			
3 2 1			

これらの語の主強勢の位置は(3)のように述べることができます(以降、「語末から」は省きます)。

（3）　a.　英語の語の主強勢は、もし母音が3つ以上あり、2番目の母音が短くて、その右の子音がゼロか1個なら、3番目の母音(を含む音節)に来る。

　　　b.　もしそうでなければ、2番目の母音(を含む音節(penult))に来る。

語(2a)では、たとえばfamilyでは、2番目のilが「短母音＋子音1つ」なので、主強勢は3番目に来る。語(2b)のconsensusでは、eとuの間は子音がnsの2つであるために(3a)の条件に合わないので、(3b)に従い主強勢は2番目に来る。(3c)のamebaは、eが長母音であるがために(3a)の条件に合わないので、(3b)に従い主強勢は2番目に来る。語(2d)のalbumは、3音節以上という条件に合わないので、同じく(3b)に従い2番目に来る(詳細はChomsky & Halle (1968)と水光(1985))。このように見ると、英語の主強勢の位置は語末から見ると規則性が得られそうなので、問題(1)はそもそも間違った前提による問題ではないかという疑問が自然に湧いて

くるはずです。

　しかし、規則(3)にも、問題があります。英語の主強勢の位置は語ごとに決まっているのではなく、規則(3)に支配されているのだということに意義があるためには、あることを前提としています。その前提が崩れると、(3)を規則として述べることの意義が失われます。その前提は何でしょう。それは、(3)が決定的に使っている母音の長短です。たとえば family の i が短母音であることや、ameba の e が長母音であるというのはどうしてわかるのでしょう。もし仮に英語の語の各母音の長短は、母音ごとに決まっている(すなわち母音ごとに覚える)なら、そういう長短に決定的に依存している(3)は、結局のところ主強勢の位置は語ごとに決まっていると言っているのと同じであり、(3)は規則としての意味を失いませんか。

　では、どう考えるか。英語の母音の長短は母音ごとに決まっているのではなく、(4a)か(4b)が事実であればいいのではないでしょうか。

（ 4 ）　a.　英語の母音は、基本的には長母音である。ただし、○○のときは短くなる。

　　　　b.　英語の母音は、基本的には短母音である。ただし、△△のときは長くなる。

事実はどうでしょう。ここまで挙げた語の母音を見ると、基本的には短いことがわかります。違うのは(2c)の語の 2 番目の母音です。それらはすべて英語にとっての外来語(としておきたい語)です。つまり、「...母音＋子音＋母音」の形の外来語は、2 番目の母音は長くなるということです。これを除けば、基本的に母音は短いままということになります(事実はもう少し複雑です)。よって、(3)は規則としての地位が保たれたことになります。

　このように、何かを言うとき(聞いたとき)、前提になっている命題がないか、その命題は正しいか間違いか、それはどうすれば調べることができるか、などを考えることは、いわゆる批判的思考力というものを敏感にさせるための第一歩でしょう。

2.　「主語」と「目的語」は、その意味でいいですか。

　英語の能動文と受動文の関係を捉えるときにも、思い込みらしいものが潜むことがよくあります。文(5a)と(5b)の構造の関係は、(6)のように述べられることがあります。そのとき、「主語」と「目的語」は、断りなく

(7)のように意味的に定義されているようです。

（５）　a.　Ian Rankin created John Rebus.
　　　　b.　John Rebus was created by Ian Rankin.
（６）　受動文の構造は、能動文の主語に by を付けて動詞より右に置き、空き家になった主語の位置に目的語を置いて得られる（動詞は「be＋過去分詞」にします）。（これは、能動文と受動文の構造の関係を述べただけであり、統語部門の移動によるものであると主張するものではありません）
（７）　主語は、動作や行為などをするモノ（者や物など）であり、目的語は、その動作や行為の対象になるモノである。（「主語、目的語」は、これとはまったく異なる意味で使うこともありますが、割愛します）

この述べ方は、あまりにも頻繁に聞かれるので、その正しさを疑わない人がいるようです。しかし、この述べ方では、(8a)に対して、(8b)は得られても、(8c)から(8d)を得ることはできません。文(8c)の believe の目的語は、定義(7)からすると、「彼がその本の著者である」であって、「彼」ではないからです。

（８）　a.　△widely believe that he is the author of that book.
　　　　b.　That he is the author of that book is widely believed.
　　　　c.　△widely believe him to be the author of that book.
　　　　d.　He is widely believed to be the author of that book.
　　　　（△は、不定の名詞句の代わりとしておきます）

では、(6)と(7)のどこが問題なのでしょう。それは、能動文と受動文の構造の関係は、意味的に定義された「主語、目的語」で捉えるのがあたり前だと思っていることにある可能性はないでしょうか。他の捉え方はないのでしょうか。そこで、意味がだめなら、形式に着目してみましょう。たとえば(5a) Ian Rankin created John Rebus が「主語＋動詞＋目的語」でなく、「名詞句＋動詞＋名詞句」であることに着目すると、規則(6)は(9)に書き換えることができます。

（９）　「名詞句$_1$＋動詞＋名詞句$_2$」なら「名詞句$_2$＋be＋過去分詞＋by＋名詞句$_1$」にする（能動文の２つの名詞句を区別するために下付記号を

付けておきます)。

規則(9)だと、(5)のaとbの関係だけでなく、(8)のcとdの関係も捉えることができます。規則(9)では、代名詞のhimが目的格であるかどうかを見る必要がないからです。必要なのは「名詞句＋動詞＋名詞句」という形式的な情報、すなわち統語範疇の配列に関する情報だけだからです。

名詞句　　動詞　　名詞句
(8c)　　△widely believe him to be the author of that book.
（widelyの存在には目をつむっていてください）

この例だけなら、意味でなく、統語範疇の配列を使うほうが正しいと認めにくいでしょう。そこで、関係詞の「省略」を見ましょう（歴史変化はともかく、ここでは、関係詞のない(10b)などは、関係詞のある(10a)と、関係詞を「省略」した関係にあるとしておきます）。

(10)　　a.　That's the preacher who(m) Pat loves.
　　　　b.　That's the preacher Pat loves.
　　　　c.　That's the preacher who loves Kim.
　　　　d.　*That's the preacher loves Kim.（共通英語では非文法的です）

関係詞の省略規則としては、(11)になれている人が多いでしょう。これで(10b)が文法的で、(10d)がそうでないことが説明できるので、この規則の正しさを疑わないかもしれません。この規則の場合も、「主語、目的語」は(7)の意味で使っているとしておきます。

(11)　　「主語」と「目的語」で述べた関係詞省略
　　　　① 関係詞は目的語なら省略できる。
　　　　② 関係詞は主語なら省略できない。

しかし、実は①も②もただちに反証例を挙げることができます。

(12)　　a.　That's the preacher who(m), in case you want to know, Pat hates.
　　　　b.　*That's the preacher, in case you want to know, Pat hates.
　　　　　　（who(m)は目的語なのに消せない）
　　　　c.　That's the preacher who everyone believes hates Carol.

　　　(. . . everyone believes the preacher hates Carol)

　　d.　That's the preacher everyone believes hates Carol. (who は主
　　　　語なのに消すことができる)

簡単に反証例が見つかるのは、意味で定義した「主語、目的語」を使って
いるからかもしれません。そこで、能動と受動の場合と同じく、統語範疇
の配列に着目してみましょう。関係詞を省略してもよい文は、(10a), (12c)
の構造をもっています。関係詞を省略することができない文では、関係詞
の右に名詞句が来ていません。文(10c)の who の右にある loves や、(12a)
の who(m) の右の in case . . . は名詞句ではありません。このことを規則と
して述べるなら(13)でいいでしょう。

　　　　　　　名詞　　関係詞　　名詞句
　(10a) That's the preacher who(m)　　Pat　　loves.
　(12c) That's the preacher who　　　　everyone believes hates Carol.
　(13)　「名詞＋関係詞＋名詞句」の関係詞は省略できる。

もう少し複雑な例文を見ると(13)を修正することになりますが、統語配列
の指定が少し複雑になるだけのようです(誰か突き詰めて調べませんか)。
　このように見ると、意味的な「主語、目的語」で捉えるのがあたり前だ
と思っていたのは、思い込みにすぎなかったのかもしれません。「主語、目
的語」で述べられていた規則では、本当に「主語、目的語」で述べるのが
正しいのかを吟味していなかったのでしょう。
　なお、「主語、目的語」を(7)のように捉えると、次の(14)の文には主語
と目的語がないことになります。すなわち、(7)の意味の主語と目的語の
有用性は、思っているほど広くないのでしょう。

　(14)　a.　It's raining.
　　　　b.　This advanced course costs $100.
　　　　c.　The new cell phone weighs only 110g.
　　　　d.　My kitten doesn't resemble its father.
　　　　e.　Sixteen ounces equals one pound.
　　　　f.　March precedes April.

3. 「言語はコミュニケーションのためにある」は、本当でしょうか。

　言語教育について(15)のような主張をよく耳にします。あるクラスでこの主張は正しいかどうかを尋ねたところ、全学生が「あたり前すぎて、先生はいったい何を問題にされているのかわかりません」という趣旨の反応をしました。

> (15)　言語はコミュニケーションのためにある。ゆえに、コミュニケーションに役立たない言語の勉強は無意味である。

ここで焦点を合わせたいのは、「ゆえに」以下ではなく、「言語はコミュニケーションのためにある」の箇所です。それは自明なのでしょうか。

　その問題のために、まず「コミュニケーション」の意味を確認しましょう。各種国語辞典やウェブサイトを見ると、圧倒的多くが、ある意味内容を誰かに一方的に伝達や通信することでなく(そういう使い方もあるのですが)、「互いに伝え合う、通じ合う(ための努力)」が大事な意味であるとしています。訳語としては、むしろ「会話」「対話」であるということです。「あの人はいつも一方的に言うだけなので、あの人とはコミュニケーションができません」とか「夫は言いっぱなすだけの人なので、夫婦間でコミュニケーションが成立しません」などと言うことがその例証です。ここでは、(15)のコミュニケーションは双方向性のものだとしておきます。

　本題のために、①言語は何に使われるか、②コミュニケーションには何が使われるか、③主張(15)の前半を成立させる前提は正しいかの3点から考えましょう。

　①　言語は、コミュニケーションで使われるだけでなく、独り言、日記、自分の予定のメモ書きでも使います。将来の考証のための記録作成にも使います。また、自分の思考の整理や精密化にも使います。いろいろなことに使われる中でコミュニケーションだけを取り上げて、コミュニケーションのためにあると言うための根拠は見当たりません。言語は独り言のためにあるとか、メモのためにあると言うと、誰も納得しないはずです。

　②　コミュニケーションには、言語だけでなく、手のしぐさや姿態も使います。対座したときの足の組み方や、目の開き方や眉毛の上げ下げも使います。はたまた、対人距離(personal space)も大きな意味を伝え合います。だからといって、手のしぐさや足の組み方などはコミュニケーションのた

めにあると言えば、いったい何を言っているのかとあきれられることでしょう。言語の場合だけ、コミュニケーションのためにあると言える根拠が見当たりません。

　③ 今Aを任意のモノ、Bを任意の行為としましょう。もし「AはBに使うことができる。ゆえに、AはBのためにある」という命題が一般的に真であるなら、「言語はコミュニケーションに使うことができる。ゆえに、言語はコミュニケーションのためにある」は真だということになります。しかし、「マッチは放火に使うことができる、ゆえに、マッチは放火のためにある」や「包丁は人殺しに使うことができる。ゆえに、包丁は人殺しのためにある」は、誰も納得しないでしょう。「手足はコミュニケーションに使うことができる。ゆえに、手足はコミュニケーションのためにある」も同様の理由により、排除されるでしょう。

　このように考えると、「言語はコミュニケーションのためにある」という命題は、よくて根拠がないか、信仰の対象のようなものです（池内（2010））。

　①②③に付け加えるに、もし「目的」という語の意味は「意思により達成したいと思う事柄」だとするなら、そもそも意思のない自然に生じるものには目的はないとするのが素直な解釈でしょう。自然言語の発生に誰かの目的があったと論じること（teleology）はできないでしょう（（宗教）哲学の世界では別の考え方もありますが、割愛します）。

　以上のように、言語を眺めていると、いろんな点で思い込みをしていたのかもしれないと気づくことがあります。待てよ、それを言うためにはかくかくしかじかが前提になるはずだが、その前提は妥当でなさそうだということに気づくことがよくあります。私としては、言語研究の楽しみは、自分自身が思い込みや間違った議論から次第次第に解放されていき、少し賢くなったかなと感じることかもしれません。

事例研究 1: コーパスを使った言語研究

キーワード: コーパス、異なり語数、最適性理論、主語・助動詞の倒置、延べ語数、パラメータ、CHILDES, how 疑問文、MLU, where 疑問文

1. はじめに

　本事例研究では、**コーパス**を利用すると言語研究の可能性がどのように広がるのか見ていきます。コーパスには現在、**Brown Corpus** や **British National Corpus**, 日本語の書き言葉を収集した『現代日本語書き言葉均衡コーパス』など幅広く存在しますが、齊藤・中村・赤野(編)(2005)によると、**コーパス言語学**は(1)のように定義できます。

> （1）　...コーパス言語学とはコンピュータで処理可能な電子コーパスを検索して言語分析・記述を行う言語学一般を指し、英語の電子コーパスを検索して英語の分析・記述を行うものが英語コーパス言語学である。　　　　　　　　　　（齊藤・中村・赤野(編)(2005: 3)）

さまざまなコーパスの中から今回は、子どもの**発話**を収録した **CHILDES** (CHIld Language Data Exchange System) データベース (MacWhinney (2000)) を用いて子どもの wh 疑問文(**where 疑問文**、**how 疑問文**)の**発達過程**を見ていきます。たとえば、本事例研究の対象児である Adam (Brown (1973)) の場合、2 歳 3 か月 4 日から 5 歳 2 か月 12 日までの大人との自然な会話を**縦断的**に収録したデータを用いて分析をします。第 10 章 2 節の「研究方法」を振り返ってみましょう。それによると、本事例研究は①・A に位置づけられます。それでは、2 節ではコーパスの基本的な使い方を紹介します。

2. CHILDES の使い方

　CHILDES には、子どもと親、または子どもどうしなど自然な会話が収

録されています。本事例研究の分析には、CHILDES にある Browsable Database のコマンドを使用します。本節では、2 つの重要なコマンド（KWAL と MLU）を中谷（編）(2019)に基づきながら紹介していきます。

2.1　CHILDES を使う前にすること

　CHILDES を用いた分析を開始する前に、(2)に沿って登録申請を行いましょう。

（2）　a.　CHILDES (http://childes.talkbank.org/)に行く。
　　　　b.　System の中の **Ground Rules** をクリックする((3)参照)。
　　　　c.　登録申請を行い、倫理規定などに目を通す。

（3）　トップページの画面

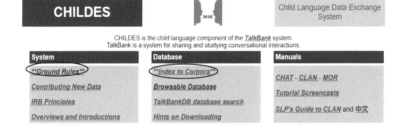

2.2　特定語の検索（KWAL）

　KWAL (Key Word and Line: 特定語の検索)は、検索対象語を含む発話を検索する機能です。Nina (Suppes (1974))の where を伴う発話を検索してみましょう。CHILDES のトップページから Browsable Database に入り、上部左に位置する childes/ の Eng-NA をクリックし、Suppes をクリックします。下部左にある下を向いた矢印をクリックすると、可能なコマンドのリストがあります。kwal を選択し、右隣のボックスに(4)のように入力しましょう。+t*CHI で子どもの発話に限定しています。+s の後ろに検索対象の where, そして、その後ろにワイルドカード*を入力しましょう。*を用いると、where's や where'd など任意の文字列を伴う発話も検索することができます。すべて入力が終わったら、Run をクリックして検索を実行しましょう。

（4）

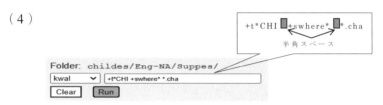

検索結果の保存についてはダウンロードボタンがないので、保存する範囲を指定し、CSV 形式で保存することをおすすめします。

2.3 MLU 値の算出

MLU（Mean Length of Utterance: 平均発話長）は、Brown（1973: 54）が提唱したもので、1 つの発話あたりの形態素数の平均を算出したものです。MLU は、子どもの文法発達の指標の一つとして用いられています（形態素については第 4 章参照）。たとえば、Adam が 3 歳 7 か月 7 日に発話した（5）の抜粋を見てください。

（5） CHI: They get in wagons.
　　　　　 1　　1　1　　　2
　　　 CHI: I'm not going to bring my wagon.
　　　　　 2　 1　 2　 1　 1　 1　 1

発話の下の数字は、各単語に含まれる**形態素**の数を表しています。たとえば、wagons は wagon と s, I'm は I と am, going は go と ing の形態素から成り立っています。形態素の数を発話数で割ると MLU 値が得られますが、この例では 14÷2＝7 となり、1 つの発話で平均 7 つの形態素が使用されていることになります。

　コマンドを用いて MLU 値を算出してみましょう。コマンドボックスの中から mlu を選択し、（6）のように入力し実行してください。

（6）

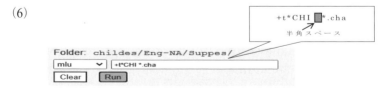

結果は（7）のようにファイルごとに表示されます。Ratio of morphemes over

utterances を見ると、1歳11か月16日時点の Nina の MLU 値は「2.073」であることがわかりました。

（7）　**From file "011116.cha"**
　　　MLU for Speaker: *CHI:
　　　　MLU (xxx, yyy and www are EXCLUDED from the utterance and morpheme counts):
　　　　　Number of: utterances = 756, morphemes = 1567
　　　　　Ratio of morphemes over utterances =(2.073)
　　　　　Standard deviation = 1.198

3.　深谷(2011)：CHILDES を用いた where 疑問文の研究

　3節では、深谷(2011)に基づきながら where 疑問文の発達過程を紹介していきます（wh 疑問文については第6章を参照）。深谷(2011)は、CHILDES に収録されている2人の子ども（Adam と Nina）の where 疑問文を収集し、(8)の9つのタイプに分類しました。なお、x;yy.zz という表記は子どもの年齢を表し、x 歳 yy 月 zz 日を意味します。「2;03.18」は2歳3か月18日を表します。また、S は主語、V は動詞、Aux は助動詞を表します。

（8）　タイプA〜タイプI

タイプ名	特　　徴	具　体　例
A	Wh?	Where? (Adam 2;03.18)
B	Wh V?	Where go? (Adam 2;06.03)
C	Wh S?	Where clock? (Adam 2;10.02)
D	Wh S V?	Where racket go? (Adam 2;03.18)
E	Wh S Aux (be) V?	Where the man's truck should go? (Adam 3;04.18)
F	Wh's ('re, 'd) S?	Where's my coffee? (Nina 2;01.06)
G	Wh be S …?	Where are they? (Nina 3;00.24)
H	Wh Aux S V?	Where can the other one go? (Nina 2;09.26)
I	Wh do S V?	Where does this fit? (Nina 3;01.05)

Nina は観察期間中（1;11.16 〜 3;03.21）に 557 の where 疑問文を発話し、そのうち 339 例が Where's ('re) S? というタイプFに該当しました。とりわけ初期では、(9b)のように**主語**と**述語**の数が対応していない疑問文も観察されました。

（ 9 ）　a.　Where's my coffee? (2;01.06)
　　　　b.　Where's my pictures? (2;01.06)

一方、Adam（2;03.04〜5;02.12）は合計 1,099 の where 疑問文を発話し、タイプ C（315 例）とタイプ D（292 例）が初期から観察されました。また、動詞 go の**使用頻度**がきわめて高く、2 歳 3 か月から 2 歳 6 か月に限定すると 46 例中 43 例で go が用いられていました。

（10）　タイプ C：Where doggie? (2;03.18)
　　　　タイプ D：Where Daddy go? (2;03.18)

コーパスを検索して得られた結果から、子どもによって頻繁に使用されるタイプが異なることがわかりました。どのような理由で、大人とは異なる疑問文が発話されるのでしょうか。次節では、大人の文法で要求される**主語・助動詞の倒置**に焦点を当て、パラメータ値が決定される過程で主語・助動詞の倒置を伴わない疑問文が発話されることを示します。その前に、MLU 値に基づいた発達区分を紹介します。

4.　コーパスから捉える母語獲得

　本節では、3 節で紹介した Adam と Nina に（深谷（2011））、さらに 2 人の子ども（Aran と Naomi）を加えて、where 疑問文および how 疑問文のデータを収集し、各発達段階に見られる言語的特徴を見ていきます。

4.1　MLU 値に基づいた全体の特徴

　本事例研究では、言語発達を測る指標として知られる MLU 値を用いて wh 疑問文の発達を分析していきます（MLU 値の算出については、2.3 節参照）。Brown (1973) や Bowen (1998) らに基づくと、MLU 値の増加に伴って Stage I から Stage V の 5 段階に分けることができます。なお、MLU 値が 4.50 以上の場合は Stage V ＋として扱います。MLU 値を指標とした**発達段階**と、Thornton (2016) に基づいた wh 疑問文の発達の目安を (11) に示します。

（11）　MLU 値による発達段階

Stage	MLU 値の範囲	wh 疑問文の特徴
Stage I	1.00〜1.99	what, where 疑問文が観察される。
Stage II	2.00〜2.49	what, where 疑問文が生産的に発話される。
Stage III	2.50〜2.99	肯定の wh 疑問文で主語・助動詞の倒置が要求される。
Stage IV	3.00〜3.74	
Stage V	3.75〜4.49	
Stage V＋	4.50〜	

本事例研究では、分析対象児は少なくとも Stage I から Stage IV，または Stage II から Stage V までの連続したデータが入手可能である子どもとし、Adam（Brown（1973））, Aran（Manchester corpus）, Naomi（Sachs（1983））, Nina（Suppes（1974））を調べました。ステージの分類に際しては、Rowland et al.（2005）に従い、MLU 値が 3 回連続で基準範囲を超えていれば新しいステージに入ったと見なします。それぞれの子どもの発達段階は(12)になります。

（12）　発達段階に基づいた子どもの年齢区分

	Stage I	Stage II	Stage III	Stage IV	Stage V	Stage V＋
Adam		2;03.04〜 2;05.12	2;06.03〜 2;11.13	2;11.28〜 3;00.11	3;00.25〜 3;08.26	3;09.16〜 5;02.12
Aran	1;11.12〜 2;00.02	2;00.09〜 2;02.25	2;03.02〜 2;08.19	2;09.02〜 2;10.28		
Naomi	1;02.29〜 1;10.28	1;11.02〜 2;02.00	2;02.25〜 2;11.10	2;11.11〜 3;08.19	4;07.28〜 4;09.03	
Nina		1;11.16〜 2;01.22	2;01.29〜 2;02.12	2;02.28〜 2;10.13	2;10.21〜 3;01.06	3;01.07〜 3;03.21

それでは、(13)を見てください。これは、where 疑問文と how 疑問文の全体的な発達の様相を表していますが、これを見ると where 疑問文は Stage I から Stage III に発話数が増加しているのに対して、how 疑問文は Stage III 以降に発話が観察されたことがわかります。

（13）　子どもの wh 疑問文の推移

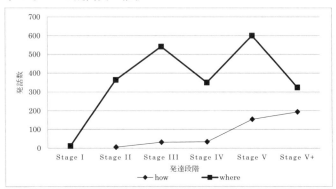

4.2　wh 疑問文をつかさどるパラメータ

　生成文法では、人間に生得的に賦与されている**普遍文法**に、あらゆる言語に普遍的な特性を捉える**原理**と、各言語の可変的な特性を捉える**パラメータ**を想定することによって**言語間変異**や**言語獲得**を説明しています。本事例研究では、大量のデータから捉えることのできる特徴に焦点を当てるため、普遍文法の中に、**wh 疑問文をつかさどるパラメータ**を(14)のように簡素化した形で仮定します（詳細は、Guasti（2016: 243-245）参照）。

（14）　パラメータ1： wh 句は文頭に移動する、または移動しない。
　　　　パラメータ2： 主語・助動詞の倒置が行われる、または行われない。

深谷(2011)では、主語・助動詞の倒置を伴わないタイプDに該当する where 疑問文が初期段階で発話されることが示されました。このような発達途上の子どもの発話は、パラメータを使うとどのように分析できるのでしょうか。パラメータの値は、オン・オフのように二者択一的に決定されるのではなく、各パラメータが**最適性理論**(Optimality Theory)で Hayes (2000)が提案しているバーのような形をし、**パラメータ値**はバーの中で決定されると仮定してみましょう（詳細は、Hayes（2000）および Fukaya（2010）参照）。たとえば、あるパラメータ P の 2 つの値(A と B)の可能性を見ていきます。バーが左側に位置するほどそのパラメータ値が優勢であることを表します。2 つのバーが重複していなければ、左側にあるパラメータの値がつねに出力となって選ばれます((16)参照)。それでは、(15)のようにバーが重複し

ている場合を考えてみましょう。A と B の実際の値がそれぞれ①で選ばれ
ると、A の値が出力となって現れます。ただし、バーの中ならばどの地点
でもパラメータの値として可能なので、A と B が②で選ばれる可能性もあ
ります。そうすると、B のほうが左側に位置しているため、B の値が出力
となって現れます。

(15)

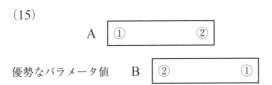

優勢なパラメータ値

where 疑問文の初期段階は、パラメータ 1 が(16)のようになっていると考
えられます。

(16)　Step 1：パラメータ 1

> wh 移動あり

> wh 移動なし

(16)は、2 つのバーが重なり合っていないため、バーの中のどこで値が選
ばれようとも「wh 移動あり」が要求されます。Guasti (2000) も指摘する
ように、wh 語がもとの位置にとどまる疑問文はきわめて少ないことから
も（たとえば、Where you go? は発話されるが、You go where? はめったに発話
されないなど）、パラメータ 1 は最初期に決定されると考えられます。次に、
パラメータ 2 を見てみましょう。初期段階では、パラメータ 2 は(17)のよ
うに 2 つのバーが重複しています。

(17)　Step 1：パラメータ 2

> 主語・助動詞の倒置あり

> 主語・助動詞の倒置なし

バーが重なり合っているため、主語・助動詞の倒置がある場合とない場合
の両方が可能となります。主語・助動詞の倒置が行われなければタイプ D

やタイプ E, 主語・助動詞の倒置が行われればタイプ F, タイプ G, タイプ H, タイプ I が発話されると予測されます。ただし、初期段階のタイプ F とタイプ G は、定型表現として用いられている場合もあるため、主語・助動詞の倒置の判断が困難な場合があります(タイプ F は(9b), タイプ G は Where is it? のような事例が該当します)。

次の段階になると、パラメータ 2 の 2 つのバーの重複している範囲が縮小し、主語・助動詞の倒置が優勢になります。その結果、タイプ G, タイプ H, タイプ I の発話が増加すると予測されます。

(18)　Step 2: パラメータ 2

> 主語・助動詞の倒置あり

> 主語・助動詞の倒置なし

上記の予測を検証してみましょう。各ステップで予想される where 疑問文の代表的なタイプの推移について、(19)および(21)に示します((20)および(22)にはそれぞれの実例を提示します)。なお、タイプ F およびタイプ G は、上で述べたように主語・助動詞の倒置が行われているのか初期段階では判断が難しい場合があるため、(19)および(21)から除外します。

(19)　Step 1: タイプ D およびタイプ E の推移

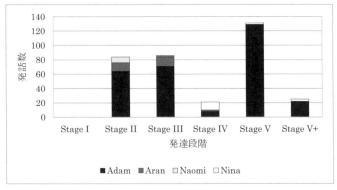

(20)　a.　タイプ D: Where doughnut go? (Adam 2;06.17)
　　　b.　タイプ E: Where Bumbo can go? (Aran 2;05.03)

(21)　Step 2:　タイプ H およびタイプ I の推移

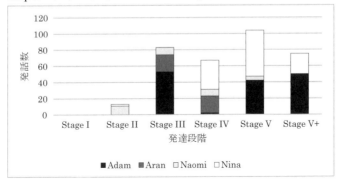

(22)　a.　タイプ H: Where can the other one go? (Nina 2;09.26)
　　　b.　タイプ I: Where did you put the car on? (Nina 2;09.26)

(19) と (21) を見ると、タイプ D およびタイプ E は Stage II から、タイプ H およびタイプ I は Stage III 以降増加していることがわかります。この観察に基づくと、次の 3 つの点が示唆されます。1 つ目に、(14) に示した 2 つのパラメータ値は 1 つずつ独立に、そしてある一定期間の間に決定されるということです。2 つ目に、パラメータ値の最終的な決定に至る前に中間段階があることです。たとえば、(18) の場合、パラメータ 2 の「主語・助動詞の倒置あり」という値が優勢であるものの、「主語・助動詞の倒置なし」という値も可能であることを示しています。これは (19) と (21) の Stage III からも確認できます。3 点目に、Adam の Stage V を見ると、主語・助動詞の倒置を伴う疑問文のほか、タイプ D とタイプ E も増加していることがわかります。このような事例については、**自然発話**に加えて**実験**を実施することにより、パラメータ 2 の値が決定されているのか否かを適切に判断できるでしょう（第 10 章 2 節参照）。

　where 疑問文では、主語・助動詞の倒置のない疑問文も数多く観察されましたが、how 疑問文ではどうでしょうか。(23) を見てください。これは、how 疑問文が観察され始めた Stage III および Stage IV において、それぞれのタイプの発話数を表したものです。

(23)

	タイプC	タイプD	タイプF	タイプG	タイプH	タイプI	合計
Stage III	1	2	1			24	28
Stage IV				8	3	19	30

この時期に該当する how 疑問文は(24)の通りです。

(24) a. How does dolly eat it? (Aran 2;09.02)
     b. How does he do them? (Naomi 3;05.04)

(23)を見ると、Stage III では 28 例中 25 例(89%)で主語・助動詞の倒置を伴う疑問文が発話されていることがわかります。さらに、Stage IV になると 30 例すべてで主語・助動詞の倒置が要求されています。早い段階から発話が観察される where 疑問文の発達段階で、(14)のパラメータ 1 とパラメータ 2 の値が決定され、それが how 疑問文にも適用されたと考えられます。その結果、how 疑問文では短期間で主語・助動詞の倒置を伴う疑問文の産出が可能となります。

4.3 パラメータ値の決定と語彙選択

Bloom, Merkin and Wootten (1991)は、初期から発話される where 疑問文では be, go, take などの動詞が使用される傾向が高いことを示しています。本節では、パラメータ値が完全には決定されていない Stage I から Stage III までの where 疑問文と、Stage IV 以降の how 疑問文では動詞の選択が異なるのか見ていきます。ここでは、文頭から 4 語以内に出現する動詞に限定し、動詞の異なり語数および異なり語数・延べ語数比を調査しました。その前に、3 歳 3 か月 8 日時点の Nina と母親との会話の抜粋を用いて、**延べ語数**と**異なり語数**を確認しましょう。2 人のやり取りは(25)の通りです。

(25) 母親： Where are they stuck?
     Nina： Right here.
     母親： Where should I pull them?
     Nina： Right on there.

延べ語数とは語の総数を言います。(25)には全部で 14 の語があるので、延べ語数は 14 となります。それに対して、異なり語数は単語の種類を表します。(25)では where, right がそれぞれ 2 回使われているため、異なり語

数は 12 となります。異なり語数を延べ語数で割ると語彙の豊かさを測ることができます。この場合は、12÷14 でおよそ 0.85 となります。値が 1 に近いほど多様な語を使用していることを意味します。各疑問文の動詞の異なり語数、延べ語数、異なり語数・延べ語数比の結果は(26)の通りです。

(26)

	where 疑問文	how 疑問文
動詞の異なり語数	10	49
動詞の延べ語数	706	324
動詞の異なり語数・延べ語数比	0.01	0.15

where 疑問文の異なり語数を見ると 10, 異なり語数・延べ語数比が 0.01 という結果になりました。これは be や go など一部の動詞を伴う発話に対してのみ、(14)のパラメータ 1 とパラメータ 2 の値が適用されたためであると推測されます。これに対して、where 疑問文よりも発達の遅い how 疑問文では、それ以外の動詞を用いた発話に対しても、(14)のパラメータ 1 とパラメータ 2 の値が適用されるようになったと考えられます。

5.　おわりに

　本事例研究では、CHILDES を用いて子どもの where 疑問文と how 疑問文の発達を分析してきました。where 疑問文は Stage I から確認されましたが、はじめは主語・助動詞の倒置を伴わない疑問文や定型表現が多く観察されました。それに対して、how 疑問文では出現が確認された時期から、主語・助動詞の倒置を伴うタイプ H やタイプ I が発話されましたが、これは where 疑問文に基づいて決定された(14)のパラメータ 1 とパラメータ 2 の値が適用されたためであると考えられます。

　生成文法では、**言語獲得に関する論理的問題**を基本に据えます。しかし、その**言語獲得モデル**を現実の言語発達と関連づけようとするときには、発達に関する情報を得ることが必要です。CHILDES を用いた研究では、「どのようなプロセスを経て大人の文法に到達するか」を考える際に有益で膨大なデータを与えてくれます。したがって、コーパスを用いて言語発達を分析すると、新たな展望が得られることが期待されます。まずは、2 節に沿って子どもの発話データを収集してみましょう。新たな発見につながるかもしれません。

事例研究 2: 日本語と英語における結果構文と その関連構文

キーワード：位置変化、拡張、結果構文、結果述語、使役移動構文、状態変化、直接目的語制約、非対格仮説、見せかけの目的語、Way 構文

1. 結果構文とは

　英語や日本語など、多くの言語には、**結果構文**(resultative construction) と呼ばれる構文があります。(1), (2)は、英語と日本語の結果構文の例で、「主語の行為の結果、**状態変化が生じる**」ことを表しています。なお、本研究では「構文」という用語は、言語記述における分類上のラベルとして用います。

（1）　a.　They broke the window into pieces.
　　　　b.　彼らは窓を粉々に割った。
（2）　a.　She froze the ice cream solid.
　　　　b.　彼女はアイスクリームをカチカチに凍らせた。

(1)では、彼らが窓を割るという行為の結果、窓が粉々になったという結果状態が1つの単文の中で同時に述べられています。(2)でも同様に、彼女がアイスクリームを凍らせたという行為と、その結果、アイスクリームがカチカチに凍ったという結果状態が述べられています。(1)の「to pieces / 粉々に」や(2)の「solid / カチカチに」のように最終的な結果状態を示す表現は**結果述語**(resultative predicate)と呼ばれます。結果構文は、必ず結果述語を伴う必要があり、英語の場合は「主語＋動詞（＋目的語）＋結果述語」、日本語の場合は「主語＋（目的語＋）結果述語＋動詞」という形式をとります。

　英語と日本語の結果構文は、(1)と(2)のように常に対応するわけではありません。(3)を見てみましょう。

（3）　a.　The joggers ran their Nikes threadbare.
　　　　b.　They drank the pub dry.

(3a, b)に対応する日本語の文は、それぞれ「*ジョガーたちが、ナイキの靴をボロボロに走った」、「*彼らはパブをカラカラに飲んだ」のような意味の通らない文になります。そもそも (3a, b) は適格な英語の文ですが、(3a) では、run という自動詞の後の位置になぜか普通なら現れないはずの名詞句（ジョギングで履く靴の Nikes）が現れ、(3b) では、drink という動詞の後の位置に飲む行為の対象物ではなく、飲む行為を行う場所を表す名詞句(the pub)が現れるという不思議な構造になっています。このように英語の結果構文では動詞の通常の下位範疇化（あるいは項構造）には収まらない形式も可能になります。一方、日本語の対応文では「靴を走る」「パブを飲む」というつながりが生じてしまうため、誰もがおかしいと感じる表現となります。日本語では(3a, b)に直接対応する単文の形では表現できませんが、(4a, b)のように動詞を2つ使った複文で表現することはできます。

（4）　a.　ジョガーたちが走り込み、ナイキの靴がボロボロになってしまった。
　　　　b.　彼らがたくさん飲んでしまい、パブのお酒がなくなってしまった。

このように、英語では1文の中で「主語による行為の結果、状態変化が生じる」ことを表す結果構文は生産的です。日本語でも結果構文は可能ですが、いつでも可能というわけではなく、英語ほど生産的ではありません。

　英語には、1文の中で「主語の行為の結果、物理的な**位置変化が生じる**」ことを表す構文もあります。これは**使役移動構文**(caused motion construction)と呼ばれていますが、「状態変化」と「物理的な位置変化」との共通性をとらえ、このような構文も、広い意味で、結果構文の仲間であるとする見方もあります。使役移動構文の事例(5)を見てみましょう。

（5）　a.　Frank sneezed the napkin off the table.

　　　　　　　　　　　　　　　　　　　　　（Goldberg (1995: 154)）

　　　　b.　The audience laughed the poor guy off the stage.

(5a)では「フランクがくしゃみをした結果、ナプキンをテーブルから吹き

飛ばした」という意味を表し、(5b)では「観客が嘲笑した結果、かわいそうな役者を舞台から降ろした(降板させた)」という意味を表しています。

また、英語には、「V+one's way」という形式をとり、たとえば、She made her way into the forest. のような形式で、「苦労しながらなんとかして進む」という意味を表す構文もあります。これは **Way 構文**(*way*-construction)と呼ばれています。Way 構文の事例(6)を見てみましょう。

(6)　a.　John pushed his way through the crowd.
　　　　b.　Sam joked his way into the meeting.

(Goldberg (1995: 161))

(6)では push, joke など、動きの様態を示す(本来的には移動を表さない)**行為動詞**を用いて、「主語による行為の結果、作りだされた道を移動する」という意味を表しています。(6a)は「ジョンは群集を押すことで道ができ、その道を進んで行った」、(6b)は「サムはジョークを言うという行為によってその会議に入っていく道(手段・方法)ができ、その道を進んでいった」、という意味になります。Way 構文も英語特有の構文ですが、これもまた結果構文の1つと考えることができます。Way 構文については、3節で詳しく考察します。この事例研究では、結果構文を通じて言語の**普遍性**と**多様性**に触れながら、この構文のもつおもしろさについて一緒に考えていきます。

2.　さまざまな種類の結果構文

結果構文は1文で「主語による行為の結果、状態変化が生じる」ことを表す構文であることを見ましたが、構文内に「主語が行う行為」と「その行為によって引き起こされる状態変化」を自由に組み合わせることができるわけではありません。本節では、さまざまなタイプの結果構文がどのような制約のもとに成立しているのかを考察していきます。

まず、動詞の自他の区別による結果構文の分類について見ていきましょう。(7a, b)は、**他動詞からなる結果構文**です。

(7)　a.　The gardener watered the flowers flat.
　　　　a′.　The gardener watered the flowers.
　　　　b.　Bill broke the bathtub into pieces.

　　　b′.　Bill broke the bathtub.

　　　　　　　　　　　　　　　（Goldberg & Jackendoff（2004: 536））

（7a）は「花に水をあげた結果、花がぺちゃんこになった」ことを、（7b）は「バスタブを壊した結果、バスタブが粉々になった」ことを表しています。water や break は他動詞なので、（7a）の flat や（7b）の into pieces のような結果述語を伴わなくても、（7a′）や（7b′）のように「主語＋他動詞＋目的語」という形で他動詞文として成立します。他動詞から成り立っていても、（8）のような文は容認されません。

（ 8 ）　a.　*I melted the steel hot.
　　　　b.　*I ate the food full/sick.　　　（Simpson（1983: 144））

「私は鋼鉄を溶かした結果、私自身が熱くなった」という意味で（8a）のような文を発することはできず、また、「私はその食べ物を食べた結果、お腹がいっぱいになった / 具合が悪くなった」という意味で（8b）の文を発することはできません。結果述語は（7）のように目的語について述べることはできますが、（8）のように主語について述べることはできません。このことを説明するために、Levin & Rappaport Hovav（1995）は、「結果述語は直接目的語について説明する」という**直接目的語制約**（Direct Object Restriction）を提示しています。この制約は、日本語にも当てはまります。

（ 9 ）　a.　彼女は靴をぴかぴかに磨いた。
　　　　b.*彼女は靴をくたくたに磨いた。

（9a）は、結果述語「ぴかぴかに」が目的語の「靴」を修飾して、「彼女が靴を磨いた結果、靴がぴかぴかになった」ことを表しています。一方、（9b）のように、結果述語「くたくたに」が主語の「彼女」を修飾して、「彼女が靴を磨いた結果、くたくたになった」ということを表すことはできません。

　この直接目的語制約から結果構文には他動詞しか現れないと考えられるかもしれませんが、自動詞も生じることができます。（10）は、**自動詞からなる結果構文**です。

（10）　a.　The window broke to pieces.
　　　　b.　The ice cream froze solid.

1 節の(1a)では、break が他動詞として結果構文に現れている例を見ましたが、(10a)では目的語を取らない自動詞として生じています。(1a)も(10a)もどちらも結果構文として主語の状態変化を表しています。生成文法研究では、この事実は**非対格仮説**(Unaccusative Hypothesis)によって説明されています(Burzio (1986)等参照)。非対格仮説では、自動詞を run, dance のような**非能格動詞**(unergative verb)と break, freeze のような**非対格動詞**(unaccusative verb)の 2 種類に区別し、非能格動詞の主語は基底構造でも表層構造でも主語位置にあるが、非対格動詞の主語は、(11)のように、基底構造では目的語の位置にあり、表層構造では主語位置に移動すると考えられています(第 11 章も参照)。

(11)　非対格仮説：

[　　　] broke the window to pieces.

非対格仮説により、たとえば、非対格動詞 break が使われている(10a)の主語 the window はもともと目的語の位置にあり、結果述語は基底構造の目的語に説明を加えている(**叙述関係をなす**)と考えられるので、直接目的語制約に違反することなく、結果構文が成立することになります。(10b)も同様に考えられます。

　これに対して非能格自動詞の場合、直接目的語制約と非対格仮説から非能格動詞を用いた結果構文は容認されないと予測されるかもしれません。意図的な動作を表す動詞を用いた(12)のような例を見てみます。

(12)　a.　*They danced tired.
　　　b.　*We yelled hoarse.
　　　c.　*He ate sick.

予測通り、非能格動詞の場合、(12)では結果述語が主語について述べているため直接目的語制約に違反し容認されません。しかし、(13)のように、動詞の直後に主語と同一指示の**再帰代名詞**が生ずると、新たにその再帰代名詞と結果述語の間に叙述関係が成立し、容認可能な文となります。

(13)　a.　They danced themselves tired.
　　　b.　We yelled ourselves hoarse.

　　　c.　He ate himself sick.

（13a）は「彼らはダンスをして疲れ果てた」、（13b）は「私たちは叫んで声がガラガラになった」、（13c）は「彼は食べすぎて具合が悪くなった」ことを表し、すべて非能格動詞の結果構文となっています。また、1 節の（3）で見たように、再帰代名詞に限らず、**見せかけの目的語**（fake object）が生じても、（14）のように結果構文が可能となります。

（14）　a.　The dog barked the baby awake.
　　　b.　He shaved his razor dull.

（14a）は、「犬が吠えた結果、赤ん坊が目を覚ました」ことを、（14b）は、「彼が髭を（よく）剃った結果、剃刀がきれなくなった」ことを表しています。以上、動詞が目的語をとるかどうかという区別に着目した分類を見ました。
　　次に、Washio（1997）が提案している動詞の**語彙的意味**による分類を見ていきましょう（影山（1996, 2001）も参照）。その分類では、動詞の意味から結果状態を予測できる結果構文を**弱い結果構文**（weak resultative）、動詞の意味と結果述語の意味が独立している結果構文を**強い結果構文**（strong resultative）と呼んでいます。（15）と（16）の動詞の意味を比較してみましょう。

（15）　a.　John painted the wall blue.　　　　　（Washio (1997: 5)）
　　　b.　She polished the shoes to a brilliant shine.

　　　　　　　　　　　　　　　　　　　　　　（影山 (2001: 164)）
（16）　a.　He kicked her son black and blue.　　（Washio (1997: 6)）
　　　b.　The boxer knocked the man breathless.（影山 (2001: 164)）

（15a）では、動詞 paint の意味には色は特定されていないものの、「色を塗る」という概念は明らかに含まれており、何らかの色に変わるという結果状態が予測できます。また、（15b）の動詞 polish は「磨く」という意味ですが、磨けばその結果として「to a brilliant shine（ピカピカになる）」ということが予測できます。このように（15）では結果状態が予測可能なので、弱い結果構文として分類されています。それに対して、（16a）では、kick の意味から「black and blue（あざだらけに）」という結果状態は必ずしも予測されるものではなく、（16b）も同様に、動詞 knock の意味から「breathless

（ふらふらになる）」という結果状態を必ず予測できるわけではありません。このように、（16）では動詞の意味と結果述語の意味は独立しており、強い結果構文と分類されています。

　日本語の結果構文についても考察してみましょう。（17）と（18）は、（15）と（16）に対応するような例文です。（17）は容認されますが、（18）は容認されません。

（17）　a.　ジョンは壁を青く塗った。
　　　　b.　彼女は靴をぴかぴかに磨いた。
（18）　a.　*彼は彼女の息子をあざだらけに蹴った。
　　　　b.　*ボクサーはその男をフラフラに打った。

　英語と日本語を比較すると明らかな違いがあります。日本語では**弱い結果構文**は容認されますが、**強い結果構文**は容認されないことがわかります。同じ結果構文という特殊構文の形式を有しながら、このように言語によって差異が生じることは興味深いことです。

3.　結果構文とその関連構文

3.1　結果構文と Way 構文

　本節では、従来別々の構文と考えられてきた諸構文を1つの結果構文と捉える考え方の妥当性を検討します。1節で少し触れましたが、「状態変化」と「物理的な位置変化」には共通性があり、その点に着目すれば、英語の移動表現も結果構文に含まれると考えられます（Goldberg (1995), Rappaport Hovav & Levin (2001), Boas (2003), Goldberg & Jackendoff (2004), 米山 (2008, 2009)等参照）。阿部(2013)では、（19）に示すように、結果構文には、状態変化を表す結果構文と位置変化を表す結果構文があると捉えています。

（19）

位置変化を表す構文には、使役移動構文や Way 構文が位置づけられます。使役移動構文も Way 構文もともに、**移動動詞**を使わずに主動詞の行為の結

果として対象となる名詞句の位置変化をもたらすことができるという特徴
をもっているため、広い意味で結果構文の仲間という分析がとられていま
す。とりわけ、英語の Way 構文は非常に生産的な構文であるので、本節で
は、Way 構文がどのような構文であるのか、その構文の**拡張**の過程に注目
しながら考察していきます。

　(20)の Way 構文を見てみましょう((20a)は Goldberg (1995: 204), (20b)
は高見・久野(2002: 81), (20c)は Jackendoff (1990: 211)参照)。

(20)　a.　Sally made her way into the ballroom.
　　　b.　Mary danced her way through the park.
　　　c.　Bill belched his way out of the restaurant.

Goldberg (1995)によると、Way 構文は、[NP V one's way PP]という形
式をとるとされています。この構文の統語的特徴としては、(20a)におけ
る make のような他動詞でも、(20b, c)における dance や belch のような
自動詞でも生起できることや、one's way は常に単数形であることなどが
挙げられます。また、意味的特徴としては、動詞に移動の意味が含まれな
い場合であっても、構文としては移動の意味が生じ、その移動には何らか
の困難さが伴うと解釈されることが一般的であると言われています。(20a)
では、通常「周りに誰もいない状態でダンスパーティ会場に入っていった」
という意味では使われず、「人混みやその他の障害をかきわけながら進んで
いった」という意味になります。また、(20b)は「メアリーは踊りながら
公園を通り抜けて行った」、(20c)は「ビルはげっぷをしながらレストラン
から出て行った」という意味になります。

　次に、結果構文と Way 構文の類似性について、3 つの観点から見ていき
ます。まず、Levin & Rappaport Hovav (1995)は、(21)に示すような自動
詞の直後に再帰代名詞が現れるタイプの結果構文と Way 構文の間に類似性
が見られると指摘して、両者を平行的に分析しています。

(21)　a.　John laughed himself silly.
　　　b.　She ate herself sick.

同様の指摘は Marantz (1992)にもあり、類似点として、Way 構文におけ
る目的語の**one's way** の所有格形と結果構文における再帰形の目的語には、
ともに主語と同一指示のものが生起することを挙げています。

314

　（22）　a.　We ate our way across the U.S.

　　　　b. *The children laughed the clown's way out of the room.

　　　　　　　　（Levin & Rappaport Hovav（1995: 198））

（22a）では、主語の We に対応して同一指示の our way が目的語として生起しているので適格な Way 構文となっています。これに対して、（22b）では、主語が the children であるにもかかわらず、目的語として the clown's way という主語と同一指示ではない名詞句が生起しているために、適格な Way 構文となっていません。

　また、米山（2009）は、別の観点から、Way 構文と結果構文の間には共通性があると主張しています。（23）を見てみましょう。

　（23）　a.　John golfed himself into a divorce.

　　　　b.　John drank himself into an early grave.　（米山（2009: 100））

（23a）は「ジョンはゴルフに熱中した結果、離婚する羽目になった」ことを意味し、（23b）は「ジョンは酒を飲みすぎて早死にした」ことを表しています。同じような内容を（24）のように Way 構文でも表現することができます。この場合、構文の意味としての移動というのは、もちろん、比喩的な意味での移動です。

　（24）　a.　John golfed his way into a divorce.

　　　　b.　John drank his way into an early grave.　（米山（2009: 100））

米山（2009）によれば、（24）の Way 構文は（23）の再帰代名詞が現れるタイプの結果構文よりもプロセスの意味が強いという違いはあるものの、ほぼ同じ状況を表しています。（23）のような再帰代名詞が現れるタイプの結果構文がすべて Way 構文で表現できるわけではないようですが、どちらの構文も同一指示という制約があり、主語の行為を表すと同時にその結果状態をも表す点は特筆すべきことと言えます。

　さらに、Goldberg（1995）は、Way 構文における**移動の経路**は前もってできているのではなく、主語の何らかの行為によって作り出されると述べています。まさに、この指摘は Way 構文を結果構文と結びつけることのできる最大の特徴と考えられます。Way 構文は、主語が行う何らかの行為の結果、作りだされた道を移動するという意味を表し、Way 構文において含意されるという「困難を克服しながら、進んで行く」という意味も結果構

文としての性質に起因すると言えます。

　以上、結果構文と呼ばれてきたものと Way 構文は一部性質を共有していることから、広い意味で、Way 構文を結果構文の一部と見なすことができるという考え方を見ました。次節では、さらに Way 構文に焦点を当て、Way 構文の拡張の様相について考察します。

3.2　Way 構文の生産性

　英語の Way 構文は**生産性**が高く、さまざまな形の Way 構文が知られています。そのため、Way 構文の定式化、また、Way 構文に現れる動詞の制約等について盛んに議論されてきましたが (Goldberg (1995), Jackendoff (1990), Levin & Rappaport Hovav (1995), 高見・久野 (2002) 等参照)、いずれの研究においても、十分な説明を与えることができているとは言えないようです。これは、多様な振る舞いをする Way 構文をただ 1 つの構文と見なし、統語も意味も同一の制約に従うべきであると分析したためではないかと考えられます。

　本節では、Abe (2008) に基づき、Way 構文を統語的・意味的特徴から 6 つのタイプに下位分類し、基本的なタイプから統語的にも意味的にも少しずつその特性が異なる派生的なタイプに構文が**拡張**していくという分析を提示します。Way 構文を下位分類するという試み自体は、これまでにも見られますが (影山 (1997), Omuro (2003) 参照)、Abe (2008) では、動詞の性質に応じて、Way 構文を (25) に示すような 6 タイプに分類します。(25a) の MAKE タイプには、make, find, feel, grope, pick, buy などの動詞が含まれます。(25b) 以下についても、代表の動詞を挙げ、それぞれが 1 つのグループをなすことを示しています。

(25) a. MAKE（make, find, feel, grope, pick, buy, etc.）　　基本的
　　　　　例：She made her way into the ballroom.
　　 b. PUSH（push, force, etc.）
　　　　　例：He pushed his way through the crowd.
　　 c. KICK（kick, elbow, shoulder, cut, cleave, hack, dig, etc.）
　　　　　例：He kicked his way through the crowd.
　　 d. INCH（inch, worm, strut, limp, swim, breaststroke, etc.）
　　　　　例：He inched his way through the narrow passage.
　　 e. JUMP（jump, dance, spin, clang, clack, crunch, zip, etc.）
　　　　　例：She jumped her way into his arm.
　　 f. BELCH（belch, sneeze, cough, joke, sing, yell, etc.）
　　　　　例：He belched his way out of the restaurant.　　派生的

この分類では、もっとも基本的な MAKE タイプからもっとも派生的な
BELCH タイプへと拡張していくと考えていますが、**言語獲得**においては
基本的なタイプのほうが派生的なタイプに比べて獲得が早いと予測されま
す（Kajita（1977, 1997）参照）。

　Way 構文でもっとも基本となる MAKE タイプは他動詞であり、目的語
を取ります。このタイプでは、字義通りの「道をつくる」という解釈が成
り立ち、その意味から、make one's way という形で「困難を伴いながら進
む」という意味の**構文的イディオム**になったと考えられます。MAKE タ
イプは、もっとも基本的な構文であり、（26b）のように**方向句**がない形で
も、（26c）のように one's way がない形でも適格な文になります。

(26) a. Sally made her way into the ballroom.
　　 b. Sally made her way.
　　 c. Sally made into the ballroom.

　まず MAKE タイプから少し拡張していると考えられる（25b）の PUSH
タイプは他動詞ですが、MAKE タイプと異なり、「道を押す」というよう
な字義通りの意味では、one's way を目的語に取ることはできません。（27）
を見てみましょう。

(27) a. Max pushed his way.
　　 b. Max pushed his way through the crowd.

（影山（1997: 182））

（27a）は「押しのけて進む」という意味を表し、（27b）では実際に「押して」いる対象は、his way ではなく「群衆（the crowd）」であり、統語構造上の目的語は one's way であるものの、意味上の目的語は前置詞（through）の目的語の名詞句です。このことは（25c）の KICK タイプでも同様ですが、KICK タイプになると統語構造の制約が厳しくなり、必ず前置詞句（あるいは副詞句）が必要となるため、*He kicked his way. は非適格な文となります。これは、PUSH タイプに比べ、KICK タイプはより様態に重きを置いているため、移動の方向や経路が示されていないと移動の意味が生じにくいからではないかと考えられます。

　次にもう少し拡張して派生的な（25d）の INCH タイプに分類される動詞は明らかに自動詞だと見なされるのに、one's way を従えることができているのは非常に興味深いことです。INCH タイプの特徴としては、（25d）の例で動詞 inch が「少しずつ進む」という意味を表すように、動詞自体にわずかながらも移動の意味を含んでいることです。（25e）の JUMP タイプには動きを伴う行為動詞と clang などの**音放出動詞**が現れますが、それらは共に方向句を伴って移動を表す動詞です。

　最後に拡張がさらに進んだ（25f）はもっとも派生的な BELCH タイプで、動詞 belch「げっぷをする」のような本来移動とはまったく関係がないような意味を表す動詞までも出現します。このタイプでは、統語構造の制約がもっとも厳しく、常に「V＋one's way＋PP」の形でなければなりません。

　以上、Abe（2008）に基づき、動詞のタイプの違いにより、Way 構文は少なくとも 6 つのグループに分けることができ、Way 構文としての統語と意味が異なり、それらが、もっとも基本的なタイプから連続的に派生的なタイプに拡張していることを示しました。この分析により、Way 構文のもっとも基本的と考えられる MAKE タイプでは、意味と統語にずれはないが、もっとも派生的と考えられる BELCH タイプに拡張が進むにつれて、統語的制約が厳しくなり、意味と統語に少しずつずれが生じていくことも明らかにしました。Way 構文に現れる動詞の顔ぶれは豊かであり、結果構文の中でも、とりわけ生産性が高く、興味深い構文であることを見ました。

4. おわりに

　よく知られている日英語の結果構文について概観したあと、英語のいくつかの構文を取り上げ、それらを「結果構文」という 1 つの大きな構文と見なしたとき、どのような分析ができるかを考えてみました。結果構文のなかでも、とりわけ生産性が高いと言われている Way 構文を取り上げ、Way 構文の示す多様性、および、その形式と意味のあり方をどのように考えるのが妥当かについて、1 つの試論を提示しました。

　最後に結果構文の研究が言語獲得研究にどのような意味を持つかについて触れておきます。3.2 節では、Way 構文が徐々に拡張して多種多様な姿を示すようになるという分析を提示しましたが、子どもは基本的なタイプから獲得し、徐々に派生的なタイプを獲得するようになるとも述べました。子どもが多種多様な Way 構文をどのような過程をたどって獲得していくかを明らかにすることができれば、**言語獲得機構**の解明にも重要な貢献をなすことができます。この事例研究を通して、言語知識とその獲得について解明されるべき興味深い問いがまだまだたくさんありそうだということを感じてもらえればと思います。

あとがき： 生成文法に魅せられて

　最後に、生成文法に寄せる、わたしたちの思いについて書いておきたいと思います。

　生成文法は、何度も名前が出てきたノーム・チョムスキーが 1950 年代に提唱した言語理論です。生成文法研究では、言語を脳に内蔵された知識と位置づけた瞬間に、相互に有機的に関連する 5 つの課題——知識の課題、獲得の課題、運用の課題、脳内基盤の課題、起源と進化の課題——が重要な研究目標となりました。

　1950 年代にチョムスキーが「生成文法の企て」に着手した当初からこの 5 つの課題を究明するという構想を明確に描いていたことは、認知心理学者のジョージ・ミラー（George A. Miller）や神経生物学者のエリック・レネバーグ（Eric Lenneberg）との共同研究からも窺い知ることができます。ただ当時は、脳内基盤の課題や起源と進化の課題に切り込むための技術も知見も圧倒的に不足していました。脳内基盤の課題に取り組もうにも健常人の脳内状態を探る技術もありませんでしたし、言語や思考など脳の高次機能の解明に真剣に挑もうという研究者も限られていました。そこで生成文法がとった研究戦略は、まずは「こころの地平」で知識の課題、獲得の課題、運用の課題に取り組もうというものでした。これら 3 つの課題の探求から得られた成果を武器に将来、脳内基盤の課題や起源と進化の課題に切り込んでいこうというもくろみです。

　1960 年代には個別言語の詳細な研究を足掛かりとして、知識の課題について研究が進められました。とくに、チョムスキーの母語である英語について多くの研究が行われ、それまで知られていなかった抽象的な規則性や原理などがつぎつぎと明らかになっていきました。この最初期の生成文法の研究対象となった個別言語に、英語のほかに日本語があったということは、普遍性の抽出に大いに役立ったと同時に、日本に生成文法を根づかせる力となりました。チョムスキーの近くに黒田成幸、ジェイムズ・マコーレー（James McCawley）、久野暲といった、日本語を知る優れた研究者がいて、理論の進展に重要な貢献をなしており、その研究資産は現在進展し

ている研究にも受け継がれています。

　チョムスキーが最初に来日したのもこの頃（1966年、服部四郎を運営委員長とする東京言語研究所が開催した理論言語学国際セミナーの最初の講師として来日）のことでした。当時は、言語学者、哲学者、心理学者、計算機科学者だけでなく、英語の先生も数多く生成文法に強い関心を示して、チョムスキーの公開講演には多くの人たちが参加しました。「まえがき」で触れた千葉修司さんはこのころから研究を始められて現在に至るまで50年近くにわたり監修者、編者の先導者になってくださっています。

　1970年代に入ると、英語や日本語などの少数の言語の詳細な検討をとおして抽出された普遍性の候補を手掛かりにして、より多くの、より多様な言語を対象にして普遍性を探り、言語獲得を説明し得る普遍文法（UG）の体系を構築することが試みられました。このような研究努力により、1980年代初頭には普遍文法（UG）に対する原理とパラメータによるアプローチ（P&P）が明確な姿を現しました。P&Pでは、言語獲得とはUGの原理に組み込まれたパラメータの値を経験との照合によって設定する過程であると考えられ、知識の課題に関する研究として大人のI-言語について比較統語論研究が、獲得の課題に関して子どものI-言語の獲得について研究が盛んに行われました。

　この本の監修者が生成文法の世界に魅せられたのは、1970年代前半に学部生・大学院生としてChomsky（1957, 1965）やChomsky & Halle（1968）を精読する機会に恵まれ、表面的な規則性の発見に留まらず、抽象的で、かつ、明示的な普遍的原理を探るという科学的営みに遭遇して大いに知的好奇心をくすぐられたからです。当時20代前半であった監修者たちが言語の研究が単に言語そのものの世界に留まらず、人間のこころの営みの世界へも広がり、人間らしさの基盤となっている言語について実証的に探っていこうという生成文法の企てに心を躍らせたことは言うまでもないことです。

　現在、生成文法では、ミニマリスト・プログラム（MP）という研究指針のもと、言語の普遍性の体系であるUGの属性としてこれまで捉えてきたことがどこまでヒトのこころの一般的な性質によって説明可能であるかを、進展し続けている認知科学、脳科学、進化生物学などの研究成果も踏まえて見極めることによって、真の意味で言語に固有な属性（それこそが人間を人間たらしめているものに他ならないのですが）をあぶり出そうという試み

が進行しています。この本の編者は P&P から MP に進展していく中で生成文法の研究者となり、監修者ともども 5 つの研究課題に取り組んでいます。終章で見たように、最近の MP の試みにおいては、言語の普遍性と多様性を説明しうるものとして UG の一部と見なされていたパラメータについても再検討が求められるようになってきていますが、これまでの研究によって蓄積されている多様性についての膨大な知見をどのようにして説明し直すかが最重要課題となっています。そのためには、今まで以上に、獲得・運用・脳・進化等の学際的な研究成果を踏まえて UG の研究に取り組んでいかなければ、言語機能の解明に至らないだろうと思います。

　このように整理してみると、生成文法は他の言語研究とは明らかに一線を画していることがわかります。言語という窓をとおして人間の本質を探るというもくろみは生成文法以外にも見られます。しかし、生成文法は卓越した研究戦略を用い、その目標に向かって着実な歩みを続けてきました。そこに類い稀なノーム・チョムスキーという知性の存在があることは間違いありませんが、ただそれだけでなく、世界規模での共同研究に携わることができる喜びと誇りを持った多くの研究者がいたことを忘れてはなりません。この本は、監修者、編者、著者が抱くそのような喜びと誇りを共有するとともに、この伝統を確実に次の世代に伝えたいという強い気持ちから編んだものです。

　わたしたちのこうした思いに共感し、わたしたちとともに生成文法の企てに参加しようという、若き知性の登場を心から願ってこの本の結びとしたいと思います。

2022 年 1 月

監修者・編者

引用・参考文献

　A. 研究書・研究論文、B. ハンドブック・事典類、C. 研究に役立つ情報の3部構成。Aについては、本文で言及した文献のほか、研究社ホームページに掲載した読書案内で取り上げられたものも含まれています。また、本書での言及はないものの、重要な文献と考えられるものについては＊付きで収録しています。紙数の制約上、BとCは精選したリストです。詳細なリストは研究社ホームページに掲載してあります。略表記してあるジャーナルの書誌情報については、Cと研究社ホームページを参照ください。

A. 研究書・研究論文

Abe, A.（2008）"The Derivation of the *One's Way*-Constructions: The Mechanism of the Extension," *JELS* 26, 1–10.

阿部明子（2013）「結果構文とその関連構文について」池内正幸・郷路拓也（編）『生成言語研究の現在』163–178、ひつじ書房.

Aitchison, J.（2012）*Words in the Mind: An Introduction to the Mental Lexicon,* 4th edition, Wiley-Blackwell.

Amaral, L. et al.（eds.）（2018）*Recursion across Domains*, CUP.

Anand, P., S. Chung and M. Wagers（2011）"Widening the Net: Challenges for Gathering Linguistic Data in the Digital Age," *NSF SBE 2020: Future Research in the Social, Behavioral and Economic Sciences.*

Austin, J.（1962）*How to Do Things with Words*, Clarendon.［飯野勝己（訳）（2019）『言語と行為——いかにして言葉でものごとを行うか』講談社.］

Backley, P.（2011）*An Introduction to Element Theory*, Edinburgh University Press.

Baddeley, A., M. W. Eysenck and M. C. Anderson（2020）*Memory*, 3rd edition, Psychology Press.

Baker, M.（1988）*Incorporation: A Theory of Grammatical Function Changing*, The University of Chicago Press.

Baker, M.（2001）*The Atoms of Language: The Mind's Hidden Rules of Grammar,* OUP.［郡司隆男（訳）（2003, 2010）『言語のレシピ——多様性にひそむ普遍性をもとめて』岩波書店.］

Baker, M.（2010）"Formal Generative Typology," *The Oxford Handbook of Linguistic Analysis,* ed. by B. Heine and H. Narrog, 285–312, OUP.

Bauer, L., R. Lieber and I. Plag（2013）*The Oxford Reference Guide to English Morphology,* OUP.

Bendjaballah, S., A. Tifrit and L. Voeltzel（eds.）（2021）*Perspectives on Element Theory*, De Gruyter Mouton.

324

Berko, J.（1958）"The Child's Learning of English Morphology," *Word* 14（2–3）, 150–177.

Berwick, R. and N. Chomsky（2016）*Why Only Us: Language and Evolution*, MIT Press.［渡会圭子（訳）（2017）『チョムスキー言語学講義――言語はいかにして進化したか』筑摩書房。］

Berwick, R. C. and E. P. Stabler（eds.）（2019）*Minimalist Parsing*, OUP.

Birner, B.（2018）*Language and Meaning*, Routledge.

*Birner, B.（2021）*Pragmatics: A Slim Guide*, OUP.

Blakemore, D.（1987）*Semantic Constraints on Relevance*, Blackwell.

Bley-Vroman, R.（1990）"The Logical Problem of Foreign Language Learning," *Linguistic Analysis* 20, 3–49.

Bloom, L., S. Merkin and J. Wootten（1991）"Wh-Questions: Linguistic Factors that Contribute to the Sequence of Acquisition," *Language Development from Two to Three*, ed. by L. Bloom, 242–256, CUP.

Boas, H. C.（2003）*A Constructional Approach to Resultatives*, CSLI Publications.

Boeckx, C.（2009）*Language in Cognition: Uncovering Mental Structures and the Rules behind Them*, Wiley-Blackwell.［水光雅則（訳）（2012）『言語から認知を探る――ホモ・コンビナンスの心』岩波書店。］

Boeckx, C. and C. Theofanopoulou（2014）"A Multidimensional Interdisciplinary Framework for Linguistics: The Lexicon as a Case Study," *Journal of Cognitive Science* 15, 403–420

Borer, H.（1984）*Parametric Syntax*, Foris.

Bošković, Ž.（2005）"Left Branch Extraction, Structure of NP, and Scrambling," *Studies in Generative Grammar: The Free Word Order Phenomenon: Its Syntactic Sources and Diversity*, ed. by J. Sabel and M. Saito, 13–73, Mouton de Gruyter.

Bošković, Ž.（2020）"On Unifying the Coordinate Structure Constraint and the Adjunct Condition," *Syntactic Architecture and Its Consequences II: Between Syntax and Morphology*, ed. by A. Bárány, et al., 227–258, Language Science Press.

Bowen, C.（1998）*Brown's Stages of Syntactic and Morphological Development*, Retrieved from www.speech-language-therapy.com/index.php?option=com_content&view=article&id=33 on［20 Feb. 2020］.

Broca, P.（1861）"Remarks on the Seat of the Faculty of Articulated Language, Following an Observation of Aphemia（Loss of Speech）," *Bulletin de la Société Anatomique* 6, 330–357.

Brown, R.（1973）*A First Language: The Early Stages*, Harvard University Press.

Burzio, L.（1986）*Italian Syntax: A Government-Binding Approach*, Reidel.

Cann, R.（1993）*Formal Semantics: An Introduction*, CUP.

Carnie, A.（2021）*Syntax: A Generative Introduction*, 4th edition, Wiley-Blackwell.

Carstens, V.（2005）"Agree and EPP in Bantu," *Natural Language and Linguistic Theory* 23, 219–279.

*Carston, R.（2002）*Thoughts and Utterances*, Blackwell.［内田聖二他（訳）（2008）『思考と発話——明示的伝達の語用論』研究社.］

Carston, R.（2004）"Relevance Theory and the Saying/Implicating Distinction," *The Handbook of Pragmatics*, ed. by L. Horn and G. Ward, 633–656, Blackwell.

Casali, R. F.（1996）*Resolving Hiatus*, Doctoral Dissertation, University of California.

Casali, R. F.（2011）"Hiatus Resolution," *The Blackwell Companion to Phonology*, Vol. III, 1434–1460, Wiley-Blackwell.

Changizi, M.（2011）*Harnessed: How Language and Music Mimicked Nature and Transformed Ape to Man*, BenBella Books.

千葉修司（2021）『学習英文法拡充ファイル』開拓社.

*Chomsky, N.（1955/1975）*The Logical Structure of Linguistic Theory*, Plenum Press.

Chomsky, N.（1957）*Syntactic Structures*, Mouton.［福井直樹・辻子美保子（訳）（2014）『統辞構造論』岩波文庫.］

Chomsky, N.（1965）*Aspects of the Theory of Syntax*, MIT Press.［安井稔（訳）（1970）『文法理論の諸相』研究社.］/（2015）50th anniversary edition with a new preface by the author.

*Chomsky, N.（1970）"Remarks on Nominalization," *Readings in English Transformational Grammar*, ed. by R. Jacobs and P. Rosenbaum, 184–221, Ginn and Co.

Chomsky, N.（1975）*Reflections on Language*, Pantheon.［井上和子・神尾昭雄・西山佑司（訳）（1979）『言語論——人間科学的省察』大修館書店.］

*Chomsky, N.（1977a）*Essays on Form and Interpretation*, North-Holland.

*Chomsky, N.（1977b）"On Wh-Movement," *Formal Syntax*, ed. by P. Culicover, et al., 71–132, Academic Press.

Chomsky, N.（1981）*Lectures on Government and Binding*, Foris.［安井稔・原口庄輔（訳）（1986）『統率・束縛理論』研究社.］

Chomsky, N.（1982）*Noam Chomsky on the Generative Enterprise: A Discussion with Riny Huybregts and Henk van Riemsdijk*, Foris.

Chomsky, N.（1986）*Knowledge of Language: Its Nature, Origin and Use*, Praeger.

*Chomsky, N.（1993）"A Minimalist Program for Linguistic Theory," *The View from Building 20: Essays in Linguistics in Honor of Sylvain Bromberger*, ed. by K. Hale and S. J. Keyser, 1–52, MIT Press.

Chomsky, N.（1995a）*The Minimalist Program*, MIT Press.［外池滋生・大石正幸（監訳）（1998）『ミニマリスト・プログラム』翔泳社.］/（2015）20th anniversary edition with a new preface by the author.

*Chomsky, N.（1995b）"Bare Phrase Structure," *Government and Binding Theory and the Minimalist Program*, ed. by G. Webelhuth, 383–439, Blackwell.

Chomsky, N.（2000a）"Minimalist Inquiries: The Framework," *Step by Step: Essays on Minimalist Syntax in Honor of Howard Lasnik*, ed. by R. Martin, et al., 89–155, MIT Press.

*Chomsky, N.（2000b）"Linguistics and Brain Science," *Image, Language, Brain*, ed. by A. Marantz, et al., 13–28, MIT Press.

Chomsky, N.（2001）"Derivation by Phase," *Ken Hale: A Life in Language*, ed. by M. Kenstowicz, 1–52, MIT Press.

Chomsky, N.（2004a）*The Generative Enterprise Revisited: Discussions with Riny Huybregts, Henk van Riemsdijk, Naoki Fukui and Mihoko Zushi*, Mouton de Gruyter.［福井直樹・辻子美保子（訳）（2011）『生成文法の企て』岩波書店。]

Chomsky, N.（2004b）"Beyond Explanatory Adequacy," *Structures and Beyond*, ed. by A. Belletti, 104–131, OUP.

Chomsky, N.（2005）"Three Factors in Language Design," *Linguistic Inquiry* 36, 1–22.

Chomsky, N.（2006）*Language and Mind*, 3rd edition, CUP.

*Chomsky, N.（2007）"Approaching UG from Below," *Interfaces + Recursion = Language? Chomsky's Minimalism and the View from Syntax-Semantics*, ed. by U. Sauerland and H.-M. Gärtner, 1–30, Mouton de Gruyter.

Chomsky, N.（2008）"On Phases," *Foundational Issues in Linguistic Theory: Essays in Honor of Jean-Roger Vergnaud*, ed. by R. Freidin, et al., 133–166, MIT Press.

Chomsky, N.（2009）"Opening Remarks," *Of Minds and Language: A Dialogue with Noam Chomsky in the Basque Country*, ed. by M. Piattelli-Palmarini, et al., 3–43, OUP.

Chomsky, N.（2010）"Some Simple Evo Devo Theses: How True Might They be for Language?" *The Evolution of Human Language: Biolinguistic Perspectives*, ed. by R. Larson, et al., 45–62, CUP.

Chomsky, N.（2013）"Problems of Projection," *Lingua* 130, 33–49.

*Chomsky, N.（2014）"Minimal Recursion: Exploring the Prospects," T. Roeper and M. Speas（eds.）, *Recursion: Complexity in Cognition*, 1–15, Springer.

Chomsky, N.（2015a）"The Sophia Lectures," *Sophia Linguistica* 64［福井直樹・辻子美保子（編訳）（2015）『我々はどのような生き物なのか』岩波書店。]

Chomsky, N.（2015b）"Problems of Projection: Extensions," *Structures, Strategies and Beyond: Studies in Honor of Adriana Belletti*, ed. by E. Di Domenico, et al., 3–26, John Benjamins.

Chomsky, N.（2016）*What Kind of Creatures Are We?* Columbia University Press.

Chomsky, N.（2017a）"On Parameters," *Linguistic Analysis* 41, 475–479.

Chomsky, N.（2017b）"The Language Capacity: Architecture and Evolution," *Psychonomic Bulletin & Review* 24, 200–203.

Chomsky, N.（2019）"The UCLA Lectures," LingBuzz/005485

Chomsky, N.（2020a）"Minimalism: Where We Are Now, and Where We Are

Going," a talk given at the 161st meeting of the Linguistic Society of Japan.

Chomsky, N. (2020b) "Remarks on Nominalization: Background and Motivation," *Nominalization: 50 Years on from Chomsky's Remarks*, ed. by A. Alexiadou and H. Borer, 25–28, OUP.

Chomsky, N. (2021) "Genuine Explanations," a talk given at WCCFL 39.

Chomsky, N., Á. Gallego and D. Ott (2019) "Generative Grammar and the Faculty of Language: Insights, Questions, and Challenges," *Catalan Journal of Linguistics,* Special issue, 229–261.

Chomsky, N. and M. Halle (1968) *The Sound Pattern of English,* Harper & Row.

Citko, B. (2005) "On the Nature of Merge: External Merge, Internal Merge, and Parallel Merge," *Linguistic Inquiry* 36, 475–496.

Citko, B. and M. Gračanin-Yuksek (2020) *Merge: Binarity in (Multidominant) Syntax,* MIT Press.

Clahsen, H. and P. Muysken (1986) "The Availability of Universal Grammar to Adult and Child Learners: A Study of the Acquisition of German Word Order," *Second Language Research* 2, 93–119.

Clark, R. and I. Roberts (1993) "A Computational Model of Language Learnability and Language Change," *Linguistic Inquiry* 24, 299–345.

Clark, R. and I. Roberts (1994) "On Complexity as the Engine of Variation," Ms., University of Pennsylvania and University of Wales.

Comrie, B. (2013) "Alignment of Case Marking of Full Noun Phrases," *The World Atlas of Language Structures Online,* ed. by M. S. Dryer and M. Haspelmath, Max Planck Institute for Evolutionary Anthropology.

Crain, S. (2012) *The Emergence of Meaning,* CUP.

Crain, S. et al. (2002) "Children's Command of Negation," *Proceedings of the Third Tokyo Conference on Psycholinguistics,* 71–95, Hituzi Syobo.

Crain, S. et al. (2013) "A Parametric Account of Scope in Child Language," *Advances in Language Acquisition,* ed. by S. Stavrakaki, et al., 63–71, Cambridge Scholars Publishing.

Crain, S. and C. McKee (1985) "The Acquisition of Structural Restrictions on Anaphora," *NELS* 16, 94–110.

Crain, S. and M. Nakayama (1987) "Structural Dependence in Grammar Formation," *Language* 63, 522–543.

Crain, S. and R. Thornton (1998) *Investigations in Universal Grammar,* MIT Press.

Cummins, C. and N. Katsos (2019) *The Oxford Handbook of Experimental Semantics and Pragmatics,* OUP.

Curtiss, S. (1977) *Genie: A Psycholinguistic Study of a Modern-day "Wild Child,"* Academic Press.

Dehaene-Lambertz, G., S. Dehaene and L. Hertz-Pannier (2002) "Functional Neuroimaging of Speech Perception in Infants," *Science* 298(5600), 2013–2015.

Deino, A. et al.（2018）"Chronology of the Acheulean to Middle Stone Age Transition in Eastern Africa," *Science* 360(6384), 95–98.

Depiante, M.（2000）*The Syntax of Deep and Surface Anaphora: A Study of Null Complement Anaphora and Stripping/Bare Argument Ellipsis*, Doctoral Dissertation, University of Connecticut.

Dowens, M. G. et al.（2010）"Morphosyntactic Processing in Late Second-Language Learners," *Journal of Cognitive Neuroscience* 22, 1870–1887.

Dryer, M. S.（2013）"Order of Subject, Object and Verb," *The World Atlas of Language Structures Online,* ed. by M. S. Dryer and M. Haspelmath, Max Planck Institute for Evolutionary Anthropology.

Dryer, M. S. and M. Haspelmath（eds.）（2013）*The World Atlas of Language Structures Online*, Max Planck Institute for Evolutionary Anthropology.

Eguren, L. et al.（eds.）（2016）*Rethinking Parameters,* OUP.

Ellegård, A.（1953）*The Auxiliary* Do*: The Establishment and Regulation of Its Use in English*, Almqvist and Wiksell.

Elman, J. et al.（1996）*Rethinking Innateness: A Connectionist Perspective on Development*, MIT Press.

遠藤喜雄・前田雅子（2020）『カートグラフィー』開拓社.

Epstein, S. D., M. Obata and D. Seely（2017）"Is Linguistic Variation Entirely Linguistic?" *Linguistic Analysis* 41, 481–516.

Everett, D. L.（2005）"Cultural Constraints on Grammar and Cognition in Pirahã: Another Look at the Design Features of Human Language," *Current Anthropology* 46, 621–646.

Everett, D. L.（2007）*Don't Sleep, There Are Snakes: Life and Language in the Amazonian Jungle*, Pantheon.［屋代通子（訳）（2012）『ピダハン――「言語本能」を超える文化と世界観』みすず書房.］

Fábregas, A. et al.（eds.）（2015）*Contemporary Linguistic Parameters,* Bloomsbury.

Fernández, E. M. and H. S. Cairns（2010）*Fundamentals of Psycholinguistics*, Wiley-Blackwell.

Fitch, W. T.（2010）"Three Meanings of 'Recursion': Key Distinctions for Biolinguistics," *The Evolution of Human Language: Biolinguistic Perspectives*, ed. by R. K. Larson, et al., 73–90, CUP.

Fox, D.（1995）"Economy and Scope," *Natural Language Semantics* 3, 283–341.

Fox, D.（1999）"Reconstruction, Binding Theory, and the Interpretation of Chains," *Linguistic Inquiry* 30, 157–196.

Fox, D.（2000）*Economy and Semantic Interpretation*, MIT Press.

Frazier, L. and J. D. Fodor（1978）"The Sausage Machine: A New Two-Stage Parsing Model," *Cognition* 6, 291–325.

Friederici, A. D.（2017a）*Language in Our Brain: The Origins of a Uniquely Human Capacity*, MIT Press.

Friederici, A. D.（2017b）"Evolution of the Neural Language Network," *Psycho-*

nomic Bulletin & Review 24, 41–47.

Friederici, A. D., E. Pfeifer and A. Hahne（1993）"Event-Related Brain Potentials during Natural Speech Processing: Effects of Semantic, Morphological and Syntactic Violations," *Cognitive Brain Research* 1, 183–192.

Friedrich, M. and A. D. Friederici（2004）"N400-like Semantic Incongruity Effect in 19-Month-Olds: Processing Known Words in Picture Contexts," *Journal of Cognitive Neuroscience* 16, 1465–1477.

Fromkin, V., R. Rodman and N. Hyams（2018）*An Introduction to Language,* 11th edition, Cengage.

Fujii, T. et al.（2014）"Comparative Remarks on Wh-Adverbials in Situ in Japanese and Chinese," *Japanese Syntax in Comparative Perspective*, ed. by M. Saito, 181–205, OUP.

Fujimori, C.（2010）"Acquisition of Recursive Possessives in Japanese," Ms., University of Massachusetts.

Fujita, K.（2007）"Facing the Logical Problem of Language Evolution: Review Article on *Variation and Universals in Biolinguistics*, ed. by L. Jenkins," *English Linguistics* 24, 78–108.

Fujita, K.（2009）"A Prospect for Evolutionary Adequacy: Merge and the Evolution and Development of Human Language," *Biolinguistics* 3, 128–153.

Fujita, K.（2017）"On the Parallel Evolution of Syntax and Lexicon: A Merge-Only View," *Journal of Neurolinguistics* 43, 178–192.

Fukaya, N.（2010）*Optimality Theory and Language Change: The Activation of Potential Constraint Interactions*, Kaitakusha.

深谷修代（2011）「CHILDES に基づいた Nina と Adam の *where*-疑問文の発達」*JELS* 28, 22–28.

Geçkin, V., R. Thornton and S. Crain（2018）"Children's Interpretation of Disjunction in Negative Sentences: A Comparison of Turkish and German," *Language Acquisition* 25, 197–212.

Goldberg, A.（1995）*Constructions: A Construction Grammar Approach to Argument Structure*, The University of Chicago Press.［河上誓作他（訳）（2001）『構文文法論——英語構文への認知的アプローチ』研究社.］

Goldberg, A. E. and R. Jackendoff（2004）"The English Resultative as a Family of Constructions," *Language* 80, 532–568.

Goodall, G.（2021）*The Cambridge Handbook of Experimental Syntax*, CUP.

Goro, T.（2007）*Language-Specific Constraints on Scope Interpretation in First Language Acquisition*, Doctoral Dissertation, University of Maryland.

郷路拓也（2020）「否定極性・肯定極性の第一言語獲得——子どもはどこまで大人と同じなのか」澤田治他（編）『極性表現の構造・意味・機能』261–287, 開拓社.

Goro, T. and S. Akiba（2004）"The Acquisition of Disjunction and Positive Polarity in Japanese," *WCCFL* 23, 251–264.

Graff, P. and C. van Urk（eds.）（2012）*Chomsky's Linguistics: Collected Works of Noam Chomsky* (*MITWPL* special edition), Department of Linguistics and Philosophy, MIT.

Grice, P.（1957）"Meaning," *The Philosophical Review* 66, 377–388.

Grice, P.（1975）"Logic and Conversation," *Syntax and Semantics* 3, ed. by P. Cole and J. Morgan, 41–58, Academic Press.

*Grimshaw, J.（1979）"Complement Selection and the Lexicon," *Linguistic Inquiry* 10, 279–326.

Grimshaw, J.（1990）*Argument Structure*, MIT Press.

Grodzinsky, Y.（2000）"The Neurology of Syntax: Language Use without Broca's Area," *Behavioral and Brain Sciences* 23, 1–21.

Guasti, M. T.（2000）"An Excursion into Interrogatives in Early English and Italian," *The Acquisition of Syntax*, ed. by M.-A. Friedemann and L. Rizzi, 105–128, Longman.

Guasti, M. T.（2016）*Language Acquisition: The Growth of Grammar*, 2nd edition, MIT.

Guerrero, D. et al.（2021）"Children's Comprehension of Two-Level Possessives in Japanese and English," *BUCLD* 45, 259–275.

郡司隆男他(1998)『岩波講座 言語の科学 4: 意味』岩波書店.

Hackl, M.（2013）"The Syntax-Semantics Interface," *Lingua* 130, 66–87.

Haegeman, L.（2006）*Thinking Syntactically: A Guide to Argumentation and Analysis*, Blackwell.

Hahne, A., K. Eckstein and A. D. Friederici（2004）"Brain Signatures of Syntactic and Semantic Processes during Children's Language Development," *Journal of Cognitive Neuroscience* 16, 1302–1318.

Halle, M. and A. Marantz（1993）"Distributed Morphology and the Pieces of Inflection," *The View from Building 20: Essays in Linguistics in Honor of Sylvain Bromberger*, ed. by K. Hale and S. Keyser, 111–176, MIT Press.

Hartman, J.（2012）*Varieties of Clausal Complementation*, Doctoral Dissertation, MIT.

Hauser, M. D., N. Chomsky and W. T. Fitch（2002）"The Faculty of Language: What Is It, Who Has It, and How Did It Evolve?" *Science* 298(5598), 1569–1579.

Hawkins, J. A.（1994）*A Performance Theory of Order and Constituency*, CUP.

Hawkins, J. A.（2004）*Efficiency and Complexity in Grammars*, OUP.

Hawkins, J. A.（2014）*Cross-linguistic Variation and Efficiency*, OUP.

Hayes, B. P.（2000）"Gradient Well-Formedness in Optimality Theory," *Optimality Theory: Phonology, Syntax, and Acquisition*, ed. by J. Dekkers, et al., 88–120, OUP.

Heim, I. and A. Kratzer（1998）*Semantics in Generative Grammar*, Blackwell.

Henn, B., T. Steele and T. Weaver（2018）"Clarifying Distinct Models of Modern Human Origins in Africa," *Current Opinion in Genetics & Development* 53, 148–156.

Hickok, G., B. Ursula and E. S. Klima (1996) "The Neurobiology of Sign Language and Its Implications of the Neural Basis of Language," *Nature* 381, 699–702.

Hiraiwa, K. (2016) "NP-ellipsis: A Comparative Syntax of Japanese and Okinawan," *Natural Language and Linguistic Theory* 34, 1345–1387.

Hirakawa, M. (1995) "L2 Acquisition of English Unaccusative Constructions," *BUCLD* 19, 291–302.

Hirakawa, M. (2003) *Unaccusativity in Second Language Japanese and English*, Hituzi Syobo.

広瀬友紀(2017)『ちいさい言語学者の冒険――子どもに学ぶことばの秘密』岩波書店.

Hirsh-Pasek, K. and R. M. Golinkoff (1996) *The Origins of Grammar*, MIT Press.

Hoji, H. (2015) *Language Faculty Science*, CUP.

Holcomb, P. J., S. A. Coffey and H. J. Neville (1992) "Visual and Auditory Sentence Processing: A Developmental Analysis Using Event-Related Brain Potentials," *Developmental Neuropsychology* 8, 203–241.

Hollebrandse, B. and T. Roeper (2014) "Empirical Results and Formal Approaches to Recursion in Acquisition," *Recursion: Complexity in Cognition*, ed. by T. Roeper and M. Speas, 179–219, Springer.

*Holmberg, A. and I. Roberts (2014) "Parameters and the Three Factors of Language Design," *Linguistic Variation in the Minimalist Framework*, ed. by M. C. Picallo, 61–81, OUP.

Horn, L. (1984) "Toward a New Taxonomy for Pragmatic Inference: Q-based and R-based Implicature," *Meaning, Form, and Use in Context*, ed. by D. Schiffrin, 11–42, Georgetown University Press.

Horn, L. (1989) *A Natural History of Negation*, The University of Chicago Press. / 2nd edition published by CSLI Publications. [河上誓作(監訳)(2018)『否定の博物誌』ひつじ書房.]

Horn, L. (2004) "Implicature," *The Handbook of Pragmatics*, ed. by L. Horn and G. Ward, 3–28, Blackwell.

Huang, C.-T. J. (1982) *Logical Relations in Chinese and the Theory of Grammar*, Doctoral Dissertation, MIT. (Published by Garland Pub. 1998.)

Huang, Y. (ed.) (2017) *The Oxford Handbook of Pragmatics*, OUP.

Hublin, J.-J. et al. (2017) "New Fossils from Jebel Irhoud, Morocco and the Pan-African Origin of *Homo Sapiens*," *Nature* 546, 289–292.

Hulk, A. and A. van Kemenade (1997) "Negation as a Reflex of Clause Structure," *Negation and Polarity: Syntax and Semantics*, ed. by D. Forget, et al., 183–207, John Benjamins.

池内正幸(2010)『ひとのことばの起源と進化』開拓社.

池内正幸(2018)「人類進化と言語の起源・進化」遊佐典昭(編)『言語の獲得・進化・変化』188–200, 開拓社.

池内正幸(2022)『新・ヒトのことばの起源と進化』開拓社.

今西祐介(2020)『言語の能格性』ひつじ書房.

Imanishi, Y.（2020）"Parameterizing Split Ergativity in Mayan," *Natural Language and Linguistic Theory* 38, 151–200.

稲田俊一郎・猪熊作巳(2015)「再帰的場所表現の獲得について」『實踐英文學』第 67 巻, 31–52.

稲田俊明他(1998)『岩波講座 言語の科学 6 生成文法』岩波書店.

稲田俊明(2008)「日本語の母音融合に関する覚書」九州大学大学院文学研究科（編）『文学研究』105, 39–59.

Ishihara, S.（2003）*Intonation and Interface Conditions*, Doctoral Dissertation, MIT.

Ishihara, Y.（2019）*Syntactic Doubling of Predicates in Japanese*, Doctoral Dissertation, The University of Tokyo.

石川慎一郎・長谷部陽一郎・住吉誠(2020)『コーパス研究の展望』開拓社.

伊藤たかね・杉岡洋子(2002)『語の仕組みと語形成』研究社.

*Jackendoff, R.（1977）*X′ Syntax: A Study of Phrase Structure*, MIT Press.

Jackendoff, R.（1990）*Semantic Structure*, MIT Press.

Jenkins, L.（2000）*Biolinguistics: Exploring the Biology of Language*, CUP.

*Johnson, K.（2018）"Gapping and Stripping," *The Oxford Handbook of Ellipsis*, ed. by J. van Craenenbroeck and T. Temmerman, 562–604, OUP.

影山太郎(1996)『動詞意味論――言語と認知の接点』くろしお出版.

影山太郎(1997)「単語を超えた語形成」中右実（編）『語形成と概念構造』128–197, 研究社.

影山太郎(2001)『日英対照 動詞の意味と構文』大修館書店.

Kajita, M.（1977）"Towards a Dynamic Model of Syntax," *Studies in English Linguistics* 5, 44–76.

梶田優(1977)「生成文法の思考法(3)――対象領域の限定」『英語青年』123(7), 31–34.

Kajita, M.（1997）"Some Foundational Postulates for the Dynamic Theories of Language," *Studies in English Linguistics: A Festschrift for Akira Ota on the Occasion of His Eightieth Birthday*, ed. by M. Ukaji, et al., 378–393, Taishukan.

Kandybowicz, J.（2020）*Anti-contiguity: A Theory of Wh-Prosody*, OUP.

加藤泰彦(2019)『『ホーン『否定の博物誌』の論理』ひつじ書房.

Kazanina, N.（2005）*The Acquisition and Processing of Backwards Anaphora*, Doctoral Dissertation, University of Maryland.

Kazanina, N. and C. Phillips（2001）"Coreference in Child Russian: Distinguishing Syntactic and Discourse Constraints," *BUCLD* 25, 413–424.

Keine, S. and E. Poole（2017）"Intervention in *Tough*-constructions Revisited," *The Linguistic Review* 34, 295–329.

Kemenade, A. van（1987）*Syntactic Case and Morphological Case in the History of English*, Foris.

Kimball, J.（1973）"Seven Principles of Surface Structure Parsing in Natural

Language," *Cognition* 2, 15–47.

木村晴美（2007）『日本手話とろう文化——ろう者はストレンジャー』生活書院.

木村晴美（2011）『日本手話と日本語対応手話（手指日本語）——間にある「深い谷」』生活書院.

Koizumi, M. et al. (2014) "On the (Non)universality of the Preference for Subject-Object Word Order in Sentence Comprehension: A Sentence-Processing Study in Kaqchikel Maya," *Language* 90, 722–736.

児馬修（2018）『ファンダメンタル英語史［改訂版］』ひつじ書房.

Koulaguina, E. et al. (2019) "Towards Abstract Syntax at 24 Months: Evidence from Subject-Verb Agreement with Conjoined Subjects," *Language Learning and Development* 15, 157–176.

Kroch, A. (1989) "Reflexes of Grammar in Patterns of Language Change," *Language Variation and Change* 1, 199–244.

Kroch, A. (2001) "Syntactic Change," *The Handbook of Contemporary Syntactic Theory*, ed. by M. Baltin and C. Collins, 699–729, Blackwell.

窪薗晴夫（1995）『語形成と音韻構造』くろしお出版.

窪薗晴夫（1999）『日本語の音声』岩波書店.

窪薗晴夫（2002）『新語はこうして作られる』岩波書店.

Kutas, M. and S. A. Hillyard (1980) "Reading Senseless Sentences: Brain Potentials Reflect Semantic Incongruity," *Science* 207(4427), 203–205.

Laka, I. (1990) Negation in Syntax: On the Nature of Functional Categories and Projections, Doctoral Dissertation, MIT.

Larson, R. and G. Segal (1995) *Knowledge of Meaning: An Introduction to Semantic Theory*, MIT Press.

Lasersohn, P. (2005) "Context Dependence, Disagreement, and Predicates of Personal Taste," *Linguistics and Philosophy* 28, 643–686.

Lebeaux, D. (1991) "Relative Clauses, Licensing, and the Nature of the Derivation," *Perspectives on Phrase Structure: Heads and Licensing*, ed. by S. D. Rothstein, 209–239, Academic Press.

Leech, G. (1983) *Principles of Pragmatics*, Longman. ［池上嘉彦・河上誓作（訳）（1987）『語用論』紀伊國屋書店.］

Legate, J. A. and C. Yang (2002) "Empirical Re-Assessment of Stimulus Poverty Arguments," *The Linguistic Review* 19, 151–162.

Leivada, E. and M. Westergaard (2020) "Acceptable Ungrammatical Sentences, Unacceptable Grammatical Sentences, and the Role of the Cognitive Parser," *Frontiers in Psychology* 11, 364.

Lenneberg, E. H. (1967) *Biological Foundations of Language*, John Wiley. ［佐藤方哉・神尾昭雄（訳）（1974）『言語の生物学的基礎』大修館書店.］

Levin, B. and M. Rappaport Hovav (1995) *Unaccusativity: At the Syntax-Lexical Semantics Interface*, MIT Press.

Levinson, S. (1983) *Pragmatics*, CUP. ［安井稔・奥田夏子（訳）（1990）『英語語用論』研究社.］

Levinson, S.（2000）*Presumptive Meanings*, MIT Press.［田中廣明・五十嵐海理（訳）（2007）『意味の推定――新グライス学派の語用論』研究社.］

Li, P., J. Legault and K. A. Litcofsky（2014）"Neuroplasticity as a Function of Second Language Learning: Anatomical Changes in the Human Brain," *Cortex* 58, 301–324.

Lightfoot, D. W.（1999）*The Development of Language: Acquisition, Change and Evolution*, Blackwell.

Lightfoot, D. W.（2006）*How New Languages Emerge*, CUP.

Lightfoot, D. W.（2020）*Born to Parse: How Children Select Their Languages*, MIT Press.

Limbach, M. and D. Adone（2010）"Language Acquisition of Recursive Possessives in English," *BUCLD* 34, 281–290.

Longobardi, G.（2001）"Formal Syntax, Diachronic Minimalism, and Etymology: The History of French *Chez*," *Linguistic Inquiry* 32, 275–302.

Lukyanenko, C., A. Conroy and J. Lidz（2014）"Is She Patting Katie? Constraints on Pronominal Reference in 30-month-olds," *Language Learning and Development* 10, 328–344.

Lyman, B. S.（1894）"The Change from Surd to Sonant in Japanese Compounds," *Oriental Studies: A Selection of the Papers Read before 1888–1894*, 160–176, Boston Ginn & Company./*Oriental Studies of the Oriental Club in Philadelphia*, l–17.

MacWhinney, B.（2000）*The CHILDES Project: Tools for Analyzing Talk*, 3rd edition, Vol. 2: The Database, Lawrence Erlbaum Associates.

McCawley, J. D.（1968）*The Phonological Component of a Grammar of Japanese*, Mouton.

Malassis, R., S. Dehaene and J. Fagot（2020）"Baboons（*Papio papio*）Process a Context-Free but Not a Context-Sensitive Grammar," *Scientific Reports* 10, 7381.

Marantz, A.（1992）"The *Way* Construction and the Semantics of Direct Arguments in English: A Reply to Jackendoff," *Syntax and Semantics 26: Syntax and the Lexicon,* ed. by T. Stowell and E. Wehrli, 179–188, Academic Press.

Marchand, H.（1969）*The Categories and Types of Present-Day English Word-Formation: A Synchronic-Diachronic Approach*, 2nd edition, C. H. Beck'sche Verlagsbuchhandlung.

松岡和美(2015)『日本手話で学ぶ手話言語学の基礎』くろしお出版.

松沢哲郎(2011)『想像するちから――チンパンジーが教えてくれた人間の心』岩波書店.

Medeiros, D. J., P. Mains and K. B. McGowan（2021）"Ceiling Effects on Weight in Heavy NP Shift," *Linguistic Inquiry* 52, 426–440.

Merchant, J.（2001）*The Syntax of Silence*, OUP.

Merchant, J.（2004）"Fragments and Ellipsis," *Linguistics and Philosophy* 27, 661–738.

*Merchant, J.（2018）"Ellipsis: A Survey of Analytical Approaches," *The Oxford Handbook of Ellipsis*, ed. by J. van Craenenbroeck and T. Temmerman, 18–45, OUP.

Miyagawa, S.（2005）"EPP and Semantically Vacuous Scrambling," *The Free Word Order Phenomenon: Its Syntactic Sources and Diversity*, ed. by J. Sabel and M. Saito, 181–220, Mouton de Gruyter.

Miyashita, H.（2013）*Historical Change in the Formal Licensing Conditions of Personal Pronominal Objects in English: A View from Intra-syntactically Driven Language Change*, Doctoral Dissertation, The University of Tokyo.

Montalbetti, M. M.（1984）*After Binding: On the Interpretation of Pronouns,* Doctoral Dissertation, MIT.

Munn, A.（1995）"The Possessor That Stayed Close to Home," *WECOL* 24, 181–195.

村杉恵子他（編）（2016）『日本語文法ハンドブック――言語理論と言語獲得の観点から』開拓社.

*Musso, M. et al.（2003）"Broca's Area and the Language Instinct," *Nature Neuroscience* 6, 774–781.

Nagano, A.（2008）*Conversion and Back-Formation in English: Toward a Theory of Morpheme-Based Morphology*, Kaitakusha.

長野明子（2017）「現代英語の派生接頭辞 en- は本当に RHR の違反か？」西原哲雄他（編）『現代言語理論の最前線』77–93, 開拓社.

長野明子・島田雅晴（2017）「言語接触と対照言語研究：「マイカー」という「自分」表現について」廣瀬幸生他（編）『三層モデルでみえてくる言語の機能としくみ』217–259, 開拓社.

Nakao, C.（2009）*Island Repair and Non-Repair by PF-Strategies*, Doctoral Dissertation, University of Maryland.

*Nakao, C., M. Yoshida and I. Ortega-Santos（2013）"On the Structure of Japanese 'Why'-Stripping," *Proceedings of GLOW in Asia IX*, 199–212.

中谷健太郎（編）（2019）『パソコンがあればできる！ことばの実験研究の方法――容認性調査, 読文・産出実験からコーパスまで』ひつじ書房.

竝木崇康（2002）「語を作る仕組み：形態論 1」大津由紀雄他（編）『言語研究入門』76–88, 研究社.

Naoi, K.（1989）"Structure-Dependence in Second Language Acquisition," *Mita Working Papers in Psycholinguistics* 2, 65–77.

Nawata, H.（2009）"Clausal Architecture and Inflectional Paradigm: The Case of V2 in the History of English," *English Linguistics* 26, 247–283.

縄田裕幸（2011）「極小主義における通時的パラメター変化に関する覚書――『言語変化の論理的問題』の解消に向けて」『島根大学教育学部紀要（人文社会科学）』第 45 巻, 71–82.

縄田裕幸（2016）「I know not why――後期近代英語における残留動詞移動」田中智之他（編）『文法変化と言語理論』192–206, 開拓社.

Neville, H. et al.（1991）"Syntactically Based Sentence Processing Classes:

Evidence from Event-Related Brain Potentials," *Journal of Cognitive Neuroscience* 3, 151–165.

*Nevins, A., D. Pesetsky and C. Rodrigues（2009）"Pirahã Exceptionality: A Reassessment," *Language* 85, 355–404.

Nishigauchi, T.（1990）*Quantification in the Theory of Grammar*, Kluwer Academic Publishers.

西垣内泰介・石居康男（2003）『英語から日本語を見る』研究社.

西原哲夫（編）（2018）『言語の構造と分析——統語論, 音声学・音韻論, 形態論』開拓社.

西山國雄・長野明子（2020）『形態論とレキシコン』開拓社.

西山佑司他（1999）『岩波講座 言語の科学7 談話と文脈』岩波書店.

Nissenbaum, J.（2000）*Investigations of Covert Phrase Movement*, Doctoral Dissertation, MIT.

Nunes, J.（2001）*Linearization of Chains and Sideward Movement*, MIT Press.

Obata, M., S. Epstein and M. Baptista（2015）"Can Crosslinguistically Variant Grammars Be Formally Identical? Third Factor Underspecification and the Possible Elimination of Parameters of UG," *Lingua* 156, 1–16.

Omuro, T.（2003）"A Dynamic Approach to the *One's Way*-Construction in English: From Simple Composition to Phrasal 'Lexical' Idioms to Constructional Idioms," *Empirical and Theoretical Investigations into Language: A Festschrift for Masaru Kajita*, ed. by S. Chiba et al., 588–603, Kaitakusha.

小野浩司（2001）「日本語の母音融合について」中右実教授還暦記念論文集編集委員会（編）『意味と形のインターフェイス 下巻』885–896, くろしお出版.

小野尚之（編）（2007）『結果構文研究の新視点』ひつじ書房.

Oshita, H.（1997）*The Unaccusative Trap: L2 Acquisition of English Intransitive Verbs*, Doctoral Dissertation, University of Southern California.

Oshita, H.（2000）"What Is Happened May Not Be What Appears to Be Happening: A Corpus Study of 'Passive' Unaccusatives in L2 English," *Second Language Research* 16, 293–324.

Oshita, H.（2001）"The Unaccusative Trap in Second Language Acquisition," *Studies in Second Language Acquisition* 23, 279–304.

Osterhout, L. and J. Nicol（1999）"On the Distinctiveness, Independence, and Time Course of the Brain Responses to Syntactic and Semantic Anomalies," *Language and Cognitive Processes* 14, 283–317.

太田貴久・氏平明（2014）「最適性理論による日本語の母音連続の分析と制約の統計的検討」豊橋技術科学大学（編）『雲雀野: 豊橋技術科学大学 総合教育院紀要』第36号, 13–34.

大津由紀雄（1989）「心理言語学」柴谷方良他『英語学の関連分野』183–361, 大修館書店.

大津由紀雄他（1999）『岩波講座 言語の科学10 言語の獲得と喪失』岩波書店.

大津由紀雄（2009）「ことばと教育の関係をさぐる」大津由紀雄（編）『はじめて学ぶ言語学——ことばの世界をさぐる17章』第16章, ミネルヴァ書房.

大津由紀雄・池内正幸・今西典子・水光雅則（編）（2002）『言語研究入門——生成文法を学ぶ人のために』研究社.

Otsuka, Y.（2000）"Ergativity in Tongan," Doctoral Dissertation, University of Oxford.

Oyama, S.（1976）"A Sensitive Period for the Acquisition of a Nonnative Phonological System," *Journal of Psycholinguistic Research* 5, 261–283.

Pagliarini, E., S. Crain and M. T. Guasti（2018）"The Compositionality of Logical Connectives in Child Italian," *Journal of Psycholinguistic Research* 47, 1243–1277.

Peña, M. et al.（2003）"Sounds and Silence: An Optical Topography Study of Language Recognition at Birth," *Proceedings of the National Academy of Sciences* 100, 11702–11705.

Pérez-Leroux, A. T. et al.（2012）"Elmo's Sister's Ball: The Problem of Acquiring Nominal Recursion," *Language Acquisition* 19, 301–311.

Perlmutter, D.（1978）"Impersonal Passives and the Unaccusative Hypothesis," *BLS* 4, 157–189.

Pierrehumbert, J. and M. Beckman（1988）*Japanese Tone Structure*, MIT Press.

Pinker, S. and R. Jackendoff（2005）"The Faculty of Language: What's Special about It?" *Cognition* 95, 201–236.

Poizner, H., E. S. Klima and U. Bellugi（1987）*What the Hands Reveal about the Brain*, MIT Press.

Pollock, J.-Y.（1989）"Verb Movement, Universal Grammar, and the Structure of IP," *Linguistic Inquiry* 20, 365–424.

Portner, Paul H.（2005）*What Is Meaning? Fundamentals of Formal Semantics*, Blackwell.［片岡宏仁訳（2015）『意味ってなに？——形式意味論入門』勁草書房.］

Preminger, O.（2014）*Agreement and Its Failures*, MIT Press.

Pritchett, B. L.（1992）*Grammatical Competence and Parsing Performance,* The University of Chicago Press.

Progovac, L.（2019）*A Critical Introduction to Language Evolution: Current Controversies and Future Prospects*, Springer.

Ralli, A.（2013）*Compounding in Modern Greek*, Springer.

Rappaport Hovav, R. and B. Levin（2001）"An Event Structure Account of English Resultatives," *Language* 77, 766–797.

Reich, D.（2018）*Who We Are and How We Got Here: Ancient DNA and the New Science of the Human Past*, Pantheon.

*Reinhart, T.（1983）*Anaphora and Semantic Interpretation*, The University of Chicago Press.

*Reinhart, T.（2006）*Interface Strategies: Optimal and Costly Computations*, MIT Press.

Richards, N.（2010）*Uttering Trees*, MIT Press.

Richards, N.（2016）*Contiguity Theory*, MIT Press.

Rilling, J. K. et al.（2008）"The Evolution of the Arcuate Fasciculus Revealed with Comparative DTI," *Nature Neuroscience* 11, 426–428.

Rizzi, L.（2017）"On the Format and Locus of Parameters: The Role of Morpho-syntactic Features," *Linguistic Analysis* 41, 159–191.

Roberts, I.（1995）"Object Movement and Verb Movement in Early Modern English," *Studies in Comparative Germanic Syntax*, ed. by H. Haider, et al., 269–284, Kluwer.

Roberts, I.（2007）*Diachronic Syntax*, OUP.

Roberts, I.（2019）*Parameter Hierarchies and Universal Grammar*, OUP.

Roeper, T.（2007）*The Prism of Grammar: How Child Language Illuminates Humanism*, MIT Press.

Roeper, T.（2011）"The Acquisition of Recursion: How Formalism Articulates the Child's Path," *Biolinguistics* 5.1–2, 57–86.

Ross, J. R.（1967）*Constraints on Variables in Syntax*, Doctoral Dissertation, MIT. /（1984）*Infinite Syntax!*, Ablex.

Rossi, S. et al.（2006）"The Impact of Proficiency on Syntactic Second-Language Processing of German and Italian: Evidence from Event-Related Potentials," *Journal of Cognitive Neuroscience* 18, 2030–2048.

Rowland, C. F. et al.（2005）"The Incidence of Error in Young Children's Wh-Questions," *Journal of Speech, Language, and Hearing Research* 48, 384–404.

*Runner, J. T.（ed.）（2011）*Experiments at the Interfaces, Syntax and Semantics,* Vol. 37, Emerald.

Sachs, J.（1983）"Talking about the There and Then: The Emergence of Displaced Reference in Parent-Child Discourse," *Children's Language, Vol. 4*, ed. by K. E. Nelson, Lawrence Erlbaum Associates.

Sahin, N. T. et al.（2009）"Sequential Processing of Lexical, Grammatical, and Phonological Information within Broca's Area," *Science* 326（5951）, 445–449.

Saito, M.（1989）"Scrambling as Semantically Vacuous A′-movement," *Alternative Conceptions of Phrase Structure*, ed. by M. Baltin and A. Kroch, 182–200, The University of Chicago Press.

*Saito, M.（1992）"Long-Distance Scrambling in Japanese," *Journal of East Asian Linguistics* 1, 69–118.

*Saito, M.（2017）"Ellipsis," *Handbook of Japanese Syntax*, ed. by M. Shibatani, et al., 701–750, Mouton de Gruyter.

斉藤道雄（2016）『手話を生きる——少数言語が多数派日本語と出会うところで』みすず書房.

齊藤俊雄・中村純作・赤野一郎（編）（2005）『英語コーパス言語学——基礎と実践 改訂新版』研究社.

酒井邦嘉（2002）『言語の脳科学——脳はどのようにことばを生みだすか』中公新書.

Sakai, K. et al.（2002）"Selective Priming of Syntactic Processing by Event-Related Transcranial Magnetic Stimulation of Broca's Area," *Neuron* 35,

1177–1182.

Sanz, M., I. Laka and M. K. Tanenhaus（eds.）（2013）*Language Down the Garden Path: The Cognitive and Biological Basis for Linguistic Structures*, OUP.

Scalise, S. and A. Bisetto（2009）"The Classification of Compounds," *The Oxford Handbook of Compounding*, ed. by R. Lieber and P. Štekauer, 34–53, OUP.

Schlebusch, C. et al.（2017）"Southern African Ancient Genomes Estimate Modern Human Divergence to 350,000 to 260,000 Years Ago," *Science* 358 （6363）, 652–655.

Schwartz, B. D. and R. A. Sprouse（1996）"L2 Cognitive States and the Full Transfer/Full Access Model," *Second Language Research* 12, 40–72.

Selkirk, E. O.（1984）"On the Major Class Features and Syllable Theory," *Language Sound Structure: Studies in Phonology*, ed. by M. Aronoff and R. Oehrle, 107–136, MIT Press.

Selkirk, E.（2009）"On Clause and Intonational Phrase in Japanese: The Syntactic Grounding of Prosodic Constituent Structure," *Gengo Kenkyu* 136, 35–73.

Selkirk, E. and K. Tateishi（1988）"Constraints on Minor Phrase Formation in Japanese," *CLS* 24, 316–336.

Selkirk, E. and K. Tateishi（1991）"Syntax and Downstep in Japanese," *Interdisciplinary Approaches to Language: Essays in Honor of S.-Y. Kuroda*, ed. by C. Georgopoulos and R. Ishihara, 519–543, Kluwer.

Senghas, A.（1995）"Children's Contribution to the Birth of Nicaraguan Sign Language," Doctoral Dissertation, MIT.

Senghas, A., S. Kita and A. Özyürek（2004）"Children Creating Core Properties of Language," *Science* 17（5691）, 1779–1782.

Seraku, T. and T. Akiha（2019）"*Poi* in Japanese *Wakamono Kotoba* 'Youth Language'," *Lingua* 224, 1–15.

Shi, R., C. Legrand and A. Brandenberger（2020）"Toddlers Track Hierarchical Structure Dependence," *Language Acquisition* 27, 397–409.

Shimada, H. and T. Goro（2021）"On the Source of Children's Conjunctive Interpretation of Disjunction: Scope, Strengthening, or Both?" *Language Acquisition* 28, 98–130.

島田雅晴（2016）「英語における等位複合語の生起について」小川芳樹他（編） 『コーパスからわかる言語変化・変異と言語理論』307–323, 開拓社.

島村礼子（2002）「語を作る仕組み：形態論2」大津由紀雄他（編）『言語研究入門』 89–101, 研究社.

Shiobara, K.（2001）"The Weight Effect as a PF-Interface Phenomenon," *Linguistic Research: Working Papers in English Linguistics* 18, 61–96, The University of Tokyo.

Shiobara, K.（2010）*Derivational Linearization at the Syntax-Prosody Interface*, Hituzi Syobo.

Shiobara, K.（2016）"A Phonological Approach to Left Branch Condition: Evidence from Exceptions in Japanese," *MITWPL* 79, 143–152.

Shiobara, K.（2020）"A Note on Multiple Left Branch Extraction," *Phonological Externalization* 5, ed. by H. Tokizaki, 1–12, Sapporo University.

白畑知彦・須田孝司（編）（2019）『言語習得研究の応用可能性――理論から指導・脳科学へ』/（2020）『第二言語習得研究の波及効果――コアグラマーから発話まで』くろしお出版.

Simpson, J.（1983）"Resultatives," *Papers in Lexical-Functional Grammar*, ed. by L. Levin et al.,143–157, Indiana University Linguistics Club.

Slabakova, R.（2016）*Second Language Acquisition*, OUP.

Slabakova, R. et al.（2020）*Generative Second Language Acquisition*, CUP.

Smith, N. V.（1973）*The Acquisition of Phonology: A Case Study*, CUP.

Smith, N. V.（2010）*Acquiring Phonology: A Cross-Generational Case-Study*, CUP.

*Snyder, W.（2001）"On the Nature of Syntactic Variation: Evidence from Complex Predicates and Complex Word-Formation," *Language* 77, 324–342.

Son, B.-K.（2009）"Resolving Hiatus in Modern Japanese," *Phonological Studies* 12, 35–42.

Speas, M.（2014）"Recursion: Complexity in Cognition," *Recursion: Complexity in Cognition,* ed. by T. Roeper and M. Speas, ix–xxi, Springer.

Sperber, D.（2005）"Modularity and Relevance," *The Innate Mind: Structure and Contents*, ed. by P. Carruthers, et al. 53–68, OUP.

Sperber, D. and D. Wilson（1986/1995²）*Relevance*, Blackwell.［内田聖二他（監訳）（1993/2000）『関連性理論――伝達と認知』研究社.］

Sperber, D. and D. Wilson（2002）"Pragmatics, Modularity and Mindreading," *Mind and Language* 17, 3–23.

Sprouse, J. et al.（2016）"Experimental Syntax and the Variation of Island Effects in English and Italian," *Natural Language and Linguistic Theory* 34, 307–344.

Sprouse, J. and N. Hornstein（2013）*Experimental Syntax and Island Effects*, CUP.

Stephenson, T.（2007）*Towards a Theory of Subjective Meaning*, Doctoral Dissertation, MIT.

菅原真理子（編）（2014）『音韻論』朝倉書店.

杉崎鉱司（2015）『はじめての言語獲得――普遍文法に基づくアプローチ』岩波書店.

水光雅則（1985）『文法と発音』大修館書店.

Suppes, P.（1974）"The Semantics of Children's Language," *American Psychologist* 29, 103–114.

Sweet, H.（1891）*A New English Grammar: Logical and Historical, Vol. 1: Introduction, Phonology, and Accidence*, Clarendon.

Swinney, D. A.（1979）"Lexical Access during Sentence Comprehension:（Re）consideration of Context Effects," *Journal of Verbal Learning and Verbal Behavior* 18, 645–659.

Szabolcsi, A.（2002）"Hungarian Disjunctions and Positive Polarity," *Approach-*

es to Hungarian 8, ed. by I. Kenesei and P. Siptár, 217–241, Akademiai Kiado.

田子内健介・足立公也(2005)『右方移動と焦点化』研究社.

Takahashi, D. (1993) "Movement of Wh-phrases in Japanese," *Natural Language and Linguistic Theory* 11, 655–678.

Takahashi, M. and K. Funakoshi (2013) "On PP Left-Branch Extraction in Japanese," *UPenn WPL* 19, 237–246.

Takahashi, S. and S. Hulsey (2009) "Wholesale Late Merger: Beyond the A/A′ Distinction," *Linguistic Inquiry* 40, 387–426.

高見健一・久野暲(2002)『日英語の自動詞構文』研究社.

高野祐二他(2021)『移動現象を巡る諸問題』開拓社.

武内道子(2015)『手続き的意味論――談話連結語の意味論と語用論』ひつじ書房.

Tamaoka, K. et al. (2005) "Priority Information Used for the Processing of Japanese Sentences: Thematic Roles, Case Particles or Grammatical Functions?" *Journal of Psycholinguistic Research* 34, 273–324.

Tanaka, S. (2022) "Vowel Coalescence as Head-Dependent Merge," *Phonological Studies* 25, 1–12.

田中伸一(2009)『日常言語に潜む音法則の世界』開拓社.

田中拓郎(2016)『形式意味論入門』開拓社.

田中智之(2016)「英語史における OV 語順の消失――不定詞節を中心に」田中智之他(編)『文法変化と言語理論』119–133, 開拓社.

立石浩一・小泉政利(2001)『文の構造』研究社.

Terrace, H. S. (1987) *Nim: A Chimpanzee Who Learned Sign Language*, Columbia University Press.

Terrace, H. S. (2019) *Why Chimpanzees Can't Learn Language and Only Humans Can*, Columbia University Press.

Terrace, H. S. et al. (1979) "Can an Ape Create a Sentence?" *Science* 206(4421), 891–902.

Terunuma, A. and T. Nakato (2018) "Recursive Possessives in Child Japanese," *Recursion across Domains*, ed. by L. Amaral, et al., 187–210, CUP.

Thornton, R. (2016) "Acquisition of Questions," *The Oxford Handbook of Developmental Linguistics*, ed. by J. Lidz, et al., 310–340, OUP.

Thráinsson, H. (2001) "Object Shift and Scrambling," *The Handbook of Contemporary Syntactic Theory*, ed. by M. Baltin and C. Collins, 148–202, Blackwell.

Tokizaki, H. (2013) "Deriving the Compounding Parameter from Phonology," *Linguistic Analysis* 38, 275–303.

Tomasello, M. (2003) *Constructing a Language: A Usage-Based Theory of Language Acquisition*, Harvard University Press. [辻幸夫他(訳)(2008)『ことばをつくる――言語習得の認知言語学的アプローチ』慶應義塾大学出版会.]

角田太作(2009)『世界の言語と日本語――言語類型論から見た日本語　改訂版』くろしお出版.

Vance, T. J.（1987）*An Introduction to Japanese Phonology*, State University of New York Press.

バンス, ティモシー J., 金子恵美子, 渡邊靖史（2017）「序説」T. J. バンス他（編）『連濁の研究――国立国語研究所プロジェクト論文選集』1–23, 開拓社.

Washio, R.（1997）"Resultatives, Compositionality, and Language Variation," *Journal of East Asian Linguistics* 6, 1–49.

渡辺明（2009）『生成文法』東京大学出版会.

渡辺眞一郎（1996）「母音体系の類型論」音韻論研究会（編）『音韻研究――理論と実践』113–116, 開拓社.

Weber-Fox, C. M. and H. J. Neville（1996）"Maturational Constraints on Functional Specializations for Language Processing: ERP and Behavioral Evidence in Bilingual Speakers," *Journal of Cognitive Neuroscience* 8, 231–256.

*Weir, A.（2014）*Fragments and Clausal Ellipsis*, Doctoral Dissertation, University of Massachusetts, Amherst.

Wellwood, A. ct al.（2018）"The Anatomy of a Comparative Illusion," *Journal of Semantics* 35, 543–583.

Wernicke, C.（1874）*Der Aphasische Symptomencomplex: Eine Psychologische Studie auf Anatomischer Basis*, M. Crohn und Weigert.

White, L.（2003）*Second Language Acquisition and Universal Grammar*, CUP.

Williams, E.（1981）"On the Notions 'Lexically Related' and 'Head of a Word'," *Linguistic Inquiry* 12, 245–274.

Wilson, D. and D. Sperber（2004）"Relevance Theory," *The Handbook of Pragmatics*, ed. by L. Horn and G. Ward, 607–632, Blackwell.

Wilson, D. and D. Sperber（2012）*Meaning and Relevance*, CUP.

Wilson, D. and Tim Wharton［今井邦彦（編）D・ウィルスン, T・ウォートン（著）井門亮他（訳）（2009）『最新語用論入門 12 章』大修館書店.］

Wurff, W. van der（1997）"Deriving Object-Verb Order in Late Middle English," *Journal of Linguistics* 33, 485–509.

屋名池誠（1991）「＜ライマン氏の連濁論＞原論文とその著者について」『百舌鳥国文』第 11 号, 63–94.

Yang, C. D.（2003）*Knowledge and Learning in Natural Language*, OUP.

*Yang, C. D.（2010）"Three Factors in Language Variations," *Lingua* 120, 1160–1177.

Yang, C. D.（2016）*The Price of Linguistic Productivity: How Children Learn to Break Rules of Language*, MIT Press.

Yang, C. D. and S. Montrul（2017）"Learning Datives: The Tolerance Principle in Monolingual and Bilingual Acquisition," *Second Language Research* 33, 119–144.

Yatabe, S.（1996）"Long-Distance Scrambling via Partial Compaction," *MITWPL* 29, 303–317.

米山三明（2008）「英語における結果構文と移動表現」森雄一他（編）『ことばのダイナミズム』191–205, くろしお出版.

米山三明（2009）『意味論から見る英語の構造――移動と状態変化の表現を巡って』開拓社.

Yoshida, M., C. Nakao and I. Ortega-Santos（2015）"The Syntax of *Why*-Stripping," *Natural Language and Linguistic Theory* 33, 323–370.

遊佐典昭（編）（2018）『言語の獲得・進化・変化――心理言語学, 進化言語学, 歴史言語学』開拓社.

Yusa, N. et al.（2011）"Second-language Instinct and Instruction Effects: Nature and Nurture in Second-language Acquisition," *Journal of Cognitive Neuroscience* 23, 2716–2730.

Zobl, H.（1989）"Canonical Typological Structures and Ergativity in English L2 Acquisition," *Linguistic Perspectives on Second Language Acquisition*, ed. by S. Gass and J. Schachter, 203–221, CUP.

B. ハンドブック・事典類

Allott, N. et al.（eds.）（2021）*A Companion to Chomsky*, Wiley Blackwell.

Aloni, M. and P. Dekker（eds.）（2016）*The Cambridge Handbook of Formal Semantics,* CUP.

Aronoff, M. and J. Rees-Miller（eds.）（2017）*The Handbook of Linguistics,* 2nd edition, Wiley Blackwell.

Audring, J. and F. Masini（eds.）（2018）*The Oxford Handbook of Morphological Theory,* OUP.

Boeckx, C.（ed.）（2011）*The Oxford Handbook of Linguistic Minimalism,* OUP.

Boeckx, C. and K. K. Grohmann（eds.）（2013）*The Cambridge Handbook of Biolinguistics,* CUP.

Carnie, A. et al.（eds.）（2017）*The Routledge Handbook of Syntax,* Routledge.

Cinque, G. and R. S. Kayne（eds.）（2005）*The Oxford Handbook of Comparative Syntax,* OUP.

Everaert, M. and H. C. van Riemsdijk（eds.）（2017）*The Wiley Blackwell Companion to Syntax,* 2nd edition, Wiley Blackwell.

Fernández, E. M. and H. S. Cairns（eds.）（2017）*The Handbook of Psycholinguistics,* Wiley Blackwell.

Fitch, W. T. and G. W. Fitch（eds.）（2012）*Language Evolution,* Routledge.

Freidin, R. and H. Lasnik（eds.）（2006）*Syntax,* Routledge.

Goldsmith, J. et al.（eds.）（2011）*The Handbook of Phonological Theory,* 2nd edition, Wiley Blackwell.

Gregory, R. L.（ed.）（2004）*The Oxford Companion to the Mind*, new edition, OUP.

Gutzmann, D. et al.（eds.）（2021）*The Wiley Blackwell Companion to Semantics,* Wiley Blackwell.

Horn, L. R. and G. Ward（eds.）（2004）*The Handbook of Pragmatics,* Blackwell.

Kandel, E. R. et al.（eds.）*Principles of Neural Science*, 6th edition, McGraw-Hill.

Ledgeway, A. and I. Roberts（eds.）（2017）*The Cambridge Handbook of His-*

torical Syntax, CUP.

Lidz, J. et al.（eds.）（2016）*The Oxford Handbook of Developmental Linguistics,* OUP.

McGilvray, J.（ed.）（2017）*The Cambridge Companion to Chomsky*, 2nd edition, CUP.

Miyagawa, S. and M. Saito（eds.）（2008）*The Oxford Handbook of Japanese Linguistics,* OUP.

Ortega, L.（ed.）（2010）*Second-Language Acquisition,* Routledge.

Poeppel, D. et al.（eds.）（2020）*The Cognitive Neurosciences*, 6th edition, MIT Press.

Ramchand, G. and C. Reiss（eds.）（2007）*The Oxford Handbook of Linguistic Interfaces,* OUP.

Roberts, I.（ed.）（2016）*The Oxford Handbook of Universal Grammar*, OUP.

Smith, N. and N. Allott（2016）*Chomsky: Ideas and Ideals*, 3rd edition, CUP.

Wilson, R. A. and F. C. Keil（eds.）（1999）*The MIT Encyclopedia of the Cognitive Sciences*, Bradford Books.

Yang, C.（ed.）（2009）*Language Acquisition,* Routledge.

荒木一雄他（編）（1987）『新英語学辞典』研究社.

人工知能学会（編）（2017）『人工知能学大事典』共立出版.

中島秀之他（編）（2019）『AI 事典（第 3 版）』近代科学社.

中島平三（編）（2005）『言語の事典』朝倉書店.

日本認知科学会（編）（2002）『認知科学辞典』共立出版.

原口庄輔・今西典子（編）（2001）『文法 II（英語学文献解題 5）』研究社.

原口庄輔他（編）（2016）『チョムスキー理論辞典（増補版）』研究社.

藤永保（監修）（2013）『最新心理学事典』平凡社.

マイケル・ペトリデス（著）永井知代子（訳）（2015）『言語脳アトラス――高次脳機能を学ぶ人のために』インテルナ出版.

山中桂一・原口庄輔・今西典子（編）（2005）『意味論（英語学文献解題 7）』研究社.

C. 研究に役立つ情報

I. インターネット情報源（コーパス、文献検索、オンライン辞書など）

American National Corpus（ANC）　http://www.anc.org/

British National Corpus（BNC）　http://www.natcorp.ox.ac.uk/

BUCLD: Proceedings of the Boston University Conference on Language Development　https://www.cascadilla.com/bucld.html

CHILDES　https://childes.talkbank.org/

Collins Wordbanks Online　https://wordbanks.harpercollins.co.uk/

Corpus of Contemporary American English（COCA）　https://www.english-corpora.org/coca/

Corpus of Historical American English（COHA）　https://www.english-corpora.org/coha/

Corpus Resource Database（CoRD, コーパス検索サイト）　https://varieng.

helsinki.fi/CoRD/index.html

EAORC（Evolutionary Anthropology Online Research Cluster）
http://martinedwardes.me.uk/eaorc/

English-Corpora.org（コーパス検索サイト）　https://www.english-corpora.org/

EVOLANG（Evolution of Language International Conferences）　http://evolang.org/

Google Books Ngram Viewer　https://books.google.com/ngrams

International Computer Archive of Modern and Medieval English（ICAME, コーパス検索サイト）　https://icame.info/

LingBuzz　https://lingbuzz.net/

Linguist List　https://linguistlist.org/

Linguistic Data Consortium（コーパス検索サイト）　https://www.ldc.upenn.edu/

LSA: Linguistic Society of America　https://www.linguisticsociety.org/

NELS: North East Linguistic Society　http://nelsconference.org/

Penn-Helsinki Parsed Corpus of Early Modern English（PPCEME）　https://www.ling.upenn.edu/hist-corpora/PPCEME-RELEASE-3/index.html

Penn-Helsinki Parsed Corpus of Middle English, 2nd edition（PPCME2）　https://www.ling.upenn.edu/hist-corpora/PPCME2-RELEASE-4/index.html

WCCFL: Proceedings of the West Coast Conference on Formal Linguistics
https://www.cascadilla.com/wccfl.html

The World Atlas of Language Structures（WALS）, Max Planck Institute for the Science of Human History　https://wals.info/

梶田優（1977–1981）「生成文法の思考法(1)–(48)」（『英語青年』123巻5号–127巻4号）　http://www.gsid.nagoya-u.ac.jp/ohna/papers/kajita/kajita1977-81.html

現代日本語書き言葉均衡コーパス（BCCWJ）　https://ccd.ninjal.ac.jp/bccwj/

中納言（コーパス検索アプリケーション）　https://chunagon.ninjal.ac.jp/

日本語諸方言コーパス（COJADS）　https://www2.ninjal.ac.jp/cojads/

日本語話し言葉コーパス（CSJ）　https://ccd.ninjal.ac.jp/csj/

II. インターネットで視聴可能な Chomsky による近年の講義

Chomsky, N.（2019a）Fundamental Issues in Linguistics（April 2019 at MIT）Lecture 1: https://www.youtube.com/watch?v=r514RhgISv0, Lecture 2: https://www.youtube.com/watch?v=GPHew_smDjY

Chomsky, N.（2019b）UCLA Lectures（April-May 2019）　Lectures 1–4: https://linguistics.ucla.edu/noam-chomsky/

Chomsky, N.（2020）Minimalism: Where We Are Now, and Where We Are Going（a talk given at the 161st meeting of the Linguistic Society of Japan）　https://www.youtube.com/watch?v=X4F9NSVVVuw

Chomsky, N.（2021）Genuine Explanations（a talk given at WCCFL 39）　https://www.youtube.com/watch?v=F6SbPKmVNVQ

索　引

執筆者紹介

〈監修者〉

大津由紀雄(おおつ・ゆきお，関西大学客員教授・慶應義塾大学名誉教授)
主要業績:『学習英文法を見直したい』(編著，研究社，2012 年),「子どもと言語学」(『日本語学』，2012 年),『言語接触』(共編著，東京大学出版会，2019 年),『どうする，小学校英語？──狂騒曲のあとさき』(共編著，慶應義塾大学出版会，2022 年). 2014 年度大学英語教育学会賞(学術出版部門)，2018 年度ひらめき☆ときめきサイエンス推進賞受賞.

今西典子(いまにし・のりこ，東京大学名誉教授)
主要業績:『照応と削除』(共著，大修館書店，1990 年),『言語の獲得と喪失』(共著，岩波書店，1999 年),『文 I』(共著，研究社，2000 年),「述部類照応をめぐって：言語の普遍性と多様性」(『英語青年』152 巻，2007 年),「時間表現の発達：時間の言語化にみられる普遍性と多様性の観点からの考察」(共著,『Brain and Nerve』第 69 巻，2017 年),『ことばの不思議さ』(富山市教育委員会，2019 年). 1985 年度とやま賞(学術部門)，1990 年度市河賞受賞.

池内正幸(いけうち・まさゆき，聖徳大学語学教育センター教授)
主要業績: *Predication and Modification: A Minimalist Approach* (Liber Press, 2003),『明日に架ける生成文法』(共著，開拓社，2005 年),『言語と進化・変化』(編著，朝倉書店，2009 年),『ひとのことばの起源と進化』(開拓社，2010 年),『生成言語研究の現在』(共編著，ひつじ書房，2013 年),『英語学を英語授業に活かす』(共編著，開拓社，2018 年). 2004 年度市河賞受賞.

水光雅則(すいこう・まさのり，京都大学名誉教授・名古屋外国語大学名誉教授)
主要業績: "Strong and Weak Forms in English" (*Studies in English Linguistics* 5, 1977), "A Phonological Analysis of Wanna Formation" (『英文學研究』55 巻，1978 年),「経験科学としての生成音韻論──より良い理論の追求」(京都大学『人文』28 巻，1982 年),『文法と発音』(大修館書店，1985 年),『これからの大学英語教育』(共編著，岩波書店，2005 年). 1978 年度日本英文學会第 1 回新人賞(英語学部門)受賞.

〈編者〉

杉崎鉱司(すぎさき・こうじ，関西学院大学文学部教授)
主要業績: "LF *Wh*-Movement and its Locality Constraints in Child Japanese" (*Language Acquisition* 19, 2012),『はじめての言語獲得──普遍文法に基づくアプローチ』(岩波書店，2015 年), "On the Acquisition of Prepositions and Particles" (*The Oxford Handbook of Developmental Linguistics*, 2016), "Quantifier Float and Structure Dependence in Child Japanese" (*Language Acquisition* 23, 2016). 2017 年度日本英語学会賞(著書)受賞.

稲田俊一郎(いなだ・しゅんいちろう，明治薬科大学准教授)
主要業績: "'AMOUNT' Relativization in Japanese" (*Japanese/Korean Linguistics* 19, 2011),「比較構文における d 変項束縛と島の制約」(『ことばとこころの探求』開拓社，2012 年), "On the Relativization of DP Adverbs" (*English Linguistics* 30, 2013), *A Unified Analysis for Restrictive Relative Structures at the Syntax-Semantics Interface* (Ph.D dissertation, The Univer-

sity of Tokyo, 2016），「空所の穴埋めとことばの仕組み」（『外国語の非-常識』英宝社，2018年）．

磯部美和（いそべ・みわ，山梨大学大学院総合研究部教育学域教授）
主要業績：「言語獲得」（共著，『言語の事典』朝倉書店，2005 年），「ことばの理解のメカニズムをさぐる」（『はじめて学ぶ言語学』ミネルヴァ書房，2009 年），"The Acquisition of V-V Compounds in Japanese"（共著，*Three Streams of Generative Language Acquisition Research*, 2019），"Verb-Echo Answers in Child Japanese"（共著，『言語研究の楽しさと楽しみ』開拓社，2021 年）．

〈執筆者〉（五十音順）
阿部明子（あべ・あきこ，和光大学表現学部准教授）
主要業績："The Derivation of the *One's Way*-Constructions: the Mechanism of the Extension"（*JELS* 26, 2009），「結果構文再考——関連構文を考える」（『ことばの事実をみつめて——言語研究の理論と実証』開拓社，2011 年），「結果構文とその関連構文について」（『生成言語研究の現在』ひつじ書房，2013 年），「Way 構文の構造と手段・様態解釈」（『津田塾大学言語文化研究所報』第 32 号，2017 年）．

石原由貴（いしはら・ゆき，東京工業大学リベラルアーツ研究教育院教授）
主要業績："Syntactic Derivation of VV Idioms in English"（『言語研究の宇宙——長谷川欣佑先生古稀記念論文集』開拓社，2005 年），"Nominalization in the Japanese Predicate Doubling Construction"（*English Linguistics* 30, 2013），"Verbal Reduplication for Polarity Emphasis in Japanese"（*Linguistic Research* 29, 2013）．

猪熊作巳（いのくま・さくみ，実践女子大学文学部准教授）
主要業績："The Interpretation of PRO and C⁰-Binding"（*English Linguistics* 25, 2008），"Distribution of Phi-Features within DPs and the Activity Condition"（*English Linguistics* 30, 2013），「英語の呼びかけ表現と日本語の 2 人称表現」（『実践英文学』第 71 号，2019 年）．

大滝宏一（おおたき・こういち，中京大学国際学部准教授）
主要業績："Two Routes to the Mayan VOS: From the View of Kaqchikel"（共著，*Gengo Kenkyu* 156, 2019），"The Ergative Subject Preference in the Acquisition of *Wh*-Questions in Tongan"（共著，*BUCLD* 44, 2020）．2020 年度日本言語学会論文賞受賞（共同受賞）．

尾島司郎（おじま・しろう，早稲田大学理工学術院教授）
主要業績："An ERP Study of Second Language Learning after Childhood: Effects of Proficiency"（共著，*Journal of Cognitive Neuroscience* 17, 2005），"Neural Correlates of Foreign-Language Learning in Childhood: A 3-Year Longitudinal ERP Study"（共著，*Journal of Cognitive Neuroscience* 23, 2011），"Children's Learning of a Semantics-Free Artificial Grammar with Center Embedding"（共著，*Biolinguistics* 14, 2020）．

郷路拓也（ごうろ・たくや，津田塾大学学芸学部教授）
主要業績："Language Acquisition Is Language Change"（共著，*Journal of Psycholinguistic Research* 35, 2006），"Investigating the Form-Meaning Mapping in the Acquisition of English and Japanese Measure Phrase Comparatives"（共著，*Natural Language Semantics* 25, 2017），"On the Source of Children's Conjunctive Interpretation of Disjunction: Scope, Strengthening, or Both?"（共著，*Language Acquisition* 28, 2021）．

小町将之(こまち・まさゆき，静岡大学人文社会科学部教授)
主要業績：“Reconstruction Availability in the Parasitic Gap Constructions and the Nature of Islands”(*Movement and Clitics*, 2010)，「言語獲得」(共著，『教育心理学』慶應義塾大学出版会，2013 年)，「「時間の言語化」における諸問題」(共著，『*Brain Medical*』，2014 年)，「補文標識 that/whether/if の統語的並行性に関する極小主義的考察」(共著，*Ars Linguistica* 25, 2018 年).

坂本祐太(さかもと・ゆうた，明治大学情報コミュニケーション学部准教授)
主要業績：“Phases and Argument Ellipsis in Japanese”(*Journal of East Asian Linguistics* 25, 2016), “Overtly Empty but Covertly Complex”(*Linguistic Inquiry* 50, 2019), “Elliptic Do So in Japanese”(*CLS* 55, 2020), *Silently Structured Silent Argument* (John Benjamins, 2020), “NEG-raising via Proform”(*Linguistic Inquiry*, in press). 2021 年度新村出研究奨励賞受賞.

塩原佳世乃(しおばら・かよの，東京女子大学現代教養学部教授)
主要業績：*Derivational Linearization at the Syntax-Prosody Interface* (Hituzi Syobo, 2010), “A Phonological Approach to Left Branch Condition: Evidence from Exceptions in Japanese” (*MITWPL* 79, 2016), “Spelling Out the Spell-Out of an XP-YP Structure: A Case of Coordinate Structure” (*JELS* 36, 2019), “EPP at the Syntax-Phonology Interface”(*Phonological Externalization* 6, 2021). 2010 年度市河賞受賞.

瀬楽亭(せらく・とおる，韓国外国語大学通翻訳学部教授)
主要業績：“Placeholders in Yoron Ryukyuan”(*Lingua* 245, 2020), “A “Maximal Exclusion” Approach to Structural Underspecification in Dynamic Syntax” (*Journal of Logic, Language and Information* 30, 2021), “*Mi*-nominalizations in Japanese *Wakamono Kotoba* ‘Youth Language’”(*Pragmatics* 31, 2021), “Interactional and Rhetorical Functions of Placeholders” (*Journal of Pragmatics* 187, 2022).

瀧田健介(たきた・けんすけ，同志社大学文学部教授)
主要業績：『日本語文法ハンドブック——言語理論と言語獲得の観点から』(共編著，開拓社，2016 年)，“Antecedent-Contained Clausal Argument Ellipsis”(*Journal of East Asian Linguistics* 27, 2018), “Labeling for Linearization”(*The Linguistic Review* 37, 2020)，『日本語研究から生成文法理論へ』(共編著，開拓社，2020 年). 2020 年度新村出研究奨励賞受賞.

田中伸一(たなか・しんいち，東京大学総合文化研究科教授)
主要業績：『アクセントとリズム』(研究社，2005 年)，『日常言語に潜む音法則の世界』(開拓社，2009 年)，『現代音韻論の動向』(開拓社，2016 年)，*Excavating Phonetic/Phonological Fossils in Language*(『音声研究』21, 2017 年)，「感覚運動システムの進化」(『言語の獲得・進化・変化』開拓社，2018 年)，「最適性理論の回顧と展望」(『言語の本質を共時的・通時的に探る』開拓社，2022 年).

照沼阿貴子(てるぬま・あきこ，大東文化大学文学部准教授)
主要業績：“Children’s Scope Construal in Negative Sentences Containing a Quantifier”(*Poetica* 70, 2008), “Acquisition of Recursive Possessives and Locatives within DPs in Japanese” (共著，*BUCLD* 41, 2017),“Recursive Possessives in Child Japanese”(共著，*Recursion across Domains*, 2018).

中尾千鶴(なかお・ちづる，東京大学大学院人文社会系研究科准教授)
主要業績：“Island Repair and Non-Repair by PF-Strategies”(Ph.D dissertation, University of

Maryland, College Park, 2009), "The Syntax of *Why* Stripping," (共著, *Natural Language and Linguistic Theory* 33, 2015), "Subextraction in Japanese and Subject-Object Symmetry" (共著, *Natural Language and Linguistic Theory* 38, 2020).

長野明子(ながの・あきこ, 静岡県立大学大学院国際関係学研究科教授)
主要業績: *Conversion and Back-Formation in English* (Kaitakusha, 2008), "Morphology of Direct Modification" (*English Linguistics* 30, 2013), "Morphological Theory and Orthography: Kanji as a Representation of Lexemes" (共著, *Journal of Linguistics* 50, 2014), 『形態論とレキシコン』(共著, 開拓社, 2020 年). 2005 年度日本英語学会新人賞(佳作), 2009 年度市河賞, 2013 年度 *English Linguistics* 研究奨励賞, 2014 年度日本英語学会賞(論文)を受賞.

平川眞規子(ひらかわ・まきこ, 中央大学文学部教授)
主要業績: 「第二言語習得」(『言語の事典』朝倉書店, 2005 年), "Alternations and Argument Structure in Second Language English: Knowledge of Two Types of Intransitive Verbs" (*Universal Grammar and the Second Language Classroom*, Springer, 2013), "Explicit Instruction, Input Flood or Study Abroad: Which Helps Japanese Learners of English Acquire Adjective Ordering?" (共著, *Language Teaching Research* 23, 2019).

深谷修代(ふかや・のぶよ, 新潟食料農業大学食料産業学部准教授)
主要業績: *Optimality Theory and Language Change: the Activation of Potential Constraint Interactions* (開拓社, 2010 年), 「動詞 go から見た空主語期の特徴」(『コーパスからわかる言語変化・変異と言語理論』開拓社, 2016 年), 「英文法の概観」(翻訳, 『英文法大事典シリーズ英文法と統語論の概観』開拓社, 2017 年), 「語彙変化——言語はどのように新しい語を獲得し, 語はどのように自身の意味を変えるのか」(『言語はどのように変化するのか』開拓社, 2019 年).

宮下治政(みやした・はるまさ, 鶴見大学文学部准教授)
主要業績: "Emergence and Demise of Object Shift in the History of English: A Case Study of Language Change Driven Within Syntax" (*Poetica* 70, 2008), "Word Order Change, Stress Shift and Old French Loanwords in Middle English" (共著, *Studies in Linguistic Variation and Change 3: Corpus-based Research in English Syntax and Lexis*, 2020).

言語研究の世界──生成文法からのアプローチ

2022 年 2 月 28 日　初版発行
2023 年 4 月 1 日　2 刷発行

監 修 者　大津由紀雄・今西典子・
　　　　　池内正幸・水光雅則

編 　 　 者　杉崎鉱司・稲田俊一郎・
　　　　　磯部美和

発 行 者　吉　田　尚　志

印 刷 所　図書印刷株式会社

発 行 所　株式会社　研　究　社
　　　　　https://www.kenkyusha.co.jp/

KENKYUSHA
〈検印省略〉

〒102-8152
東京都千代田区富士見 2-11-3
電話〈編集〉03(3288)7711(代)
　　〈営業〉03(3288)7777(代)
振　替　00150-9-26710

装丁：清水良洋（Malpu Design）　カバーイラスト：山本啓太
ISBN 978-4-327-40177-1　C 1080　　Printed in Japan